# 大学逻辑教程

## College Logic
## Fundamental Course

郭　桥　　资建民/主编

人民出版社

责任编辑:方国根　段海宝

**图书在版编目(CIP)数据**

大学逻辑教程/郭　桥　资建民 主编. —北京:人民出版社,2017.3
　(2018.8 重印)
ISBN 978－7－01－017420－4

Ⅰ.①大…　Ⅱ.①郭…②资…　Ⅲ.①逻辑-高等学校-教材　Ⅳ.①B81

中国版本图书馆 CIP 数据核字(2017)第 040391 号

## 大学逻辑教程
DAXUE LUOJI JIAOCHENG

郭　桥　资建民　主编

**人民出版社** 出版发行
(100706　北京市东城区隆福寺街 99 号)

涿州市星河印刷有限公司印刷　新华书店经销

2017 年 3 月第 1 版　2018 年 8 月北京第 2 次印刷
开本:710 毫米×1000 毫米 1/16　印张:26.25
字数:430 千字　印数:5,001-10,000 册

ISBN 978－7－01－017420－4　定价:49.00 元

邮购地址 100706　北京市东城区隆福寺街 99 号
人民东方图书销售中心　电话　(010)65250042　65289539

# *Contents*

# 目 录

# 前　言

　　汉语中原本没有"逻辑"一词,它的出现是近代启蒙思想家严复的创举。1900 年,严复离开天津前往上海讲演名学,开始使用"逻辑"一词;后在其译著《穆勒名学》一书中,将"logic"意译成"名学",音译为"逻辑"。此后一百多年,随着社会的发展、文化教育事业的推进,这一术语逐渐为越来越多的人所熟知、使用。近二十年,由于 MBA、MPA 等专业学位研究生教育在我国的开展,尤其是国家和各省市组织公务员考试,"逻辑"这一术语再度进入人们关注的视野。2015 年在职人员攻读硕士专业学位全国联考科目中,考试内容包括逻辑思维能力测试的有 9 个专业学位,而参加联考的硕士专业学位类别共计 15 个。在国家和各省市组织的公务员考试中,逻辑思维能力的测试则是不可或缺的独立构成单元。可以说,由社会考试中对逻辑思维能力的关注所引发的"众人学逻辑"现象,实已成为推动当今社会普及逻辑教育的强劲力量。在一定意义上,对逻辑理性的需要和重视,现实社会已经遥遥领先于作为象牙之塔的高等院校。社会的变革和发展,着实向高等教育提出了深化改革的期待和挑战——关注逻辑学科、重视逻辑教育,使每一位求学者在大学阶段均有学习逻辑、接受逻辑教育的机会。

　　逻辑学是一门工具性学科,它应当成为我国高等教育中的一门基础课程。联合国教科文组织把逻辑学与数学、天文学和天体物理学、地球科学和空间科学、物理学、化学、生命科学一起列为当代七大基础学科,把发展学生的逻辑思维能力列在 16 项重要教育目标中的第二位。英国不列颠百科全书则将逻辑学列为五大学科之首。本书命名为《大学逻辑教程》,其目的就在于希望有更多的有识之士理解逻辑、关注逻辑,在中国高等教育事业的发展中为逻辑学开辟广阔的空间。

　　逻辑学在漫长的发展历程中,形成了传统逻辑(或称形式逻辑)和现代逻辑两种形态。在传统逻辑方面,中国古代的墨家、儒家、名家,西方历史上的亚里士多德、培根以及古代印度的一些思想家分别作出了卓越的贡献。传统逻辑的特点是:主要运用自然语言,对日常思维中常见的思维形式类型加以分析、研究。这种研究的理论成果,在规范、导引人们进行符合逻辑的思维方面发挥着重要作用。同时,传统逻辑和西方科学的发展也是密切相关的。1952年,爱因斯坦在给 J.E.斯威策的信中这样写道:"西方科学的发展是以两个伟大的成就为基础,那就是:希腊哲学家发明形式逻辑体系(在欧几里德几何学中),以及通过系统的实验发现有可能找出因果关系(在文艺复兴时期)。"①

　　在现代逻辑方面,莱布尼兹、弗雷格、罗素、怀特海、希尔伯特、哥德尔等一批杰出的逻辑学家贡献了自己的聪明才智。现代逻辑的特点是:主要运用人工语言,通过建立形式系统以实现对思维形式(主要是推理)的全面、深入研究。这种研究的理论成果和数学、哲学、语言学、计算机科学、人工智能、法学、心理学以及经济学等紧密联系,有力地推动了后者的发展。同时,现代逻辑在发展过程中提出了一些逻辑方法,如逻辑运算的方法、符号化方法、形式证明方法、公理化方法以及语义方法等,学习这些方法,可以有效地培养和提高大学生从事科学研究的基本素质。

　　本书由河南大学、南京大学、绵阳师范学院、天津财经大学、河南中医药大学、湖南师范大学、郑州大学、河南师范大学、青岛农业大学海都学院、怀化学院、河南财经政法大学等全国高等院校的逻辑工作者共同编撰。本书的编写,承蒙前国家教委哲学学科教学指导委员会委员、南开大学崔清田教授,前中国逻辑学会副会长、中国逻辑史专业委员会主任、北京师范大学董志铁教授,以及余俊伟教授、余炳元教授等诸位逻辑专家、学界同仁的关心和指导。在此,谨向他们致以诚挚的谢意! 本书的写作和出版,得到人民出版社方国根编审、段海宝副编审的鼎力相助。在此,谨向二位表达衷心的感谢!

　　本书由郭桥、资建民担任主编,二人负责拟定写作提纲,在初稿的基础上进行修改、定稿。全书共15章,具体分工如下:第一章,蔡家琴、郭桥;第二章,韩军喜、李鸿才;第三章,资建民、孙岩;第四章,何海兰、黄俊丽;第五章,张云玲、薛彩霞;第六章,杨红玉、杨金长;第七章,冯彦波、杨红玉、刘明明;第八章,代利、孔漫春;第九章,程献礼、王克喜;第十章,薛彩霞、李鸿才、程献礼;第十一章,罗玉萍、郭桥;第十二章,戴宁淑;第十三章,孔漫春;第十四章,郭向阳、郭桥;第十五章,郭桥。

　　作为大学逻辑课程教材,本书力求紧密联系思维实际,做到知识性、趣味

---

　　①　赵中立、许良英编译:《纪念爱因斯坦译文集》,上海科学技术出版社1979年版,第46页。

性、实用性的统一;力求让读者在掌握逻辑学基础知识的过程中,培养运用逻辑知识分析问题、解决问题的能力,促进批判性思维能力的发展。本书也可供大学生、社会青年自学逻辑、参加公务员考试等使用。由于编者水平有限,疏漏失当之处,敬请读者批评指正!

2017 年 2 月

# 第一章
## 绪　论

## 第一节　什么是逻辑学

### 一、"逻辑"一词的含义

"逻辑"一词是由英语"logic"音译过来的。它来源于古希腊语"λογοs"（逻各斯），原意是思想、言辞、理性、规律等。汉语中"逻辑"一词首见于20世纪初严复的译著《穆勒名学》。后经近代学者的提倡，这一译名才逐渐普及。

在现代汉语中，"逻辑"是个多义词，在不同的语境中它的含义往往有所不同。如：

例1-1　"作为中国的革命者，我们应该研究中国革命的逻辑。"

例1-2　"说话、写文章应当合乎逻辑。"

例1-3　"必须揭穿这种强盗逻辑的欺骗性。"

例1-4　"在大学生中普及逻辑知识，这是一种任重而道远的事情。"

以上四例中，"逻辑"一词的含义是各不相同的。在例1-1中，它的含义是指中国革命的发展规律。在例1-2中，它的含义是指思维的规律。在例1-3中，它的含义是指某种特殊的理论、观点或看问题的方法。在例1-4中，它的含义是指一门学科，即逻辑学。

本书书名中的"逻辑"，是在例1-4的意义上使用的。

### 二、逻辑学的研究对象

逻辑学是一门研究思维的形式结构及其规律的科学。

　　显然,要准确理解逻辑学的研究对象,明确以下三个基本概念是必要的:思维、思维的形式结构、思维形式结构的规律。

　　(一)思维

　　人们在实践中对客观事物的认识,包括感性认识和理性认识两个阶段。其中,感性认识属于低级阶段,其基本形式包括:感觉、知觉和表象。感觉是事物作用于人的感觉器官时,在人脑中产生的关于事物个别属性的反映。知觉是感觉的综合,是事物在人脑中的整体性的直接反映。表象是在感觉和知觉的基础上所形成的具有一定概括性的感性形象。知觉和表象的主要区别是:知觉只有当事物作用于感觉器官时才存在;表象则在这种作用消失后可以继续存在。

　　随着社会实践的发展,人们在感性认识阶段所获得的丰富材料基础上,经过思考作用,即去粗取精、去伪存真、由此及彼、由表及里,认识就会发生质变,发展到高级阶段,即理性认识阶段。理性认识阶段也就是思维阶段,其基本形式包括概念、命题(判断)和推理。概念是反映对象本质属性或特有属性的思维形式。命题是对对象有所断定即肯定或否定的思维形式。推理是由一个或几个命题推出另外一个命题的思维形式。

　　(二)思维的形式结构

　　思维是多种学科共同研究的对象,除了逻辑学,哲学认识论、生理学(特别是神经生理学)、心理学、语言学、控制论和信息论等,也都研究思维。但是,它们各自研究的具体范围、侧重点并不相同。逻辑学是从形式结构方面来对各类思维进行研究的。通过这种研究,总结出正确运用各种思维形式的规律。

　　所谓思维的形式结构,又称思维的逻辑形式,它是指思维形式诸要素之间的联结方式。如:

　　　　例1-5　　所有金属都是导电体。

　　　　例1-6　　所有暴君都是独裁者。

　　　　例1-7　　所有杨树都是落叶乔木。

例1-5至例1-7是三个命题,它们的具体内容各不相同。如果把这三个命题中体现具体内容的"金属"、"暴君"以及"杨树"三个概念加以抽象,都用符号"S"来表示;把这三个命题中体现具体内容的另外三个概念"导电体"、"独裁者"和"落叶乔木"也加以抽象,并都用符号"P"来表示,那么,就会得到它们的逻辑形式：

　　所有 S 都是 P

　　可以看出，通过把不同思维形式中所包含的具体概念或具体命题加以抽象，并用一定的符号（譬如英文字母）来表示，就可以获得相应思维形式的逻辑结构。如：

　　　　例 1-8　如果过度砍伐森林，那么会破坏生态平衡。

　　　　例 1-9　如果摩擦物体，那么物体生热。

例 1-8、例 1-9 是两个命题，它们的具体内容各不相同。但如果用"p"分别表示其中的"过度砍伐森林"、"摩擦物体"；用"q"分别表示其中的"会破坏生态平衡"、"物体生热"，就会看到它们具有如下共同的逻辑形式：

　　如果 p，那么 q

　　再如：

　　　　例 1-10　所有金属都是导电体，

　　　　　　　　所有水银都是金属，
　　　　　　　　─────────────

　　　　　　　　所以，所有水银都是导电体。

　　　　例 1-11　所有鸟都是脊椎动物，

　　　　　　　　所有麻雀都是鸟，
　　　　　　　　─────────────

　　　　　　　　所以，所有麻雀都是脊椎动物。

例 1-10、例 1-11 是思维具体内容明显不同的两个推理。如果用"M"分别表示其中的"金属"、"鸟"，用"S"分别表示其中的"水银"、"麻雀"，用"P"分别表示其中的"导电体"、"脊椎动物"，那么，例 1-10 和例 1-11 的逻辑形式可以表示为：

　　所有 M 都是 P

　　所有 S 都是 M
　　─────────────

　　所以，所有 S 都是 P

　　从以上分析出的有关逻辑形式可以看到，任何思维的逻辑形式都包括逻辑常项和变项两部分。所谓逻辑常项，是指在某种逻辑形式中，不随思维具体内容的变化而发生变化的部分。以上逻辑形式中的"所有……都……"、"如果……那么……"、"所以"都属于逻辑常项。所谓变项，是指在某种逻辑形式中随着思维具体内容的变化而发生变化的部分。以上逻辑形式中的"S"、"P"、"p"、"q"、"M"都属于变项。

需要指出,尽管从构成上看任何逻辑形式都包括逻辑常项和变项,但逻辑常项却是判定一种逻辑形式具体类型的唯一根据。无论变项代入何种不同的具体内容,终究不可能影响到逻辑形式的类型。

在理解思维的形式结构时,除了要从构成要件上进行把握,还要注意思维形式结构的语言表达问题。传统逻辑在表达思维的逻辑结构时,往往借助于自然语言。所谓自然语言,就是指不同民族的人们日常使用的语言。现代逻辑在分析、刻画思维的逻辑结构时,完全借助于人工语言。所谓人工语言,就是指人们特制的表意符号、公式、公式序列,又称符号语言。如:

例1-12　所有的动物都是生物。

例1-12的逻辑结构在被传统逻辑分析时,表示为:

例1-12′　所有的 S 都是 P。

(其中,S 表示"动物",P 表示"生物")

但是,如果从现代逻辑的角度去分析例1-12的逻辑结构,则会被表示为:

例1-12″　$\forall x(D(x) \to E(x))$

(其中,D(x)表示"x 是动物",E(x)表示"x 是生物"。该公式读作:对任意 x 而言,如果它是 D,那么,它是 E。)

(三)思维形式结构的规律

逻辑学研究思维形式结构,目的是为了总结出思维形式的逻辑规律,以便于人们正确地认识客观世界和表述、论证思想。在逻辑学总结出的众多逻辑规律中,有些仅仅适用于某一种思维形式,传统逻辑把这些规律称之为逻辑规则;有些不仅仅适用于某一种思维形式,而且普遍地适用于各种类型的思维形式,体现了任何人进行思维活动时都必须遵守的最起码的逻辑要求,传统逻辑把这一部分规律叫作逻辑思维的基本规律。逻辑思维基本规律包括同一律、矛盾律、排中律和充足理由律。关于思维形式结构的规律,在现代逻辑的基础部分即经典命题逻辑和经典谓词逻辑中,它们以重言式或者普遍有效式的方式表现出来。其中,重言式包括重言蕴涵式和重言等值式。

思维形式结构的规律不是人们主观臆造的,而是有其客观基础的。它们是客观事物本身所存在的规律在人们头脑中的反映。因此,这些规律不但是人们正确地认识客观世界和表述、论证思想的有效凭借,而且也是在这个过程中人们必须遵守的,即思维形式结构的规律对正确思维具有规范性和制约性。

总之,逻辑学属于思维科学,它以思维形式结构为自己的研究对象。通过这种研究,旨在总结出人们正确运用各种思维形式时必须遵循的逻辑规律。

## 第二节 逻辑学的性质和作用

### 一、逻辑学的性质

逻辑学具有工具性和全人类性。

（一）工具性

逻辑学是以思维形式结构及其规律为研究对象的学科,虽然它本身并不能给人们直接提供各种具体知识,但它能够为人们进行正确思维、获取新知识,以及表述、论证思想,提供必要的逻辑手段和方法,这就是逻辑学的工具性。关于这一点,从该门学科产生之日起就已经被人们认识到了。"西方逻辑之父"亚里士多德的逻辑文章,被辑为《工具论》;弗兰西斯·培根的逻辑著作,名为《新工具》,就是有力的说明。

（二）全人类性

作为一种工具性学科,逻辑学具有全人类性,而没有民族性、阶级性。任何一个人,只要进行思维活动,那么,逻辑学所揭示的有关思维形式结构的规律,他就必须遵守。唯有如此,人们才可能正确地认识客观世界,人和人之间的思想交流、相互理解也才有可能成为现实。

### 二、逻辑学的作用

逻辑学是一门具有重要价值的学科。联合国教科文组织早在 1974 年编制的学科分类中,就已经把逻辑学与数学、天文学和天体物理学、地球科学和空间科学、物理学、化学、生命科学一起并列为七大基础学科。具体而言,逻辑学的作用可从以下三方面进行说明:

1.促成逻辑思维由自发向自觉转变。

所谓逻辑思维,就是合乎逻辑规律的思维。逻辑思维分为两种:自发的逻辑思维和自觉的逻辑思维。自发的逻辑思维,是指在逻辑学没有产生或者没有学习逻辑学的情况下,人们在社会实践或者学习其他具体科学知识的过程中,自发形成的逻辑思维。自觉的逻辑思维,是指在学习逻辑知识之后,自觉按照正确思维的逻辑要求而进行的思维。

尽管人们不学习逻辑学也可以进行自发的逻辑思维,但是,这种逻辑思维有很大的局限性。在通常情况下,自发的逻辑思维还可以正确进行,但是,如果遇到比较复杂的情况,该类思维就往往无力对其进行恰当的分析,进而暴露出不足与缺陷。如:

例2-1　所有的金属都是导电体,

铁是导电体,

所以,铁是金属。

例2-2　如果王华是研究生,那么他会有比较强的科研能力,

王华不是研究生,

所以,他不可能有比较强的科研能力。

例2-3　所有想当翻译的人都必须努力学好外语,

我不想从事翻译工作,

所以,我不必努力学好外语。

例2-1至例2-3是三个推理,它们是否正确呢? 显然,对于那些没有学过逻辑学的人,恐怕很难准确地对这个问题作出回答。

自发的逻辑思维是有很大局限性的,它不能保证人们的思维保持逻辑性。学习逻辑学,可以使人们熟练地掌握有关思维形式的规律,从而在认识和表述、论证中自觉地、恰当地运用这些思维形式,进而实现逻辑思维由自发的状态升至自觉状态。

2.培养和提高人们认识事物、从事科学研究的能力。

直接经验构成了人类认识的一个重要来源。但是,这一来源有其自身的局限性。在有些情况下,仅仅依靠直接经验,人们是根本不可能获得有关对象的具体认识的。事实上,多数知识还是通过间接的途径获得的。在这个过程中,需要运用推理。推理是由一个或几个命题推出另一命题的思维

形式。在推理方面,作为前提的已有知识是由实践和各门具体学科提供的,逻辑则为推理过程提供有效性或可靠性保证。所以,恩格斯曾经指出:"正如人们可以把形式逻辑或初等数学狭隘地理解为单纯证明的工具一样,……甚至形式逻辑也首先是探寻新结果的方法,由已知进到未知的方法。"①

逻辑学发展到现代阶段,为了进一步研究思维的逻辑形式,因此提出了一系列逻辑方法。这些方法已经成为科学领域中重要的研究工具,其中主要包括逻辑运算、形式证明、公理化方法以及语义方法,等等。逻辑运算是指对逻辑形式所作的运算,主要包括代入运算、置换运算和求范式运算等。形式证明是使用符号和公式建立的证明。在这一过程中,被证明的和用作证明的都完全是符号公式。公理化方法,其特点是从一些被称为公理的命题出发,根据事先给定的推理规则,推出一系列被称为定理的命题,进而建立起一个包括公理和定理在内的形式系统。语义方法是研究意义理论的语义学方法。现代逻辑中的语义方法包括经典命题逻辑中的真值表方法、经典谓词逻辑中的解释方法等。

3.有利于识别、驳斥谬误和诡辩。

在人们认识客观事物和表述、论证思想的过程中,有时会出现一些谬误。在实际论辩过程中,有的人为了达到某种目的,往往会玩弄诡辩,散布貌似正确实则荒谬的言论。在这些情况下,逻辑可以成为人们发现谬误、驳斥诡辩的一种有效工具。这主要是指:从逻辑的角度分析各种谬误和诡辩产生的根源,指出所犯的逻辑错误;明确避免谬误的途径,选择反驳诡辩的恰当方法。

## 第三节 逻辑简史

逻辑学是一门古老的科学,从产生到今天,它已经有两千多年的历史。古代的中国、印度和希腊是逻辑学的三大源头,它们向后人展示了人类探索思维形式结构的不同发展道路。

---

① 《马克思恩格斯选集》第3卷,人民出版社2012年版,第513页。

　　由于以古希腊逻辑为先河的西方逻辑,在其发展的历程中完整地经历了传统和现代两个形态,因此,本节将以西方逻辑为例,简单介绍逻辑学的发展历史。

### 一、传统逻辑的诞生与发展

　　传统逻辑指的是由亚里士多德开始直至莱布尼兹之前的整个逻辑类型。该类型逻辑的特点是:主要借助于自然语言来研究逻辑问题;对推理的研究,以人们日常思维中常见的类型为主要范围。

　　亚里士多德(前384—前322)是古希腊的著名学者,他在继承前人研究成果的基础上,第一次全面、系统地研究了逻辑学的各种主要问题,首创逻辑这门科学。后人称之为"西方逻辑之父"。亚里士多德的主要逻辑著作包括《范畴篇》、《解释篇》、《前分析篇》、《后分析篇》、《论辩篇》和《辩谬篇》。在这些著作中,他分别论述了有关概念、命题(判断)、推理、论证、论辩的方法以及如何驳斥诡辩等方面的问题。另外,在其哲学著作《形而上学》一书中,他还系统地论述了矛盾律、排中律,同时也涉及同一律。正是由于亚里士多德的卓越贡献,才奠定了西方逻辑学发展的坚实基础。

　　在亚里士多德之后,古希腊斯多葛学派以及欧洲中世纪的一些逻辑学家,主要研究了假言命题、选言命题、联言命题以及由它们所构成的推理,并提出了相应的推理规则。

　　17世纪,随着实验自然科学的兴起和发展,英国哲学家、逻辑学家弗兰西斯·培根(1561—1626)研究了科学归纳法问题。他在《新工具》一书中提出了科学归纳的"三表法"即"存在和具有表"、"差异表"、"程度表",进而奠定了归纳逻辑的基础。19世纪,英国哲学家、逻辑学家穆勒(1806—1873),在《逻辑体系》(我国近代学者严复译为《穆勒名学》)中把培根的三表法进一步发展为科学归纳的五种方法:求同法、求异法、求同求异并用法、共变法和剩余法。至此,人们今天称之为传统逻辑的基本框架大致形成。

　　本书的第一章至第十三章讲述的基本上就是传统逻辑的主要内容。

### 二、现代逻辑的兴起与发展

　　现代逻辑,有的学者称之为"数理逻辑"或"符号逻辑",指的是由莱布尼兹奠定基本思想,目前仍处于不断发展中的逻辑类型。该类型逻辑的特点是:在研究逻辑问题时,主要使用人工语言(符号语言);通过建立形式系统,以实现对研究对象的整体把握。

莱布尼兹(1646—1716)是德国历史上著名的数学家和哲学家。早在17世纪末期,他就提出了要用数学演算的方法来处理演绎逻辑的思想,和这一思想相联系,他还提出要在自然语言之外,创立一种适合于演算的"通用语言"的观点。莱布尼兹的这两种思想,为现代逻辑的诞生奠定了思想基础。德国著名逻辑史家肖尔兹曾经指出,人们在提起莱布尼兹时就好像谈到日出一样,"他使亚里士多德逻辑开始了'新生',这种新生的逻辑在今天的最完美的表现就是采用逻辑斯蒂形式的现代精确逻辑"。①

莱布尼兹之后,英国数学家、逻辑学家布尔(1815—1864)于1847年创立了"逻辑代数"。这是现代逻辑的早期形式,它标志着莱布尼兹关于现代逻辑的思想已经初步成为现实。随后,经过弗雷格(1848—1925)、皮亚诺(1858—1932)等人的不懈努力,尤其是伴随着1910年到1913年罗素(1872—1970)和怀特海(1861—1947)的巨著《数学原理》的出版,现代逻辑的基础部分——命题演算和谓词演算进一步系统化和完善起来。

在当代,以命题演算和谓词演算为基础,现代逻辑已经发展出各种各样的分支。这些分支从总体上而言,可以称之为"现代演绎逻辑"或"现代归纳逻辑"。

本书的第十四、十五章,对现代逻辑的基础部分进行介绍。

## 习　题

### 一、填空题

1.思维的逻辑形式由两部分构成,即＿＿＿＿＿和＿＿＿＿＿。其中,区别不同类型逻辑形式的依据是＿＿＿＿＿。

2.在"如果 p,那么 q"中,变项是＿＿＿＿＿,逻辑常项是＿＿＿＿＿。

### 二、单项选择题

1.倘若是妈妈做的菜,菜里面就一定会放红辣椒。菜里面果然有红辣椒,看来,是妈妈做的菜。

---

① ［德］亨利希·肖尔兹:《简明逻辑史》,张家龙译,商务印书馆1997年版,第48页。

下列哪个选项与上述推理的结构最相似?( )

A.如果太阳神队主场是在雨中与对手激战,就一定会赢。现在太阳神队主场输了,看来一定不是在雨中进行的比赛。

B.如果太阳晒得厉害,李明就不会去游泳。今天太阳晒得果然厉害,因此可以断定,李明一定没有去游泳。

C.所有的学生都可以参加这一次的决赛,除非没有通过资格赛的测试。这个学生不能参加决赛,因此,他一定没有通过资格赛的测试。

D.如果学校的财务部门没有人上班,我们的支票就不能入账。我们的支票不能入账,因此,学校的财务部门没有人上班。

E.如果没有特别的原因,公司一般不批准职员们的事假申请。公司批准了职员陈鹏的事假申请,看来其中一定有一些特别的原因。

2.凡金属都是导电的,铜是导电的,所以,铜是金属。

下列哪个选项与上述推理的结构最相似?( )

A.所有的鸟都是卵生动物,蝙蝠不是卵生动物,所以,蝙蝠不是鸟。

B.所有的鸟都是卵生动物,天鹅是鸟,所以,天鹅是卵生动物。

C.所有从事工商管理的人都要学习企业管理知识,老陈学习企业管理知识,所以,老陈是从事工商管理工作的。

D.只有精通市场营销理论,才是一个合格的市场营销经理。老张精通市场营销理论,所以,老张一定是合格的市场营销经理。

E.华山险于黄山,黄山险于泰山,所以,华山险于泰山。

(选择题参考答案:1D,2C)

# 第二章
## 概　念

### 第一节　概念的概述

#### 一、什么是概念

概念是反映对象本质属性或特有属性的思维形式。

在客观世界中,存在着形色各异、种类繁多的事物。自然界中的山川河流,人类社会中的国家法律,精神领域中的情感、意志等都可以成为人脑的反映对象。

每个事物除了具有自身的性质,如形状、颜色以及好坏、美丑等之外,还和其他事物发生一定的关系,如大于、小于、之上、之下、相等、对称、结盟、交战等等。事物自身的性质及其与其他事物的关系,总称为该事物的属性。

事物与其属性是不容分离的。事物都具有一定的属性,又往往通过这些属性展现在人们面前。属性都是一定事物的属性。某些事物因属性相同或不同而形成各种各样的类。具有相同属性的事物就形成同类事物,具有不同属性的事物分别组成不同类事物。如人类之所以称为人类,是因为它是由许许多多具有相同属性的个别人组成的类。而鸟也是一类,同样是由成千上万具有相同属性的个别鸟组成的类。人与鸟是不同的类,因为人类的共同属性不同于鸟类的共同属性。

在事物的许多属性中,有的是本质属性,有的是非本质属性。所谓本质属性就是决定事物之所以为该事物并区别于其他事物的属性。所谓非本质属性就是对该事物不具有决定作用的属性。如"上升为国家意志的统治阶级意志的体现"是"法"的本质属性。这就决定"法"之所以为"法",与其他社会规范区别开来。至于规范性、约束力、规定了权利和义务等则不是法的本质属性,而是法的非本质属性。

在事物的属性中,有些是特有属性,有些是非特有属性。所谓特有属性,就是只为该事物所具有而不为其他事物所具有的属性。非特有属性是该事物不单独具有的属性。如"国家强制性"就是法的特有属性。之所以将其称为法的特有属性,是因为它为"法"这种社会规范所特有,而其他社会规范并不具有。逻辑性、规范性则是法的非特有属性。

事物的本质属性与特有属性,二者虽有明显区别,即前者是该事物的有决定意义的属性,而后者则是该事物的派生意义的属性,但是,前者往往蕴涵后者。如:"上升为国家意志的统治阶级意志的体现"作为"法"的本质属性,对"国家强制性"作为"法"的特有属性具有决定性。

另外,由于认识角度的不同,对同一事物人们往往会发现其不同的本质属性。如"水"在化学中的概念是两个氢原子和一个氧原子的化合物,而在物理学中它的概念却是无色、无味、无嗅,在标准大气压下 100℃ 沸腾,0℃ 结冰的透明液体。

概念属于理性认识,它与感性认识中的感觉、知觉、表象不同。感觉、知觉、表象反映的是个别对象的具体形象及其属性,其中既有本质属性或特有属性,也有非本质属性或非特有属性。概念则是在感觉、知觉、表象的基础上,舍去了对象的非特有或非本质属性,抽象地反映了对象的本质属性或特有属性。

概念的形成过程既是对感性材料进行加工的过程,又是一个认识不断深化的过程。以"人"这一概念为例。在古代由于受到各种条件的制约,人们对自己的认识水平很低,曾经提出了"人是没有羽毛的两足直立行走的动物"这一初级概念。随着生产力的发展,人们的认识能力逐渐提高,后来又提出"人是能进行抽象思维的理性动物"这一概念。这种看法虽说不够科学,但比起前一种认识毕竟前进了一步。今天,我们已经普遍地认识到"人是能够制造和使用生产工具的动物"。这一概念可以说是比较深刻地揭示了"人"的本质属性。

概念是思维的结晶,是对人们一定阶段认识成果的凝结。它不仅是理性认识的起点,也是人们进行其他理性认识活动的基本构成要素。没有概念,命题、推理等也就丧失了存在的前提。

## 二、概念与语词

概念是思维的结晶,它的语言表达形式是语词。概念和语词紧密相联,不可分割。语词是概念的语言表达形式,概念的形成和存在都依赖于语词,不存在离开语词的概念。概念是语词的思想内容,语词也依赖于概念。语词中的一些固定声音或笔画之所以能够表达事物、交流思想等,就是因为在人们的头脑中有相应的概念存在。如果离开了相应的概念,语词就成了毫无意义的符号。

但是,概念和语词又有明显区别:

1.概念是一种思维形式,语词是语言形式。概念是主观对客观世界的反映,而语词不是反映形式,它只是借助声音、笔画来表达概念的形式。不同的民族形成不同语词,这些不同的语词,可以表达相同的概念。例如,表达"钢笔"这个概念,汉语用"钢笔"这个词来表达,而英语用"pen"来表达。

2.任何概念都必须借助语词来表达,但不是所有的语词都能表达概念。如在汉语中,一般来说实词(名词、动词、形容词、数词、量词、代词等)都能表达概念。不能单独充当句子成分的虚词(副词、介词、连词、助词、叹词、象声词等)一般不能表达概念。

3.同一概念可以用不同的语词来表达。例如,"玉米"与"苞谷"、"爸爸"与"父亲"、"土豆"与"马铃薯"等等,它们都是同义词,表达的是同一概念。由于不同语词可以表达同一概念,因此,从使用概念的角度,有了更多选择语词的机会。但是,在选择语词时要注意恰当、准确。

4.同一语词在不同的情况下可以表达不同的概念。例如,"人"这个名词,在不同的语言环境中就存在不同的解释。"人固有一死,或重于泰山,或轻于鸿毛",这句话中的"人"泛指每个人;"劳动创造了人",这句话中的"人"是从整体意义上使用的,指"人类";"人老珠黄"中的"人",指的是"妇女"。

为了能在说话、写文章时做到概念使用准确,语词选择恰当,进而避免思维混乱,就必须认真掌握概念和语词的关系。

### 三、概念的内涵和外延

概念反映对象的本质属性或特有属性,同时又反映具有这种本质属性或特有属性的对象。这两个方面构成了概念的基本逻辑特征,即具有内涵和外延。

(一)概念的内涵和外延

概念的内涵,就是指反映在概念中的对象的本质属性或特有属性,人们

常常称之为概念的含义。概念都有内涵,如"犯罪"这个概念的内涵包括
"一定程度的社会危害性"、"触犯刑律"、"应当受到刑罚处罚"等;"商品"
这个概念的内涵包括"用来交换的劳动产品"、"价值与使用价值的统
一"等。

　　事物的本质属性或特有属性是客观的,这种客观存在的本质属性或特
有属性一旦被人们认识并反映在概念中,就构成了概念的内涵。但概念的
内涵已不再是客观存在的事物的本质属性或特有属性,二者是反映和被反
映的关系,不可混为一谈。

　　事物的属性是多种多样的,其本质属性或特有属性也是如此。所以,概
念内涵的具体构成情况可能是单一的,也可能是复合的。如"人"这个概念
的内涵就涉及"能使用生产工具"、"能制造生产工具"、"会思维"等几个方
面;"圆"这个概念的内涵则仅涉及一个方面,即"在平面中与某点等距离的
点的轨迹"。

　　概念的外延,就是指具有概念所反映的本质属性或特有属性的对象,人
们常常称之为概念的适用范围。例如,"犯罪"的适用范围既包括各种故意
犯罪,又包括各种过失犯罪,它们都是这一概念的外延。"文学作品"这一
概念的外延包括小说、诗歌、散文、戏剧等;"商品"这一概念的外延指的是
各种各样用于交换的劳动产品。

　　概念的外延,有的是一个单独事物,如"中华人民共和国"、"世界屋
脊";有的是数个事物,如"地球上的大洋";有的是无数个事物,如"自然
数";有的是空类,即在客观世界中不存在相应的事物,如"永动机"、"圆的
正方形"。外延为空类的概念称为空概念或虚概念。

　　(二)概念内涵、外延的确定性和灵活性

　　内涵是概念质的方面,它说明概念反映的对象是什么样的;外延是概念
量的方面,它说明概念反映的对象有哪些。概念的内涵和外延相互依存、相
互制约。当某一概念内涵被确定后,其外延也就相应被确定;如果对概念内
涵的理解有所不同,对其外延的认识也就随着有所不同。例如,如果把"商
品"解释为"通过货币交换的劳动产品",这样就会把通过以物易物的方式直
接交换的劳动产品排除在商品之外;如果将"商品"解释为"用现金交易的劳
动产品",那么就会将用支票、信用卡等交换的劳动产品排除在商品范围之
外。反之,当某一概念的外延确定以后,其内涵也会相应地确定下来。例如,

如果已知只有用货币(包括古今中外的货币)交易的劳动产品才叫商品,那么也就同时确定了商品的内涵是"用货币交换的劳动产品";如果将通过以物易物方式交换的劳动产品也作为商品的外延,那么,"用货币交换的劳动产品"就不能再作为"商品"的内涵了,取而代之的应是"用来交换的劳动产品"。

概念内涵、外延的确定性,是指在一定的条件下概念的含义和适用范围是确定的,不能任意改变或混淆不清。概念内涵、外延的灵活性,是指在不同条件下,随着客观事物的变化和人们认识的不断深化,概念的含义、适用范围是可以变化的。例如,一个人过去因其行为给社会造成巨大危害,经司法审判被关进了监狱,我们称其为"罪犯"。后经教育改造,他悔过自新,变成了一个对社会有益的人。随着这个人的变化,反映他的概念的含义也就会发生相应变化。又如:"贪污罪"这一概念,在 1979 年《中华人民共和国刑法》第 155 条中,将其内涵规定为:"国家工作人员利用职务上的便利,贪污公共财物"的行为。后来随着形势的发展,全国人大常务委员会根据新的形势,于 1988 年将其内涵修订为:"国家工作人员,集体经济组织工作人员或者其他经手、管理公共财物的人员,利用职务上的便利,侵吞、盗窃、骗取或者以其他手段非法占有公共财物"的行为。在 1997 年《中华人民共和国刑法》中,"贪污罪"的内涵又有变化。再如,随着天文学的发展,人们对天体的认识能力在逐步提高。过去人们认识到太阳系有六大行星,后来,又发现了另外的行星。现在,人们已公认"太阳系的行星"包括八个。

任何概念都是确定性与灵活性的统一。否定它的确定性,主观随意地改变概念的内涵与外延,就会滑向相对主义与诡辩论的泥坑;否定它的灵活性,把概念当作僵死的教条,就会犯形而上学的错误。

了解和研究概念的内涵和外延,对于人们明确概念进而正确运用概念具有重要作用。所谓明确概念,就是要明确概念的内涵和外延,这是人们进行正确思维的必要条件。只有做到概念明确,才可能作出恰当的判断和进行正确的推理。

## 第二节　概念的种类

逻辑学是在各门学科提供具体知识的基础上,从概念内涵与外延两个方面对概念进行分类的。

### 一、单独概念和普遍概念

根据概念外延的大小,即概念所反映的对象数量的不同,概念可以分为单独概念和普遍概念。

（一）单独概念

单独概念是反映独一无二的对象的概念。如"长城"、"中国"、"毛泽东"、"世界上最长的河流"等,它们反映的对象都是独一无二的,这些概念都是单独概念。

语词中的专有名词是表达单独概念的。例如,人名:孙中山、鲁迅、邓小平;地名:上海、黄河小浪底、东京;国名:伊拉克、美国、法国;书名:《诗经》、《史记》、《西游记》;事件名:甲午中日战争、"9·11"事件、西安事变;时间名:1949年10月1日、2016年元旦;等等。

单独概念也可用词组（一般指摹状词）来表达。例如,"《阿Q正传》的作者"、"世界上最高的高原"、"中国第一支南极科学考察队"等。

（二）普遍概念

普遍概念是反映一个以上对象的概念。它的外延不是一个单独对象,而是由两个或两个以上对象组成的类。如"工人"、"农民"、"士兵"、"国家"、"民族"、"阶级"等,它们所反映的对象都不是单一的,而是由许多性质相同的个别事物组成的类。这种表示一类事物的概念叫作普遍概念。

语词中的普通名词是表达普遍概念的。例如,"动物"、"植物"、"汽车"、"车"、"本质"、"现象"、"规律"、"论证"、"推理"等,它们表达的概念的外延绝不是独一无二的对象,而是由许多对象组成的类。动词或形容词表达的概念,也往往是普遍概念。如"走"、"跑"、"跳"、"勇敢"、"聪明"、"美丽"等,都是反映某类事物的某一状态或某种性质的概念,因而都是普遍概念。

普遍概念也可用词组来表达,如"人民政府"、"中国人民解放军战士"、"第三世界国家"、"中等发达国家"、"既得利益者"等。

普遍概念反映事物的类,类中的每一个对象,对于类来说叫作"类的分子"。例如,"世界著名城市"这个类,它的分子是指每一个具体的城市,如上海、巴黎、纽约等。有的大类中包含着小类,小类又叫作"子类"。如"球类运动"这个大类中包含"篮球运动"、"排球运动"等,它们都是"球类运动"的子类。

### 二、集合概念和非集合概念

根据概念所反映的对象是否为集合体,可以将其分为集合概念和非集合概念。集合体是由许多同类个体组成的统一整体。集合体所具有的属性,只为该集合体所具有,而不必为组成该集合体的个体所具有。

（一）集合概念

集合概念是以集合体为反映对象的概念。例如,"中国共产党"反映的是一个集合体,它是由一个个的党员作为个体组成的整体,它所具有的性质,是组成该集合体的任何个体所未必具有的。再如,"中华民族"所反映的也同样是由像汉族这样 56 个民族所组成的整体。这些概念,就叫作集合概念。再如,"花卉"、"大兴安岭森林"、"中国工人阶级"、"五角丛书"等概念也是以集合体为反映对象的,也是集合概念。

（二）非集合概念

非集合概念是以非集合体为反映对象的概念。例如,"党员"、"民族"、"花"、"树"、"大炮"、"书"等,它们都不是反映事物集合体的概念,属于非集合概念。

在思维活动中,需要把集合概念与非集合概念严格加以区分,这对人们明确概念和准确运用概念是很有意义的。

同一语词在不同语言环境中,有时在反映集合体意义下使用,表达集合概念;有时在反映非集合体意义下使用,表达非集合概念。如:

例 2-1　人民也只有人民才是推动历史发展的真正动力。

例 2-2　人民应享有广泛的民主权利。

"人民"这个语词在例 2-1 中是在反映集合体意义下使用的,表达集合概念。它说明"推动历史发展的真正动力"是对"人民"整体而言,不是指某一个人。换言之,只有"人民"这一整体才具有这样的属性。而例 2-2 中,"享有广泛的民主权利"可以用于每个人,这说明此例中的"人民"反映的是非集合体,表达非集合概念。可见,结合语境分析是区分集合概念与非集合概念的重要手段。

在实际运用中,有时会因搞不懂集合概念与非集合概念的区别,而将二者误用。例如，"人是由劳动创造的，张山是人，所以张山是由劳动创造的"，这是一个推理，它就混淆了集合与非集合概念："人是由劳动创造的"中的"人"是集合概念，"张山是人"中的"人"则是非集合概念。再如，"我们中间有三个中国共产党"，这是一个有逻辑错误的病句，因为"中国共产党"是个集合概念，它是反映一个整体的，一般不能用数量词修饰。这里是将"中国共产党"这个集合概念与"中国共产党党员"这个非集合概念相混淆了。

　　这里有关概念的知识涉及两种不同的关系，一是集合体与个体的关系，一是类和分子的关系。集合体是由一个个具体的个体组成的统一整体，每个具体的个体不必具有该集合体的属性。类是组成类的分子共性的概括，其中每个分子必定具有该类的属性并属于该类。例如，"森林"与"某棵松树"之间的关系就是集合体与个体的关系。"某棵松树"可以成为"森林"的组成部分，但未必具有"森林"所具有的属性。因此，"某棵松树是森林"这个表达是不合逻辑的。再如，"树"与"某棵松树"，二者就是类与分子的关系。"某棵松树"具有"树"所具有的属性，且属于"树"这一类。因此，我们完全可以这样表达："某棵松树是树"。

### 三、正概念和负概念

　　根据概念所反映的对象具有还是不具有某种属性，可以将概念分为正概念和负概念。

　　（一）正概念

　　正概念是反映对象具有某种属性的概念。正概念也叫肯定概念。如"马克思主义者"、"合法行为"、"正当竞争"、"正义战争"、"勇敢"、"进步"、"积极"、"健康"等，这些概念都是正概念。

　　（二）负概念

　　负概念是反映对象不具有某种属性的概念。负概念也叫否定概念。如"非马克思主义者"、"不合法行为"、"不正当竞争"、"非正义战争"、"不勇敢"、"不进步"、"不积极"、"不健康"等，都是负概念。从语言角度来看，表达负概念的语词往往带有"无"、"不"、"未"、"非"这样的否定词。但是，带有"无"、"不"、"未"、"非"字样的语词，未必都表达负概念。如"无产阶级"、"不丹"、"非洲"等，它们不表达负概念，仍是正概念。

负概念总是相对于某个特定范围而言的,这个范围在逻辑上叫该概念的论域。如:"不合法行为"是指合法行为以外的行为,其论域就是行为;"不正当竞争"是指正当竞争以外的竞争,其论域就是竞争。以此类推,非正义战争的论域就是战争,未成年人的论域就是人等。

对同一对象可以反映它具有某种属性,形成正概念;也可以反映它不具有另一种属性,形成负概念。如日本侵华战争,可以反映它的侵略本质,形成"侵略战争"这一概念;也可以反映它不具有正义性质,形成"非正义战争"这一概念。思维往往根据实际需要而运用不同的概念。

## 第三节　概念间的关系

客观事物之间存在着这样那样的关系,反映到人脑中,概念之间也存在着各种各样的关系。逻辑学不研究存在于特定概念之间的具体关系,那是各门具体学科的研究内容,逻辑学仅仅从外延方面来研究概念之间的关系。两个概念之间的外延关系有下列五种:

### 一、全同关系

全同关系是指两个概念的外延完全重合的关系。设有 A、B 两个概念,如果所有的 A 都是 B,同时,所有的 B 都是 A,那么,A 与 B 之间的关系就是全同关系。全同关系又叫同一关系。

例 3-1　等边三角形(A)与等角三角形(B)

例 3-2　三月八日(A)与国际妇女节(B)

例 3-3　相对论的创立者(A)与爱因斯坦(B)

在上述三例中,每组的两个概念,其外延都是完全重合的,因此它们分别构成了全同关系。具体就例 3-1 而言,所有的等边三角形都是等角三角形,所有的等角三角形都是等边三角形。所以,"等边三角形"与"等角三角形"是全同关系。其余例子,以此类推。

两个概念之间的全同关系可用图形表示如下:

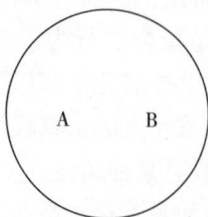

具有全同关系的两个概念,虽然其外延完全重合,但内涵并不完全相同。如"三月八日"与"国际妇女节",前者是反映一年中的某一天,后者是反映妇女的国际性节日,它们的内涵并不完全相同。如果两个概念之间不仅外延相同,而且内涵也完全相同,那就不是具有全同关系的两个概念,而是同一概念。如"西红柿"与"番茄"就是外延与内涵完全相同的一个概念。

掌握全同关系,可以在有关表述中变换使用具有全同关系的不同概念,以便从多个方面揭示同一对象的丰富内涵。例如,在表述中我们可以变换使用以下不同概念,以便从不同侧面反映鲁迅先生,进而加深人们对他的认识:"集伟大的文学家、思想家和革命家于一身的人"、"《阿Q正传》的作者"、"空前的民族英雄"、"新文化运动的主将"、"许广平的丈夫"、"周海婴的父亲"等。

## 二、属种关系

属种关系就是指一个概念的部分外延与另一概念的全部外延相重合的关系。设有 A、B 两个概念,如果所有的 B 都是 A,但是有的 A 不是 B,那么 A 与 B 之间的关系就是属种关系。属种关系又称真包含关系。

　　例3-4　动物(A)与脊椎动物(B)

　　例3-5　电器(A)与家用电器(B)

　　例3-6　古都(A)与开封(B)

在以上三例中,每组的两个概念之间都是属种关系。具体就例3-4而言,所有的脊椎动物都是动物,但有的动物不是脊椎动物。因此,"动物"与"脊椎动物"是属种关系。其余例子,以此类推。

两个概念之间的属种关系可用图形表示如下:

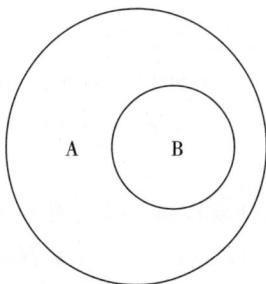

### 三、种属关系

种属关系就是指一个概念的全部外延与另一概念的部分外延相重合的关系。设有 A、B 两个概念,如果所有的 A 都是 B,但是有的 B 不是 A,那么 A 与 B 之间的关系就是种属关系。种属关系又称真包含于关系。

　　例 3-7　哺乳动物(A)与脊椎动物(B)

　　例 3-8　小麦(A)与农作物(B)

　　例 3-9　教师(A)与脑力劳动者(B)

在以上三例中,每组的两个概念之间就是种属关系。具体就例 3-7 而言,所有的哺乳动物都是脊椎动物,但有的脊椎动物(如鱼类、两栖类、爬行类、鸟类等)不是哺乳动物。所以,"哺乳动物"与"脊椎动物"这两个概念之间就是种属关系。其余例子,以此类推。

两个概念之间的种属关系可用图形表示如下:

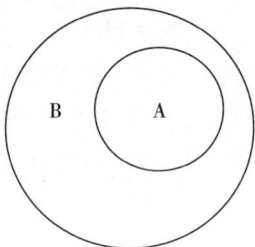

在属种关系和种属关系中,都有一个外延较大的概念和一个外延较小的概念。外延较大的概念叫作属概念,外延较小的概念叫作种概念。例如,

"工人"与"纺织工人",其中"工人"的外延大于"纺织工人"的外延,因此,"工人"就是属概念,"纺织工人"就是种概念。

属概念与种概念的区别是相对的。例如,"学生"对于"人"来说,它的外延小,因而是种概念;但对于"大学生"来说,其外延较大,因此就是属概念了。

在语言表达中,具有属种或种属关系的概念一般不宜并列使用。例如,"参加本次教师节庆祝活动的有校领导、骨干教师和教育工作者",这里的"校领导"、"骨干教师"与"教育工作者"之间分别构成种属关系。如此表达,会使人误认为"教育工作者"不包括"校领导"和"骨干教师"。因此,运用概念时应注意避免类似的错误,即"属种不当并列"。

但是,有时候按照习惯,具有属种关系或种属关系的概念也可以并列使用。例如,"所有的团员和青年都要为实现四个现代化而勤奋学习",这里的"青年"显然指"非团员的青年",但语言习惯上却不说"所有的团员和非团员的青年……",而将"非团员的"四个字省略。遇见这种情况,要尊重语言"约定俗成"的习惯,不能简单机械地否定有关表达。

### 四、交叉关系

交叉关系就是指一个概念的部分外延与另一个概念的部分外延相重合的关系。设有 A、B 两个概念,它们的外延仅有一部分是重合的,即有的 A 是 B,有的 A 不是 B,而且,有的 B 是 A,有的 B 不是 A,那么,A 和 B 之间的关系就是交叉关系。

例 3-10 党员(A)与干部(B)

例 3-11 青年人(A)与医生(B)

例 3-12 水生动物(A)与哺乳动物(B)

在以上三例中,每组的两个概念之间都是交叉关系。具体就例 3-11 而言,有的青年人是医生,有的青年人不是医生;而且,有的医生是青年人,有的医生不是青年人。因此,"医生"与"青年人"这两个概念是交叉关系。其余例子,以此类推。

两个概念之间的交叉关系可用图形表示如下:

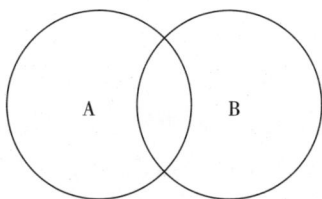

上述两个概念之间的全同关系、属种关系、种属关系以及交叉关系，它们有一个共同点，即 A、B 两个概念至少有一部分外延是重合的：全同关系——A 与 B 外延全部重合；属种关系——A 的部分外延与 B 的全部外延重合；种属关系——A 的全部外延与 B 的部分外延重合；交叉关系——A 的部分外延与 B 的部分外延重合。逻辑学上把这四种关系统称为相容关系。

**五、全异关系**

全异关系就是指两个概念的外延没有任何部分重合的关系。设有 A、B 两个概念，如果它们的外延没有任何部分重合，即所有的 A 都不是 B，那么 A 与 B 之间的关系就是全异关系。全异关系又叫不相容关系。

  例 3-13　长篇小说(A)与短篇小说(B)

  例 3-14　无脊椎动物(A)与脊椎动物(B)

  例 3-15　村庄(A)与树(B)

在这三个例子中，每组的两个概念之间都是全异关系。具体就例 3-13 而言，所有的长篇小说都不是短篇小说，因此，"长篇小说"与"短篇小说"这两个概念之间是全异关系。其余例子，以此类推。

两个概念之间的全异关系可用图形表示如下：

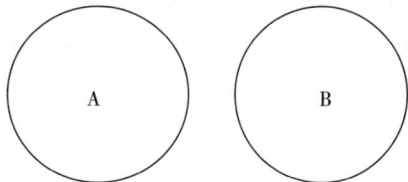

全异关系还可以进一步分为反对关系和矛盾关系。

（一）反对关系

具有全异关系的两个概念，如果同时包含于另一属概念之中，并且它们的外延之和小于其属概念的外延，那么，这两个概念间的外延关系就是反对关系。设 A、B 是具有全异关系的两个概念，它们同属于另一概念 C。如果 A 与 B 的外延之和小于 C 的全部外延，那么，A 与 B 之间的关系就是反对关系。

例 3-16　动物（A）与植物（B）

例 3-17　白色（A）与红色（B）

例 3-18　中学生（A）与大学生（B）

在以上三例中，每组的两个概念之间都是反对关系。具体就例 3-16 而言，"动物"与"植物"这两个概念都包含于"生物"这一概念之中，而且它们的外延小于"生物"的外延。除了动物与植物，微生物也是生物。因此，"动物"与"植物"这两个概念是反对关系。

两个概念之间的反对关系可用图形表示如下：

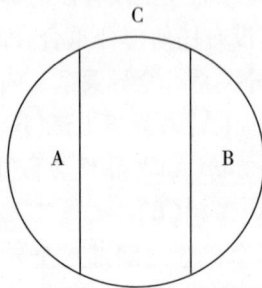

（二）矛盾关系

具有全异关系的两个概念，如果同时包含于另一属概念之中，并且它们的外延之和等于其属概念的外延，那么，这两个概念间的外延关系就是矛盾关系。设 A、B 是具有全异关系的两个概念，它们都包含于另一个概念 C 之中。如果 A 与 B 的外延之和等于 C 的全部外延，那么，A 与 B 之间的关系就是矛盾关系。

例 3-19　无产阶级（A）与非无产阶级（B）

例 3-20　机动车（A）与非机动车（B）

例 3-21　成年人（A）与未成年人（B）

以上三例中,每组的两个概念之间都是矛盾关系。具体就例 3-19 而言,"无产阶级"和"非无产阶级"这两个概念都包含于"阶级"这一概念之中,而且它们的外延之和等于"阶级"的外延,因此,"无产阶级"和"非无产阶级"这两个概念是矛盾关系。

两个概念之间的矛盾关系可用图形表示如下:

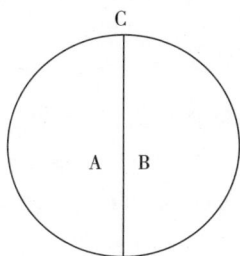

概念间的关系可用简表表示如下:

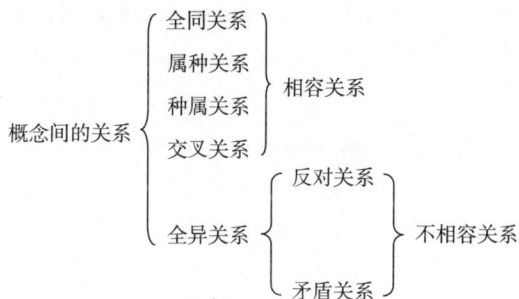

## 第四节 概念的限制与概括

### 一、概念内涵与外延间的反变关系

在具有属种关系或种属关系的两个概念之间,如果一个概念的外延愈大,它的内涵就愈少;如果一个概念的外延愈小,它的内涵就愈多。反之,如果一个概念的内涵愈少,它的外延就愈大;如果一个概念的内涵愈多,它的外延就愈小,这就是概念内涵与外延之间的反变关系。

　　例如,"本科生"和"大学生"是两个具有种属关系的概念。其中,"本科生"的外延虽然较小,但其内涵却较多;"大学生"的外延虽然较大,但其内涵却较少。

　　概念内涵与外延之间的反变关系,只适用于具有属种关系或种属关系的两个概念之间,不适用于具有其他关系的概念之间。这种关系,是对概念进行限制和概括的逻辑根据。

### 二、概念的限制

　　概念的限制是通过增加概念的内涵,进而缩小其外延的逻辑方法。例如,对"学生"增加"品德好"、"学习好"、"身体好"这些内涵,就限制为"三好学生"。对"工人"增加"在石油岗位工作"的内涵,就限制为"石油工人"。

　　限制是缩小概念的外延,即由属概念过渡到种概念的逻辑方法。

　　根据需要,限制可以一次完成,也可以连续进行。例如,给"战争"增加"中国人民联合抗日"、"坚持八年打败日寇"这些内涵就限制为"抗日战争",这属于一次限制。再如,毛泽东在《中国革命战争的战略问题》一文中指出:

　　　　例4-1　"战争——从有私有财产和有阶级以来就开始了的、用以解决阶级和阶级、民族和民族、国家和国家、政治集团和政治集团之间、在一定发展阶段上的矛盾的一种最高的斗争形式。"

　　　　　　"革命战争——革命的阶级战争和革命的民族战争,在一般战争的情形和性质之外,有它的特殊的情形和性质。"

　　　　　　"中国革命战争——不论是国内战争或民族战争,是在中国的特殊环境之内进行的,比较一般的战争,一般的革命战争,又有它特殊的情形和特殊的性质。"①

以上论述就是连续两次对"战争"这一概念进行限制。这样,可以使人们从对战争的一般性认识过渡到对中国革命战争的具体认识。

　　概念的限制适用于把一般性概念具体化,但是,限制也有限度,单独概

---

　　① 《毛泽东选集》第一卷,人民出版社 1991 年版,第 171 页。

念是限制的极限。例如,由"战争"可以限制到一个具体的单个战争"抗美援朝战争",往下,就不能再对"抗美援朝战争"进行限制了。因为单独概念是外延最小的概念,不可能找到比它更小的种概念。

概念限制的语言表达形式,一般是在表达被限制概念的语词前面增加限制性语词。例如,在"文明"前面加上"政治",就过渡到"政治文明";在"战士"前面加上"勇敢",就过渡到"勇敢的战士"。但是,并非任何增加限制性语词的情况都是概念的限制。例如,把"杭州西湖"前面加上"美丽",过渡到"美丽的杭州西湖";把"天安门"前面加上"雄伟壮观",过渡到"雄伟壮观的天安门",等。这些都不是限制,因为,它们没有达到缩小概念外延的目的,增加的内涵是相应对象本身就已经具有的。

概念的限制是思维中经常运用的逻辑方法,它有助于人们准确表达思想,实现认识由一般到个别(或特殊)的过渡。

### 三、概念的概括

概念的概括是通过减少概念的内涵进而扩大其外延的逻辑方法。例如,将"党的高级干部"减去"高级"这一内涵,就过渡为"党的干部";将"失足青年"减去"失足"这一内涵,就过渡为"青年"。

概括是扩大概念的外延,即由种概念过渡到属概念的逻辑方法。

根据需要,概念的概括可以一次完成,也可以连续进行。例如,由"中国人"过渡到"人",由"高等数学"过渡到"数学",由"植物"过渡到"生物",这些都属于一次概括。再如,毛泽东在《反对自由主义》一文中,先分别列举了自由主义的 11 种具体表现(如保持一团和气,不负责任的背后批评,事不关己、高高挂起,命令不服从、个人意见第一,见损害群众利益的行为听之任之,办事不认真,摆老资格等),再总括指出:"所有这些,都是自由主义的表现",[1]"自由主义是机会主义的一种表现"[2]。这就属于连续运用概括方法。其结果,有助于人们深刻地认识自由主义的本质。

对一个外延较小的概念可以进行连续概括,但到底要概括到什么程度,则要看实际的需要。此外,概括也是有限度的,概括的极限是哲学范畴。例

---

[1] 《毛泽东选集》第二卷,人民出版社 1991 年版,第 360 页。

[2] 《毛泽东选集》第二卷,人民出版社 1991 年版,第 361 页。

如,物质、意识、运动、静止、原因、结果等,这些都是外延最大、适用范围最广的概念,再也不可能找到它们的属概念,当然也就不可能再进行概括。

概念概括的语言表达形式,一般是将表达一定概念的语词中的限制词去掉。例如,从"司法干部"过渡为"干部",从"无国籍的人"过渡为"人"。但是,也有不是以减去限制词的方式对概念进行概括的。例如,将"学生"概括为"人",将"洗衣机"概括为"家用电器"等。

概念的概括也是思维中常用的逻辑方法,它有助于人们对具体问题的认识从个别(或特殊)上升为一般,进而使认识得以扩展和深化。

## 第五节 定 义

### 一、什么是定义

定义是揭示概念内涵的逻辑方法。给一个概念下定义,就是用简短、明确的语句将概念所反映的对象的本质属性或特有属性揭示出来。

例5-1 宪法就是规定国家的政治制度、经济制度以及公民的基本权利和义务等重要内容的根本大法。

例5-2 货币就是固定充当一般等价物的商品。

例5-1是给"宪法"下的定义,它揭示了"宪法"的内涵,即"规定国家的政治制度、经济制度以及公民的基本权利和义务等重要内容的根本大法"。例5-2是给"货币"下的定义,它揭示了"货币"的内涵,即"固定充当一般等价物的商品"。

定义由被定义项、定义项和定义联项三部分组成。

被定义项就是被揭示内涵的概念,如例5-1中的"宪法",例5-2中的"货币"。定义项就是用来揭示被定义项内涵的概念,如例5-1中的"规定国家的政治制度、经济制度以及公民的基本权利和义务等重要内容的根本大法",例5-2中的"固定充当一般等价物的商品"。定义联项就是将被定义项和定义项联结起来的概念,如例5-1中的"就是"。需要指出,定义联项的语言表达形式往往是灵活多样的,如"是"、"就是"、"即"等。

### 二、定义的种类

属加种差定义和语词定义是定义的两种基本类型,它们的区别主要在于揭示概念内涵的途径不同。

(一)属加种差定义

属加种差定义就是通过揭示被定义项的邻近属概念和种差,进而明确概念内涵的定义。

例5-3　人是能够制造和使用生产工具的动物。

例5-4　商品是用来交换的劳动产品。

例5-3是给"人"下的定义,该定义揭示了"人"这一概念的属概念——"动物"和种差——"能够制造和使用生产工具"。例5-4是给"商品"下的定义,该定义揭示了"商品"这一概念的属概念——"劳动产品"和种差——"用来交换"。它们是典型的属加种差定义。

属加种差定义通常用下列公式表示:

$$被定义项 = 种差 + 邻近的属概念$$

具体给出属加种差定义时,一般包括以下四个步骤:

第一步,揭示被定义项的邻近属概念。

下定义首先要找到比被定义项的范围更大、外延更广泛的邻近属概念。如果被定义项的属概念有几个,可以根据实际需要,选择其中的一个作为邻近属概念。例如,"人"作为被定义项就有"哺乳动物"、"动物"、"生物"等多个属概念,究竟选择哪一个作为邻近属概念,这要根据对"人"作怎样的区别,即对"人"认识的实际需要来决定。

第二步,揭示被定义项的种差。

种差就是作为种概念的被定义项和在同一属概念下其他同级种概念之间的根本差别,也就是被定义项所具有,而同一属概念下其他同级种概念不具有的本质属性或特有属性。例如,"商品"作为种概念,"劳动产品"是它的"属概念"。在"劳动产品"这个概念下还有其他概念作为种概念,但"用来交换"这种属性却只为"商品"这个种概念所特有。因此,"用来交换"就是"商品"这个被定义项的"种差"。

第三步,构成定义项。

将被定义项的种差放在邻近的属概念之前,从而构成定义项。例如,将"用来交换"放在"劳动产品"之前,就构成了有关"商品"定义的"定义项"。

再如,将"能够制造和使用生产工具"放在"动物"之前,就构成了有关"人"的定义的定义项。

第四步,构成完整的属加种差定义。

用定义联项将被定义项和定义项联结起来,从而使之成为一个完整的定义。例如,"人是能够制造和使用生产工具的动物"、"商品是用来交换的劳动产品",就分别是"人"和"商品"的完整定义。

根据种差内容的不同,属加种差定义又可分为性质定义、功用定义、关系定义和发生定义等。

性质定义就是以反映对象的性质为种差的属加种差定义。

    例5-5   法院是专门行使审判权的国家机关。

    例5-6   新民主主义革命就是无产阶级领导的,以工农联盟为基础的,人民大众的,反对帝国主义、封建主义与官僚资本主义的革命。

功用定义就是以反映对象的功能或作用作为种差的属加种差定义。

    例5-7   温度计是用来测量大气温度的物理仪器。

    例5-8   资本是能够带来剩余价值的价值。

关系定义就是以反映一定对象与其他对象之间的关系为种差的属加种差定义。

    例5-9   偶数是能被 2 整除的数。

    例5-10   钝角就是大于直角而小于平角的角。

发生定义就是以反映对象的产生或形成过程作为种差的属加种差定义。

    例5-11   圆是平面上与一定点等距离的点的轨迹。

    例5-12   水分子是由两个氢原子和一个氧原子组合而成的化合物。

属加种差定义是日常思维中常见的定义类型,但它也存在局限性。对单独概念和某个领域里的范畴,不可以对它们给出属加种差定义。这是因为,单独概念反映某一具体事物。要把某单独概念的内涵揭示出来,往往要列举众多方面的内容,用属加种差法难以做到。范畴就某一领域而言所反映的是一个外延最大的类,再也找不到能包含它的类,也就是说,不可能给某个范畴找到属概念。所以,也无法用属加种差的方法给范畴下定义。

（二）语词定义

语词定义是一种特殊的定义，它通过说明或规定语词的意义来揭示概念的内涵。语词定义有说明的语词定义和规定的语词定义两种。

说明的语词定义就是揭示某语词已经确定的意义的语词定义。

例5-13 "英特纳雄耐尔"是法语中"国际"一词的音译，在《国际歌》中指国际共产主义理想。

例5-14 "单方"也称"丹方"，是指民间流传的疗效较好的药方。

这两个例子分别是"英特纳雄耐尔"和"单方"两语词的说明性定义。它们的被定义项都是语词，定义项则是对语词作出的说明性解释。

规定的语词定义就是对一个新词或者在某种特定意义上使用的语词作出的规定性解释。

例5-15 "故意犯罪"就是明知自己的行为会发生危害社会的结果，并希望或放任这种结果产生而构成的犯罪。

例5-16 "四有新人"中的"四有"是指有理想、有道德、有文化、有纪律。

这两例分别是给"故意犯罪"和"四有新人"中的"四有"两语词所作的规定性定义。通过给"故意犯罪"这一语词作出定义，将刑法对它规定的含义明确揭示了出来。法律中有很多类似的定义。通过给"四有新人"中的"四有"这一语词作出定义，将被压缩后的语词所包含的丰富内容向人们完全展示了出来。


**三、定义的规则**

要给概念下一个正确的定义，除了需要掌握有关的具体知识以外，还必须遵守以下定义的规则：

1.定义必须是相应相称的。

这条规则就是要求定义项的外延和被定义项的外延必须完全相等。定义项的外延既不能大于也不能小于被定义项的外延，只能等于被定义项的外延。如果违反了这条规则，就会犯"定义过宽"或"定义过窄"的逻辑错误。

所谓"定义过宽"，就是指定义项的外延大于被定义项的外延。例如，"资本家是剥削别人劳动的人"，这一定义就犯了"定义过宽"的逻辑错误。

因为"剥削别人劳动的人"除了资本家以外,还有奴隶主、地主等。

所谓"定义过窄",就是指定义项的外延小于被定义项的外延。例如,"期刊就是每周或每月定期出版的刊物",这个定义就犯了"定义过窄"的逻辑错误。因为"定期出版的刊物"除了周刊、月刊,还包括半月刊、双月刊和季刊等。

2.定义项中不得直接或间接地包含被定义项。

下定义的目的就是为了通过揭示被定义项的内涵来明确概念。如果定义项中包含了被定义项,那么就不能达到明确概念内涵的目的。违反这条规则,就会犯"同语反复"或"循环定义"的逻辑错误。

所谓"同语反复",就是定义项中直接包含了被定义项。例如,"痛苦就是痛苦的感觉","机会主义者就是有机会主义观点的人",这两个定义都犯了"同语反复"的逻辑错误。

所谓"循环定义",就是定义项中间接包含了被定义项。例如,"原因是引起结果的现象,结果又是原因引起的现象",这个定义就犯了"循环定义"的逻辑错误。因为它在给"原因"下定义时用"结果"来说明,而在解释"结果"时,它又用"原因"来说明,这等于转了一圈又回到了原地,还是没有揭示出被定义项的内涵。

3.定义一般要用肯定形式。

运用否定形式来下定义,只能说明被定义项没有某种内涵,而不能揭示出被定义项有什么样的内涵。因此,在定义过程中除非必要(在给负概念下定义时),不得运用否定形式。违反这条规则,就要犯"定义否定"的逻辑错误。

例如,"共青团员不是共产党员","经济特区是非行政特区",在这两个定义中,前者的联项是否定形式的,它没有揭示出"共青团员"这个概念的内涵。后者的定义项是否定形式的,即负概念,它也没有揭示出"经济特区"这个概念的内涵。这两个定义都犯了"定义否定"的逻辑错误。

4.定义必须清楚、确切。

定义是用来揭示概念内涵的,因此,在表达时不能运用含混不清的概念,也不能用比喻来代替定义。如果违反了这条规则,就会犯"定义含混"或"以比喻作定义"的逻辑错误。

例如,德国唯心主义哲学家杜林曾经给"生命"下了这样的定义:"生命就是通过塑造出来的模式化而进行的新陈代谢"。这里所运用的"塑造出来的模式化",是一个含混不清的概念。因此,它犯了"定义含混"的逻辑错误。再如,"儿童是祖国的花朵","教师是人类灵魂的工程师",这些都是比喻,不能当做定义来运用。否则,就会犯"以比喻作定义"的逻辑错误。

遵守以上定义的规则,是保证定义正确的必要条件。如果违反了这些规则中的任何一条,就不能准确地揭示出概念的内涵,进而也就不能达到明确概念的目的。

# 第六节 划 分

## 一、什么是划分

划分是把属概念所包含的种概念揭示出来,进而明确属概念外延的逻辑方法。

例 6-1 社会文明可分为物质文明、精神文明和政治文明。

例 6-2 人民法院可分为最高人民法院、地方各级人民法院和专门人民法院。

例 6-3 岛可分为大陆岛、火山岛和珊瑚岛。

以上三例都属于划分。它们分别揭示了"社会文明"、"人民法院"以及"岛"这三个概念的外延。

明确概念的外延,就是要说明概念反映的是哪些对象,适用于多大的范围。对于外延只有一个或几个分子的概念而言,可以通过直接指出分子的方式来明确其外延。例如,要明确"地球上的大洲"这个概念的外延,可以把七大洲一一列举出来。对于外延有许多以至无数分子的概念而言,就不能用一一列举的方法来明确其外延,而只能用划分的方法。例如,要明确"人"这个概念的外延,可以把"人"分为"男人和女人"、"中国人和外国人"或者"青年人和非青年人"等等。这样,就可以把"人"这个概念的外延分析清楚。

划分由三个要素构成,即划分的母项、划分的子项和划分的根据。

被划分的属概念叫作划分的母项,如例 6-1 至 6-3 中的"社会文明"、"人民法院"、"岛"等。从母项中划分出来的种概念叫作划分的子项,如例

6-1 中的"物质文明"、"精神文明"和"政治文明",例 6-2 中的"最高人民法院"、"地方各级人民法院"和"专门人民法院",例 6-3 中的"大陆岛"、"火山岛"和"珊瑚岛"。作为划分标准的属性叫作划分的根据,如例 6-1 的划分根据是人类改造世界的不同成果。例 6-2 的划分根据是人民法院的职责和案件的管辖不同。例 6-3 的划分根据是岛的形成原因。需要指出,在具体的划分中,划分的根据是一定存在的,但在语言表述上却不一定显现。

概念的划分与对象的分解有着明显的区别。概念的划分是把一个属概念分为若干个种概念,划分出来的每个种概念都具有属概念的内涵,即子项都具有母项的内涵。而对象的分解是把一个整体对象分成若干组成部分,每个组成部分不必具有整体对象的属性。例如,把一个人分成头部、颈部、躯干和四肢,把一棵树分成树根、树干、树枝和树叶,等等,这些都是分解。

### 二、划分的种类

#### (一)一次划分和连续划分

一次划分就是只包含一层母项和子项的划分。例如,"犯罪"分为"故意犯罪"和"过失犯罪",这就是一次划分。

连续划分就是包含至少两层母项和子项的划分,即把母项划分为若干子项后,再将一定的子项作为母项继续划分,直到满足实际需要为止。例如,把"语词"先划分为"实词"和"虚词",再把"实词"划分为"名词"、"动词"、"形容词"、"数词"、"量词"和"代词",把"虚词"划分为"副词"、"介词"、"连词"、"助词"和"叹词"等,这就属于连续划分。

#### (二)二分法和非二分法

二分法是一次将母项分为两个子项的划分。它通常是以对象有无某种属性作为划分依据,将一个属概念分为一个正概念和一个负概念。

例 6-4　法人分为企业法人和非企业法人。

例 6-5　战争分为正义战争和非正义战争。

例 6-6　哲学分为唯物主义和唯心主义。

例 6-4 和例 6-5 是把一个属概念划分成一个正概念、一个负概念。例 6-6 是把一个属概念划分成两个具有矛盾关系的正概念。它们都属于二分法。二分法既有优点又有缺点。由于二分法划分出的子项往往是一个正概念和一个负概念，这样，便于人们把注意力集中于某部分上；并且，这种划分简捷易行，不易出错误。但是，二分法子项中的负概念，只反映对象不具有某种属性，未从正面表明它具有什么属性，因而它的内涵不太清晰。

二分法也有一次划分和连续划分。如"人"可以分为"中国人"和"非中国人"，"中国人"还可以继续分为"成年中国人"与"非成年中国人"。

非二分法就是二分法以外的划分。例如，"人种分为黄色人种、白色人种、黑色人种和棕色人种"，这就是一个非二分法。

### 三、划分的规则

要作出正确的划分，除了要掌握划分的种类之外，还必须遵守以下规则：

1.划分必须相应相称。

这条规则要求划分的各子项外延之和必须等于母项的外延，既不能大于也不能小于母项的外延。违反这条规则，就会犯"划分不全"或"多出子项"的逻辑错误。

"划分不全"就是子项的外延之和小于母项的外延。"多出子项"就是子项的外延之和大于母项的外延。例如，"直系亲属分为父母、子女和配偶"，这个划分的子项外延之和等于母项的外延。如果将"直系亲属"划分为"父母"、"儿子"、"配偶"，缺少了"女儿"，这就犯了"划分不全"的逻辑错误。如果加上"同胞兄弟姐妹"这一子项，子项的外延之和大于母项的外延，这就犯了"多出子项"的逻辑错误。

2.每次划分的根据必须同一。

这条规则要求，在每一次划分过程中只能采用同一根据，不能同时采用几种不同的根据。违反这条规则，就要犯"划分根据不同一"的逻辑错误。

例如，"电视机分为黑白电视机、彩色电视机和国产电视机"，这一划分犯了"划分根据不同一"的逻辑错误。因为"黑白电视机"和"彩色电视机"涉及电视机的显像颜色，"国产电视机"涉及电视机的产地。在同一层次的划分中是不允许采用两种不同的划分根据的。

需要说明的是，每次划分的根据必须同一，并不是指在连续划分过程中始终得采用同一根据，而是仅指在每一次划分过程中必须采用同一根据。

3.划分后的子项应互不相容。

这条规则要求划分后的各子项之间必须是不相容关系,不能是相容关系。违反这条规则,就要犯"子项相容"的逻辑错误。例如,"直拨电话分为国内直拨电话、国际直拨电话和自费直拨电话",这就犯了"子项相容"的逻辑错误。因为有的"国内直拨电话"是"自费直拨电话",有的"国际直拨电话"也是"自费直拨电话"。划分后的子项之间出现相容关系,势必会引起划分上的混乱。

上述三条规则是相互联系的。在判定一个划分是否正确时,要用划分规则逐一对照衡量。

### 四、分类与列举

分类是根据对象的本质属性或显著特征所进行的划分,它是划分的一种特殊形式。

划分是分类的基础,任何分类都是划分,但并非所有划分都是分类。它们之间的区别是:第一,根据不同。划分是把区别对象的一般属性作为划分根据,而分类则是把对象的本质属性或显著特征作为分类根据。第二,作用不同。划分是由人们的实践需要决定的,当某一实践过程结束,有关划分便随之失去意义;而分类则是关于某类对象的知识的系统化,在新的分类未产生之前,已有分类将长期起作用,具有较大的稳定性。例如,植物分类、图书分类、化学元素分类等就是这样。

分类包括自然分类和辅助分类。自然分类是根据对象的本质属性把对象排列成各个类。例如,"木本植物分为乔木和灌木",这就是自然分类。辅助分类是根据对象的某种显著特征把对象排列为各个类,其目的是为了从被分类的对象中易于找出某个对象。例如,《现代汉语词典》或者是根据字的部首来编排,或者是根据字的汉语拼音顺序来编排,这些都是属于辅助分类。

列举是划分的特殊形式。列举与划分的区别表现在:划分是以对象一定的属性作根据,列出母项的全部子项;列举则是以对象一定的属性作根据,只列出母项的部分子项。例如,"太阳系的行星包括水星、金星、地球、火星、木星、土星等八大行星",这就是一个列举。根据实际需要,有时也可只具体指出母项中的一个子项。例如,"联合国常任理事国包括中国等五个国家"。列举的语词标志有"例如"、"主要有"、"等"、"之一"等。这样,仍能保持子项的外延之和与母项的外延相等。

### 习 题

#### 一、填空题

1.概念的基本逻辑特征是任何概念都有_____和_____。

2.一个定义的定义项真包含于被定义项,则该定义犯的逻辑错误是_____。

3.在一个正确的划分中,母项与子项在外延上具有_____关系,子项和子项之间则具有_____关系。

4.划分后各子项的外延之和如果大于母项的外延,则会犯_____的逻辑错误;如果小于母项的外延,则会犯_____的逻辑错误。

5.概念的限制与概括的逻辑依据是_____。

6.对概念进行限制的极限是_____,对概念进行概括的极限是_____。

7.划分是揭示概念_____的逻辑方法,它由三个要素构成,即_____、_____和_____。

8.任何定义在逻辑结构上都包括_____、_____和_____。

#### 二、单项选择题

1.在某家饭店,一桌人边用餐边谈生意。其中,一个人是哈尔滨人,两个人是北方人,一个人是广东人,两个人只做电脑生意,三个人只做服装生意。

假设以上介绍涉及餐桌上所有的人,那么这一桌最少可能是几个人?最多可能是几个人? ( )

A.最少可能是三人,最多可能是八人。

B.最少可能是五人,最多可能是八人。

C.最少可能是五人,最多可能是九人。

D.最少可能是三人,最多可能是九人。

E.无法确定。

2.下派干部中:有三个人是到基层锻炼过的,四个是山东人,两个是济南人,五个是研究生学历。

假设以上情况涉及了开现场会的所有人员,其中济南人不是研究生学历,那么,开现场会的全部人数是(　　)。

A.最少 5 人,最多 12 人。　　　　B.最少 7 人,最多 12 人。

C.最少 5 人,最多 14 人。　　　　D.最少 7 人,最多 14 人。

3.绝对反义词:也称互补反义词,这类反义词在意义上互相排斥,肯定甲必否定乙,肯定乙必否定甲;同时,否定甲就必肯定乙,否定乙就必肯定甲。

根据上述定义,下列选项中属于绝对反义词的一组是(　　)。

A.完整——残缺　　　　　　B.高兴——生气

C.寒冷——温暖　　　　　　D.卑微——高尚

4.“平反是对处理错误的案件进行纠正”。

下列哪个选项能最为确切地说明上述定义的不严格?(　　)

A.对案件是否处理错误,应该有明确的标准,否则不能说明什么是平反。

B.应该说明平反的操作程序。

C.应该说明平反的主体,平反的主体应该具备足够的权威性。

D.对平反的客体应该具体分析,平反了,不等于没错误。

E.处理错误的案件包括三种:重罪轻判、轻罪重判和无罪而判。

5.可更新资源是指能够通过自然力以某一增长率保持或增加蕴藏量的自然资源。如太阳能、大气、水等,当代人消费的数量不会使后代人消费的数量减少;又如森林、各种野生动植物等,不人为破坏基本上持续稳定。

根据上述定义,下列说法正确的是(　　)。

A.春风吹绿了草原,草原是可更新资源。

B.煤由太阳能转化而形成,因此是可更新资源。

C.很多金属机械报废后可以回收,因此是可更新资源。

D.地球上的淡水资源已经非常稀少,属于不可更新资源。

6.复句是指由两个或几个意义上相关、结构上互不包含的单句组成的句子。

根据上述定义,下列选项中属于复句的是(　　)。

A.最后的结果证明,不能仅仅依靠聪明才智,还需付出努力才会成功。

B.远山青翠,晚霞夕照,是这里最美的景色。

C.小张原来是个工人,他搞技术开发,是受了师傅的指点。

D.树林里,三三两两的少先队员,正在分头采集蘑菇。

7.自我实现预言是指我们对他人的期望会影响到对方的行为,使得对方按照我们对他的期望行事。

根据上述定义,下列选项中属于自我实现预言的是(    )。

A.小张本来是一个很普通的孩子,但他的父母望子成龙,于是不惜重金让他读市里最好的高中,但最终小张也只上了一所普通大学。

B.小张是李老师班上一名普通的学生,可是有一天,一位智力测量专家告诉李老师小张很有数学天分,于是,以后数学课上李老师对小张格外关注,终于在半年后的考试中小张的数学成绩有了很大的提高。

C.今天是小红的生日,她希望爸爸下班时能买生日蛋糕回来,果然爸爸在下班的时候买了一个大生日蛋糕。

D.小李从小就希望自己长大后能成为一名工程师,大学毕业后,他终于到一家公司当上了软件工程师。

8.物证是指能够证明案件真实情况的物质痕迹和物品。物证的特征是它的外形、质量、特性和所在的位置等,反映了某些案件事实,人们可以此来证明案件的事实真相。

根据上述定义,下列选项中属于物证的是(    )。

A.高速公路上发生一起交通事故,交通警察勘测现场时拍摄的现场照片。

B.在审理一起恶性杀人案件中,因目击证人担心遭到报复,不愿出庭作证,而提供了记录证言的录音带。

C.某地警方在打击盗窃机动车的行动中追缴回来的被盗车辆。

D.根据警方在盗窃现场提取的指纹,鉴定人员所做的指纹鉴定报告。

9.泛化是指某种特定刺激的条件反应形成后,另外一些类似的刺激,也会诱发同样的条件反应。新刺激越近似于原刺激,条件反应被诱发的可能性就越大。

根据上述定义,下列选项中可以被称为泛化现象的是(    )。

A.杯弓蛇影　　　　　　　　　B.草木皆兵

C.四面楚歌　　　　　　　　　D.一朝被蛇咬,十年怕井绳

10.印象管理是指一个人通过一定的方式影响别人形成的对自己的印象的过程。它是自我调节的一个重要方面,也包括了与他人的社会互动,是自我认知观点的核心。人类的一种基本动机是,不论个体在组织内部还是组织外部,都渴望被别人积极看待,避免被别人消极看待。试图使别人积极看待自己的努力叫获得性印象管理,而尽可能弱化自己的不足或避免使别人消极地看待自己的防御性措施是保护性印象管理。

根据上述材料,下列选项中属于保护性印象管理的是(　　)。

A.林所长平易近人,总是以身作则,最近单位为灾区募捐,他捐的钱物最多。

B.小张来新单位上班,对老员工孟某的意见总是虚心接受,并常常表示自己很佩服他。

C.小李工作后朋友很少,但他对同事说,在大学读书时,他学习和体育都非常好,朋友也很多。

D.公司领导分配小王一项任务。小王很久没有完成,领导催促他时,他说:"这段时间我很忙,我会尽快做。"

11.酝酿效应是指当一个人长时间致力于解决某一问题而又百思不得其解时,如果他暂停下来去做别的事情,一段时间之后,他可能会忽然想到解决的办法。

根据上述定义,下列选项中属于酝酿效应的是(　　)。

A.小王找某份文件一时没有找到,过了两个小时他发现了那份文件。

B.晓峰写毕业论文遇到困难,几天后他参加学术会议时得到很多相关信息,并且理清了思路。

C.某修理人员在修理电视时查阅了大量线路图,终于修好了电视。

D.某研究人员申请一个项目时迟迟没有得到有关部门批复,他转而研究别的课题,几个月后该项目得到了批准。

12.隐性广告是指将产品或品牌及其代表性的视觉性符号甚至服务性内容策略性地融入电影、电视剧以及其他传播内容中(隐藏于载体并与载体融为一体),使观众在接受传播内容的同时,不自觉地接受商品或品牌信息,继而达到广告主所期望的传播目的。

根据上述定义,下列选项中属于隐性广告的是(　　)。

A.电视台在转播世界杯足球比赛中场休息时播放的某知名饮品的

广告。

B.某知名运动品牌商赞助奥运会某国家体育代表团运动员的领奖服。

C.某电子产品生产商赞助拍摄电影,电影放映前播放该产品广告。

D.某电视台知名女主播穿着某品牌商提供的服装参加亲戚的婚礼。

13.考试信度是指考试的客观性,指一个考试反映考生真实水平的程度。

根据上述定义,下列选项中对考试信度影响不大的是(    )。

A.同一篇作文,王老师给了50分,李老师却只给了40分。

B.许多女生都没有答对这道有关足球比赛的题目。

C.考试那天天气特别闷热,使许多同学的发挥受到影响。

D.考前李老师押中了两道大题,考后同学们都很高兴。

14.高峰体验指的是人在追求自我实现的历程中,历经基本需求的追寻并获满足之后,在追求自我实现时所体验到的一种臻于顶峰而又超越时空与自我的心灵满足感与完美感,这种感觉只可意会不能言传。

根据上述定义,下列选项中不属于高峰体验的是(    )。

A.运动员登上奥运冠军领奖台时的心理体验。

B.科学家获得诺贝尔奖时的心理体验。

C.观众见证人类首次踏上月球时的心理体验。

D.通过十年寒窗苦读,收到理想的大学录取通知书时的心理体验。

15.创伤后应激障碍是一种极度的灾难的持续效果,即经历了创伤以后,出现的持续的、不必要的、无法控制的障碍。

根据上述定义,下列选项中不属于创伤后应激障碍的是(    )。

A.从伊拉克战场回来的美国兵,大多患上了失眠、焦虑甚至严重的精神疾病。

B.扬扬小时候在邻居张阿姨家被狗咬过一口,从此再也不想去张阿姨家了。

C.小张曾经被困在电梯里五个多小时,当时感觉自己没救了,最后化险为夷,但从此小张常常做被困在电梯里的梦,而且再也不敢乘坐电梯了。

D.目睹了儿子阿毛被野兽叼走的一幕,失魂落魄的祥林嫂见了人就说:"真傻,真的。我单知道下雪的时候,野兽在山坳里没有食吃,会到村里来,我不知道春天也会有……"

16.价格歧视是指企业以不同价格把同样的物品卖给不同顾客,尽管对每个顾客的生产成本是相同的。

根据上述定义,下列选项中不属于价格歧视的是(　　)。

A.厂家在报刊上赠送折扣券。

B.买两个同样的商品打八折。

C.电影票对儿童和老人优惠。

D.厂家低价销售次品。

17.社会从众倾向是指当群体规范被成员接受以后就会成为控制和影响群体成员的手段,使成员在知觉、判断、信念和行为上表现出与群体中多数人相一致的现象。

根据上述定义,下列选项中没有社会从众倾向的是(　　)。

A.小李因工作进度慢而被同事们责难,他只好利用业余时间加班赶上。

B.学生小李认为张老师对自己的期望值太高了,但一想老师就是老师,他表面上还是接受了。

C.春节放长假,小王准备出去旅游,但看到同事们都打算回家团聚,他就决定先回家团聚。

D.刘先生在旅游时看到有几个游客自觉地收集垃圾保护环境,心里很赞赏,但自己却不好意思做。

18.反射是指在中枢神经系统的参与下,动物体或人体对内外环境变化作出的规律性应答。

根据上述定义,下列选项中不属于反射的是(　　)。

A.人的手碰到燃烧的蜡烛马上缩回。

B.伸手触摸含羞草的叶片,含羞草在被触碰后叶片下垂。

C.巴甫洛夫在对狗进行的实验中,摇铃时狗便分泌唾液,即使没有提供食物。

D.猫看见老鼠便追,虽然并不是处于饥饿状态。

### 三、分析下列定义是否正确

1.岛是海洋中的陆地。

2.凡是看机会而采取行动的人叫作机会主义者。

3.所谓大国,就是比小国领土较大、人口较多的国家。

4.集体主义者就是没有自由散漫作风的人。

5.狮子是兽中之王。

**四、分析下列划分是否正确**

1.商品可分为优质商品、劣质商品、畅销商品和滞销商品。

2.学校包括大学、中学和小学。

3.该地区自然条件比较复杂,有山区、丘陵、平原,也有牧区、井区和粮区。

4.生物分为动物、植物和动物以外的生物。

5.这次歌咏比赛共分四个小组:青年组、老年组、专业组以及业余组。

(选择题参考答案:1B,2B,3A,4E,5A,6C,7B,8C,9D,10C,11B,12B,13B,14C,15B,16D,17D,18B)

# 第三章
# 简单命题及其推理（上）

## 第一节　命题与推理概述

### 一、什么是命题

（一）命题的定义

同概念一样，命题也是人们思维的基本形式。

人们通过对思维对象特有属性或本质属性的揭示，来认识、刻画对象，从而形成概念。但思维过程并不是由孤立的概念所组成，概念是思维的细胞。在认知世界的过程中，思维的抽象性、概括性决定了人们并不单以感官的功能对事物作出反应，人们要在思维的层面运用概念对所认知、所反映的客观对象，作出一种主观的评价、描述、断定，形成具有肯定或否定意谓的思想。

命题就是人们在认知过程中，对思维对象的属性进行肯定或否定断定的思维形式。

例1-1 亚里士多德是逻辑学的创始人。

例1-2 有的著名逻辑学家不是古希腊人。

例1-3 逻辑学是既具有古老历史又充满勃勃生机的科学。

例1-4 并非只有西方哲学家才有系统的逻辑思想。

例1-1、例1-3表达了对事物情况的肯定断定，例1-2、例1-4表达了对事物情况的否定断定，它们都属于人们对客观事物情况所作出的断定，因而都是命题。

任何事物自身无不具有一定的性质，如质量功效、作用意义、形状色泽，与其他事物也无不发生一定的关系，如大小同异、前后左右、离合亲疏。事物自身的性质及其与其他事物的关系构成了事物的属性。人们要认识世界,必须要认识客观的事物,要认识客观的事物,必须认识事物的性质与关系,即对事物属性加以认识。而刻画、表达人们对客观事物属性断定的形式就是命题,所以命题是人们理性认识的基本形式。

(二)命题的逻辑特征

命题作为表达人们对思维对象肯定或否定的思维形式,在认识过程中为人们广泛用于反映、刻画客观对象的抽象认识,是理性认识的基本形式。因此,不同的学科,如哲学、认知心理学、发展心理学以及脑科学、生理学都从不同的角度、不同的侧面去分析、探讨它的作用、过程、特征、转换机制和形成条件等。逻辑学作为一门工具性的形式科学,它从保证人们思维形式正确的角度,着重从命题的形式结构、真值规律、命题形式的真值关系等方面分析命题的逻辑性质,而不直接研究命题所反映的具体认知内容和关系。从逻辑角度分析,任何命题都具有以下特征:

第一,任何命题要么是肯定断定,要么是否定断定。

命题是人们在思维中对思维对象的断定形式。有肯定或否定,才称其为断定,传统逻辑命题理论将此视为命题的应有之义。亚里士多德在《前分析篇》中对此早有论述:"前提是对某一事物肯定或否定另一事物的一个陈述。"①若一个论述,对事物无肯定也无否定,自然就无所谓断定,因而也不能称之为命题。只有表达肯定或否定意谓的思维形式,才称之为命题。

例1-5　先驱者11号是美国发射的探索外星文明的飞船。

例1-6　先驱者11号不是载有宇航员的宇宙飞船。

例1-7　先驱者11号飞船已经与人类失去联系了吗?

例1-5表达了肯定断定,是命题;例1-6表达了否定断定,是命题;但例1-7表达的却是人们的询问,既未肯定也未否定,因此不是命题。

第二,任何命题要么是真实的,要么是虚假的。

命题表达人们在认知过程中对事物属性的断定,体现了人们的主观认识、主观描述,而事物本身的情况却是一种客观存在。如公元2003年3月25日这一天,成都的天气风和日丽,晴空万里,这是一个客观事实。同是这一天,伊拉克首都巴格达沙尘暴肆虐,黄沙弥漫,遮天盖日,这也是一个客观

①　苗力田主编:《亚里士多德全集》第1卷,中国人民大学出版社1990年版,第83页。

事实。从认识论的角度看,真假是认识论的范畴,客观事实无所谓真与假;而人们对客观事实所形成的断定属于主观认识的范畴,是人们所拥有的思想,因而涉及真与假的问题。当人们所形成的命题与所断定的客观事实相一致时,命题是真实的;不一致,命题则是虚假的。因此,任何一个命题要么是真实的,要么是虚假的。亚里士多德在《解释篇》中论述说:"关于现在或过去所发生的事情的判断,无论是肯定的还是否定的,必然或者是真实的,或者是虚假的。"[①]比如,在前述客观事实的基础上人们作出如下断定:

例1-8　公元 2003 年 3 月 25 日成都晴空万里。

例1-9　公元 2003 年 3 月 25 日巴格达风和日丽。

很显然,例 1-8 的断定与客观事实是一致的,命题为真;例 1-9 的断定与事实情况不一致,命题为假。

命题的真、假统称为命题的真值。传统逻辑以及本书介绍的现代逻辑基础部分都是只从真假的角度分析命题的。因此,它们又称二值逻辑。

(三)命题与判断

在英语中,命题叫"proposition",判断为"judgement"。传统逻辑命题理论从形式上刻画命题,将命题与判断视为同一,未作严格区分。而实际上,二者是两个有区别的概念。

命题是一种有肯定或否定意谓的思想,它有真假之分;而判断则是认知主体在认知过程中断定为真的命题。也就是说,凡是由一个陈述语句表达的有肯定或否定断定的思想,皆为命题;而一个命题所表达的肯定或否定思想,只有在断定者断定其真的情况下才称之为判断。在正常认知状态下,断定者总是断定自认为真的命题,不断定自认为假的命题。但由于主客观因素的制约,真命题不一定人人都断定,假命题不一定没有人断定,断定是因人而异的。

## 二、命题的种类

命题的种类是多种多样的。首先,根据是否包含有模态概念("可能"、"必然"等),可以把命题划分成非模态命题和模态命题。非模态命题又可以进一步划分为简单命题和复合命题,划分的根据是本身是否包含有其他

---

① 苗力田主编:《亚里士多德全集》第 1 卷,中国人民大学出版社 1990 年版,第 57 页。

命题。简单命题又可以划分为性质命题和关系命题,划分的根据是命题断定的是对象的性质还是关系。复合命题又可以划分为联言命题、选言命题、假言命题和负命题,划分的根据是命题中包含联结项的不同。模态命题可以划分为真值模态命题和非真值模态命题,划分的根据是包含的模态概念是否为"必然"或"可能"。

以上内容可以通过下图表示:

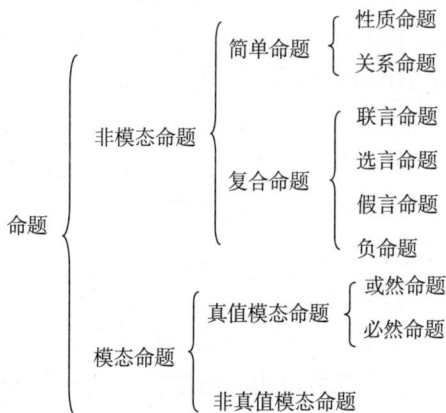

### 三、命题和语句

命题与语句既有联系又有区别。从总体上而言,二者的联系表现在:第一,命题依赖于语句。命题作为一种思维形式,是不能离开语句而存在的。语句是命题的物质载体,离开了语句,命题既不能形成又不能存在和交流。第二,语句依赖于命题。语句作为一种特殊的符号形式,必然包含一定的思想,表达一定的命题。否则,它就是空洞的、毫无意义的声音或一组笔画。二者的区别表现在:命题属于思维范畴,具有全人类性;而语句属于语言范畴,具有民族性。

具体到某一个民族的语言,命题和语句具有以下关系:

第一,所有的命题都通过一定的语句来表达,但并非所有语句都直接表达命题。陈述句和反诘句所包含的思想都有真假,因此它们直接表达命题。疑问句是用来提出问题的,感叹句是抒发某种情感的,祈使句是表达一定愿望的,它们对客观事物并未直接断定,也无真假可言,因此它们并不直接表达命题。如：

例 1-10  北京是中国的政治中心。

例 1-11  难道金钱是万能的吗?

例 1-12  你懂法语吗?

例 1-13  祖国啊,我的母亲!

例 1-14  请尊敬老人!

例 1-10 是陈述句,例 1-11 是反诘句,它们直接表达命题;而例 1-12 是疑问句,例 1-13 是感叹句,例 1-14 是祈使句,它们均不直接表达命题。

第二,同一命题可用不同的语句来表达。如:

例 1-15  所有困难都是能够克服的。

例 1-16  没有困难是不能够克服的。

例 1-17  难道有不能够克服的困难吗?

例 1-15 至例 1-17 表达的就是同一命题。

第三,同一语句可以表达不同的命题。如:

例 1-18  一个农民画家的画展已经开幕了。

例 1-18 是一个歧义句,它既可以表达命题"由一个农民画家创作的画的展览已经开幕了",又可以表达命题"农民画家创作的画的一个展览已经开幕了"。

### 四、什么是推理

法国哲学家帕斯卡说:人不过是一根芦苇,是自然界中最脆弱的东西,可是,人是会思维的。人作为宇宙天地中的万物之灵,与自然界其他生物的根本区别就在于人有理性,人有思维。而思维间接性、概括性的本质体现,就是推理。

什么是推理呢? 它不同于人的联想、想象或猜想,而是由一个或若干个已知命题推出另一个新命题的思维形式。推理的本质在于人们由已有知识对未知知识的推导。《吕氏春秋·察今》中写道:"有道之士,贵以近知远,以今知古,以所见知所不见。故审堂下之阴,而知日月之行,阴阳之变;见瓶水之冰,而知天下之寒,鱼鳖之藏也。"这里所反映的正是人们推理的作用。

以下语句都表达了推理:

例1-19　所有爱斯基摩土著人都是穿黑衣服的,H是穿白衣服的,所以H不是爱斯基摩土著人。

例1-20　理发师都穿白大褂,有的理发师是秃顶的人,因此,有的穿白大褂的是秃顶的人。

例1-21　树木有年轮,从树干的年轮数可知道树木生长的年数;动物也有年轮,比如龟,从它的背甲的环数多少,可推知它们的寿数;牛马也有年轮,它们的年轮长在牙齿上,从它们的牙齿可知道它们的年龄;有科学家发现,人也有年轮,人的年轮在人脑之中;所以,很可能任何生物都有记录自己寿命长短的年轮。

以上三例推理中,人们都是由一个或多个已知命题推导出另一个新的命题,从而获得一种新的认识。

推理是一个抽象的认知过程。人们要进行推理,往往涉及人的知识水平、情感态度、问题求解动机等复杂因素。逻辑学从形式结构的角度刻画、研究推理,将推理的结构分为三部分。

在推理中,用作推理依据的已知命题叫作前提,由已知命题推导出来的新命题叫作结论。一次推理其前提可多可少,少至一个,多至若干,但结论只有一个。在推理过程中,前提对结论提供证据支持。前提与结论在形式上的关联关系称之为推理形式或推理的逻辑结构。

在日常的语言表达中,前提和结论在形式上的联接一般由"所以"来承担。"所以"前面的是前提,后面的是结论。此外,自然语言中的"因此"、"于是"、"由此可见"等语词也往往表示前提与结论间具有推导关系。当然,由于构成推理前提和结论的命题在内容上有所相关,因此,人们在表达推理的过程中也可省略上述语言标记。

正确的推理,既反映了前提命题和结论命题在具体内容上的相关,也反映了两者在形式结构上的相关。逻辑学作为一门工具学科,它只从形式方面对推理进行研究,以便为人们得出正确结论提供工具。

**五、推理的种类**

(一)推理的种类

第一,按照前提与结论联系性质的不同,可把推理分为必然性推理和或然性推理。必然性推理就是从真前提能必然推出真结论的推理；或然性推理是从真前提不能必然，而只能或然推出真结论的推理。或然性推理又叫非必然性推理。

第二，必然性推理按照是否包含模态命题，可分为模态推理和非模态推理。以模态命题为前提或结论的推理是模态推理，否则是非模态推理。或然性推理根据其前提和结论反映的不同情况，可分为不完全归纳推理和类比推理。不完全归纳推理是结论断定的范围超出前提断定范围的推理；类比推理是从个别性或一般性前提推出个别性或一般性结论的推理。

第三，根据非模态推理反映的不同思维进程，可以把该类推理分为演绎推理和完全归纳推理。演绎推理就是从一般性前提推出个别性结论的推理；完全归纳推理就是从个别性前提推出一般性结论的推理。演绎推理又可分为简单命题推理和复合命题推理。前者由简单命题构成，后者则包含有复合命题。

上述推理的分类可表示如下：

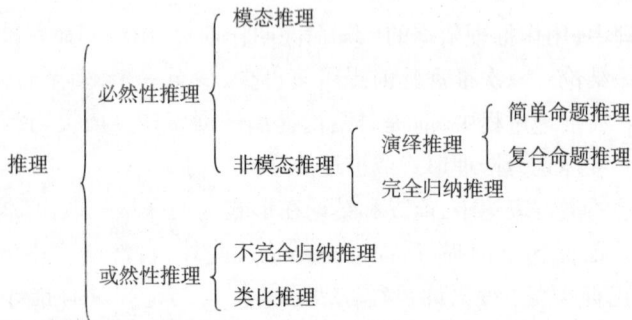

```
                           ┌─ 模态推理
              ┌─ 必然性推理 ┤                          ┌─ 简单命题推理
              │            │            ┌─ 演绎推理 ┤
              │            └─ 非模态推理 ┤            └─ 复合命题推理
   推理  ─────┤                         └─ 完全归纳推理
              │            ┌─ 不完全归纳推理
              └─ 或然性推理 ┤
                           └─ 类比推理
```

（二）必然性推理的有效性和或然性推理的可靠性

推理都包含有这样的断定：结论是由前提推出的；但不同的推理形式所断定的"推出"的含义并不相同。必然性推理的"推出"，断定如果前提是真的，则推出的结论必然是真的，或者说，它断定前提真而结论假是不可能的，这就是必然性推理的有效性。或然性推理的"推出"，断定如果前提是真的，则推出的结论可能是真的，也就是说，或然性推理的结论并不必然为真。

如果一个或然性推理的前提是真的，而且其结论也确实很大可能是真的，那么，它就是可靠的或然性推理，具有可靠性。反之，如果一个或然性推理的前提尽管是真的,而其结论并非很大可能是真的,那么,它就是不可靠的或然性推理,即不具有可靠性。

逻辑学研究推理,一个主要目的就在于找出必然性推理,以及为或然性推理具有可靠性提供工具。这在传统逻辑中表现为提出有关推理的规则或要求,在现代逻辑中表现为提供判定推理有效性的各种方法。

### 六、推理和复句(或句群)

推理体现了一种历时的思维过程,它的形成、存在和表达都必须借助思维的物质外壳——语言。和概念与语词、命题与语句的关系一样,推理与复句或句群的关系也是既密不可分,又各自有别。

第一,推理作为思维形式,它必须通过复句或句群来表达,但并非任何复句和句群都表达推理。只有当复句、句群所表达的命题相关且有推导关系(往往有"所以"、"因此"、"由此可见"一类的标志词)时,它们才表达推理。否则,仅仅是叙述、描述或说明,命题间没有推断关系,这样的复句和句群不表达推理。

第二,从思维过程分析,任何推理都有前提和结论,形式结构是完整的。但在语言表达上,为了简洁、明快、生动,人们常常借助语境的作用,进而省略推理的某一部分表达,或前提或结论。

第三,推理的逻辑形式是规范的、确定的,但具体表达推理的复句、句群则常常是复杂的、变化的。在不同的语境里,人们表达同一个推理,进行同样的推导,所使用的复句或句群在形式上可能迥然不同。人们一定要善于结合语境因素,透过灵活的语言形式,把握其中确定的内在逻辑推导关系。

> 例1-22 孔乙己是站着喝酒而穿长衫的唯一的人。他身材很高大;青白脸色,皱纹间时常夹些伤痕;一部乱蓬蓬的花白的胡子。穿的虽然是长衫,可是又脏又破,似乎十多年没有补,也没有洗。

> 例1-23 仕途亨达、生活惬意的人总是衣着整洁,举止得体且更不会在酒店站着喝酒的,孔乙己常常不修边幅,衣衫褴褛且在酒店站着喝酒,可见,孔乙己并非仕途亨达、生活惬意。

在例1-22中,对孔乙己的描述是直白的,从身材、面部到衣着,各自判断,相互并无推导,句群显然并不表达推理;而例1-23中,对孔乙己也有描述,有判断,但这种描述、判断与作者已有的经验认识组合起来形成推导,得出新的认识:孔乙己并非仕途亨达,生活惬意。所以,该句群表达推理。

## 第二节　性质命题

### 一、什么是性质命题

在逻辑学的命题理论中,性质命题和关系命题属于简单命题。所谓简单命题,是指命题中不含有"并且"、"或者"、"如果……那么"、"并非"等联结项,直接断定对象自身性质或相互关系的命题。在认知世界的过程中,人们首先形成各种简单命题;通过简单命题,再组合成在形式上更为复杂的复合命题。

什么是性质命题呢? 性质命题是人们对思维对象的性质直接作出肯定或否定断定的命题。该类命题又称直言命题。

例2-1　所有穿燕尾服的人都是西装革履的人。

例2-2　有的穿燕尾服的人不是音乐系的教授。

例2-3　帕瓦罗蒂是世界著名的男高音歌唱家。

以上三例均为性质命题。

从结构上分析,性质命题往往由以下要素构成:

主项:即在命题中表达被断定对象的概念。如,在例2-1中,"穿燕尾服的人"表达被断定的对象,它就是命题的主项。在逻辑史上,人们习惯用大写字母"S"表示主项,沿袭至今。

谓项:即表达命题所断定对象的性质的概念。如,例2-1中"西装革履的人"就是命题的谓项。在逻辑史上,人们习惯用大写字母"P"表示谓项。

联项:即表达命题所断定对象与其性质联系的概念,分肯定、否定两种。"是"、"即"、"乃"、"有"、"为"等属于表达肯定联系的语词。"不是"、"非"、"没有"、"未"等属于表达否定联系的语词。

量项:即表达命题所断定对象数量或范围的概念。性质命题的量项分为全称、特称、单称三种。

全称量项,即表达性质命题所断定的是某类对象全部分子的概念。在自然语言中,人们常用"所有"、"任何"、"全部"、"一切"、"每一"、"任意"、

"凡"等语词表达全称量项。在言语交际中,当全称量项用于表达普遍性、规律性或常识性的断定时,其语词形式可能被省略。如,"金属导电","人非草木","鳝鱼不是鱼","壁虎不是虎"。

特称量项,即表达性质命题所断定的是某类对象中部分分子的概念。在自然语言中,人们常常用"有的"、"有些"、"一些"等语词表达特称量项。在言语交际中,特称量项的语词表达不能省略。

单称量项,即表达性质命题所断定的是某类对象中某一分子的概念。在自然语言中,单称量项往往用代词"这个"、"那个"来表达。如,"那个留长发的教师是著名画家"。

性质命题结构中的主项 S 和谓项 P,分别表示命题所断定的对象和对象所具有或不具有的性质。在不同的断定中,它们所代表的具体概念往往不一样,但这不影响命题的逻辑性质,所以称之为变项。联项和量项,表示命题在形式上的逻辑性质,体现出不同的逻辑断定,所以称之为逻辑常项。

### 二、性质命题的种类

变项涉及具体的对象和性质,变项不同,不影响命题的逻辑形式。逻辑常项表达命题的逻辑性质,逻辑常项不一样,命题的逻辑形式则不一样。关于性质命题的类型,首先,根据联项的不同可以分为肯定命题和否定命题两类。然后,对肯定命题和否定命题又可以分别以量项为根据,将其分为全称肯定、全称否定、特称肯定、特称否定、单称肯定和单称否定六类命题。

(一)全称肯定命题

全称肯定命题是断定某类对象的全部分子都具有某种性质的命题。如:

例2-4　所有乐队指挥都是穿燕尾服的人。

例2-5　所有哺乳动物都是通过分泌乳汁饲养初生后代的脊椎动物。

全称肯定命题的逻辑形式用"所有 S 是 P"或"SAP"表示。在日常语言中,人们也常用"凡 S 都是 P"、"任何 S 都是 P"、"一切 S 都是 P"、"S 都是 P"、"S 皆为 P"、"每一个 S 都是 P"、"没有一个 S 不是 P"、"没有 S 不是 P"

等句式表达全称肯定命题。全称肯定命题简称为"A 命题"。

(二)全称否定命题

全称否定命题是断定某类对象的全部分子都不具有某种性质的命题。如：

例2-6　任何民主国家都不是世袭制国家。

例2-7　所有成功的企业家都不是墨守成规的人。

全称否定命题的逻辑形式用"所有 S 不是 P"或"SEP"表示。在日常语言中，人们也常用"凡 S 不是 P"、"一切 S 不是 P"、"任何 S 不是 P"、"个个 S 不是 P"、"凡 S 皆非 P"、"没有 S 是 P"等句式表达全称否定命题。全称否定命题简称为"E 命题"。

(三)特称肯定命题

特称肯定命题是断定某类对象中有分子具有某种性质的命题。如：

例2-8　有的美籍华人是诺贝尔奖获得者。

例2-9　有的 NBA 明星是中国人。

特称肯定命题的逻辑形式用"有 S 是 P"或"SIP"表示。在日常语言中，人们也常用"有些 S 是 P"、"一些 S 是 P"、"存在 S 是 P"等句式表达特称肯定命题。特称肯定命题简称为"I 命题"。

(四)特称否定命题

特称否定命题是断定某类对象中有分子不具有某种性质的命题。如：

例2-10　有些选修数理逻辑的学生不是计算机系的学生。

例2-11　有的企业家没有获得工商管理硕士学位。

特称否定命题的逻辑形式用"有 S 不是 P"或"SOP"表示。在日常语言中，人们也常用"有些 S 不是 P"、"一些 S 不是 P"、"有 S 没有 P"、"存在 S 不是 P"等句式表达特称否定命题。特称否定命题简称"O 命题"。

I 命题和 O 命题都是特称命题，在现代逻辑中也称存在命题。特称命题的量项表示对命题所述说的对象的一些有所陈述，但未明确地对其全部对象作出陈述。其量项的表达式包括"有"、"有的"、"有些"、"一些"、"存在着"，等等。特称量项的含义在逻辑上既是确定又是不确定的。其确定的一面在于，当人们断定"有 S 是(不是)P"时，S 类中至少有一个分子被断定，这是必然的。其不确定的一面在于，它所表达的量，即具体有多少 S 被断定，这是不清楚的。

（五）单称肯定命题

单称肯定命题是断定某一特定对象具有某种性质的命题。如：

例2-12 那个白发苍苍的德国老人是数理逻辑思想的构设者。

例2-13 亚里士多德是古希腊百科全书式的学者。

单称肯定命题的逻辑形式可用"某个 S 是 P"或"$S_1AP$"①表示。在日常语言中，人们也常用"这个 S 是 P"、"那个 S 是 P"等句式表达单称肯定命题。

（六）单称否定命题

单称否定命题是断定某一特定对象不具有某种性质的命题。如：

例2-14 比尔·盖茨不是哈佛大学的毕业生。

例2-15 那个秃顶的老人不是著名教授。

单称否定命题的逻辑形式可用"某个 S 不是 P"或"$S_1EP$"②表示。在日常语言中，人们也常用"这个 S 不是 P"、"那个 S 不是 P"等句式表达单称否定命题。

单称命题是断定某一特定对象的。如果把某一特定对象看作类的特殊情况（类的分子只有一个），那么自然可以把单称肯定命题归入全称肯定命题，把单称否定命题归入全称否定命题。在以下讨论中，除非特别说明，一般都把单称命题当作全称命题处理。

### 三、性质命题的真值规律

传统逻辑对性质命题逻辑性质的揭示是多方面的，其中重要的一个方面就是真值规律。

性质命题的主项、谓项都是概念，表达的都是人类思维的认知对象。性质命题对主项有无某种性质的断定，从概念的外延理论角度分析，实际上也就是对主项概念与谓项概念外延关系的断定，换言之，性质命题是断言 S 与 P 外延关系的。事实上，两个概念间的外延关系有五种：全同关系、属种关系、种属关系、交叉关系、全异关系。因此，性质命题的真假取决于命题在形式上所断定的主谓项之间的外延关系与主谓项事实上所具有的外延关系是

---

① "$S_1AP$"读作：某个 S 是 P。

② "$S_1EP$"读作：某个 S 不是 P。

否一致:若一致,则命题为真;若不一致,则命题为假。当然,至于主谓项事实上所具有的外延关系,这并不属于逻辑学的研究范围,它是由具体的学科知识和人们的社会实践加以解决的。

性质命题的真值规律可用图表显示如下:

| 命题种类 \ 外延关系 真值 | $S\ P$ | $P \supset S$ | $S \supset P$ | $S \cap P$ | $S\quad P$ |
|---|---|---|---|---|---|
| A | 真 | 真 | 假 | 假 | 假 |
| E | 假 | 假 | 假 | 假 | 真 |
| I | 真 | 真 | 真 | 真 | 假 |
| O | 假 | 假 | 真 | 真 | 真 |

对以上图表解释如下:

第一,具有 SAP 形式的命题是断定所有 S 类对象都具有 P 的性质,也就是说,所有 S 类的分子都是 P 类的分子。因此,当 S 与 P 两个概念事实上具有全同关系或真包含于关系时,满足条件,该类命题为真。否则,当 S 与 P 事实上具有真包含关系、交叉关系或全异关系时,不满足条件,该类命题为假。如:

例 2-16　所有三角形都是内角和等于 180 度的。(真)

例 2-17　历史上著名的逻辑学家都是伟大的哲学家。(真)

例 2-18　凡是水中生存的动物都是鱼类。(假)

例 2-19　所有草原上的动物都是草食动物。(假)

例 2-20　爬行动物都是两栖类动物。(假)

以上五例均为 SAP 形式的命题。由于事实上例 2-16 中的 S 与 P 是同一关系,例 2-17 中的 S 与 P 是真包含于关系,因此,这两个命题为真。由于例 2-18 至例 2-20 中 S 与 P 事实上的外延关系分别是真包含关系、交叉关系、全异关系,因此,它们都为假。

第二,具有 SEP 形式的命题断定 S 类的对象都不具有性质 P,也就是说,所有 S 类的分子都不是 P 类的分子。因此,当 S 与 P 事实上具有全异关系时,满足条件,该类命题为真。否则,当 S 与 P 为全同关系、真包含于关系、真包含关系或交叉关系时,不满足条件,该类命题为假。如:

例 2-21 所有两栖动物都不是鱼类动物。(真)

例 2-22 鸟类都不是有羽毛的脊椎动物。(假)

例 2-23 鲸类动物都不是用肺呼吸的。(假)

例 2-24 脊椎动物都不是胎生的。(假)

例 2-25 生活在水里的动物都不是哺乳动物。(假)

以上五例都是具有 SEP 形式的命题。由于事实上例 2-21 中的 S 与 P 为全异关系,满足要求,因此,该命题为真。由于事实上例 2-22 至例 2-25 中 S 与 P 的外延关系分别为全同关系、真包含于关系、真包含关系、交叉关系,条件不满足,因此,这些命题都为假。

第三,具有 SIP 形式的命题断定 S 类中有分子具有性质 P,也就是说,至少有一个分子既是 S 类的分子,又是 P 类的分子。因此,当事实上 S 与 P 具有全同关系、真包含关系、真包含于关系或交叉关系时,满足条件,该类命题为真。否则,当 S 与 P 为全异关系时,不满足条件,该类命题为假。如:

例 2-26 有些鸟是有羽毛的脊椎动物。(真)

例 2-27 有的海豚是哺乳动物。(真)

例 2-28 有的哺乳动物是生活在海里的鲸。(真)

例 2-29 有些草原上的动物是肉食动物。(真)

例 2-30 有些鳝鱼是鱼类。(假)

由于事实上例 2-26 至例 2-29 中 S 与 P 在外延上的关系分别为全同关系、真包含于关系、真包含关系、交叉关系,满足条件,因此,这些命题都为真。例 2-30 中 S 与 P 在事实上的外延关系为全异关系,不满足条件,因此,该命题为假。

第四,具有 SOP 形式的命题断定 S 类中有对象不具有 P 的性质,也就是说,至少有一分子是 S 类的分子,但不是 P 类的分子。因此,当 S 与 P 具有全异关系、真包含关系或交叉关系时,满足条件,该类命题为真;当 S 与 P 具有全同关系或真包含于关系时,不满足条件,该类命题为假。如:

例 2-31 有的爬行动物不是鱼类动物。(真)

例 2-32 有些反刍动物不是鹿类动物。(真)

例 2-33 有些成功的企业家没有学过 MBA 课程。(真)

例 2-34 有的正方形不是等边直角四边形。(假)

例 2-35 有的牙病不是病。(假)

例 2-31 至例 2-35 的真值已经给出,请读者自己分析其中的原因。

### 四、性质命题之间的真值关系

性质命题之间的真值关系是指具有相同变项(主项和谓项),但逻辑常项(联项或量项)不同的性质命题在真值方面的制约关系。根据性质命题的真值规律,这种真假制约关系可概括为矛盾关系、反对关系、下反对关系和差等关系。这四类真假制约关系可以用一个矩形图来直观表示,这个矩形图被称为"逻辑方阵"或"对当方阵"。所以,人们也将性质命题间的真值关系叫作"对当关系"。

"逻辑方阵"的具体情况如下图:

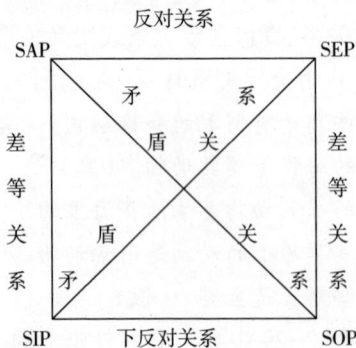

（一）矛盾关系

这是指 SAP 与 SOP、SEP 与 SIP 之间的一种真值关系。

从性质命题真值规律表可以看出:当 SAP 命题为真时,相应的 SOP 命题为假;当 SAP 命题为假时,相应的 SOP 命题为真;SEP 命题和 SIP 命题之间的关系也类似。逻辑学上把这种不可同真,也不可同假的命题间关系,称为矛盾关系。如:

　　　　例 2-36　　*所有的玫瑰都带刺。*

　　　　例 2-37　　*有的玫瑰不带刺。*

例 2-36 是 SAP 命题,例 2-37 是 SOP 命题,二者之间是矛盾关系。

（二）反对关系

这是指 SAP 与 SEP 之间的一种真值关系。

从性质命题真值规律表可以看出:当 SAP 命题为真时,SEP 命题为假;当 SAP 命题为假时,SEP 命题可真可假。反之,当 SEP 命题为真时,SAP 命题为假;当 SEP 命题为假时,SAP 命题可真可假。逻辑学上把这种不可同真,但可同假的命题间关系,称为反对关系。如:

例 2-38　选修逻辑的学生都是男生。

例 2-39　选修逻辑的学生都不是男生。

例 2-38 是 SAP 命题,例 2-39 是 SEP 命题,二者之间是反对关系。

(三)下反对关系

这是指 SIP 与 SOP 之间的一种真值关系。

从性质命题真值规律表可以看出:当 SIP 命题假时,SOP 命题真;当 SIP 命题真时,SOP 命题可真可假。反之,当 SOP 命题假时,SIP 命题真;当 SOP 命题真时,SIP 命题可真可假。逻辑学上把这种不可同假,但可同真的命题间关系,称为下反对关系。如:

例 2-40　甲班有的女生是留学生。

例 2-41　甲班有的女生不是留学生。

例 2-40 是 SIP 命题,例 2-41 是 SOP 命题,二者之间是下反对关系。

(四)差等关系

这是指 SAP 与 SIP、SEP 与 SOP 之间的一种真值关系。

从性质命题真值规律表可以看出:当 SAP 命题为真时,SIP 命题为真;当 SAP 命题为假时,SIP 命题可真可假;当 SIP 命题为假时,SAP 命题为假;当 SIP 命题为真时,SAP 命题可真可假。SEP 命题和 SOP 命题之间,也与此类似。逻辑学上把这种命题之间的关系,即全称命题真,特称命题必真;全称命题假,特称命题可真可假;特称命题假,全称命题必假;特称命题真,全称命题可真可假,称为差等关系。如:

例 2-42　花园里的花都是玫瑰。

例 2-43　花园里有的花是玫瑰。

例 2-44　甲公司所有成员都不是工商管理硕士。

例 2-45　甲公司有的成员不是工商管理硕士。

例 2-42 是 SAP 命题,例 2-43 是 SIP 命题,它们之间是差等关系。例 2-44 是 SEP 命题,例 2-45 是 SOP 命题,它们之间也是差等关系。

在通过"逻辑方阵"来把握性质命题间的真值关系时,以下几点需要注意：

第一，"逻辑方阵"所显示的对当关系适用于素材相同，即主项和谓项相同的性质命题之间。

第二，传统逻辑考察的性质命题间真值关系是以假定这些命题的主项不是空概念为前提的。

第三，在传统逻辑中，通常把单称命题视作全称命题，然而在真值关系上，它们并不相同。全称肯定命题和全称否定命题之间是反对关系，单称肯定命题和单称否定命题之间是矛盾关系。因此，"逻辑方阵"中的 SAP 和 SEP 不涉及单称肯定命题和单称否定命题。

### 五、性质命题主、谓项的周延性

性质命题主、谓项的周延性，是指 A、E、I、O 命题对其主项或谓项外延的断定情况。如果一种性质命题对其主项或谓项的外延作了全部断定，那么该主项或谓项就是周延的；如果一种性质命题对其主项或谓项的外延未作全部断定，那么，该主项或谓项就是不周延的。

A、E、I、O 命题主、谓项的周延情况如下表所示：

| 命题类型 | 主 项 | 谓 项 |
|:---:|:---:|:---:|
| SAP | 周 延 | 不周延 |
| SEP | 周 延 | 周 延 |
| SIP | 不周延 | 不周延 |
| SOP | 不周延 | 周 延 |

具体来讲，有以下两方面的规律：

1.全称命题的主项周延，特称命题的主项不周延。

全称命题（SAP 或 SEP）带有全称量项，对其主项的外延作了全部断定，所以，全称命题的主项周延。特称命题（SIP 或 SOP）带有特称量项，仅对主项的部分外延作了断定，所以，特称命题的主项不周延。

2.肯定命题的谓项不周延，否定命题的谓项周延。

肯定命题（SAP 或 SIP）断定主项的全部或至少一部分外延是谓项的外

延,至于究竟是谓项的全部还是部分外延,肯定命题未作明确断定,因此,肯定命题的谓项不周延。否定命题(SEP 或 SOP)断定主项的全部或至少一部分外延与谓项的全部外延相排斥,所以,否定命题的谓项周延。

关于性质命题主、谓项的周延性问题,必须明确以下几点:

第一,周延性是对性质命题中主、谓项外延被断定情况的分析。

第二,主、谓项的周延性是根据性质命题的逻辑形式来确定的,与主、谓项所反映对象的实际情况无关。例如,尽管事实上所有的鲜花都具有"要凋谢"的性质,但由于"有的鲜花是要凋谢的"这一命题的逻辑形式是"SIP",主项前有特称量项"有的"限制,因此,"鲜花"在这里依然被视为不周延。

第三,周延性问题与命题的真假无关。无论真命题还是假命题,其主、谓项都涉及是否周延的问题,人们都可据命题的逻辑形式加以分析。

此外,单称肯定命题和单称否定命题的主、谓项周延情况,与全称肯定命题和全称否定命题的主、谓项周延情况相同。

## 第三节　性质命题直接推理

在传统逻辑中,由一个命题作为前提进而推出结论的推理叫作直接推理;由两个或两个以上命题作为前提进而推出结论的推理叫作间接推理。

性质命题的直接推理,是指由一个性质命题直接推出另一性质命题的推理。

### 一、对当关系直接推理

对当关系直接推理,是指根据相同素材的性质命题间的真值关系,由一个命题直接推出另一命题的推理。

（一）矛盾关系推理

矛盾关系存在于 SAP 和 SOP、SEP 和 SIP 之间。具有矛盾关系的两个命题不可同真,也不可同假。因此,根据矛盾关系,可由一个命题的真必然推导出另一相应命题为假,由一个命题的假必然推导出另一相应命题为真。

正确推理形式如下:

a.SAP→¬ SOP　　　　b.SEP→¬ SIP

c.SIP→¬ SEP　　　　d.SOP→¬ SAP

e.¬ SAP→SOP　　　　f.¬ SEP→SIP

g.¬ SIP→SEP　　　　h.¬ SOP→SAP

箭头"→"表示推出;"¬"表示否定,读作"并非"或"非"。

例3-1　所有人都具有自利性,所以,并非有人没有自利性。

例3-2　非洲国家都不是安理会常任理事国,所以,并非有的非洲
国家是安理会常任理事国。

例3-3　有的鱼是能飞的,所以,并非鱼都不能飞。

例3-4　有的细菌不是有害的,所以,并非所有细菌都是有害的。

以上四例均为正确的矛盾关系推理,它们对应的推理形式分别为:a、b、c、d。

(二)反对关系推理

反对关系存在于 SAP 和 SEP 之间。具有反对关系的两个命题是不可同真,但可同假。因此,根据反对关系,可由一个命题的真必然推出另一命题为假。正确推理形式如下:

a.SAP→¬ SEP

b.SEP→¬ SAP

例3-5　卓越的政治家都能洞察未来,所以,并非卓越的政治家不
能洞察未来。

例3-6　所有爬行类动物都不是两栖动物,所以,并非爬行类动物
都是两栖动物。

以上二例均为正确的反对关系推理,它们对应的推理形式分别为:a、b。

(三)下反对关系推理

下反对关系是指存在于 SIP 和 SOP 之间的一种不可同假但可同真的真值关系。因此,根据下反对关系,由一个命题的假必然推出另一个命题为真。

正确推理形式如下:

a.¬ SIP→SOP

b.¬ SOP→SIP

例3-7　并非有的非洲国家是有核武器的国家,所以,有的非洲国

家不是有核武器的国家。

例3-8 并非有些反刍动物不是哺乳纲动物,所以,有些反刍动物是哺乳纲动物。

以上二例均为正确的下反对关系推理,它们对应的推理形式分别为:a、b。

(四)差等关系推理

差等关系是指全称命题 SAP 与特称命题 SIP、全称命题 SEP 与特称命题 SOP 之间的一种全称真则特称真,特称假则全称假的真值关系。因此,根据差等关系,可由一个全称命题真推出相应的特称命题必真,由一个特称命题假推出相应的全称命题必假。

正确推理形式如下:

a.SAP→SIP　　　　b.SEP→SOP

c.¬ SIP→¬ SAP　　d.¬ SOP→¬ SEP

例3-9 甲岛的居民都是基督教徒,因此,甲岛有的居民是基督教徒。

例3-10 乙岛的居民都不是渔民,所以,乙岛有的居民不是渔民。

例3-11 并非有的马有角,所以,并非马都是有角的。

例3-12 并非有的牛没有角,所以,并非牛都没有角。

以上四例均为正确的差等关系推理,请读者分析其推理形式。

## 二、性质命题变形直接推理

性质命题变形直接推理,就是通过改变性质命题的形式,从而得到一个新的性质命题的必然性推理。

变形的含义有二:一是改变前提命题的质,即将肯定命题改变为否定命题,将否定命题改变为肯定命题;二是改变前提中命题主、谓项的位置,即将前提命题的主项和谓项在结论命题中换成谓项和主项。

性质命题变形直接推理的基本形式有换质推理和换位推理两种。在实际运用中,这两种基本形式有时是结合在一起的。

(一)换质推理

换质推理是指通过改变性质命题的质,从而得到一个新命题的推理。

换质推理的规则是:

第一,改变前提命题的质,即由肯定命题变为否定命题,由否定命题变为肯定命题。

第二,将前提命题的谓项变为它的矛盾概念。

第三,前提命题的量项和主、谓项的位置保持不变。

前提分别为 A、E、I、O 命题,其换质推理的正确形式如下:

a.SAP→SE$\overline{P}$

横线"—"表示否定,读作"并非"或"非"。

> 例 3-13　甲超市里的食品都是经过检疫的,所以,甲超市里的食品都不是没经过检疫的。

b.SEP→SA$\overline{P}$

> 例 3-14　乙批发市场的音像制品都不是合法的,所以,乙批发市场的音像制品都是不合法的。

c.SIP→SO$\overline{P}$

> 例 3-15　有的中草药是有副作用的,所以,有的中草药不是没有副作用的。

d.SOP→SI$\overline{P}$

> 例 3-16　有的细菌不是有害的,所以,有的细菌是无害的。

(二)换位推理

换位推理是通过改变性质命题主、谓项的位置,从而得到一个新的性质命题的推理。

换位推理的规则是:

第一,改变主、谓项的位置。

第二,在前提中不周延的概念,在结论中也不得周延。

第三,不改变前提命题的质。

前提分别为 A、E、I 命题,其换位推理的正确形式如下:

a.SAP→PIS

> 例 3-17　伟大的领袖都是著名的政治家,所以,有的著名政治家是伟大的领袖。

b.SEP→PES

> 例 3-18　民主政府都不是独裁政府,所以,独裁政府都不是民主政府。

c.SIP→PIS

例 3-19 有的亚洲国家是发展中国家,所以,有的发展中国家是亚洲国家。

SOP 不能换位。因为,SOP 中的主项 S 不周延,若换位后 S 成为否定命题的谓项,则是周延的,这样便违反换位推理的规则。如,由"有的猫不是波斯猫"不能推出"有的波斯猫不是猫"。

(三)换质位推理

换质位推理是一种综合运用换质推理和换位推理的性质命题变形直接推理。它既可以先换质后换位,又可以先换位后换质。只要每一步符合相应的推理规则,该类推理就可以一直进行下去,直到满足需要为止。

以下列举换质位推理的部分正确形式:

a.SAP→(SE$\overline{P}$→)$\overline{P}$ES

例 3-20 安理会常任理事国都是有核国家,所以,无核国家都不是安理会常任理事国。

b.SEP→(SA$\overline{P}$→)$\overline{P}$IS

例 3-21 非洲国家都不是有核国家,所以,有些无核国家是非洲国家。

c.SOP→(SI$\overline{P}$→)$\overline{P}$IS

例 3-22 有的草原动物不是食草动物,所以,有的不食草动物是草原动物。

d.SAP→(PIS→)PO$\overline{S}$

例 3-23 冠状病毒是传染性极强的病毒,所以,有的传染性极强的病毒不是非冠状病毒。

e.SEP→(PES→)PA$\overline{S}$

例 3-24 理性的人都不是感情用事的人,所以,感情用事的人都是不理性的人。

f.SIP→(PIS→)PO$\overline{S}$

例 3-25 有的正式出版物是有害读物,所以,有的有害读物不是非正式出版物。

g.SAP→(SE$\overline{P}$→$\overline{P}$ES→$\overline{P}$A$\overline{S}$→$\overline{S}$I$\overline{P}$→)$\overline{S}$OP

例 3-26 成功的企业家都是关爱他人的,所以,有的不成功的企业家不是关爱他人的。

h.SEP→(PES→PA$\bar{S}$→$\bar{S}$IP→)$\bar{S}$O$\bar{P}$

例3-27 金属都不是绝缘的,所以,有些非金属不是不绝缘的。

换质位推理在人们的思维和交际表达中运用较为普遍,其主要作用在于通过变形,使人们调整思维,变换角度,从而使认识更全面、思考更深刻、表达更有效。需要指出,传统逻辑的性质命题变形直接推理是以假设作为前提的命题的主项所反映的事物存在,即命题主项不以空概念为前提的。不满足这个条件,有关推理就可能由真的前提推出假的结论。

## 习 题

### 一、单项选择题

1.在蓝天公司的中层干部中,王宁获得了由董事会颁发的特别奖。

如果上述断定为真,则下列哪个选项不能确定真假? (　　)

Ⅰ 蓝天公司的中层干部都获得了特别奖。

Ⅱ 蓝天公司的中层干部都没有获得特别奖。

Ⅲ 蓝天公司的中层干部中,有人获得了特别奖。

Ⅳ 蓝天公司的中层干部中,有人没获得特别奖。

A.只有Ⅰ　　　　　　　　　　B.只有Ⅲ和Ⅳ

C.只有Ⅱ和Ⅲ　　　　　　　　D.只有Ⅰ和Ⅳ

E.Ⅰ、Ⅱ和Ⅲ

2.甲5幢楼的住户中,发现有外来人口未到街道办事处登记。

如果上述断定为真,则在下列三个选项中不能确定真假的是(　　)。

Ⅰ 甲5幢楼中有外来人口居住。

Ⅱ 甲5幢楼中所有的外来人口都已到街道办事处登记。

Ⅲ 甲5幢楼中有的外来人口已到街道办事处登记。

A.Ⅰ、Ⅱ和Ⅲ　　　　　　　　B.只有Ⅰ和Ⅱ

C.只有Ⅲ　　　　　　　　　　D.只有Ⅱ

E.Ⅰ、Ⅱ和Ⅲ都能确定真假

3.已知"基本粒子不都可分"真,据此不能确定真假的是下列选项中的哪一个? (　　)

Ⅰ 所有的基本粒子都可分。

Ⅱ 所有的基本粒子都不可分。

Ⅲ 有的基本粒子可分。

Ⅳ 有的基本粒子不可分。

A.仅Ⅰ和Ⅳ　　　　　　　B.仅Ⅱ和Ⅲ

C.仅Ⅱ　　　　　　　　　D.仅Ⅲ

E.Ⅰ、Ⅱ、Ⅲ和Ⅳ都可确定真假

4.有人说:"哺乳动物都是胎生的。"

下列哪个选项最能驳斥上述观点?(　　　)

A.也许有的非哺乳动物是胎生的。

B.可能有的哺乳动物不是胎生的。

C.没有见到过非胎生的哺乳动物。

D.非胎生的动物不大可能是哺乳动物。

E.鸭嘴兽是哺乳动物,但不是胎生的。

5.所有的三星级饭店都搜查过了,没有发现犯罪嫌疑人的踪迹。

如果上述断定为真,则在下列四个选项中可确定为假的是(　　　)。

Ⅰ 没有三星级饭店被搜查过。

Ⅱ 有的三星级饭店被搜查过。

Ⅲ 有的三星级饭店没有被搜查过。

Ⅳ 犯罪嫌疑人躲藏的三星级饭店已被搜查过。

A.仅Ⅰ和Ⅱ　　　　　　　B.仅Ⅰ和Ⅲ

C.仅Ⅱ和Ⅲ　　　　　　　D.仅Ⅰ、Ⅱ、Ⅲ和Ⅳ

E.仅Ⅰ、Ⅲ和Ⅳ

6.有个叫艾克斯的瑞典人最近发明了永动机。

如果上述断定为真,那么下列哪个选项一定为真?(　　　)

A.由于永动机违反科学原理,上述断定不可能为真。

B.所有的瑞典人都没有发明永动机。

C.有的瑞典人没有发明永动机。

D.有的瑞典人发明了永动机。

E.发明永动机的只有瑞典人。

7.每一个实数表示且只表示一个时刻。

如果上述断定为真,则下列哪个选项不可能为真?(　　　)

Ⅰ　存在两个实数表示同一时刻。

Ⅱ　有的时刻没有实数加以表示。

Ⅲ　存在一个实数表示不同的时刻。

A.只有Ⅰ　　　　　　　　　　B.只有Ⅱ

C.只有Ⅲ　　　　　　　　　　D.Ⅰ、Ⅱ和Ⅲ

E.Ⅰ、Ⅱ和Ⅲ都可能为真

8.毕业考试结束后,班长想从老师那里打听成绩。班长问:"老师,这次考试不太难,估计我们班同学的成绩都在70分以上吧?"老师回答:"你的前半句话不错,后半句不对。"

根据老师的意思,下列选项中哪个一定是真实的?(　　　)

A.少数同学的成绩在70分以上,多数同学的成绩在70分以下。

B.多数同学的成绩在70分以上,少数同学的成绩在70分以下。

C.有的同学的成绩在70分以上,有的同学的成绩在70分以下。

D.如果以70分为及格分,肯定有的同学的成绩不及格。

9.凡美的都是真的,凡真的都是不容怀疑的,而美的事物是存在的。

由以上前提可以推出下列哪个选项?(　　　)

A.凡真的都是美的。　　　　　B.有的美的值得怀疑。

C.有的真的是美的。　　　　　D.凡不美的都是要怀疑的。

10.地球环境日益恶化,危及我们的健康,我们每个人都应当提高环境保护意识,应当承担起保护环境的义务。

由以上前提可以推出下列哪个选项?(　　　)

A.并非有些人不应当承担起保护环境的义务。

B.并非有些人应当有保护环境的义务。

C.有些人没有环境保护意识。

D.有些人有环境保护意识。

11.在某次税务检查之前,四个工商管理人员分别作出了如下猜测:甲:所有个体户都没纳税。乙:服装个体户陈老板没纳税。丙:有个体户纳了税。丁:有个体户没纳税。后来检查的结果表明,四个人中只有一个人的猜测是正确的。

请问下列哪个选项是正确的?(　　　)

A.甲断定属实,陈老板没有纳税。　B.丙断定属实,陈老板纳了税。

C.丙断定属实,但陈老板没纳税。　D.丁断定属实,但陈老板纳了税。

E.依据题干条件推不出确定结论。

12.以下是关于某中学甲班同学参加夏令营的三个断定:

Ⅰ　甲班有学生参加了夏令营。

Ⅱ　甲班所有学生都没有参加夏令营。

Ⅲ　甲班的蔡明同学没有参加夏令营。

假定这三个断定中只有一个为真,则下列哪个选项一定为真?(　　)

A.甲班同学并非都参加了夏令营。

B.甲班同学并非都没有参加夏令营。

C.甲班参加夏令营的学生超过半数。

D.甲班仅蔡明没有参加夏令营。

E.上述断定都不一定为真。

13.某公司财务部共有包括主任在内的八名职员。有关这八名职员,以下三个断定中只有一个是真的:(1)有人是广东人。(2)有人不是广东人。(3)主任不是广东人。

请问下列哪个选项为真?(　　)

A.八名职员都是广东人。　　　　B.八名职员都不是广东人。

C.只有一个不是广东人。　　　　D.只有一个是广东人。

E.无法确定该部门广东人的数量。

14.下面是甲、乙、丙、丁四个人的对话:

甲:"所有产品在出厂前都被严格检验过了。"

乙:"没有产品在出厂前被严格检验过。"

丙:"所有的产品在出厂之前没有被严格检验过,这不符合事实。"

丁:"有的产品在出厂之前被严格检验过了。"

已知甲、乙、丙、丁四人中只有一人说假话,请问说假话的是谁?(　　)

A.甲　　B.乙　　　C.丙　　　D.丁

15.甲、乙、丙、丁是同班同学。甲说:"我班同学都是团员。"乙说:"丁不是团员。"丙说:"我班有人不是团员。"丁说:"乙也不是团员。"

已知甲、乙、丙、丁四人中只有一人说假话,请问下列哪个选项的断定是真的?(　　)

A.说假话的是甲。　　　　　　　B.说假话的是乙。

C.说假话的是丙。                    D.说假话的是丁。

## 二、分析题

1.已知下列命题为真,根据对当关系指出与其同素材的其他三个命题的真假情况。

(1)任何错误思想的产生都不是没有原因的。

(2)我们班里有些人会下象棋。

2.分析下列语句表达的是何种性质命题,写出其逻辑形式,并指出其主、谓项的周延情况。

(1)参加自学考试的不都是年轻人。

(2)没有一件家具不是新添置的。

(3)难道概念化的作品能反映丰富多彩的现实生活吗?

(4)不是每一个书法家都是老年人。

(5)无论什么困难都不是不可克服的。

3.下列推理属于何种直接推理? 其推理形式是否正确?

(1)所有思维规律都不是主观臆造的,所以,并非有的思维规律是主观臆造的。

(2)凡是没有教育意义的作品都不是好作品,所以,有的有教育意义的作品是好作品。

(选择题参考答案:1D,2C,3B,4E,5B,6D,7C,8D,9C,10A,11B,12B,13A,14 B,15A)

# 第四章
## 简单命题及其推理（中）

在上一章中我们介绍了性质命题的直接推理,这一章将介绍性质命题的间接推理——三段论。

## 第一节 三段论概述

三段论是传统逻辑的主要部分,也是简单命题推理的重点。在传统逻辑中三段论又称为直言三段论。

### 一、三段论的定义

三段论是由两个包含一个共同项的性质命题作前提,推出一个新的性质命题作结论的推理。如:

例1-1 *所有面对陌生世界的人都是不自由的,*

*无知者是面对陌生世界的人,*

*所以,无知者是不自由的。*

例1-2 *金子都是闪光的,*

*石墨不是闪光的,*

*所以,石墨不是金子。*

这两个推理都是三段论。在例1-1中,两个前提具有共同的概念"面对陌生世界的人";在例1-2中,两个前提具有共同的概念"闪光的"。可以看出,三段论的实质在于通过两个前提中共有的概念,把两个前提的不同概念联系起来,从而推出结论。

### 二、三段论的结构

在三段论中,作为前提与结论的命题的主项和谓项统称为项。任何一个三段论都包含并且只包含三个不同的项,每一个项分别出现两次。三段论所包含的三个不同的项,分别称为大项、小项和中项。大项就是作为结论的命题的谓项,通常用"P"表示;小项就是作为结论的命题的主项,通常用"S"表示;中项就是在两个前提中出现而在结论中不出现的那个项,通常用"M"表示。在例1-1中,"不自由的"是大项,"无知者"是小项,"面对陌生世界的人"是中项。

任何一个三段论都由三个性质命题组成。其中,两个是前提,一个是结论。大项和中项结合的那个命题称为大前提;小项和中项结合的那个命题称为小前提。

例1-1和例1-2的结构即逻辑形式用符号可表示为:

| MAP | PAM |
|---|---|
| SAM | SEM |
| ∴ SAP | ∴ SEP |

在三段论中,单称肯定命题和单称否定命题分别被看作全称肯定命题和全称否定命题进行处理。

### 三、三段论的公理

三段论的公理是:如果一类对象的全部是什么或不是什么,那么,该类对象中的部分也是什么或不是什么。换言之,如果对一类对象的全部有所断定,那么,对它的部分也就有所断定。

三段论公理在直观上是明显的。该公理可用下图表示:

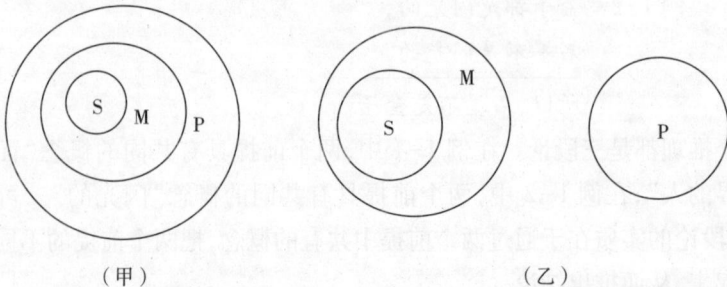

（甲）                （乙）

在甲图中,所有 M 都是 P,S 是 M 的一部分,所以,所有 S 都是 P。在乙图中,所有 M 不是 P,S 是 M 的一部分,所以,所有 S 都不是 P。

例 1-3　所有的真理都是不怕批评的,

　　　　科学理论是真理,

　　　　所以,科学理论是不怕批评的。

例 1-4　所有的革命都没有固定的模式,

　　　　社会主义革命是革命,

　　　　所以,社会主义革命没有固定的模式。

例 1-3 和例 1-4 是三段论公理的实例。例 1-3 表明:所有的真理都具有不怕批评的性质,科学理论作为真理的一部分,当然也具有不怕批评的性质。例 1-4 表明:所有的革命都没有固定的模式,社会主义革命作为革命的一部分,当然也具有没有固定模式的性质。

三段论的具体推理形式可以是复杂多样的,但它们都是基于三段论公理所揭示的上述简单关系之上的。

# 第二节　三段论的规则

为了从前提必然地推出结论,三段论必须遵守一定的规则。这些规则是检验三段论有效性的标准,对三段论起着规范作用。

三段论的规则一共有七条。其中,五条是基本规则,两条是导出规则。

## 一、在三段论中有且只有三个不同的项

三段论的实质是两个前提借助一个共同的项作为媒介,使大、小项发生逻辑联系,从而推出结论。如果一个三段论只有两个不同的项,那么,大、小项就找不到一个和自身不同的共同项来建立联系,从而推出结论;如果一个三段论有四个不同的项,那么,就有可能大项和一个项存在联系,小项和另一个项存在联系,这样也找不到一个项分别和大、小项存在联系,因而,无法确定大、小项的联系。如:

例 2-1　　所有的人都具有平等的权利，

所有的规律都是客观的，
_____

所以，？

这里，两个前提包含四个项，无法构造三段论推出结论。至于包含四个以上不同的项，那就更不是三段论了。因此，三段论所包含的项，不能多也不能少，必须有且只能有三个。

违反这一规则所犯的逻辑错误，称为"四项错误"或"四概念错误"。常见的"四项错误"表现为：同一语词在大、小前提中表达的概念不同。如：

例 2-2　　毛泽东的著作不是一天能读完的，

《为人民服务》是毛泽东的著作，
_____

所以，《为人民服务》不是一天能读完的。

这里，大前提中的"毛泽东的著作"表达集合概念，指的是由毛泽东所有著作构成的集合体，而小前提中的"毛泽东的著作"表达非集合概念。因此，该推理犯了"四项错误"。


## 二、中项在前提中至少要周延一次

在三段论中，大项与小项的联系是通过中项建立起来的。中项要起到媒介作用就必须至少周延一次。如果中项没有一次周延，就可能出现这种情况：小项与中项的一部分外延发生联系，大项与中项的另一部分外延发生联系，因而，小项与大项就不能通过中项建立联系。如果中项至少周延一次，那么中项的全部外延就有一次和大项或小项建立联系，这样就能确保中项至少有一部分外延同时和大、小项存在联系，进而为建立大、小项的某种联系提供根据。

违反这一规则所犯的逻辑错误，称为"中项两次不周延"。如：

例 2-3　　凡歌唱家都是文艺工作者，

郭兰英是文艺工作者，
_____

所以，郭兰英是歌唱家。

在这一推理中，中项"文艺工作者"两次不周延，违反了规则，得出的结论就不是必然的。如果这里换成另外的文艺工作者如相声演员黄宏，那么，得出的结论显然是错误的。

### 三、前提中不周延的项在结论中不得周延

三段论的结论是从前提中推出的。一个有效的三段论,它的前提必须蕴涵结论。从量的方面说,就是前提中大项与小项的范围应包含结论中大项与小项的范围。否则,如果大项或小项在前提中不周延,而在结论中周延,那么,结论断定的范围就超出了前提断定的范围,结论就不被前提所蕴涵,因而就不能保证一定得出真的结论。

违反这一规则所犯的逻辑错误,称为"大项不当周延"或"小项不当周延"。"大项不当周延"又称为"大项扩大",它是指大项在大前提中不周延而在结论中周延。"小项不当周延"又称为"小项扩大",它是指小项在小前提中不周延而在结论中周延。如:

> 例2-4　所有的语文老师都应讲好普通话,
>
> 　　　　我不是语文老师,
> ──────────────────
> 　　　　所以,我不应讲好普通话。

在这一三段论推理中,大项"应讲好普通话"在前提中不周延而在结论中周延。因此,这一推理犯了"大项不当周延"的逻辑错误。

又如:

> 例2-5　金子是闪光的,
>
> 　　　　金子是金属,
> ──────────────────
> 　　　　所以,所有的金属都是闪光的。

在这一推理中,小项"金属"在前提中不周延而在结论中周延。因此,这一推理犯了"小项不当周延"的逻辑错误。

### 四、两个否定前提不能推出结论

从外延的角度看,否定命题就是反映主、谓项外延相应部分具有排斥关系。在一个三段论中,如果两个前提都是否定的,那么,中项和大、小项的相应部分就都相互排斥。如此,中项就不能起到联结大项与小项的作用,大、小项的联系就无法确定,因而不能推出相应的结论。如:

> 例2-6　所有贪生怕死的都不是真正的共产党员,
>
> 　　　　有些人不是贪生怕死的,
> ──────────────────
> 　　　　所以,?

从上述两个否定前提,我们既不能推出"有些人是真正的共产党员",也不能推出"有些人不是真正的共产党员"。

**五、如果前提中有一个否定,结论必否定;如果结论否定,前提中必有一个否定**

前提中有一个否定命题,就是说或者中项和大项相容而和小项相排斥,或者中项和大项相排斥而与小项相容。由此,只能断定大、小项在外延上相排斥,而不能断定大、小项在外延上相容。因而,结论是否定的。类似同样的道理,当结论否定时,前提命题中必有一个是否定。如:

例2-7　　凡有理想的人都不虚度光阴,

有些青年是有理想的人,

所以,有些青年不虚度光阴。

例2-8　　凡有理想的人都珍惜时间,

有些人不珍惜时间,

所以,有些人不是有理想的人。

例2-7是大前提否定,P 和 M 排斥;例2-8是小前提否定,S 和 M 排斥。不管哪个前提否定,大项和小项总是排斥的,因此,结论只能是否定的。

以上五条规则是传统逻辑中关于三段论的基本规则。其中,前三条是关于项的,后两条是关于命题的。由这些规则还可以进一步导出以下六、七两条规则。

**六、两个特称前提不能推出结论**

两个前提如果都是特称的,则两个前提的组合不外乎三种情况:II、OO、IO(或OI)。不论是其中的哪一种情况,都不能推出结论。

如果两个前提都是 I 命题,那么,在两个前提中没有一个项是周延的。如此,中项在前提中两次不周延,根据规则二,不能推出结论。

如果两个前提都是 O 命题,根据规则四,不能推出结论。

如果两个前提是一个 I 命题和一个 O 命题,那么,前提中只有一个周延的项,即否定命题的谓项。根据规则二,前提中唯一周延的项必须是中项,否则会犯"中项两次不周延"的错误。如此,大、小项在前提中都不周延。又根据规则五,前提中有一个是否定的,所以结论必否定。结论否定,则大项在结论中周延。大项在前提中不周延,而在结论中周延,这样,就违反了规则三。所以,如果两个前提是一个 I 命题和一个 O 命题,则不能推出结论。

综上所述,两个特称前提不能推出结论。

### 七、如果两个前提中有一个特称,那么结论必特称

根据规则六,如果两个前提中有一个是特称,那么另一个前提必是全称。这样,两个前提的组合就只能有三种情况,即 A、I,A、O(或 E、I),E、O。第三种情况即 E、O 可以直接排除,因为根据规则四,两个否定前提不能得出结论。

如果两个前提都是肯定的,即 A、I,那么,前提中只有一个周延的项,即全称命题的主项。根据规则二,前提中这个唯一周延的项必须是中项,这样,小项在前提中不周延。根据规则三,小项在结论中也不能周延,所以,结论只能是特称。

如果两个前提中一个肯定,另一个否定,即 A、O 或 E、I,那么前提中有两个周延的项:全称命题的主项和否定命题的谓项。根据规则二,这两个周延的项,一个必为中项;另一个必为大项,因为前提中有一个否定命题,根据规则五,结论必否定,而否定命题的谓项即大项在结论中周延,又根据规则三,大项在前提中也必周延。这样,小项在前提中不周延。根据规则三,小项在结论中也不能周延,即结论为特称。

综合上述,前提中有一个是特称,则结论必为特称。

三段论的两条导出规则可以和其他五条规则一样,作为判定三段论是否有效的依据。

三段论的上述规则对于检验三段论的有效性来说,既是充分的又是必要的,这就是说,遵守了这些规则,三段论就是有效的;违反了其中任何一条规则,三段论就是无效的(错误的)。

## 第三节　三段论的格与式

### 一、三段论的格

(一)三段论格的定义

三段论的格就是由于中项在两个前提中的位置不同所形成的不同三段论形式。

在大、小前提中,中项可以分别是主项或谓项。因此,中项在前提中共有四种不同的位置,相应地,三段论共有四个格。

第一格:中项分别是大前提的主项和小前提的谓项,如下图:

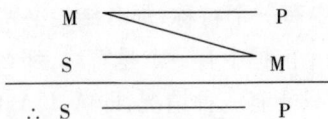

```
        M ———————————— P
          ＼＿＿＿＿
        S ———————————— M
      ————————————————————
      ∴  S ———————————— P
```

如:

　　　例3-1　所有科学都是实践的产物,
　　　　　　自然科学是科学,
　　　　　　————————————————
　　　　　　所以,自然科学是实践的产物。

第二格:中项分别是大、小前提的谓项,如下图:

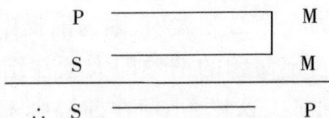

```
        P ———————————— M
                       ｜
        S ———————————— M
      ————————————————————
      ∴  S ———————————— P
```

如:

　　　例3-2　没有文化的军队是愚蠢的军队,
　　　　　　我们的军队不是愚蠢的军队,
　　　　　　————————————————
　　　　　　所以,我们的军队不是没有文化的军队。

第三格:中项分别是大、小前提的主项,如下图:

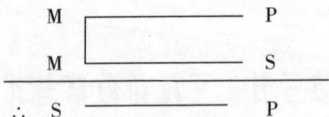

```
        M ———————————— P
        ｜
        M ———————————— S
      ————————————————————
      ∴  S ———————————— P
```

如:

　　　例3-3　黄铜不是金子,
　　　　　　黄铜是闪光的,
　　　　　　————————————————
　　　　　　所以,有些闪光的不是金子。

第四格:中项分别是大前提的谓项和小前提的主项,如下图:

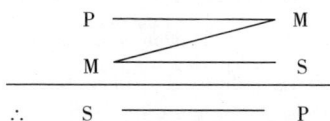

P ———————— M
M ————— S
∴　S ———————— P

如:

例3-4　有些植物是中草药,

中草药能治病,

所以,有些能治病的是植物。

(二)三段论各格的规则

三段论各格有自己的规则,这些规则是依据三段论的规则结合各格的具体形式推导出来的。它们只是三段论有效的必要条件。相对于本章第二节所讲的"三段论的规则",各格的规则称为"三段论的特殊规则"。

第一格的规则是:1.小前提必肯定。

2.大前提必全称。

证明1:假如小前提是否定的,那么,根据规则五,结论必为否定。结论否定,大项在结论中周延。大项在结论中周延,根据规则三,大项在前提中必周延。在第一格中大项是大前提的谓项,大项要在大前提中周延,那么,大前提只能是否定命题。如此,两个前提都是否定的,这与规则四相违背。所以,假设不成立,小前提必肯定。

证明2:小前提肯定(已证明),则小前提的谓项不周延。小前提的谓项在此格中是中项,因此,中项在小前提中不周延。根据规则二,中项在大前提中必周延,否则,会犯"中项两次不周延"的错误。在第一格中,中项是大前提的主项,故大前提必全称。

第二格的规则是:1.前提中必有一个是否定的。

2.大前提必全称。

第三格的规则是:1.小前提必肯定。

2.结论必特称。

3.前提之一必全称。

第四格的规则是:1.若两个前提中有一个是否定,则大前提全称。

2.若大前提肯定,则小前提全称。

3.若小前提肯定,则结论特称。

4.任何一个前提都不能是特称否定命题。

5.结论不能是全称肯定命题。

第二、三、四格的特殊规则,请读者自己证明。

(三)三段论各格的意义

三段论的四个格各有自己的特点,它们在认识和实践中的作用也并不相同。

第一格的特点是:根据一般性的原理,推出特殊或个别的结论。这一格的大前提是全称的,它反映了一类事物的情况;小前提是肯定的,它把某些事物归到这一类之中;结论由此得出关于某些事物情况的断定。可见,这一格最明显、最自然地表现了演绎推理的特点,即从一般推出特殊或个别。因此,第一格被称为"完善格"或"典型格"。

第一格的实际应用范围最广。人们根据一般原理或原则去推断特殊或个别事物情况时,运用的推理往往便是三段论的第一格。这一格在司法工作中也有着特别重要的作用。在审判中总是根据法律条文所规定的一般原则,肯定特殊的犯罪性质,并作出判决,这正是运用第一格三段论。由此,第一格又称为"审判格"。

第二格的特点是:结论是否定的,因此,它常被用来指出事物之间的区别,说明一定的事物并不属于某一类,故该格又称"区别格"。同时,第二格有时也被用来反驳肯定命题。

第三格的特点是:结论是特称的,因此,它常被用来反驳全称命题。故这一格又称"反驳格"。

第四格没有什么特殊的用途。

## 二、三段论的式

三段论的式就是 A、E、I、O 四种命题在三段论前提和结论中的各种不同组合形式,换言之,三段论的式就是由于前提与结论的质(肯定或否定)和量(全称或特称)不同,进而形成的不同形式的三段论。如,大、小前提和结论都是由 A 命题组成的三段论,就是 AAA 式;大前提和小前提都为 A 命题,结论为 I 命题,该三段论为 AAI 式。

例 3-5    所有阔叶植物都是落叶的,

所有葡萄树都是阔叶植物,

所以,所有葡萄树都是落叶的。

例 3-6    所有教授都是高级知识分子,

所有教授都是教育工作者,

所以,有的教育工作者是高级知识分子。

例 3-5 是 AAA 式,例 3-6 是 AAI 式。

在三段论中,A、E、I、O 四种命题都可能分别作为大、小前提和结论。这样,按前提和结论的质、量不同排列,每格三段论有 64 个可能式,即 4×4×4＝64。三段论共有四个格,所以,可能式共有 256 个,即 64×4＝256。

三段论的可能式并非都是有效的。事实上,三段论的可能式中绝大部分是无效式。对于三段论的所有可能式,可以依据三段论的一般规则或各格的特殊规则,判定其是否有效。经过筛选,三段论所有的可能式中,共有如下 24 个有效式:

| 第一格 | 第二格 | 第三格 | 第四格 |
|:---:|:---:|:---:|:---:|
| AAA | AEE | AAI | AAI |
| EAE | EAE | EAO | EAO |
| AII | AOO | AII | AEE |
| EIO | EIO | EIO | EIO |
| (AAI) | (AEO) | IAI | IAI |
| (EAO) | (EAO) | OAO | (AEO) |

在这 24 个式中,括号里的式称为弱式。弱式就是本来能得出全称结论,但却只得出特称结论的式。如,第一格的 AAI 式,小前提全称,小项在前提中周延,本来可以推出全称结论,但得出的结论却是特称的,这就是弱式。弱式本身没有错,但就推理而言,它们没有把应该推出的东西全部推出来。因此,弱式体现了一种不完全推理,可以把它们看作特殊的有效式。

这样,如果把各格中的弱式去掉,共得 19 个有效式。

## 第四节　三段论的省略式与复合三段论

### 一、三段论的省略式

在用语言文字表达三段论时,为了经济与简练,常常将三段论的某一个命题省略。只是需要指出的是,在表达时虽然可以省略某个命题,但从逻辑结构上说,这个被省略的命题仍然是三段论的必要组成部分。

三段论的省略式又称省略三段论,就是指在日常语言的表达上省略了大前提或小前提或结论的三段论。

省略三段论有三种形式:

第一,省略大前提。如:

例4-1　伟人也是人,当然免不了犯错误。

这是一个省略了大前提的省略三段论。它的完整形式是:

所有的人都免不了犯错误,

伟人也是人,
_____

所以,伟人也免不了犯错误。

一般地,当大前提所反映的一般原理是人们非常熟悉的道理时,在日常语言表达中常常可以把它省去。

第二,省略小前提。如:

例4-2　所有的人都免不了犯错误,君子也不例外。

这是一个省略了小前提的省略三段论。它的完整形式是:

所有的人都免不了犯错误,

君子也是人,
_____

所以,君子也免不了犯错误。

一般来说,当小前提所反映的特殊对象与大前提所反映的一类对象之间的联系十分明显时,在日常语言表达中常常可以把它省略。

第三,省略结论。如:

例4-3　爱美之心人皆有之,我也是人。

这是一个省略了结论的省略三段论。它的完整形式是:

> 爱美之心人皆有之，
>
> 我也是人，
> ———————————
> 所以，我也有爱美之心。

当结论不言自明，不予点破反而更能增强回味力时，就应当毫不犹豫地省去。这样，可以收到"言虽尽而意无穷"的效果。

如前所述，三段论省略式有许多优点。但是，省略三段论也有不足之处：一些前提虚假或者形式错误的三段论，经省略后，其漏洞很可能被掩盖起来，不易觉察。如：

例 4-4　他犯过错误，所以不值得信任。

这个三段论省略了大前提"凡犯过错误的人都不值得信任"。显然，这个大前提是虚假的，因为，人人都会犯错误，犯了错误只要能改正，同样值得信任。上述省略式便掩盖了它的前提的不真实性。又如：

例 4-5　我不想当律师，何必学法律？

这也是一个省略三段论，省略了大前提"所有想当律师的人都必须学法律"。它的完整形式是：

> 所有想当律师的人都必须学法律，
>
> 我不想当律师，
> ———————————
> 所以，我不必学法律。

这个三段论犯了"大项不当周延"的错误，"必须学法律"在前提中是肯定命题的谓项，不周延；在结论中，它却是否定命题的谓项，周延。这种错误在省略式中被掩盖了起来，难以被人觉察。所以，在判定一个省略三段论是否有效时，需要先将省略的部分补充进去，把省略三段论恢复为完整形式。

省略三段论的恢复包括以下步骤：

首先，确定结论是否被省略。这可从两方面考察：一是从语言形式上考察，一般地，在结论前通常冠以"因此"、"所以"这样的连词。根据是否有这样的连词，就容易判定结论是否被省略。二是从意义联系上考察，三段论的前提和结论之间有推出关系，前提是理由，结论是由前提推出的。这样考虑，也容易判定结论是否被省略。

其次，当结论没有被省略时，根据结论就可以确定大、小项。如果大项在省略三段论的前提中没有出现，说明省略的是大前提。如果小项在省略三段论的前提中没有出现,那么省略的是小前提。

最后,把省略的部分补充进去,还原为一个完整的三段论。

在恢复省略三段论时,需要注意如下两点:

第一,不违反省略三段论的原意。一般地说,省略三段论的被省略部分的内容是显而易见的。正因为如此,它才可以省略。所以,在恢复省略的部分时,要按照省略三段论这种明显的原意进行恢复,不能为了避免恢复后出现形式错误而违反它的原意进行恢复。

第二,如果对省略三段论原意的理解存在歧义,那么,在恢复时所补充的命题应力求是真实的。

## 二、复合三段论

复合三段论是指由前一个三段论的结论作为后一个三段论的前提,进而所形成的一连串三段论。如:

例4-6　　一切增进人们知识的东西都是有用的,

科学增进人们的知识,
_____

所以,科学是有用的;

逻辑学是科学,
_____

所以,逻辑学是有用的。

这个推理是由两个三段论联结而成的复合三段论。前三个命题构成第一个三段论,后两个命题构成第二个三段论。由于第二个三段论的大前提就是第一个三段论的结论,所以,第二个三段论的大前提就不必重复了。

由于推理进程的不同,复合三段论分为前进式的复合三段论和后退式的复合三段论。

## (一)前进式的复合三段论

前进式的复合三段论,就是前一个三段论的结论是后一个三段论的大前提的复合三段论。如:

例4-7　　所有的哺乳动物都是脊椎动物,

所有的偶蹄动物都是哺乳动物,
_____

所以,所有的偶蹄动物都是脊椎动物;

牛是偶蹄动物,
_____

所以,牛是脊椎动物。

这就是一个前进式的复合三段论。它是两个三段论的联结,其思维进程的前进性表现在:先从 C 包含于 D 开始,逐步地把 B 包含于 C 中,再把 A 包含于 B 中,最后得出 A 包含于 D 中。

前进式复合三段论的逻辑结构是:

C 是 D

B 是 C

∴ B 是 D

A 是 B

∴ A 是 D

(二)后退式的复合三段论

后退式复合三段论,就是前一个三段论的结论是后一个三段论的小前提的复合三段论。如:

例 4-8　牛是偶蹄动物,

偶蹄动物是哺乳动物,

所以,牛是哺乳动物;

哺乳动物是脊椎动物,

所以,牛是脊椎动物。

这就是一个后退式的复合三段论。它是两个三段论的联结,其思维进程的后退性表现在:先从 A 包含于 B 开始,逐步地把 B 包含于 C 中,再把 C 包含于 D 中,最后得出 A 包含于 D 中。

后退式复合三段论的逻辑结构是:

A 是 B

B 是 C

∴ A 是 C

C 是 D

∴ A 是 D

需要指出,省略三段论与复合三段论只是涉及三段论在语言表达方面的省略与简化。若就思维的逻辑结构而言,省略三段论依然是一个三段论,复合三段论则是几个三段论的联结。所以,前述三段论的有关规则也是省略三段论和复合三段论必须遵守的。

## 习　题

### 一、填空题

1.如果一个三段论中的小项在结论中周延,那么,它在前提中应_____,否则,便会犯_____的逻辑错误。

2.根据三段论规则,在前提中周延的项,在结论中_____;在结论中周延的项,在前提中_____;在结论中不周延的项,在前提中_____。

3."有些工人是共青团员,而所有的共青团员都不是老人,所以,有些工人不是老人。"这一三段论属于第_____格_____式。

### 二、单项选择题

1.假定"并非所有 A 是 B"和"并非所有 C 不是 B"为真,那么,下列选项中为真的是(　　)。

A.能够推出"并非所有 C 不是 A"。　　B.能够推出"并非有的 C 不是 A"。

C.能够推出"有的 C 不是 A"。　　D.不能推出结论。

2.假定"P 真包含于 M"和"有 S 不是 M"为真,那么,下列选项中为真的是(　　)。

A.有 S 是 P　　　　　　　　　B.有 S 不是 P

C.有 P 是 S　　　　　　　　　D.有 P 不是 S

3.所有的聪明人都是近视眼,我近视得很厉害,所以,我很聪明。

下列哪个选项揭示了上述推理是明显错误的?(　　)

A.我是个笨人,因为所有的聪明人都是近视眼,而我的视力那么好。

B.所有的猪都有四条腿,但这种动物有八条腿,所以它不是猪。

C.小陈十分高兴,所以小陈一定长得很胖,因为高兴的人都长得很胖。

D.所有的天才都高度近视,我一定是高度近视,因为我是天才。

E.所有的鸡都是尖嘴的,这只总在树上待着的鸟是尖嘴的,因此它是鸡。

4.想从事秘书工作的学生都报考中文专业,李云迪报考了中文专业,他一定想从事秘书工作。

下列哪个选项如果为真,最能支持上述题干中的结论?(　　)

A.所有报考中文专业的学生都想从事秘书工作。

B.有些秘书是大学中文专业的毕业生。

C.想从事秘书工作的人有些报考了中文专业。

D.有不少秘书都获得了中文专业学位。

E.只有中文专业毕业的,才有资格从事秘书工作。

5.所有爱斯基摩土著人都是穿黑衣服的;所有北婆罗洲土著人都是穿白衣服的;没有既穿白衣服又穿黑衣服的人;H是穿白衣服的人。

基于以上事实,下列哪个选项必为真?(　　)

A.H是北婆罗洲土著人。 　　　　B.H不是爱斯基摩土著人。

C.H不是北婆罗洲土著人。 　　　　D.H是爱斯基摩土著人。

E.H既不是爱斯基摩土著人,也不是北婆罗洲土著人。

6.王晶:"李军是优秀运动员,所以,他有资格进入名人俱乐部。"

张华:"不过李军吸烟,他不是年轻人的好榜样,因此,李军不应该被名人俱乐部接纳。"

前提Ⅰ　有些优秀运动员吸烟。

前提Ⅱ　所有吸烟者都不是年轻人的好榜样。

前提Ⅲ　所有被名人俱乐部接纳的都是年轻人的好榜样。

在上述王晶和张华的对话中,张华的推理使用了下列哪个选项的内容作为前提?(　　)

A.仅Ⅰ 　　　　　　　　　　B.仅Ⅱ

C.仅Ⅲ 　　　　　　　　　　D.仅Ⅱ和Ⅲ

E.Ⅰ、Ⅱ和Ⅲ

7.科学不是宗教,宗教都主张信仰,所以,主张信仰都不是科学。

下列哪个选项最能说明上述推理不成立?(　　)

A.所有渴望成功的人都必须努力工作,我不渴望成功,所以,我不必努力工作。

B.商品都有使用价值,空气当然有使用价值,所以,空气当然是商品。

C.不刻苦学习的人都成不了技术骨干,小张刻苦学习,所以,小张能成为技术骨干。

D.台湾人不是北京人,北京人都说汉语,所以,说汉语的人都不是台湾人。

E.犯罪行为都是违法行为,违法行为都应受到社会的谴责,所以,应受到社会谴责的行为都是犯罪行为。

8.有人这样推理:鲁迅的著作不是一天能读完的,《龙须沟》是鲁迅的著作,所以,《龙须沟》不是一天能读完的。

关于这个推理的评价,下列哪个选项是正确的?(　　)

A.这个推理是正确的。

B.这个推理是错误的,因为它的前提中有一个是错误的。

C.这个推理是错误的,因为它的结论是错误的。

D.这个推理是错误的,因为它犯了"四概念错误"。

E.这根本不是一个推理。

9.某些经济学家是大学数学系的毕业生,因此,某些大学数学系的毕业生是对企业经营很有研究的人。

下列哪个选项如果为真,则能够保证上述推理正确?(　　)

A.某些经济学家专攻经济学的某一领域,对企业经营没有太多的研究。

B.某些对企业经营很有研究的经济学家不是大学数学系毕业的。

C.所有对企业经营很有研究的人都是经济学家。

D.某些经济学家不是大学数学系的毕业生,而是学经济学的。

E.所有的经济学家都是对企业经营很有研究的人。

10.所有物质实体都是可见的,而任何可见的东西都没有神秘感。因此,精神世界不是物质实体。

下列哪个选项最可能是上述推理所假设的?(　　)

A.精神世界是不可见的。　　　　B.有神秘感的东西都是不可见的。

C.可见的东西都是物质实体。　　D.精神世界有时也是可见的。

E.精神世界具有神秘感。

11.希望中学的一些数学老师取得了硕士学位,因此,希望中学的有些男老师取得了硕士学位。

下列哪个选项如果为真,最能支持上述推理的成立?(　　)

A.希望中学的数学老师都是男教师。

B.希望中学的男教师中有些是教数学的。

C.希望中学的数学教师中有些是男教师。

D.一些希望中学的女数学教师并没有取得硕士学位。

12.有些想从事行政管理工作的大学生报考了公务员,所有艺术专业的大学生都不想从事行政管理工作。

根据以上题干,可以推出下列哪个选项正确?( )

A.有些艺术专业的大学生没有报考公务员。

B.有些艺术专业的大学生报考了公务员。

C.所有艺术专业的大学生都没有报考公务员。

D.有些报考了公务员的不是艺术专业的大学生。

13.凡金属都是导电的,铁是金属,所以铁是导电的。

下列哪一个选项中的推理与上述推理的结构相同?( )

A.凡真理都是经过实践检验的,进化论是真理,所以,进化论是经过实践检验的。

B.凡恒星是自身发光的,金星不是恒星,所以,金星自身不发光。

C.凡公民必须遵守法律,他们违反了法律,所以,他们不是公民。

D.所有的坏人都攻击我,你攻击我,所以,你是坏人。

E.凡鲸一定用肺呼吸,海豹可能不是鲸,但海豹可能用肺呼吸。

14.有些无锡人不爱吃辣椒,因此,有些爱吃甜食的人不爱吃辣椒。

下列哪个选项能保证上述推理成立?( )

A.有些无锡人爱吃辣椒。

B.有些爱吃甜食的无锡人爱吃辣椒。

C.所有的无锡人都爱吃甜食。

D.有些无锡人不爱吃辣椒也不爱吃甜食。

E.所有爱吃甜食的人都是无锡人。

15.有些艺术家留大胡子,因此,有些留大胡子的人是大嗓门。

为了使上述推理成立,必须补充下列哪个选项作为前提?( )

A.有些艺术家是大嗓门。　　　　B.所有大嗓门的人都是艺术家。

C.所有艺术家都是大嗓门。　　　　D.有些大嗓门的人不是艺术家。

E.有些艺术家不是大嗓门。

## 三、分析题

1.下列推理属何种推理?是否正确?如正确,写出其推理形式;如不正确,指出其违反什么推理规则。

(1)有的蛇不是毒蛇,蜥蜴不是毒蛇,所以,蜥蜴不是蛇。

(2)有的水生动物是海豚,海豚是哺乳动物,所以,有的哺乳动物是水生动物。

（3）所有商品都有价值,有的劳动产品不是商品,所以,有的劳动产品没有价值。

（4）逻辑思维对发明创造是有用的,而想象不是逻辑思维,所以,想象对发明创造是没有用的。

2.分析下列省略三段论,指出省略了哪一部分,恢复为完整形式并指出其是否正确。

（1）改革中所碰到的困难是前进中的困难,因而都是可以克服的。

（2）我们坚持真理,而坚持真理必须旗帜鲜明。

（3）马克思主义是真理,而任何真理都不是封闭的。

## 四、证明题

1.结论是全称肯定命题的正确三段论只能是第一格的 AAA 式。

2.第四格三段论的结论如果是肯定的,那么,结论不能是全称的。

3.结论是全称命题的有效三段论,其中项不得两次周延。

4.大前提是特称命题的有效三段论,其小前提必是全称肯定命题。

5.如果一个有效三段论的大前提是特称否定命题,那么,这个三段论是第三格 OAO 式。

6.三段论第一格的结论可能是 A、E、I、O 四种命题。

（选择题参考答案:1D,2B,3E,4A,5B,6D,7D,8D,9E,10E,11A,12D,13 A,14C,15C）

# 第五章
## 简单命题及其推理（下）

## 第一节　什么是关系命题

### 一、关系命题的定义

关系命题就是断定对象之间关系的简单命题。如：

　　例1-1　李白与杜甫生活在同一时代。

　　例1-2　郑州位于北京和广州之间。

　　例1-3　所有中国人都爱好和平。

这些都是关系命题。例1-1断定"李白"与"杜甫"之间有"生活在同一时代"的关系；例1-2断定"郑州"、"北京"和"广州"之间具有"……位于……和……之间"的关系；例1-3断定"所有中国人"与"和平"之间有"爱好"关系。

　　事物的性质和事物之间的关系不同。性质可以为某一对象所具有，关系却不能为某一对象所具有。关系只能存在于两个或两个以上的对象之间。所以，关系命题的断定对象必须是两个或两个以上。例1-1和例1-3就都是具有两个断定对象的关系命题，例1-2则是具有三个断定对象的关系命题。

### 二、关系命题的结构

关系命题的逻辑构成，涉及关系者项、关系项和量项三个部分。

　　第一，关系者项：这是表示一定关系的承担者即关系者的概念，也就是关系命题的主项。例1-1中的关系者项是"李白"和"杜甫"。例1-2中的关系者项是"郑州"、"北京"和"广州"。例1-3中的关系者项是"中国人"

和"和平"。在一个关系命题中,关系者项可以是两个、三个,也可以更多。在有两个关系者项的关系命题中,在前的关系者项称关系者前项,在后的关系者项称关系者后项。如果关系者项较多,则可分别称之为第一关系者项、第二关系者项、第三关系者项……。关系者项在关系命题中的位置不可变换,如"2 小于 5"不可变换为"5 小于 2"。

第二,关系项:这是表示关系者之间所存在关系的概念,也就是关系命题的谓项。例 1-1 的关系项是"生活在同一时代",例 1-2 的关系项是"……位于……和……之间",例 1-3 的关系项是"爱好"。

关系有不同的类型。存在于两个或两种对象之间的关系,叫作二元关系;存在于三个或三种对象之间的关系,叫作三元关系。依次类推,存在于 n 个或 n 种对象之间的关系,叫作 n 元关系。与关系的具体类型相对应,关系项也就包括二元关系项、三元关系项等。

本章主要讨论二元关系和二元关系项。仅仅包含二元关系项的关系命题,称为二元关系命题。

第三,量项:这是表示关系者数量的概念。如,例 1-3 中的"所有"即为量项。如果关系者项是单独概念,就不使用量项,如例 1-1 和例 1-2。

如果用"R"表示关系项,用"a"和"b"分别表示关系者前项和关系者后项,那么,当 a、b 都是普遍概念时,二元关系命题的逻辑形式可以表示为:

(1)所有 a R 所有 b

或者,

所有 a 与所有 b 有 R 关系。

例 1-4　所有选民拥护所有候选人。

(2)所有 a R 有的 b

或者,

所有 a 与有的 b 有 R 关系

例 1-5　所有选民拥护有的候选人。

(3)有的 a R 所有 b

或者,

有的 a 与所有 b 有 R 关系

例 1-6　有的选民拥护所有候选人。

(4)有的 a R 有的 b

　　或者,

　　有的 a 与有的 b 有 R 关系

　　例 1-7　有的选民拥护有的候选人。

　　如果关系者项都是单独概念,那么,二元关系命题的逻辑形式可以表示为:

　　(5)某个 a R 某个 b

　　或者,

　　某个 a 与某个 b 有 R 关系

　　例 1-8　杜甫怀念李白。

　　关系命题有肯定的,也有否定的。例如:"所有 a 与有的 b 有 R 关系"表示的就是肯定的关系命题;"所有 a 与有的 b 没有 R 关系"表示的则是否定的关系命题。

　　如果不考虑量项,肯定的二元关系命题的逻辑形式可以简写为:

　　　　aRb

　　或者,

　　　　R(a,b)

以上两个公式读作:a 与 b 有 R 关系。

　　否定的二元关系命题的逻辑形式可以简写为:

　　　　$\overline{aRb}$

　　或者,

　　　　$\overline{R}(a,b)$

以上两公式读作:a 与 b 没有 R 关系。

　　和性质命题类似,关系命题中的关系者项也有周延性问题。如果一个关系命题断定了关系者项的全部外延,那么,这个关系者项就是周延的;否则是不周延的。如:

　　例 1-9　所有的大学生喜欢有的作家。

　　例 1-10　所有的大学生喜欢所有的作家。

　　例 1-11　有的大学生喜欢所有的作家。

在例 1-9 中,"大学生"周延,"作家"不周延。在例 1-10 中,"大学生"周延,"作家"也周延。在例 1-11 中,"大学生"不周延,"作家"周延。可以看出,如果某关系者项被全称量项限定,那么它就是周延的。如果某关系者项被特称量项限定,那么它就是不周延的。需要指出,在关系命题中如果某关系者项是单独概念,那么,该关系者项是周延的。如:

例 1-12  李明想念昔日的大学同学。

在这一关系命题中,关系者前项"李明"是单独概念,它是周延的。

## 第二节  关系的逻辑性质

客观事物之间的关系是纷繁复杂、多种多样的,人们不可能把这些客观的具体关系一一加以考察。但是,在各种极不相同的具体关系中存在着一些共同的逻辑特性,这种特性就是逻辑学的考察对象。以下介绍二元关系的两种重要性质:对称性和传递性。

### 一、对称性

关系的对称性问题,就是研究当一个事物 $a_1$ 与另一个事物 $b_1$ 之间具有 R 关系时,是否 $b_1$ 与 $a_1$ 之间也具有 R 关系;换言之,就是研究当 $a_1Rb_1$ 真时,$b_1Ra_1$ 是否也真。这包括三种情况:对称、反对称和非对称。

(一)对称

对于特定论域中的任意对象 $a_1$ 和 $b_1$,如果 $a_1$ 和 $b_1$ 之间有关系 R,那么,$b_1$ 和 $a_1$ 之间也一定有关系 R,即如果 $a_1Rb_1$ 真,那么,$b_1Ra_1$ 也一定真。在这种情况下,关系 R 是对称关系。

例如,"同时"就是一个对称关系。因为,如果 $a_1$ 和 $b_1$ 同时,那么,$b_1$ 和 $a_1$ 也一定同时。"相等"也是一个对称关系。因为,如果 $a_1$ 和 $b_1$ 相等,那么,$b_1$ 和 $a_1$ 也一定相等。常见的对称关系还包括"同乡"、"夫妻"、"邻居"、"朋友"、"相同"、"相似"、"同志"等等。

(二)反对称

对于特定论域中的任意对象 $a_1$ 和 $b_1$,如果 $a_1$ 和 $b_1$ 之间有关系 R,那么,$b_1$ 和 $a_1$ 之间一定没有关系 R,即如果 $a_1Rb_1$ 真,那么,$b_1Ra_1$ 一定假。在这种情况下,关系 R 是反对称关系。

例如,"战胜"、"小于"就是反对称关系。因为,如果 $a_1$ 战胜 $b_1$,那么,$b_1$

一定没有战胜 $a_1$；如果 $a_1$ 小于 $b_1$，那么，$b_1$ 一定不小于 $a_1$。其他关系，如"少于"、"侵略"、"剥削"、"之下"、"……是……的父亲"、"大于"、"真包含"、"真包含于"、"多于"、"早于"、"……在……以东"等等，也都是反对称关系。

（三）非对称

对于特定论域中的任意对象 $a_1$ 和 $b_1$，如果 $a_1$ 与 $b_1$ 之间有关系 R，那么，$b_1$ 与 $a_1$ 之间可能有关系 R，也可能没有关系 R，即如果 $a_1Rb_1$ 真，那么，$b_1Ra_1$ 可能为真，也可能为假。在这种情况下，关系 R 是非对称关系。

例如，"认识"、"殴打"就是非对称关系。因为，如果 $a_1$ 认识 $b_1$，则 $b_1$ 可能认识 $a_1$，也可能不认识 $a_1$；如果 $a_1$ 殴打 $b_1$，则 $b_1$ 可能殴打 $a_1$，也可能没殴打 $a_1$。其他关系，如"理解"、"喜爱"、"佩服"、"批评"、"信任"、"支援"、"帮助"、"关心"、"想念"、"爱慕"、"支持"等等，也均为非对称关系。

## 二、传递性

关系的传递性问题，就是研究当一个事物 $a_1$ 与另一个事物 $b_1$ 之间有 R 关系，并且 $b_1$ 又与另一个事物 $c_1$ 有 R 关系时，是否 $a_1$ 和 $c_1$ 之间也有关系 R。换言之，就是研究当 $a_1Rb_1$ 真并且 $b_1Rc_1$ 真时，$a_1Rc_1$ 是否为真。这包括三种情况：传递、反传递、非传递。

（一）传递

对于特定论域中的任意对象 $a_1$、$b_1$、$c_1$，如果 $a_1$ 和 $b_1$ 之间有关系 R，并且 $b_1$ 和 $c_1$ 之间有关系 R，那么，$a_1$ 和 $c_1$ 之间也一定有关系 R，即如果 $a_1Rb_1$ 真，并且 $b_1Rc_1$ 真，那么 $a_1Rc_1$ 也一定真。在这种情况下，关系 R 是传递关系。

例如，"大于"、"重于"就是传递的。因为，如果 $a_1$ 大于 $b_1$，$b_1$ 大于 $c_1$，那么，$a_1$ 一定大于 $c_1$。如果 $a_1$ 重于 $b_1$，$b_1$ 重于 $c_1$，那么，$a_1$ 一定重于 $c_1$。其他关系，如"……在……前"、"……在……后"、"年长于"、"等于"、"包含"、"……在……上"、"……在……下"、"平行"、"早于"、"晚于"、"轻于"等等，也都是传递关系。

（二）反传递

对于特定论域中的任意对象 $a_1$、$b_1$、$c_1$，如果 $a_1$ 和 $b_1$ 之间有关系 R，并且 $b_1$ 和 $c_1$ 之间有关系 R，那么，$a_1$ 和 $c_1$ 之间一定没有关系 R，即如果 $a_1Rb_1$ 真，并且 $b_1Rc_1$ 真，那么，$a_1Rc_1$ 一定假。在这种情况下，关系 R 是反传递关系。

例如，"……是……父亲"是一种反传递关系。因为，如果 $a_1$ 是 $b_1$ 的父亲，$b_1$ 是 $c_1$ 的父亲，那么，$a_1$ 一定不是 $c_1$ 的父亲。其他关系，如"……是……母亲"、"……比……早到半小时"、"……比……大三倍"、"……比……早两个世纪"等等，也都是反传递关系。

（三）非传递

对于特定论域中的任意对象 $a_1$、$b_1$、$c_1$，如果 $a_1$ 和 $b_1$ 之间有关系 R，并且 $b_1$ 和 $c_1$ 之间有关系 R，那么，$a_1$ 和 $c_1$ 之间不一定有关系 R，也不一定没有关系 R，即如果 $a_1Rb_1$ 真，并且 $b_1Rc_1$ 真，那么，$a_1Rc_1$ 可能为真，也可能为假。在这种情况下，关系 R 是非传递关系。

例如，"信赖"、"认识"就都是非传递关系。因为，如果 $a_1$ 信赖 $b_1$，$b_1$ 信赖 $c_1$，那么，$a_1$ 不一定信赖 $c_1$，也不一定不信赖 $c_1$；如果 $a_1$ 认识 $b_1$，$b_1$ 认识 $c_1$，那么，$a_1$ 不一定认识 $c_1$，也不一定不认识 $c_1$。其他关系，如"殴打"、"相邻"、"控告"、"敬佩"、"喜欢"、"……和……是朋友"、"……和……是同学"、"想念"等等，也都是非传递关系。

需要指出，说明关系的传递性时要涉及三个对象，但传递性是二元关系的性质，不是三元关系的性质。

# 第三节　关系命题推理

关系命题推理又叫关系推理，它是指前提中至少有一个关系命题，并且根据关系的逻辑性质进行推演的演绎推理。

根据前提中命题数量的不同，关系推理可以分为直接关系推理和间接关系推理。

## 一、直接关系推理

直接关系推理就是从一个关系命题推出另一个关系命题的关系推理。常见的有两种：对称关系推理和反对称关系推理。

（一）对称关系推理

对称关系推理是根据关系的对称性质进行推演的关系推理。它的前提和结论均为关系命题。如：

例 3-1 　王柯和李霞是同学，

　　　　　所以，李霞和王柯是同学。

例 3-2 　二加三等于五，

　　　　　所以，五等于二加三。

上述关系推理之所以正确，是因为"……和……是同学"、"……等于……"都是对称关系。

如果以"R"表示对称关系，那么，对称关系推理的逻辑形式可以表示为：

aRb

所以，bRa

(二)反对称关系推理

反对称关系推理是根据关系的反对称性质进行推演的关系推理。它的前提和结论均为关系命题。如：

例 3-3 　墨子早于庄子，

　　　　　所以，庄子不早于墨子。

例 3-4 　三小于八，

　　　　　所以，八不小于三。

例 3-5 　目击者的位置在犯罪现场的南面，

　　　　　所以，犯罪现场不在目击者位置的南面。

上述三个推理之所以正确，是因为"早于"、"小于"、"……在……南面"都是反对称关系。

如果以"R"表示反对称关系，那么，反对称关系推理的逻辑形式可以表示为：

aRb

所以，b$\overline{R}$a

## 二、间接关系推理

间接关系推理又叫关系命题间接推理，它是指两个前提中至少有一个是关系命题，并且根据关系的逻辑性质，从而推出一个新的关系命题为结论的推理。

间接关系推理可分为纯关系间接推理和混合关系间接推理。

(一)纯关系间接推理

纯关系间接推理就是从两个关系命题推出另一个关系命题的关系推理。它包括以下两种形式：

1.传递关系推理

传递关系推理就是根据关系的传递性质而进行推演的间接关系推理。如：

> 例3-6　长江在淮河以南，
>
> 　　　　淮河在黄河以南，
> ────────────────
> 　　　　所以，长江在黄河以南。

> 例3-7　辽沈战役早于平津战役，
>
> 　　　　平津战役早于淮海战役，
> ────────────────
> 　　　　所以，辽沈战役早于淮海战役。

在以上关系推理中，"……在……以南"、"早于"都是传递关系。如果以"R"表示传递关系，那么，传递关系推理的逻辑形式可以表示为：

aRb

bRc
────────
所以，aRc

2.反传递关系推理

反传递关系推理就是根据关系的反传递性质而进行推演的间接关系推理。如：

> 例3-8　王华的学位比张山的学位高一级，
>
> 　　　　张山的学位比李中的学位高一级，
> ────────────────────
> 　　　　所以，王华的学位不是比李中的学位高一级。

> 例3-9　老张是大张的父亲，
>
> 　　　　大张是小张的父亲，
> ────────────────
> 　　　　所以，老张不是小张的父亲。

以上二例都是反传递关系推理。它们之所以有效，正是因为其推理根据分别是"……比……高一级"以及"……是……父亲"的反传递性质。如果以

"R"表示反传递关系,那么,反传递关系推理的逻辑形式可以表示为：

aRb

bRc

―――――

所以,a$\bar{R}$c

（二）混合关系间接推理

混合关系间接推理就是两个前提分别是关系命题和性质命题,结论是关系命题的推理。混合关系间接推理的具体形式很多,这里仅举两例。

例3-10　所有正直的人都反对任何经济犯罪活动,

甲集团盗卖历史文物是经济犯罪活动,

所以,所有正直的人都反对甲集团盗卖历史文物。

这是一个混合关系间接推理,它的逻辑形式是：

所有的 a 与所有的 b 有 R 关系

某个 c 是 b

―――――――――――――

所以,所有的 a 与某个 c 有 R 关系

例3-11　所有 A 组学生都比所有 B 组学生逻辑思维能力强,

张华是 A 组学生,

所以,张华比所有 B 组学生逻辑思维能力强。

这也是一个混合关系间接推理,它的逻辑形式是：

所有的 a 与所有的 b 有 R 关系

某个 c 是 a

―――――――――――――

所以,某个 c 与所有的 b 有 R 关系

可以看出,混合关系间接推理类似于三段论。混合关系间接推理也包括两个前提、一个结论。在前提和结论中除了关系项,也只包含三个不同的概念,这三个概念中的每一个在前提或结论中分别出现两次。两前提中相同的概念,通常叫作"媒概念"。所以,混合关系间接推理又叫作"关系三段论"。

混合关系间接推理有以下几条规则：

第一,媒概念在前提中至少要周延一次。

第二,在前提中不周延的概念在结论中也不得周延。

第三,前提中的性质命题应是肯定命题。

第四,若前提中的关系命题是肯定的,则结论中的关系命题也应是肯定的;若前提中的关系命题是否定的,则结论中的关系命题也应是否定的。

第五,若关系不是对称的,则在前提中作为关系者前项(或后项)的那个概念,在结论中也应作为关系者前项(或后项)。

凡遵守上述五条规则的混合关系间接推理都是正确的;如果违反了其中任何一条规则,那么,有关的混合关系间接推理就是错误的。如:

例3-12　　我们反对一切不正之风,

以权谋私是不正之风,

所以,我们反对任何以权谋私。

例3-13　　我们反对一切宗教迷信,

个人崇拜不是宗教迷信,

所以,我们不反对个人崇拜。

根据上述规则可以判定,在以上两个混合关系间接推理中,例3-12是正确的,因为它符合上述规则。例3-13是错误的,因为它违反第三条规则和第四条规则。

## 习　题

### 一、填空题

1.关系命题的逻辑结构包括 _____ 、_____ 和 _____ 。

2.关系的对称性包括三种情况:_____ 、_____ 和 _____ 。

3.关系的传递性包括三种情况:_____ 、_____ 和 _____ 。

### 二、单项选择题

1.概念间的真包含关系具有(　　)性质。

A.既非对称又非传递　　　　　　B.既对称又反传递

C.既反对称又非传递　　　　　　D.既反对称又传递

2."小张和老王是同乡"和"小张和老王是劳动模范",这两个命题(　　　)。

A.都是关系命题　　　　　　B.都不是关系命题

C.前者是关系命题,后者则不然　D.前者不是关系命题,后者则不然

3.下列关系中具有对称和传递性质的是(　　　)。

A.概念间的全同关系　　　　B.概念间的真包含于关系

C.概念间的矛盾关系　　　　D.概念间的交叉关系

4.王平是凤凰公司的经理。李强的所有朋友都在凤凰公司工作。胡斌是李强的朋友。凤凰公司中有些职工来自湖南。凤凰公司所有的职工都是大学生。

根据以上信息可以推断(　　)。

A.李强有一些学历不高的朋友。B.胡斌是大学生。

C.胡斌来自湖南。　　　　　　D.王平与李强是朋友。

5.甘蓝比菠菜更有营养。但是,因为绿芥蓝比莴苣更有营养,所以,甘蓝比莴苣更有营养。

下列各个选项,分别增加到题干的前提中都能使题干中的推理成立,除了(　　)。

A.甘蓝与绿芥蓝同样有营养。　B.菠菜比莴苣更有营养。

C.绿芥蓝比甘蓝更有营养。　　D.菠菜与绿芥蓝同样有营养。

E.菠菜比绿芥蓝更有营养。

6.被所有人尊重的人也尊重所有人,张三不尊重李四。

根据以上信息可以推断(　　)。

A.所有人都尊重有些人。　　　B.有些人尊重所有人。

C.有些人尊重张三。　　　　　D.有些人不尊重张三。

7.目前所知,最硬的矿石是钻石,其次是刚玉,而一种矿石只能用与其本身一样硬度或更硬的矿石来刻痕。

如果以上陈述为真,下列哪个选项所指的矿石一定是可被刚玉刻痕的矿石?(　　)

Ⅰ　这种矿石不是钻石。

Ⅱ　这种矿石不是刚玉。

Ⅲ　这种矿石不是与刚玉具有一样的硬度。

A.只是Ⅰ　　　　　　　　　　B.只是Ⅲ

C.只是Ⅰ和Ⅱ　　　　　　　　D.只是Ⅰ和Ⅲ

8.某综合性大学只有理科与文科,理科学生多于文科学生,女生多于男生。

如果上述断定为真,下列哪个选项关于该校大学生的断定也一定是真

的?(　　)

 Ⅰ　文科的女生多于文科的男生。

 Ⅱ　理科的男生多于文科的男生。

 Ⅲ　理科的女生多于文科的男生。

A.只有Ⅰ和Ⅱ　　　　　　　　B.只有Ⅲ

C.只有Ⅱ和Ⅲ　　　　　　　　D.Ⅰ、Ⅱ和Ⅲ

E.Ⅰ、Ⅱ和Ⅲ都不一定是真的

9.在英语六级考试中,陈文的分数比朱利低,但是比李强的分数高;宋颖的分数比朱利和李强的分数都低;王平的分数比宋颖的高,但是比朱利的低。

如果以上陈述为真,增加下列哪个选项能够推出张明的分数比陈文的低?(　　)

A.陈文的分数和王平的分数一样高。

B.王平的分数和张明的分数一样高。

C.张明的分数比宋颖的高,但比王平的低。

D.张明的分数比朱利的分数低。

E.王平的分数比张明的高,但是比李强的低。

10.有四个外表看起来没有分别的小球,它们的重量可能各有不同。取一个天平,将甲、乙放为一组,丙、丁放为另一组,分别放在天平的两边,天平是基本平衡的。将乙和丁对调一下,甲、丁一边明显地要比乙、丙一边重很多。可奇怪的是,如果在天平的一边放上甲、丙,而另一边刚放上乙,还没有来得及放上丁时,天平就压向了乙一边。

根据以上信息,甲、乙、丙、丁四个球由重到轻的顺序是(　　)。

A.丁、乙、甲、丙　　　　　　　B.丁、乙、丙、甲

C.乙、丙、丁、甲　　　　　　　D.乙、甲、丁、丙

E.乙、丁、甲、丙

### 三、分析以下推理是否正确,为什么?

1.张红和赵强是同事,所以,赵强和张红也是同事。

2.郭新和王华是邻居,王华和张红是邻居,所以,郭新和张红也是邻居。

3.A概念与B概念具有反对关系,B概念与C概念具有反对关系,所以,A概念与C概念具有反对关系。

4.所有文学院的学生都喜欢古典文学作品,《平凡的世界》不是古典文学作品,所以,文学院的学生都不喜欢《平凡的世界》。

5.赵萌认识甲公司的总经理张某,所以,甲公司的总经理张某也一定认识赵萌。

(选择题参考答案:1D,2C,3A,4B,5C,6D,7A,8B,9E,10A)

# 第六章
# 复合命题及其推理（上）

所谓复合命题，就是本身包含有其他命题的命题。它由支命题和联结项两部分组成。支命题就是复合命题中所包含的命题，联结项就是在复合命题中起联结支命题作用的部分。如：

例0-1　世界是多样的，并且是统一的。

这是一个复合命题。其中，"世界是多样的"、"世界是统一的"是两个支命题，"并且"是联结项。

同简单命题相比，复合命题有以下几个特点：

第一，复合命题的基本单位是命题，称为支命题。支命题通常用小写字母 p、q、r、s 等表示。

第二，复合命题的逻辑性质是由联结项决定的，不同的联结项显示出不同的逻辑性质。

第三，复合命题的真假由其支命题的真假来确定。

复合命题的联结项是区别各种类型复合命题的根据。根据联结项的不同，复合命题可以分为联言命题、选言命题、假言命题和负命题。

## 第一节　联言命题

联言命题就是断定多种事物情况同时存在的复合命题。如：

例1-1　劳动人民不但是物质财富的创造者，而且是精神财富的
创造者。

例1-1 就是一个联言命题。它断定了"劳动人民是物质财富的创造者"和"劳动人民是精神财富的创造者"两种情况同时存在。

联言命题由支命题和联结项两部分组成。联言命题所包含的支命题称做联言支。在例1-1中,"劳动人民是物质财富的创造者"和"劳动人民是精神财富的创造者"是两个联言支,"不但……而且……"是联结项。

联言命题的联结项通常用"并且"来表示。如果用p、q表示联言支,那么,联言命题的逻辑形式可以表示为:

p 并且 q

当然,联言命题的逻辑形式也可以表示为:

p ∧ q

符号"∧"读作"并且"。

联言命题的支命题至少是两个,也可以是多个。至于有多个支命题的联言命题,它们都是以具有两个支命题的联言命题为基础的。因此,我们就用"p∧q"表示联言命题的一般逻辑形式。

联言命题的语言表达形式是多样的,现代汉语中的并列复句、递进复句、转折复句等,均可表达联言命题。因此,具体的联言命题的联结项的语言表达方式也是多种多样的。例如:

不但……而且……

既……又……

不仅……还……

虽然……但是……

这些都具有联结项"并且"的逻辑含义。此外,在实际思维中,人们有时还会在表达联言命题时省略联结项"并且"的语言形式。如:

例1-2 任何内容都通过形式表达,任何形式都具有特定内容。

这可以看作是省略了联结项的语言表达的联言命题。

由于思维和语言实际的复杂性和灵活性,具体联言命题的表述和存在形式往往是多样的,有时甚至会差别很大。如:

例1-3 李白和杜甫都是诗人。

该例断定两个对象具有某种共同属性。其中,两个联言支的谓项相同,因此合并到一起,这是属于复合主项联言命题。又如:

例1-4 亚里士多德是哲学家和逻辑学家。

该例断定一个对象同时具有几种属性。其中,两个联言支的主项相同,因此合并到一起,这属于复合谓项联言命题。再如:

例1-5　东部地区和中西部地区各有其特点,在全面建设小康社
会中都起着重要作用。

该例断定两个对象同时具有几种属性,这属于复合主谓项联言命题。

需要指出,尽管联言命题的具体存在形式可能多种多样,但它们均可以
还原为:

　　　　p并且q

或者,

　　　　$p \land q$

这一基本形式。

联言命题的真假是由其支命题的真假来确定。一个联言命题为真,其
全部联言支应都为真,即全部联言支所断定的事物情况都存在。只要有一
个联言支是假的,那么,整个联言命题就是假的。

## 第二节　选言命题

### 一、什么是选言命题

选言命题就是断定事物若干种可能情况中至少有一种存在的复合命
题。如:

例2-1　材料不可靠或计算有错误都能够造成统计上的错误。

例2-2　一个革命政党的任何行动都是实行政策,不是实行正确
的政策,就是实行错误的政策。

这是两个选言命题。例2-1断定了"材料不可靠"和"计算有错误"是造成
统计上错误的可能原因,两种情况中至少有一种存在。例2-2断定了一个
革命政党行动的两种可能情况:要么"实行正确的政策",要么"实行错误的
政策"。在这两种可能情况中,只能有一种是存在的。

选言命题由支命题和联结项两部分组成。构成选言命题的支命题称作
选言支。一个选言命题的选言支至少是两个,也可以是多个。联结选言支
的部分就是联结项。

在日常生活中,当人们断定事物发展的几种可能情况,或者需要提出几
种可能情况以供选择的时候,就往往要运用选言命题。

通过分析实际思维中存在的大量选言命题,可以看到有的选言命题的选言支之间具有并存关系,有的选言命题的选言支之间不具有并存关系。所谓选言支之间具有并存关系,就是说一个选言命题的选言支所断定的可能情况是不排斥的,彼此可以相容,可以同时存在,如例2-1。所谓选言支之间不具有并存关系,就是说一个选言命题的选言支所断定的可能情况是相互排斥的,彼此不相容,不可以同时存在,如例2-2。

### 二、相容选言命题

相容选言命题就是断定事物若干种可能情况可以同时存在的选言命题。或者说,它是断定几个选言支中至少有一个为真并且可以同真的选言命题。也可以说,相容选言命题就是包含具有并存关系的选言支的选言命题。相容选言命题的逻辑特征,就在于其选言支之间的关系不是相互排斥,而是彼此相容,可能同真。如:

例2-3　液体沸腾的原因或者是温度增高,或者是压力下降。

该例断定两种事物情况中至少有一种存在。

包含两个选言支的相容选言命题,如果用"p"、"q"表示其选言支,用"或者"表示其联结项,那么,它的逻辑形式可以表示为:

p 或者 q

当然,相容选言命题的逻辑形式也可以表示为:

p ∨ q

符号"∨"读作"或者"。

在现代汉语中,相容选言命题的联结项的语言表达方式除了"或者",还包括:

……或……

可能……可能……

也许……也许……

或许……或许……

一个相容选言命题的真假是由其选言支的真假来确定。也就是说,只要选言支中有一个为真,即该选言支所断定的事物情况存在,相容选言命题就是真的。只有在全部选言支都为假时,相容选言命题才是假的。

### 三、不相容选言命题

不相容选言命题就是断定事物若干种可能情况中仅有一种存在的选言命题。或者说，它是断定几个选言支中有并且只有一个为真的选言命题。也可以说，不相容选言命题，就是包含不具有并存关系的选言支的选言命题。不相容选言命题的逻辑特征，就在于其选言支之间的关系是相互排斥，彼此不相容，不可同真。如：

例2-4　对世界本原的回答，要么是物质，要么是精神。

该例断定两个选言支中有并且只有一个是真的。

包含两个选言支的不相容选言命题，如果用"p"、"q"表示其选言支，用"要么……要么……"表示其联结项，那么，它的逻辑形式可以表示为：

要么 p，要么 q

当然，不相容选言命题的逻辑形式也可以表示为：

p $\veebar$ q

符号"$\veebar$"读作"要么……要么……"。

在现代汉语中，不相容选言命题的联结项的语言表达方式不是唯一的，往往还包括以下情况：

不是……就是……

或者……或者……二者必居其一

或……或……二者不可兼得

除了上述表达方式之外，在特定的语言环境中，有时"或者"也可以表达不相容选言命题联结项。这时，有关选言支所断定的事物情况不具有并存关系，彼此相互排斥。如：

例2-5　人固有一死，或重于泰山，或轻于鸿毛。

从语言形式上看，该例包含有语词"或……或……"，因此很像表达相容选言命题。但实际上，该例断定了两个支命题不可同真，所以，它表达的应当是不相容选言命题。这里的"或……或……"也就应当视为表达不相容选言命题的联结项。

不相容选言命题的真假是由其选言支的真假来确定的。也就是说，只有选言支中有并且仅有一个为真，即它断定的事物情况存在，不相容选言命题才是真的。如果选言支都假或有两个以上（含两个）为真，则不相容选言命题就是假的。

在实际思维中,运用选言命题时要注意以下两个问题:

第一,要尽可能列举一切可能情况,不要遗漏选言支。这也就是说,在提出选言命题时要设法穷尽选言支,把在特定范围中所有可能的事物情况都列举出来;否则,就可能提出虚假命题。如:

例2-6 青少年辍学,或者是由于社会原因,或者是由于家庭原因,或者是由于学校原因。

这个选言命题的选言支没有穷尽,遗漏了"或者是由于个人原因"这一支命题,所以,它是虚假的。

第二,正确分析可能的事物情况之间的关系,准确选用不同的联结项。选言支表示的事物情况可能是并存的,也可能是不能并存的。当有两个以上选言支真时,相容选言命题为真,不相容选言命题为假。所以,在实际提出选言命题时,必须慎重选用联结项。如:

例2-7 美英对伊拉克的战争,要么采用空中打击,要么动用地面部队。

这个选言命题误用了联结项,其支命题是可以同真的,所以,应改变联结项,使之成为一个相容选言命题。

## 第三节 假言命题

### 一、什么是假言命题

假言命题就是断定某一事物情况的存在是另一事物情况存在的条件的复合命题。假言命题又叫条件命题。如:

例3-1 如果患了肺炎,那么就会发烧。

例3-2 只有认识错误,才能改正错误。

例3-3 如果有阶级,那么就有国家;并且只有有了阶级,才会有国家。

以上三例就是三个假言命题。例3-1断定了"患肺炎"是"发烧"的条件,例3-2断定了"认识错误"是"改正错误"的条件,例3-3断定了"有阶级"是"有国家"的条件。假言命题的逻辑特征,是对事物情况有条件性的断定。

假言命题是由两个支命题通过联结项组成的。其中,表示条件的支命题,位置一般在前边,称为前件,通常用"p"来表示;表示依赖条件而成立的支命题,位置一般在后边,称为后件,通常用"q"来表示。联结项就是表示前件和后件之间条件关系的部分。

既然假言命题是条件命题,反映了事物情况之间存在的条件关系,那么,弄清条件关系就是学习和运用假言命题的基础。事物情况之间有哪些条件关系呢? 逻辑学探讨了充分条件、必要条件和充分必要条件三种条件关系。

所谓充分条件,就是:设 p 和 q 分别为两种事物情况,如果有 p,就必然有 q;而没有 p,是否有 q 不能确定(即可能有 q,也可能没有 q)。这时,p 就是 q 的充分条件。如,"患肺炎"就是"发烧"的充分条件。因为,只要患肺炎就必然发烧;而没有患肺炎,是否会发烧则不确定。

所谓必要条件,就是:设 p 和 q 分别为两种事物情况,如果没有 p,就必然没有 q;而有 p,却未必有 q(即可能有 q,也可能没有 q)。换句话说,p 仅仅是引起 q 的诸多条件中的一个,只有 p,并不足以产生 q;但是,如果没有 p,就绝对不会有 q,p 是 q 的必不可少的条件。这时,p 就是 q 的必要条件。如"认识错误"就是"改正错误"的一个必要条件。因为,如果没有认识错误,就根本谈不上改正错误;而认识了错误,是否一定能改正,则具有很大的不确定性。

所谓充分必要条件,就是:设 p 和 q 分别为两种事物情况,如果有 p,就必然有 q;如果没有 p,就必然没有 q。这时,p 就是 q 的充分必要条件。如,"有阶级"对于"有国家"来说就是一个充分必要条件。因为,国家是阶级统治的暴力工具,只要有阶级存在,就必然有国家;而如果阶级不存在,作为阶级统治工具的国家也就不会存在。充分必要条件有时简称充要条件。

由于逻辑学所研究的条件关系有三种,因此,与之相应的假言命题也就有三种,即充分条件假言命题、必要条件假言命题和充分必要条件假言命题。

## 二、充分条件假言命题

充分条件假言命题就是断定事物情况之间具有充分条件关系的假言命题。如:

例3-4　如果气温降到 0℃,那么水就会结冰。

这是一个充分条件假言命题。该命题断定"气温降到 0℃"是"水结冰"的充分条件。

充分条件假言命题的联结项通常用"如果……那么……"来表示。它的逻辑形式可以表示为:

如果 p,那么 q

当然,充分条件假言命题的逻辑形式也可以表示为:

p→q

符号"→"读作"如果……那么……"。

在现代汉语中,表达充分条件假言命题的联结项的语言形式,除了"如果……那么……",还有:

如果……则……

只要……就……

假如……那么……

倘若……就……

一旦……就……

有……就有……

哪里……哪里……

充分条件假言命题的真假是由前件和后件的真假来确定。一个充分条件假言命题,其前件与后件有如下四种可能真、假组合情况:(1)前件真,后件也真;(2)前件真,后件假;(3)前件假,后件真;(4)前件假,后件也假。只有在前件真而后件假时,充分条件假言命题才是假的。在其余情况下,充分条件假言命题都是真的。


三、必要条件假言命题

必要条件假言命题就是断定事物情况之间具有必要条件关系的假言命题。如:

例3-5 只有某人年满 18 岁,他才有选举权。

这是一个必要条件假言命题,它断定了"某人年满 18 岁"是"他有选举权"的必要条件。

必要条件假言命题的联结项通常用"只有……才……"来表示。它的逻辑形式可以表示为:

只有 p,才 q

当然,必要条件假言命题的逻辑形式也可以表示为:

　　　　p←q

符号"←"读作"只有……才……"。

　　在现代汉语中,表达必要条件假言命题的联结项的语言形式,除了"只有……才……",还有:

　　　　除非……才……

　　　　除非……不……

　　　　不……不……

　　　　没有……就没有……

必要条件假言命题的真假是由前件和后件的真假来确定。一个必要条件假言命题,其前件与后件有如下四种可能真假组合情况:(1)前件真,后件也真;(2)前件真,后件假;(3)前件假,后件真;(4)前件假,后件也假。只有在前件假而后件真时,必要条件假言命题才是假的。在其余情况下,必要条件假言命题都是真的。

### 四、充分必要条件假言命题

　　充分必要条件假言命题就是断定事物情况之间具有充分必要条件关系的假言命题。如:

　　　　例3-6　当且仅当一个整数能被2整除,它才是偶数。

这个假言命题断定了"一个整数能被2整除"是"该整数是偶数"的充分必要条件,所以,它是充分必要条件假言命题。

　　充分必要条件假言命题的联结项通常用"当且仅当……才……"来表示。它的逻辑形式可以表示为:

　　　　当且仅当p,才q

当然,充分必要条件假言命题的逻辑形式也可以表示为:

　　　　p↔q

符号"↔"读作"当且仅当"。

　　"当且仅当……才……"这种形式通常在数学表达中使用。在自然语言中,它通常以"如果……那么……,并且,只有……才……"的形式出现。此外,在现代汉语中,表达充分必要条件假言命题的联结项的语言形式还有:

　　　　如果……那么……,如果不……那么不……

如果……那么……,而没有……就没有……

充分必要条件假言命题有时简称"充要条件命题",其真假是由前件和后件的真假来确定。如果一个充分必要条件假言命题的前件真,后件也真;前件假,后件也假,那么,该命题为真。如果一个充分必要条件假言命题的前件真而后件假,或者前件假而后件真,那么,该命题为假。

在实际思维中,运用假言命题时要注意以下两个问题:

第一,正确分析不同的条件关系,准确使用不同的联结项。如:

例 3-7　一个人如果从小认真学习,长大后就能当科学家。

例 3-8　只有缺少水分,花草才会死亡。

例3-7误把必要条件关系当作充分条件关系,因此在命题中误用了联结项。它应改为"一个人只有从小认真学习,长大才能当科学家"。例 3-8 误把充分条件关系当作必要条件关系,因此,在命题中误用了联结项。它应改为"如果缺乏水分,花草就会死亡"。

第二,根据充分条件假言命题与必要条件假言命题的联系,正确进行二者之间的转换。充分条件假言命题和必要条件假言命题有一个规律性联系,即:如果p是q的充分条件,那么q就是p的必要条件;如果q是p的必要条件,那么p就是q的充分条件。也就是说,"如果p,那么q"与"只有q,才p"是等值的(真、假值相同)。这样,我们就可以在充分条件假言命题和必要条件假言命题之间做相互转换。如:

例 3-9　如果一个人患了阑尾炎,他就会肚子痛。

该命题可以转换成另一等值命题,即:

只有一个人肚子痛,他才会患了阑尾炎。

其他情况,以此类推。

利用假言命题的等值关系进行不同命题间的转换,可以使人们从不同角度深入揭示事物之间的联系,同时,随着句式的变换,语言表达也往往会显得更加生动活泼。

# 第四节　负　命　题

负命题就是否定某个命题的命题,又叫命题的否定。如:

例4-1  并非一切水生动物都是鱼。

例4-2  并不是只要认识字母,就能学好外语。

以上两个命题都是负命题。它们分别否定了"一切水生动物都是鱼"和"只要认识字母,就能学好外语"这两个命题。

负命题不同于简单命题中属于性质命题的否定命题。如:

例4-3  任何事物都不是绝对静止的。

这是一个全称否定命题,并不属于负命题。否定命题只是否定对象具有某种性质,它是简单命题。负命题则是对某个命题的否定,属于复合命题。

负命题由支命题和联结项两部分组成。支命题就是被否定的原命题。联结项就是用来否定支命题的部分。

负命题的联结项通常用"并非"或"非"来表示。如果用"p"表示支命题,那么,负命题的逻辑形式可以表示为:

并非 p    或    非 p

当然,负命题的逻辑形式也可以表示为:

¬p    或    $\bar{p}$

符号"¬"、"-"读作"并非"或"非"。

需要指出,负命题的支命题可以是简单命题,也可以是复合命题。因而,负命题的具体种类是多种多样的。

在自然语言中,表达负命题的具体语言形式除了"并非……"之外,还有很多。例如:

并不是……

……是不对的

……是假的

……是错误的

……是荒谬的

负命题的真假,是由其支命题的真假来确定的。也就是说,如果支命题真,负命题就假;如果支命题假,负命题就真。可见,负命题和原命题之间构成矛盾关系。

## 习 题

### 一、填空题

1.从构成上看,复合命题是由_____和_____构成的,它的逻辑性质是由_____决定。

2.只有在_____时,相容选言命题才是假的。

3.负命题与原命题之间是_____关系。

4."不是鱼死,就是网破",这一语句表达的是_____命题,其逻辑形式是_____。

5.只有在前件_____,而后件_____时,充分条件假言命题才是假的。

### 二、单项选择题

1.下列选项中能驳倒"他既会弹钢琴,又会弹吉他"这一命题的有( )。

①他会弹吉他,但不会弹钢琴。

②他会弹钢琴,但不会弹吉他。

③他既不会弹钢琴,又不会弹吉他。

④他或者不会弹钢琴,或者不会弹吉他。

⑤如果他不会弹钢琴,那么他也不会弹吉他。

A.2 项　　　　　　　　B.3 项

C.4 项　　　　　　　　D.5 项

2.在确定某项工作任务的人选时,甲、乙、丙三位推荐人的意见分别是:

甲:不是选派小张,就是选派小王。

乙:如果不选派小张,就不选派小王。

丙:只要不选派小王,就不选派小张。

下列选项中,能够同时满足上述三位推荐人意见的是( )。

A.小张和小王都选派。　B.小张和小王都不选派。

C.选小张,不选小王。　D.选小王,不选小张。

3.某汽车司机驾驶车辆违章,交警对他说:"要么扣照,要么罚款。"司机说:"我不同意。"

按照司机的说法,下列哪个选项是他必须同意的? ( )

A.扣照,但不罚款。

B.罚款,但不扣照。

C.如果不能做到既不扣照又不罚款,那么就既扣照,又罚款。

D.承认错误,下次不再违章。

4.教授:"如果父母都是O型血,其子女的血型也只能是O型,这是遗传规律。"

学生:"这不是真的,我的父母是B型血,而我是O型血。"

在以上对话中,学生最有可能是把教授的观点误解为(　　)。

A.只有O型血的人才有O型血的孩子。

B.O型血的人不可能有B型血的孩子。

C.B型血的人永远都会有O型血的孩子。

D.如果父母都是B型血,其孩子也会是B型血。

5.某公司规定:在一个月内,除非每个工作日都出勤,否则,任何员工都不可能既获得当月的绩效工资,又获得奖励工资。

下列哪个选项与上述规定的内容最为接近?(　　)

A.在一个月内,任何员工如果所有工作日不缺勤,必然既获得当月绩效工资,又获得奖励工资。

B.在一个月内,任何员工如果所有工作日不缺勤,都有可能既获得当月绩效工资,又获得奖励工资。

C.在一个月内,任何员工如果有某个工作日缺勤,仍有可能获得当月绩效工资,或者获得奖励工资。

D.在一个月内,任何员工如果有某个工作日缺勤,必然或者得不了当月绩效工资,或者得不了奖励工资。

E.在一个月内,任何员工如果有工作日缺勤,必然既得不了当月绩效工资,又得不了奖励工资。

6.张三:"要有善举,必须有善心。"

李四:"除非有善举,否则不会有善心。"

下列哪种情况和李四的断定矛盾,和张三的断定不矛盾?(　　)

A.虽有善心但无善举。　　B.有善心也有善举。

C.虽无善心但有善举。　　D.无善心也无善举。

E.善举和善心都有。

7.小李和朋友约定:"如果明天阳光灿烂,我就和你们一起去踏青。"

下列哪个选项属于小李违约的情形?(　　)

A.明天阳光灿烂,小李和朋友一起踏青去。

B.明天阳光灿烂,但小李没有和朋友一起去踏青。

C.明天下雨,小李仍和朋友一起踏青去。

D.明天下雨,小李没有和朋友一起去踏青。

8.生活节俭应当成为选拔领导干部的标准。试想,一个不懂得节俭的人,怎么可能很好地为百姓当家理财呢?

下列选项都符合题干的意思,除了(　　)。

A.生活节俭的人一定能成为称职的领导干部。

B.只有生活节俭,才能很好地为百姓当家理财。

C.称职的领导干部一定是生活节俭的人。

D.除非生活节俭,否则不能成为称职的领导干部。

E.没有称职但生活不节俭的领导干部。

9.只有具备一定的文学造诣并且具有生物学专业背景的人,才能读懂这篇文章。

如果上述命题为真,下列哪个选项不可能为真?(　　)

A.小张没有读懂这篇文章,但他的文学造诣是大家所公认的。

B.计算机专业的小王没有读懂这篇文章。

C.从未接触过生物学知识的小李读懂了这篇文章。

D.小周具有生物学专业背景,但他没有读懂这篇文章。

E.生物学博士小赵读懂了这篇文章。

10.某航空公司承诺:只要不起雾,飞机就按时起飞。

下列哪个选项如果为真,说明航空公司的承诺没有兑现?(　　)

Ⅰ　没起雾,但飞机没按时起飞。

Ⅱ　起雾,但飞机仍然按时起飞。

Ⅲ　起雾,飞机航班延期。

A.只有Ⅰ　　　　　　　　B.只有Ⅱ

C.只有Ⅲ　　　　　　　　D.只有Ⅱ和Ⅲ

E.只有Ⅰ和Ⅲ

11.总经理:"如果提拔小张,那么就要提拔小李。"

董事长:"既然你作出了此承诺,那为什么提拔了小李,却没有提拔小张?"

在上述对话中,董事长最可能是把总经理的承诺理解为下列选项中的哪一个?(　　)

A.小张和小李都不提拔。

B.小张和小李至少要提拔一个。

C.只有提拔小李,才能提拔小张。

D.只有提拔小张,才能提拔小李。

E.除非提拔小李,否则不提拔小张。

12.一位将军说:"不想当将军的士兵一定不是好士兵。"

下列哪个选项的含义和将军的意思相同?(　　)

A.想当将军的士兵就一定是好士兵。

B.除非想当将军,否则不是一个好士兵。

C.坏士兵是不想当将军的。

D.坏士兵也是想当将军的。

E.不想当将军的士兵,也可以是一个好士兵。

13.甲:"如果红了樱桃,那么绿了芭蕉。"

乙:"我不同意。"

在上述对话中,乙实际上同意下列哪个选项?(　　)

A.只有芭蕉绿,樱桃才红。

B.只要芭蕉不绿,樱桃就不红。

C.除非樱桃没红,否则芭蕉绿。

D.樱桃红,但是芭蕉没绿。

E.樱桃没红,或者芭蕉绿。

14.甲:"除非有感情,否则不能结婚。"

乙:"我不同意。"

在上述对话中,乙的意思与下列哪个选项完全一致?(　　)

A.没有感情也能结婚。　　B.没有感情就不能结婚。

C.没结婚,但有感情。　　D.如果有感情,就应该结婚。

E.没感情就不应该结婚。

15.由于信息高速公路上信息垃圾问题越来越严重,科学家们不断发出警告:如果我们不从现在起就开始重视预防和消除信息高速公路上的信息垃圾,那么,总有一天信息高速公路将无法正常通行。

下列哪个选项的意思最接近科学家们的警告?(　　)

A.总有一天,信息高速公路不再能正常通行。

B.只要从现在起就开始重视信息高速公路上信息垃圾的预防和消除,信息高速公路就可以一直正常通行下去。

C.只有从现在起就开始重视信息高速公路上信息垃圾的预防和消除,信息高速公路才可能预防无法正常通行的后果。

D.信息高速公路如果有一天不再能正常通行,那是因为我们没有从现在起就开始重视信息高速公路上信息垃圾的预防和消除。

E.信息高速公路上信息垃圾的严重性,已经引起了我们的高度重视。

16.董事长建议:如果提拔小李,就不提拔小孙。

下列哪个选项符合董事长的意思?(　　)

A.如果不提拔小孙,就要提拔小李。

B.不能小李和小孙都不提拔。

C.不能小李和小孙都提拔。

D.除非提拔小李,否则不提拔小孙。

E.只有提拔小孙,才能提拔小李。

17.只有认识错误,才能改正错误。

下列选项都准确表达了上述断定的含义,除了(　　)。

A.除非认识错误,否则不能改正错误。

B.如果不认识错误,那么不能改正错误。

C.如果改正错误,说明已经认识了错误。

D.认识错误,是改正错误的必不可少的条件。

E.只要认识错误,就一定改正错误。

18.一位父亲对儿子说:"你只有努力学习,才能考上重点大学。"后来可能发生的情况如下:

Ⅰ　儿子努力了,但没有考上重点大学。

Ⅱ　儿子没努力,却考上了重点大学。

Ⅲ　儿子没努力,也没有考上重点大学。

Ⅳ　儿子努力了,并且考上了重点大学。

发生上述哪几种情况时,父亲说的话没有错误?(　　)

A.Ⅳ　　　　　　　　　　B.Ⅲ、Ⅳ

C. Ⅱ、Ⅳ　　　　　　　　D. Ⅱ、Ⅲ、Ⅳ
E. Ⅰ、Ⅲ、Ⅳ

（选择题参考答案：1C,2A,3C,4A,5D,6A,7B,8A,9C,10A,11D,12B,13D,14A,15C,16C,17E,18E）

# 第七章
# 复合命题及其推理（下）

第六章介绍了复合命题的基本类型。本章将在第六章的基础上进一步讨论复合命题推理。所谓复合命题推理,就是前提或结论中包含有复合命题,并且根据复合命题的逻辑性质而进行推演的演绎推理或必然性推理。它主要包括联言推理、选言推理、假言推理和负命题推理等。

## 第一节　联言推理

联言推理就是前提或结论为联言命题,并且根据联言命题的逻辑性质来进行推演的推理。它包括分解式和组合式两种具体类型。

### 一、分解式

分解式就是由前提中的联言命题为真,推出其任一支命题为真的推理。分解式的逻辑形式可以表示为:

| p 并且 q | 或者 | p 并且 q |
|---|---|---|
| 所以,p | | 所以,q |

也可以表示为:

| $p \wedge q$ | 或者 | $p \wedge q$ |
|---|---|---|
| $\therefore p$ | | $\therefore q$ |

如:

例1-1　高脂肪、高糖量的食物对人的健康有害,

所以,高脂肪的食物对人的健康有害。

又如：

例 1-2 高脂肪、高糖量的食物对人的健康有害，

所以，高糖量的食物对人的健康有害。

以上二例都是分解式联言推理。

在实际思维中，当我们的认识从肯定总体到突出重点时，使用联言推理的分解式是十分方便的。

### 二、组合式

组合式就是由前提中的全部命题为真，推出以这些命题为支命题的联言命题为真的推理。

组合式的逻辑形式可以表示为：

p

q

所以，p 并且 q

也可以表示为：

p

q

∴ p ∧ q

例 1-3 新型的 SuperReger 微机质量好，

新型的 SuperReger 微机运转快，

所以，新型的 SuperReger 微机质量好并且运转快。

该例是组合式联言推理。

在实际思维中，运用联言推理的组合式，可以帮助人们的认识由分析上升到综合。

## 第二节 选言推理

选言推理就是前提中有一个是选言命题，并且根据选言命题的逻辑性质进行推演的推理。它包括相容选言推理和不相容选言推理。

### 一、相容选言推理

相容选言推理,就是前提中有一个相容选言命题的选言推理。由于相容选言命题的支命题之间是至少有一个为真,也可能同真,所以,该类推理的规则是:

第一,否定一部分选言支,就要肯定另一部分选言支。

第二,肯定一部分选言支,不能肯定或否定另一部分选言支。

根据以上规则,相容选言推理只有一个有效式——否定肯定式。

相容选言推理的否定肯定式可以表示为:

| p 或者 q | | p 或者 q |
|---|---|---|
| 并非 p | 或者 | 并非 q |
| 所以,q | | 所以,p |

也可以表示为:

| $p \lor q$ | | $p \lor q$ |
|---|---|---|
| $\neg p$ | 或者 | $\neg q$ |
| $\therefore q$ | | $\therefore p$ |

如:

> 例2-1　他们今年暑假或者去黄山观光或者去桂林旅游,
>
> 他们今年暑假不去黄山观光,
>
> 所以,他们今年暑假要去桂林旅游。

该例就是一个否定肯定式相容选言推理。

再如:

> 例2-2　飞机失事或者是由于飞行员没有严格遵守操作规程,或者是由于飞机在起飞前没有经过严格的例行技术检查,或者是由于出现了特殊的意外。某波音747飞机在金沙岛上空失事。
>
> 如果上述断定是真的,则以下哪项也一定是真的?（　　）
>
> A.如果失事时无特殊意外发生,则飞行员一定没有严格遵守操作规程,并且飞机在起飞前没有经过严格的例行技术检查。
>
> B.如果失事时有特殊意外发生,则飞行员一定严格遵守

了操作规程,并且飞机在起飞前进行了严格的例行技术检查。

　　　C.如果飞行员没有严格遵守操作规程,并且飞机起飞前没有经过严格的例行技术检查,则失事时一定没有特殊意外发生。

　　　D.如果失事时没有特殊意外发生,则可得出结论:只要飞机失事的原因是飞行员没有严格遵守操作规程,那么飞机在起飞前一定经过了严格的例行技术检查。

　　　E.如果失事时没有特殊意外发生,则可得出结论:只要飞机失事的原因不是飞机在起飞前没有经过严格的例行技术检验,那么一定是飞行员没有严格遵守操作规程。

正确答案是 E。因为“E”项的意思是:如果失事时没有特殊意外发生,并且飞机失事的原因又不是飞机在起飞前没有经过严格的例行技术检验,那么,飞机失事的原因一定是飞行员没有严格遵守操作规程。它隐含的推理是:

　　　这架飞机失事或者是由于飞行员没有严格遵守操作规程,或者是由于飞机在起飞前没有经过严格的例行技术检查,或者是由于出现了特殊的意外($p \lor q \lor r$),

　　　这架飞机失事时没有特殊意外发生,并且飞机失事的原因又不是飞机在起飞前没有经过严格的例行技术检验($\neg p \land \neg q$),

　　　所以,这架飞机失事的原因是由于飞行员没有严格遵守操作规程($r$)。

根据相容选言推理的规则,以下推理形式是无效的:

| p 或者 q | | p 或者 q |
|---|---|---|
| p | 或者 | q |
| 所以,并非 q | | 所以,并非 p |

在不严格意义上,这一推理形式可以称之为“相容选言推理的肯定否定式”,简称“肯定否定式”。它也可以表示为:

| $p \lor q$ | | $p \lor q$ |
|---|---|---|
| p | 或者 | q |
| $\therefore \neg q$ | | $\therefore \neg p$ |

如：

　　例2-3　某公司的保险箱在一天晚上被撬。已知王小如或者李北
　　　　　　斗是知情者,后经广泛调查,可以断定王小如确实是知情者,
　　　　　　所以,可以推断李北斗一定不是知情者。

这一推理就是上述无效推理形式的一个实例。它违反了相容选言推理的规
则之一即"肯定一部分选言支,不能肯定或否定另一部分选言支",因此是
错误的。

## 二、不相容选言推理

不相容选言推理,就是前提中有一个不相容选言命题的选言推理。

不相容选言命题的逻辑性质是:仅有一个选言支为真。所以,该类推理
的规则是:

第一,否定一部分选言支,就要肯定另一部分选言支。

第二,肯定一部分选言支,就要否定另一部分选言支。

根据以上规则,不相容选言推理共有两个有效式:

A.否定肯定式:

要么p,要么q　　　　　　　　　　　　　　要么p,要么q
并非p　　　　　　　　　或者　　　　　　　并非q
所以,q　　　　　　　　　　　　　　　　　所以,p

否定肯定式也可以表示为:

p ∀ q　　　　　　　　　　　　　　　　　p ∀ q
¬ p　　　　　　　　　　或者　　　　　　　¬ q
∴　q　　　　　　　　　　　　　　　　　　∴　p

如：

　　例2-4　鱼和熊掌不可兼得,
　　　　　　舍弃鱼,
　　　　　　所以,取熊掌。

该例就是上述推理形式的一个实例。

B.肯定否定式:

要么 p,要么 q　　　　　　　　　　　　　　要么 p,要么 q

p　　　　　　　　　　　或者　　　　　q

所以,并非 q　　　　　　　　　　　　　　所以,并非 p

肯定否定式也可以表示为:

p ∀ q　　　　　　　　　　　　　　　　p ∀ q

p　　　　　　　　　　　或者　　　　　q

∴ ￢ q　　　　　　　　　　　　　　　　∴ ￢ p

如:

> 例 2-5　要么是社会存在决定人们的意识,要么是人们的意识决定社会存在,
>
> 社会发展史充分证明了是社会存在决定人们的意识,
>
> 所以,不是人们的意识决定社会存在。

例 2-5 就是一个肯定否定式不相容选言推理。

## 第三节　假言推理

假言推理就是前提中有一个是假言命题,并且根据假言命题的逻辑性质进行推演的推理。它包括假言换位推理、假言直言推理和假言连锁推理等。

### 一、假言换位推理

假言换位推理,是指以某种类型的假言命题作前提,通过其前后件的换位进而得出另一种类型的假言命题的推理。

假言换位推理的规则是:

第一,前后件交换位置。

第二,充分条件假言命题联结项和必要条件假言命题联结项相互变换。

（一）充分条件换位推理

充分条件换位推理就是前提为充分条件假言命题,结论为必要条件假言命题的假言换位推理。其逻辑形式可以表示为:

如果 p,那么 q
_____

所以,只有 q,才 p

或者,

p→q
_____

∴ q←p

如:

例3-1　如果一个企业要始终立于不败之地,那么它就要不断创新,
_____

所以,只有一个企业不断创新,它才可能始终立于不败之地。

这是一个正确的充分条件换位推理。

试给下面的问题选择一个最合理的答案:

例3-2　张华约李明去参加计算机培训班,李明回答说:"如果不从事计算机专业工作,有什么必要去参加计算机培训班呢?"

显然,李明错误地认为:(　　　)

A.人们没有必要学习计算机应用知识。

B.不去参加计算机培训班,照样能用好计算机。

C.如果一个人从事计算机专业工作,那他就要去参加计算机培训班。

D.如果一个人去参加计算机培训班,那他就是从事计算机专业工作的。

E.计算机跟我所从事的工作无关。

答案是 D,请读者运用充分条件换位推理的知识分析其中的原因。

(二)必要条件换位推理

必要条件换位推理就是前提为必要条件假言命题,结论为充分条件假言命题的假言换位推理。其逻辑形式可以表示为:

只有 p,才 q
_____

所以,如果 q,那么 p

或者,

p←q
_____

∴ q→p

如:

例 3-3　只有保护好环境,才能实现可持续发展,

所以,如果要实现可持续发展,就要保护好环境。

这是一个正确的必要条件换位推理。

### 二、假言直言推理

假言直言推理是一个前提为假言命题,另一个前提和结论为直言命题(性质命题)的假言推理。相应于假言命题的三种基本类型,假言直言推理也就包括:充分条件直言推理、必要条件直言推理和充要条件直言推理。

（一）充分条件直言推理

充分条件直言推理就是一个前提为充分条件假言命题,另一前提和结论为性质命题的假言推理。

充分条件直言推理的规则包括:第一,肯定前件就要肯定后件;否定后件就要否定前件。第二,否定前件不能否定后件;肯定后件不能肯定前件。根据这些规则,充分条件直言推理的有效式包括两种:肯定前件式和否定后件式。

1.肯定前件式

这是指在前提中肯定充分条件假言命题的前件,在结论中肯定它的后件。该类推理的逻辑形式可以表示为:

如果 p,那么 q

p

所以,q

或者,

p→q

p

∴　q

如:

例 3-4　只要社会上存在商品生产,那么就会存在竞争,

社会上存在商品生产,

所以,社会上存在竞争。

该推理属于肯定前件式充分条件直言推理。

2.否定后件式

这是指在前提中否定充分条件假言命题的后件,在结论中否定它的前件。该类推理的逻辑形式可以表示为:

如果 p,那么 q

并非 q
_____

所以,并非 p

或者,

p→q

¬ q
_____

∴ ¬ p

如:

例3-5　如果该物体受到摩擦,那么它就会发热,

该物体没有发热,
_____

所以,该物体没有受到摩擦。

以下两种推理形式,属于无效式。在不严格意义上,可以分别称之为"充分条件直言推理的肯定后件式"和"充分条件直言推理的否定前件式",简称"肯定后件式"和"否定前件式"。

3.肯定后件式

这是指在前提中肯定充分条件假言命题的后件,在结论中肯定它的前件。该类推理的逻辑形式可以表示为:

如果 p,那么 q

q
_____

所以,p

或者,

p→q

q
_____

∴ p

如:

例3-6　如果要使甲产品畅销,那么就要做好广告宣传,

甲产品的广告宣传做得好,

所以,甲产品能够畅销。

该推理属于肯定后件式充分条件直言推理,其结论并非必然正确。因为,一种产品即使广告做得好,但假若其质量不过硬,它也就未必能够畅销,这样的情况在生活中并不少见。

4.否定前件式

这是指在前提中否定充分条件假言命题的前件,在结论中否定它的后件。该类推理的逻辑形式可以表示为:

如果 p,那么 q

并非 p

所以,并非 q

或者,

p→q

¬ p

∴¬ q

如:

例3-7　如果昨天晚上下雨,那么今天早上气温会降低,

昨天晚上没下雨,

所以,今天早上气温不会降低。

该推理属于否定前件式充分条件直言推理。显然,其结论不是必然正确的。因为,假若昨晚刮了大风,尽管没下雨,今天早上气温也会降低。

在实际思维中,充分条件直言推理的运用范围往往是比较广泛的。特别是,在有些场合如能运用该类型推理,往往会帮助人们解决一些棘手问题。当然,这里的关键是要求人们能够根据不同情况,巧妙地构造这种推理。

(二)必要条件直言推理

必要条件直言推理就是一个前提为必要条件假言命题,另一个前提和结论为性质命题的假言推理。

必要条件直言推理的规则包括:第一,否定前件就要否定后件;肯定后

件就要肯定前件。第二,肯定前件不能肯定后件;否定后件不能否定前件。
根据这些规则,必要条件直言推理的有效式包括两种:否定前件式和肯定后
件式。

1.否定前件式

这是指在前提中否定必要条件假言命题的前件,在结论中否定它的后
件。该类推理的逻辑形式可以表示为:

只有 p,才 q

并非 p

所以,并非 q

或者,

p←q

￢ p

∴ ￢ q

如:

例3-8　只有阳光充足,庄稼才能长好,

阳光不充足,

所以,庄稼不能长好。

该推理属于否定前件式必要条件直言推理。

例3-9　古希腊柏拉图学院的门口竖着一块牌子:"只有懂几何
者方可入内"。一天,来了一群不懂几何的人。

如果牌子上写的内容得到准确理解和严格执行,那么,以
下哪一项必然是真的? (　　　)

A.他们会被允许进入。

B.他们是否会被允许进入? 不确定。

C.他们可能会被允许进入。

D.他们一定不会被允许进入。

E.他们一定会被允许进入。

该题的答案是 D。具体推导过程如下:

只有他们懂几何,他们才可以进入,

他们不懂几何,

所以,他们不可以进入。

## 2.肯定后件式

这是指在前提中肯定必要条件假言命题的后件,在结论中肯定它的前件。该类推理的逻辑形式可以表示为:

只有 p,才 q

q
_____

所以,p

或者,

p←q

q
_____

∴ p

如:

> 例 3-10　甲只有具备一定的专业知识,才可能把这项工作做好,
>
> 甲把这项工作做得很好,
> _____
>
> 所以,他具备一定的专业知识。

该推理属于肯定后件式必要条件直言推理。

根据必要条件直言推理的规则,以下两种推理形式是无效的。在不严格的意义上,可以分别称之为"必要条件直言推理的肯定前件式"和"必要条件直言推理的否定后件式",简称"肯定前件式"和"否定后件式"。

## 3.肯定前件式

这是指在前提中肯定必要条件假言命题的前件,在结论中肯定它的后件。该类推理的逻辑形式可以表示为:

只有 p,才 q

p
_____

所以,q

或者,

p←q

p
_____

∴ q

如:

例 3-11 只有李明勤奋学习,他才能取得优异成绩,

李明勤奋学习,

所以,他一定能取得优异成绩。

该推理是错误的,它属于上述推理形式的一个实例。

4.否定后件式

这是指在前提中否定必要条件假言命题的后件,在结论中否定它的前件。该类推理的逻辑形式可以表示为:

只有 p,才 q

并非 q

所以,并非 p

或者,

$p \leftarrow q$

$\neg q$

$\therefore \neg p$

如:

例 3-12 只有接通电源,电冰箱才能工作,

电冰箱不能工作,

所以,一定没有接通电源。

这个推理属于上述推理形式的一个实例,是错误的。

(三)充要条件直言推理

充要条件直言推理就是一个前提为充要条件假言命题,另一个前提和结论为性质命题的假言推理。

充要条件直言推理的规则包括:

第一,肯定前件就要肯定后件,肯定后件就要肯定前件。

第二,否定前件就要否定后件,否定后件就要否定前件。

根据这些规则,充要条件直言推理的有效式包括四种:肯定前件式、肯定后件式、否定前件式和否定后件式。

1.肯定前件式

这是指在前提中肯定充要条件假言命题的前件,在结论中肯定它的后件。该类推理的逻辑形式可以表示为:

当且仅当 p,才 q

p
_____

所以,q

或者,

p↔q

p
_____

∴ q

2.肯定后件式

这是指在前提中肯定充要条件假言命题的后件,在结论中肯定它的前件。该类推理的逻辑形式可以表示为:

当且仅当 p,才 q

q
_____

所以,p

或者,

p↔q

q
_____

∴ p

3.否定前件式

这是指在前提中否定充要条件假言命题的前件,在结论中否定它的后件。该类推理的逻辑形式可以表示为:

当且仅当 p,才 q

并非 p
_____

所以,并非 q

或者,

p↔q

￢ p
_____

∴ ￢ q

4.否定后件式

这是指在前提中否定充要条件假言命题的后件,在结论中否定它的前件。该类推理的逻辑形式可以表示为:

当且仅当 p,才 q

并非 q

—————————

所以,并非 p

或者,

p↔q

￢q

—————————

∴￢p

### 三、假言连锁推理

假言连锁推理是以两个或两个以上具有内在联系的假言命题作前提,推出另一个假言命题作结论的推理。其特点是:前提中的前一个假言命题的后件跟后一个假言命题的前件相同。它主要有充分条件连锁推理和必要条件连锁推理两种形式。

(一)充分条件连锁推理

充分条件连锁推理是以充分条件假言命题为前提的假言连锁推理。它包括如下两种形式:

1.肯定式

这是指由肯定第一个前提的前件,从而肯定最后一个前提的后件的形式。该类推理的逻辑形式可以表示为:

如果 p,那么 q

如果 q,那么 r

—————————

所以,如果 p,那么 r

或者,

p→q

q→r

—————————

∴ p→r

如:

例 3-13 如果要实现中国的现代化,就必须培养出大批科学技术人才,

如果要培养出大批科学技术人才,就必须搞好教育工作

和科学研究工作，

所以，如果要实现中国的现代化，就必须搞好教育工作
和科学研究工作。

这属于肯定式充分条件连锁推理。

2.否定式

这是指由否定最后一个前提的后件，从而否定第一个前提的前件的形式。该类推理的逻辑形式可以表示为：

如果 p，那么 q

如果 q，那么 r

所以，如果并非 r，那么并非 p

或者，

p→q

q→r

∴ ￢r→￢p

如：

例 3-14　如果要开拓创新，就要解放思想，
如果要解放思想，就要实事求是，

所以，如果不实事求是，就不能开拓创新。

这属于否定式充分条件连锁推理。

(二)必要条件连锁推理

必要条件连锁推理是以必要条件假言命题为前提的假言连锁推理。它包括如下两种形式：

1.否定式

这是指由否定第一个前提的前件，从而否定最后一个前提的后件的形式。该类推理的逻辑形式可以表示为：

只有 p，才 q

只有 q，才 r

所以，如果并非 p，那么并非 r

或者，

p←q

q←r

─────────

∴ ￢ p→￢ r

如:

　　　例 3-15　只有采用新技术,才能增强产品的竞争力,

　　　　　　　只有增强产品的竞争力,才能扩大产品的市场占有

　　　　　　　份额,

　　　　　　　─────────────────────

　　　　　　　所以,如果不采用新技术,就不能扩大产品的市场占有

　　　　　　　份额。

这是否定式必要条件连锁推理的一个实例。

　　2.肯定式

　　这是指由肯定最后一个前提的后件,从而肯定第一个前提的前件的形式。该类推理的逻辑形式可以表示为:

只有 p,才 q

只有 q,才 r

─────────

所以,如果 r,那么 p

或者,

p←q

q←r

─────────

∴ r→p

如:

　　　例 3-16　只有聘请优秀的外籍足球教练,才可能改变中国足球队

　　　　　　　的心理素质,

　　　　　　　只有改变中国足球队的心理素质,才可能从根本上提高

　　　　　　　全队的整体素质,

　　　　　　　─────────────────────

　　　　　　　所以,如果要从根本上提高全队的整体素质,就要聘请

　　　　　　　优秀的外籍足球教练。

这是肯定式必要条件连锁推理的一个实例。

## 第四节　负命题推理

负命题推理又称负命题等值推理,它是指前提为负命题,结论为该负命题的等值命题的一种复合命题推理。所谓一个命题的等值命题,就是和该命题的真假值情况完全相一致(等值)的另一命题。

根据前提中负命题类型的不同,负命题推理可以分为不同种类。这里仅介绍性质命题的负命题推理、联言命题的负命题推理、选言命题的负命题推理、假言命题的负命题推理以及负命题的负命题推理。

### 一、性质命题的负命题推理

性质命题的负命题推理,就是以性质命题的负命题为前提而进行推演的负命题推理。所谓性质命题的负命题,就是对性质命题进行否定进而得到的负命题。

性质命题的负命题推理包括以下四种形式:

1. 并非 SAP　　　　　或者　　　　　¬ SAP

　　所以,SOP　　　　　　　　　　　　∴ SOP

2. 并非 SEP　　　　　或者　　　　　¬ SEP

　　所以,SIP　　　　　　　　　　　　∴ SIP

3. 并非 SIP　　　　　或者　　　　　¬ SIP

　　所以,SEP　　　　　　　　　　　　∴ SEP

4. 并非 SOP　　　　　或者　　　　　¬ SOP

　　所以,SAP　　　　　　　　　　　　∴ SAP

　　例4-1　并非有的恒星不是发光的,

　　　　　所以,所有的恒星都是发光的。

这就是一个性质命题的负命题推理,其逻辑形式可以表示为:

¬ SOP

∴ SAP

例4-2　经过调查得知：并非所有个体商贩都有偷税、逃税行为。

如果该调查结论为真，则可一定推知：(　　)

A.所有的个体商贩都没有偷税、逃税行为。

B.多数个体商贩都没有偷税、逃税行为。

C.并非有的个体商贩没有偷税、逃税行为。

D.并非有的个体商贩有偷税、逃税行为。

E.有的个体商贩确实没有偷税、逃税行为。

以上选择题的答案应是 E，因为它体现了性质命题的负命题推理的正确形式。

### 二、联言命题的负命题推理

联言命题的负命题推理，就是以联言命题的负命题为前提而进行推演的负命题推理。所谓联言命题的负命题，就是对联言命题进行否定进而得到的负命题。

联言命题的负命题推理，其逻辑形式可以表示为：

$$\frac{并非(p\ 并且\ q)}{所以，并非\ p\ 或者并非\ q}$$

或者，

$$\frac{\neg\ (p \wedge q)}{\therefore \neg\ p \vee \neg\ q}$$

如：

例4-3　$\dfrac{并非这项投资既风险小，又收益大，}{所以，这项投资或者风险不小，或者收益不大。}$

这是一个具体的联言命题的负命题推理。

### 三、选言命题的负命题推理

选言命题的负命题推理，包括相容选言命题的负命题推理和不相容选言命题的负命题推理。

(一)相容选言命题的负命题推理

相容选言命题的负命题推理，就是以相容选言命题的负命题为前提而进行推演的负命题推理。所谓相容选言命题的负命题,就是对相容选言命题进行否定进而得到的负命题。

相容选言命题的负命题推理,其逻辑形式可以表示为:

并非(p 或者 q)

------

所以,并非 p 并且并非 q

或者,

¬(p∨q)

------

∴¬p∧¬q

如:

　　　例4-4　并非漠亚河中或者有大嘴鲈鱼,或者有马哈鱼,

　　　　　　所以,漠亚河中既没有大嘴鲈鱼,又没有马哈鱼。

这是一个具体的相容选言命题的负命题推理。

(二)不相容选言命题的负命题推理

不相容选言命题的负命题推理,就是以不相容选言命题的负命题为前提而进行推演的负命题推理。所谓不相容选言命题的负命题,就是对不相容选言命题进行否定进而得到的负命题。

不相容选言命题的负命题推理,其逻辑形式可以表示为:

并非(要么 p,要么 q)

------

所以,(p 并且 q)或(并非 p 并且并非 q)

或者,

¬(p∀q)

------

∴(p∧q)∨(¬p∧¬q)

如:

　　　例4-5　并非这种电器要么物美,要么价廉,

　　　　　　所以,这种电器或者物美价廉,或者物不美价不廉。

这是一个具体的不相容选言命题的负命题推理。

**四、假言命题的负命题推理**

假言命题的负命题推理,包括充分条件假言命题的负命题推理、必要条

件假言命题的负命题推理和充要条件假言命题的负命题推理。

（一）充分条件假言命题的负命题推理

这是指以充分条件假言命题的负命题为前提而进行推演的负命题推理。所谓充分条件假言命题的负命题，就是对充分条件假言命题进行否定进而得到的负命题。

充分条件假言命题的负命题推理，其逻辑形式可以表示为：

并非(如果 p,那么 q)

所以,p 并且并非 q

或者，

¬（p→q）

∴ p∧¬ q

如：

例4-6　并非如果复制品和真品在视觉上无差异,那么,它们就有相同的品质,

所以,尽管复制品和真品在视觉上无差异,但是,它们还是具有不同的品质。

这是一个具体的充分条件假言命题的负命题推理。

（二）必要条件假言命题的负命题推理

这是指以必要条件假言命题的负命题为前提而进行推演的负命题推理。所谓必要条件假言命题的负命题，就是对必要条件假言命题进行否定进而得到的负命题。

必要条件假言命题的负命题推理，其逻辑形式可以表示为：

并非(只有 p,才 q)

所以,并非 p 并且 q

或者，

¬（p←q）

∴ ¬ p∧q

如：

例4-7　并非只有到国外留学才可能成为优秀的科技工作者,

所以,不到国外留学也可能成为优秀的科技工作者。

这是一个具体的必要条件假言命题的负命题推理。

（三）充要条件假言命题的负命题推理

这是指以充要条件假言命题的负命题为前提而进行推演的负命题推理。所谓充要条件假言命题的负命题，就是对充要条件假言命题进行否定进而得到的负命题。

充要条件假言命题的负命题推理，其逻辑形式可以表示为：

並非（当且仅当 p，才 q）
─────────────────────────
所以，（p 并且并非 q）或者（并非 p 并且 q）

或者，

¬（p↔q）
─────────────────────────
∴（p∧¬q）∨（¬p∧q）

如：

例4-8　並非当且仅当天刮风，才下雨，
　　　　─────────────────────────────────────
　　　　所以，或者天刮风但没下雨，或者天没有刮风而下雨。

这是一个具体的充要条件假言命题的负命题推理。

**五、负命题的负命题推理**

负命题的负命题推理，是指以负命题的负命题为前提而进行推演的负命题推理。所谓负命题的负命题，就是对负命题进行否定而得到的负命题。

负命题的负命题推理，其逻辑形式可以表示为：

並非（並非 p）
──────────────
所以，p

或者，

¬¬p
──────
∴ p

如：

例4-9　並非路是从原本没有路的地方踏出来的，这句话是错误的，
　　　　────────────────────────────────────────────────────
　　　　所以，路是从原本没有路的地方踏出来的。

这是一个具体的负命题的负命题推理。

# 第五节 二难推理

## 一、什么是二难推理

二难推理是假言选言推理的一种。假言选言推理就是由假言命题和选言命题作前提进而构成的推理。其中,由两个假言命题和一个二支的选言命题作前提,从而推出一个新命题的假言选言推理,在传统逻辑中叫作二难推理。

例5-1 如果刺激景阳冈上的老虎,那么它是要吃人的;

如果不刺激景阳冈上的老虎,那么它也是要吃人的;

或者刺激景阳冈上的老虎,或者不刺激景阳冈上的老虎;

所以,它总是要吃人的。

这就是一个二难推理,它是由两个假言命题和一个二支选言命题作前提进而构成的推理。这种推理在论辩中经常使用。具体情况是:辩论的一方提出具有两种可能的前提,使对方无论肯定或否定其中的哪一种可能,结果都会陷入进退维谷、左右为难的境地。二难推理之所以叫作"二难"推理,也就是这个缘故。

## 二、二难推理的种类

二难推理包括以下四种具体类型:

(一)简单构成式

这种二难推理的特点是:在前提中,选言命题的两个支命题分别肯定两个假言命题的不同前件。在结论中,被推出命题肯定前提中两个假言命题的相同后件。其逻辑形式可以表示为:

如果 p,那么 r

如果 q,那么 r

p 或者 q

所以,r

也可以表示为:

p→r

q→r

p∨q
___

∴ r

例 5-1 就属于简单构成式二难推理。

(二)简单破坏式

这种二难推理的特点是:在前提中,选言命题的两个支命题分别否定两个假言命题的不同后件。在结论中,被推出命题否定前提中两个假言命题的相同前件。其逻辑形式可以表示为:

如果 p,那么 q

如果 p,那么 r

并非 q 或者并非 r
___

所以,并非 p

也可以表示为:

p→q

p→r

¬q∨¬r
___

∴¬p

如:

例 5-2　如果保险柜是张某撬开的,那么,他有作案时间;

如果保险柜是张某撬开的,那么,他有作案工具;

张某或者没有作案时间,或者没有作案工具;
___

总之,保险柜不是张某撬开的。

例 5-2 就属于简单破坏式二难推理。

(三)复杂构成式

这种二难推理的特点是:在前提中,选言命题的两个支命题分别肯定两个假言命题的不同前件。在结论中,被推出命题是一选言命题,其支命题分别肯定前提中两个假言命题的不同后件。其逻辑形式可以表示为:

如果 p,那么 q

如果 r,那么 s

　　p 或者 r

　　所以，q 或者 s

也可以表示为：

　　p→q

　　r→s

　　p∨r

　　∴ q∨s

如：

　　　　例5-3　如果张华的意见正确，那么你应当表示接受；

　　　　　　　　如果张华的意见不正确，那么你应当表示反对；

　　　　　　　　张华的意见或者正确，或者错误；

　　　　　　　　所以，你或者应当表示接受，或者应当表示反对。

例5-3 就属于复杂构成式二难推理。

　　(四)复杂破坏式

　　这种二难推理的特点是：在前提中，选言命题的两个支命题分别否定两个假言命题的不同后件。在结论中，被推出命题是一选言命题，其支命题分别否定前提中两个假言命题的不同前件。其逻辑形式可以表示为：

　　如果 p，那么 q

　　如果 r，那么 s

　　并非 q 或者并非 s

　　所以，并非 p 或者并非 r

也可以表示为：

　　p→q

　　r→s

　　¬ q∨¬ s

　　∴ ¬ p∨¬ r

如：

　　　　例5-4　如果孙某觉悟高，他就能认识自己的错误；

　　　　　　　　如果孙某态度好，他就能承认自己的错误；

孙某或者不能认识自己的错误,或者不能承认自己的错误;

所以,孙某或者觉悟不高,或者态度不好。

例 5-4 就属于复杂破坏式二难推理。

### 三、破斥错误二难推理的方法

凡是正确的二难推理,必须符合以下三个条件:

第一,前提中假言命题的前件所反映的事物情况,必须是后件所反映的事物情况的充分条件。

第二,前提中的选言命题,其选言支应是穷尽的。

第三,推理过程要符合充分条件直言推理的规则。

显然,上述三条要求中,第一、二条是关于前提真实性的要求,第三条是关于推理形式正确性的要求。

不符合上述条件的二难推理,是错误的二难推理。对于错误的二难推理,应当予以破斥,即揭露其中的错误。破斥错误二难推理的方法,主要有两种:一是指出推理的前提虚假。二是指出推理过程违反有关推理规则。如:

例 5-5　如果从左右两翼攻击敌人,则可能因敌方防守坚固而不能取胜;

如果从正面攻击敌人,则可能因敌方主力兵团所在,也不能取胜;

或者从左右两翼攻击敌人,或者从正面攻击敌人;

所以,总是不能取胜。

例 5-5 是一个错误的二难推理。要破斥它,可以指出其前提中的选言命题并不必然是正确的,因为它的选言支不穷尽,遗漏了一种可能性——迂回敌后,从背面发起进攻。又如:

例 5-6　如果赵某在经济上犯罪,那么他要受到法律制裁;

如果赵某在政治上犯罪,那么他要受到法律制裁;

赵某或是没在经济上犯罪,或是没在政治上犯罪;

所以,赵某不应受到法律制裁。

例 5-6 是一个错误的二难推理。要破斥它,可以指出它的推理过程不正确,即违反了充分条件直言推理的"否定前件不能否定后件"规则。

在实际思维当中,如果要破斥错误的二难推理,除了运用上述两种方法之外,还可以构造一个与原来二难推理相反的二难推理。具体方法如下:第一,提出两个新的假言命题,其前件分别和原二难推理相同,但后件相反。第二,选言命题保持不变。第三,结论和原二难推理相反。

例5-7 据说,古希腊著名辩者普罗泰哥拉斯,曾招收了一个学生欧提勒士跟他学法律。关于学费,师生二人订有合同:一半学费在欧提勒士毕业时付给;另一半学费在欧提勒士出庭第一次胜诉之后付给。但是,欧提勒士毕业后却迟迟不去出庭打官司。普罗泰哥拉斯等得不耐烦,便向法庭起诉,要求欧提勒士付给另一半学费。

在法庭上,他对欧提勒士说:"如果这次你胜诉,那么按照我们的合同,你应当付给我另一半学费;如果这次你败诉,那么按照法庭判决,你也应当付给我另一半学费;你或者胜诉或者败诉;总之,你应当付给我另一半学费。"没想到他的学生欧提勒士,竟也用老师的方法来回敬他。欧提勒士说:"如果这次我胜诉,那么按照法庭判决,我不应当付给你另一半学费;如果这次我败诉,那么按照我们的合同,我也不应当付给你另一半学费;我或者胜诉或者败诉;总之,我不应当付给你另一半学费。"

可以看出,在上述例子中欧提勒士通过构造另外一个二难推理的方法,成功地驳斥了普罗泰哥拉斯的二难推理。

需要指出,在构造另外一个二难推理对对方进行反驳时,构造出的新假言命题,其前、后件之间的条件联系应是有理由的,不能是不顾客观实际的随意编造。

## 习 题

### 一、填空题

1.联言推理的两种有效推理形式是_____和_____。

2.二难推理的推理类型包括:_____、_____、_____和_____。

3."欲寄君衣君不还,不寄君衣君又寒。寄与不寄间,妾身千万难!"

(元·姚燧:《凭阑人·寄征衣》)这首古诗中包含的推理类型是_____。

4.充分条件直言推理的正确式是_____式和_____式。

## 二、单项选择题

1.若小赵和小王都通过了考试,那么,小李和小刘也都能通过考试。遗憾的是小李没有通过考试。

据此可以推出(　　)。

A.小赵和小王都没通过考试。　　B.小赵和小王只有一人没通过考试。

C.小刘通过了考试。　　D.小赵和小王不可能都通过考试。

2.假定以下几个条件成立:(1)如果小王是工人,那么小张不是医生。(2)或者小李是工人,或者小王是工人。(3)如果小张不是医生,那么小赵不是学生。(4)或者小赵是学生,或者小周不是经理。

下列哪个选项如果为真,可以推出"小李是工人"?(　　)

A.小周不是经理。　　B.小王是工人。

C.小赵不是学生。　　D.小周是经理。

3.某大学将要在赵、钱、孙、李、周、吴等六位同学中选拔几位参加全国大学生数学建模竞赛。经过一段时间的训练考察,老师们对六位同学形成如下共识:(1)不选拔赵;(2)或者选拔孙,或者不选拔钱;(3)如果选拔李,则不选拔周;(4)赵、钱或者周有可能被选拔出来;(5)如果不选拔赵,则一定要选拔李;(6)选拔孙,或者选拔吴。

根据以上共识,可以推出(　　)。

A.选拔赵、钱、孙。　　B.选拔钱、孙、李。

C.选拔孙、李、吴。　　D.选拔李、周、吴。

4.一个国家要拥有一流的国家实力,就必须有一流的教育。只有拥有一流的国家实力,一个国家才能作出应有的国际贡献。

下列各个选项都符合题干的意思,除了(　　)。

A.一个国家难以作出应有的国际贡献,除非拥有一流的教育。

B.只要一个国家拥有一流的教育,就能作出应有的国际贡献。

C.如果一个国家拥有一流的国家实力,就不会没有一流的教育。

D.不能设想一个国家作出了应有的国际贡献,但缺乏一流的教育。

E.一个国家面临选择:或者放弃应尽的国际义务,或者创造一流的教育。

5.如果王晶是学生会成员,她一定是大二的学生。

上述断定是基于下列哪个选项作出的?( )

A.只有王晶才能被选入学生会。

B.只有大二学生才有资格入选学生会。

C.入选学生会的人中必须有大二学生。

D.大二学生也可能不被选入学生会。

E.王晶没有拒绝加入学生会。

6.要么张三不去北京,要么李四不去北京。

如果上述断定为真,下列哪个选项也必定为真?( )

A.如果张三不去北京,那么李四去北京。

B.如果张三去北京,那么李四也去北京。

C.只有张三去北京,李四才去北京。

D.只有张三不去北京,李四才不去北京。

E.或者张三不去北京,或者李四去北京。

7.并非李经理负责研发或者销售工作。

如果上述断定为真,下列哪个选项的断定也为真?( )

A.李经理既不负责研发也不负责销售。

B.李经理负责销售但不负责研发。

C.李经理负责研发但不负责销售。

D.如果李经理不负责销售,那么他负责研发。

E.只有李经理负责销售,那么他才不负责研发。

8.小陈并非既懂英语又懂法语。

如果上述断定为真,下列哪个选项的断定也为真?( )

A.小陈懂英语但不懂法语。

B.小陈懂法语但不懂英语。

C.小陈既不懂英语也不懂法语。

D.如果小陈懂英语,那么他一定不懂法语。

E.如果小陈不懂法语,那么他一定懂英语。

9.只要有足够的勇气和智慧,就没有办不成的事。

如果上述断定为真,下列哪个选项的断定也为真?( )

A.如果有事办不成,说明缺乏足够的勇气和智慧。

B.如果有事办不成,说明缺乏足够的勇气或者智慧。

C.如果没有办不成的事,说明至少有足够的勇气。

D.如果缺乏足够的勇气和智慧,那就办不成任何事。

E.如果缺乏足够的勇气和智慧,就总有事办不成。

10.只有整体素质高的大学生,才能考上公务员。

如果上述断定为真,下列哪个选项必定为真?(　　)

A.小王是整体素质高的大学生,所以他考上了公务员。

B.小王考上了公务员,所以他的整体素质一定不低。

C.有越来越多的大学生准备考公务员。

D.整体素质高低,和考上公务员没有关系。

E.整体素质高的大学生,也可以考研究生。

11.如果他勇于承担责任,那么他就一定会直面媒体,而不是选择逃避。如果他没有责任,那么他就一定会聘请律师,捍卫自己的尊严。可是事实上,他不仅没有聘请律师,现在逃得连人影都不见了。

如果上述断定为真,下列哪个选项也必定为真?(　　)

A.即使没有责任,他也不应该选择逃避。

B.虽然选择了逃避,但是他可能没有责任。

C.如果他有责任,那么他应该勇于承担责任。

D.如果他不敢承担责任,那么说明他责任很大。

E.他有责任,但是没有勇气承担责任。

12.如果赵川参加宴会,那么钱华、孙旭和李元将一起参加宴会。

假定上述断定为真,下列哪个选项也必定为真?(　　)

A.如果赵川没参加宴会,那么钱华、孙旭和李元三人中至少有一人没参加宴会。

B.如果赵川没参加宴会,那么钱华、孙旭和李元都没参加宴会。

C.如果钱华、孙旭和李元都参加了宴会,那么赵川参加了宴会。

D.如果李元没参加宴会,那么钱华和孙旭不会都参加宴会。

E.如果孙旭没参加宴会,那么赵川和李元不会都参加宴会。

13.在潮湿的气候中仙人掌很难成活。在寒冷的气候中柑橘很难生长。在某省的大部分地区,仙人掌和柑橘至少有一种不难成活生长。

如果上述断定为真,下列哪个选项一定为假?(　　)

A.该省的一半地区,既潮湿又寒冷。

B.该省的大部分地区炎热。

C.该省的大部分地区潮湿。

D.该省的某些地区既不寒冷也不潮湿。

E.柑橘在该省的所有地区都无法生长。

14.在讨论某项提案时,会议的主持人说:"每一个参会者,要么支持甲提案,要么支持乙提案,不允许含糊其辞,模棱两可。"

从主持人的话中,不可能推出的结论是( )。

A.如果支持甲提案,那么就不支持乙提案。

B.如果支持乙提案,那么就不支持甲提案。

C.或者支持甲提案,或者不支持乙提案。

D.如果不支持甲提案,那么就支持乙提案。

E.如果不支持乙提案,那么就支持甲提案。

15.一本小说要畅销,必须具有可读性。一本小说,只有深刻触及社会敏感点,才可能具有可读性。一个作者如果不深入生活,他的作品就不可能深刻触及社会敏感点。

下列哪个选项可以从题干的断定中推出?( )

Ⅰ 一本畅销小说的作者不可能不深入生活。

Ⅱ 一本不触及社会敏感点的小说不可能畅销。

Ⅲ 一本不具有可读性的小说的作者一定没有深入生活。

A.Ⅰ、Ⅱ和Ⅲ      B.只有Ⅰ和Ⅲ

C.只有Ⅱ和Ⅲ      D.只有Ⅰ和Ⅱ

E.Ⅰ、Ⅱ和Ⅲ均不能从题干推出

16.如果甲和乙都没有考试及格,那么,丙就一定考试及格。

上述前提再增加下列哪个选项,就可以推出"甲考试及格了"?( )

A.丙考试及格了。      B.丙考试没有及格。

C.乙考试没有及格。      D.乙和丙都没有考试及格。

E.乙和丙都考试及格了。

## 三、分析题

1.下列推理是否正确?如不正确,指出违反了哪条推理规则?

(1)这个人或者是工人,或者是夜大学员;既然他是夜大学员,所以他不是工人。

（2）除非肥料充足，蔬菜才能增产；蔬菜没有增产，所以，肥料不充足。

（3）如果我们受到批评，那就表明我们有缺点；如果我们受到表扬，那就表明我们有优点；我们或者没受到批评或者没受到表扬，所以，我们或者没有缺点，或者没有优点。

2.某地发生一起凶杀案，经分析，凶手是两人合谋。又初步确定 A、B、C、D、E 五人是嫌疑犯，并了解到如下情况：

①A、D 二人中至少有一人是凶手。

②如果 D 是杀手，E 一定是凶手。

③B 只有跟 C 在一起时，才参与作案。

④如果 B 不是凶手，那么 A 也不可能是凶手。

⑤C 没有作案时间。

问：究竟谁是凶手？写出分析过程。

3.某中药配方的组成有下列要求：（1）如果有甲药材，那么也要有乙药材；（2）如果没有丙药材，那么必须有丁药材；（3）人参和天麻不能都有；（4）如果没有甲药材或有丙药材，则需要有人参。

问：如果该配方中含有天麻，则甲、乙、丙、丁四种药材是否也应该有？写出分析过程。

（选择题参考答案：1D,2D,3B,4B,5B,6A,7A,8D,9B,10B,11E,12E,13A,14C,15D,16D）

# 第八章
## 模态命题及其推理

### 第一节　真值模态命题及其推理

#### 一、真值模态命题

从广义上讲,模态命题就是指包含有模态概念的命题。模态概念是指这样一类概念:"必然"、"可能"、"必须"、"禁止"、"允许"、"知道"、"相信"、"过去"、"现在"等等。本章主要介绍两种模态命题及其推理:真值模态命题及其推理、规范模态命题及其推理。

(一)什么是真值模态命题

真值模态命题就是断定思维对象的必然性或者可能性的命题。换言之,真值模态命题就是包含有模态概念"必然"或"可能"的命题。"必然"、"可能"称为真值模态概念。真值模态命题也称"狭义模态命题"。如:

例1-1　客观规律不依人的意志为转移是必然的。

例1-2　运动促进健康是可能的。

以上两个命题都是真值模态命题。其中,例1-1断定了客观规律不依人的意志为转移这一特点的必然性,例1-2断定了运动促进健康具有可能性。如果一个真值模态命题对思维对象的必然性或者可能性的断定符合实际情况,那么,该命题的真值为真;否则,该命题的真值为假。例1-1和例1-2两个命题,它们的真值均为真。

在真值模态命题中,"必然"、"可能"这两个模态概念的出现位置往往比较灵活。有时,它们出现在命题的后面。如:

例1-3　宇宙中有比人类更高级的动物是可能的。

例1-4　正义事业取得胜利是必然的。

有时,它们出现在命题的中间。如:

例1-5　凡是正义的事业都必然要胜利。

例1-6　明天可能下雨。

另外,模态概念也有时出现在命题的前面。如:

例1-7　可能我们公司的篮球队会在这场比赛中获胜。

需要指出,现代汉语中"一定"、"必定"、"肯定"等语词也具有必然的含义,"大概"、"也许"等语词也具有可能的含义。包含有这些语词的句子,一般也应视为表达真值模态命题。

(二)真值模态命题的种类

真值模态命题可以划分成简单真值模态命题和复合真值模态命题,它们分别简称"简单模态命题"和"复合模态命题"。

1.简单模态命题

简单模态命题是指在简单命题中加入真值模态概念进而形成的命题。根据是断定事物情况的可能性还是必然性,可以把简单模态命题划分成可能命题和必然命题。

(1)可能命题

可能命题就是断定事物情况可能性的简单模态命题。该种命题又可进一步划分为可能肯定命题和可能否定命题。

可能肯定命题:可能肯定命题是断定事物情况可能存在的命题。如:

例1-8　外星人可能到过地球。

例1-9　明天下雨是可能的。

可能肯定命题的逻辑形式可以表示为:

可能 p　或　◇p

(其中,"p"表示命题,"◇"表示模态概念"可能")

可能否定命题:可能否定命题是断定事物情况可能不存在的命题。如:

例1-10　今天下午可能不下雨。

例1-11　火星上没有生命存在是可能的。

可能否定命题的逻辑形式可以表示为:

可能非 p　或　◇¬p

(2)必然命题

必然命题就是断定事物情况必然性的简单模态命题。该种命题又可进一步划分为必然肯定命题和必然否定命题。

必然肯定命题:必然肯定命题是断定事物情况必然存在的命题。如:

例1-12　新的社会制度必然要取胜。

例1-13　生物的新陈代谢是必然的。

必然肯定命题的逻辑形式可以表示为:

必然p　或　□p

(其中,"□"是表示模态概念"必然"的符号)

必然否定命题:必然否定命题是断定事物情况必然不存在的命题。如:

例1-14　人类攻克非典型性肺炎的日子必然不会太长久。

例1-15　任何谎言必然不能永远掩盖事实真相。

必然否定命题的逻辑形式可以表示为:

必然非p　或　□¬p

(3)简单模态命题之间的真值关系

简单模态命题之间的真值关系与性质命题之间的真值关系类似,也可用逻辑方阵来表示:

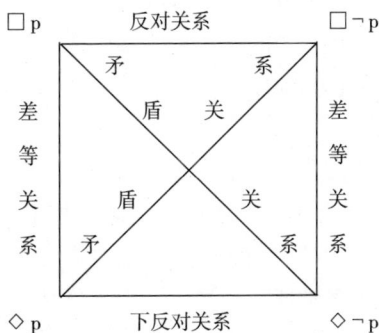

上图表明:

□p与□¬p之间存在反对关系,即不可同真,但可以同假。

◇p与◇¬p之间存在下反对关系,即不可同假,但可以同真。

□p与◇¬p之间,□¬p与◇p之间存在矛盾关系,即不可同真,也不可同假。

□p与◇p之间,□¬p与◇¬p之间存在差等关系,即□p真,◇p必真;◇p假,□p必假;□p假,◇p真假不定;◇p真,□p真假不定。□¬p

和 ◇¬ p 之间的情况也类似。

　　根据简单模态命题之间存在的上述真值制约关系,当我们要去反驳一必然命题时,可通过确定一相应的矛盾命题即可能命题为真来实现目的;当我们要去反驳一可能命题时,可通过确定相应的矛盾命题即必然命题为真来实现目的。例如,"火星上可能存在生物"这一命题可由另一命题,即"火星上必然不存在生物"来反驳。"海洋资源必然是人类取之不竭的生存资源",这一命题可由另一命题即"海洋资源可能不是人类取之不竭的生存资源"来反驳。

　　2.复合模态命题

　　复合模态命题是指在复合命题的基础上加入模态概念进而形成的命题。以下介绍几种常见的复合模态命题。

　　(1)联言模态命题

　　联言模态命题就是在联言命题中加入模态概念进而形成的命题。如:

　　　　例 1-16　任何商品必然具有使用价值和价值。

　　　　例 1-17　既增加产品的数量,又提高产品的质量,这是可能的。

联言模态命题的基本形式包括:

　　□(p∧q)　　　　◇(p∧q)

　　□p∧□q　　　　◇p∧◇q

　　□p∧◇q　　　　◇p∧□q

　　(2)选言模态命题

　　选言模态命题就是在选言命题中加入模态概念进而形成的命题。如:

　　　　例 1-18　某企业提高经济效益或者必然实现,或者可能实现。

　　　　例 1-19　王华今年考上研究生,或者考不上研究生,这是必然的。

选言模态命题的基本形式包括:

　　□(p∨q)　　　　◇(p∨q)

　　□p∨□q　　　　◇p∨◇q

　　□p∨◇q　　　　◇p∨□q

　　(3)假言模态命题

　　假言模态命题就是在假言命题中加入模态概念进而形成的命题。如:

　　　　例 1-20　只有社会产品极大丰富,才有可能实行按需分配,这是
　　　　　　　　　必然的。

　　　　例 1-21　假如没有毛泽东同志的正确领导,中国革命可能会走更

加曲折的道路。

假言模态命题的基本形式包括：

$\square(p{\rightarrow}q)$        $\diamondsuit(p{\rightarrow}q)$

$\square(p{\leftarrow}q)$        $\diamondsuit(p{\leftarrow}q)$

$\square(p{\leftrightarrow}q)$        $\diamondsuit(p{\leftrightarrow}q)$

（4）负模态命题

负模态命题就是对模态命题进行否定进而形成的命题。如：

例 1-22 并非地球上的水资源有朝一日会枯竭。

例 1-23 并非弱者必败。

负模态命题的基本形式包括：

$\neg\square p$        $\neg\diamondsuit p$

## 二、真值模态推理

真值模态推理就是在前提或结论中包含有真值模态命题，并且根据真值模态命题的逻辑性质进行推演的推理。

（一）简单模态推理

关于简单模态推理，本节主要介绍根据简单模态命题逻辑方阵进行的推理，根据简单模态命题与实然命题之间的真值关系进行的推理，以及模态三段论。

1.根据简单模态命题逻辑方阵进行的推理

根据简单模态命题逻辑方阵所显示的真值制约关系，以下推理是正确的：

（1） $\square p$
_____
∴ $\diamondsuit p$

例 1-24 任何人都必然存在优、缺点，
_____
所以，任何人都可能存在优、缺点。

（2） $\square\neg p$
_____
∴ $\diamondsuit\neg p$

例 1-25 今天必然不下雨，
_____
所以，今天可能不下雨。

(3) $\dfrac{\Box p}{\therefore \neg \Diamond \neg p}$

例 1-26　$\dfrac{违反客观规律办事必然要失败,}{所以,违反客观规律办事不可能不失败。}$

(4) $\dfrac{\Box \neg p}{\therefore \neg \Diamond p}$

例 1-27　$\dfrac{任何客观规律必然不依人的主观意志为转移,}{所以,任何客观规律不可能依人的主观意志为转移。}$

(5) $\dfrac{\Diamond p}{\therefore \neg \Box \neg p}$

例 1-28　$\dfrac{今天晚上可能下雨,}{所以,并非今天晚上一定不下雨。}$

(6) $\dfrac{\Diamond \neg p}{\therefore \neg \Box p}$

例 1-29　$\dfrac{一鼓作气登上山顶可能不累,}{所以,并不是一鼓作气登上山顶一定累。}$

(7) $\dfrac{\Box p}{\therefore \neg \Box \neg p}$

例 1-30　$\dfrac{对外开放是搞好社会主义现代化建设的必然要求,}{所以,并非对外开放不是搞好社会主义现代化建设的}$
必然要求。

(8) $\dfrac{\Box \neg p}{\therefore \neg \Box p}$

例 1-31　$\dfrac{水火必然不相容,}{所以,水火并非必然相容。}$

(9) $\dfrac{\neg \Diamond p}{\therefore \neg \Box p}$

例 1-32 小王明天不可能去上海，
────────────────
所以，并非小王明天必然去上海。

(10) ¬ ◇¬ p
────────
∴ ¬ □¬ p

例 1-33 在这个重大问题上他不可能不发表自己的观点，
────────────────
所以，在这个重大问题上他不发表自己的观点不是
必然的。

此外，以下推理也是正确的：

(11) ¬ ◇p
────────
∴ ◇¬ p

(12) ¬ ◇¬ p
────────
∴ ◇p

(13) ¬ □p
────────
∴ ◇¬ p

(14) ¬ ◇¬ p
────────
∴ □p

(15) ¬ □¬ p
────────
∴ ◇p

(16) ¬ ◇p
────────
∴ □¬ p

2.根据简单模态命题与实然命题之间的真值关系进行的推理

实然命题就是不包含模态概念的命题，其命题形式如 p、¬ p 等。

实然命题 p、¬ p 和简单模态命题之间存在如下真值关系：

□p→p                p→◇p

□¬ p→¬ p            ¬ p→◇¬ p

根据上述关系，以下推理是正确的：

(1) □p
────────
∴ p

例1-34　实践必然是检验真理的唯一标准，

所以，实践是检验真理的唯一标准。

（2）　　p
————————
∴ ◇p

例1-35　王华是清华大学的研究生，

所以，王华可能是清华大学的研究生。

（3）　□¬ p
————————
∴ ¬ p

例1-36　形而上学的思想方法必然不正确，

所以，形而上学的思想方法不正确。

（4）　　¬ p
————————
∴ ◇¬ p

例1-37　张明在荣誉面前没骄傲，

所以，张明在荣誉面前可能没骄傲。

3.模态三段论

模态三段论就是在三段论中加入模态概念进而所构成的推理。

（1）必然模态三段论

必然模态三段论是在三段论两个前提中加入"必然"这一模态概念进而所构成的推理。如：

例1-38　所有的商品都必然具有使用价值，

电脑必然是商品，
————————————

所以，电脑必然具有使用价值。

这是一个必然模态三段论，其大、小前提都是必然模态命题。

必然模态三段论推理的典型形式包括：

□MAP　　　　　　　　　　□MEP

□SAM　　　　　　　　　　□SAM
————————　　　　————————
∴ □SAP　　　　　　　∴ □SEP

（2）可能模态三段论

可能模态三段论是在三段论两个前提中加入"可能"这一模态概念进

而所构成的推理。如:

　　例1-39　凡学习成绩优良者都可能获得奖学金,

　　　　　　凡勤奋的学生都可能学习成绩优良,

　　　　　　所以,凡勤奋的学生都可能获得奖学金。

这是一个可能模态三段论,其大、小前提都是可能模态命题。

　　可能模态三段论推理的典型形式包括:

　　◇MAP　　　　　　　　　　　　◇MEP

　　◇SAM　　　　　　　　　　　　◇SAM

∴ ◇SAP　　　　　　　　　　∴ ◇SEP

　　(3)必然和可能相结合的模态三段论

　　必然和可能相结合的模态三段论,就是在三段论的两个前提中分别加入"必然"、"可能"这两个模态概念进而形成的推理。如:

　　例1-40　凡正确的推理都必然是形式有效的,

　　　　　　这些推理可能都是正确的推理,

　　　　　　所以,这些推理可能都是形式有效的。

这个推理属于必然和可能相结合的模态三段论推理。

　　必然和可能相结合的模态三段论,其典型形式包括:

　　□MAP　　　　　　　　　　　　□MEP

　　◇SAM　　　　　　　　　　　　◇SAM

∴ ◇SAP　　　　　　　　　　∴ ◇SEP


　　◇MAP　　　　　　　　　　　　◇MEP

　　□SAM　　　　　　　　　　　　□SAM

∴ ◇SAP　　　　　　　　　　∴ ◇SEP

　　(4)必然或可能与实然相结合的模态三段论

　　必然或可能与实然相结合的模态三段论,就是在三段论的一个前提中加入"必然"或"可能"这一模态概念进而所构成的推理。如:

　　例1-41　任何人都可能犯错误,

　　　　　　政治家也是人,

　　　　　　所以,政治家也可能犯错误。

这是一个可能与实然相结合的模态三段论,其前提之一是可能模态命题,前提之二是实然命题。

必然或可能与实然相结合的模态三段论,其典型形式包括:

$$□MAP \qquad\qquad □MEP$$
$$\underline{\quad SAM \quad} \qquad\qquad \underline{\quad SAM \quad}$$
$$\therefore □SAP \qquad\qquad \therefore □SEP$$

$$MAP \qquad\qquad MEP$$
$$\underline{□SAM} \qquad\qquad \underline{□SAM}$$
$$\therefore SAP \qquad\qquad \therefore SEP$$

$$◇MAP \qquad\qquad ◇MEP$$
$$\underline{\quad SAM \quad} \qquad\qquad \underline{\quad SAM \quad}$$
$$\therefore ◇SAP \qquad\qquad \therefore ◇SEP$$

$$MAP \qquad\qquad MEP$$
$$\underline{◇SAM} \qquad\qquad \underline{◇SAM}$$
$$\therefore ◇SAP \qquad\qquad \therefore ◇SEP$$

简单模态推理除了上面介绍的三种类型之外,还包括在 SAP、SEP、SIP、SOP 四种命题基础上加入模态概念后所进行的推理。以下列举关于此类推理的部分有效式:

$$\underline{\neg □SAP} \qquad\qquad \underline{◇SOP}$$
$$\therefore ◇SOP \qquad\qquad \therefore \neg □SAP$$

$$\underline{\neg □SEP} \qquad\qquad \underline{◇SIP}$$
$$\therefore ◇SIP \qquad\qquad \therefore \neg □SEP$$

$$\underline{\neg ◇SAP} \qquad\qquad \underline{□SOP}$$
$$\therefore □SOP \qquad\qquad \therefore \neg ◇SAP$$

| | |
|---|---|
| ¬ ◇SEP | □SIP |
| ∴ □SIP | ∴ ¬ ◇SEP |

| | |
|---|---|
| □SAP | ¬ □SIP |
| ∴ □SIP | ∴ ¬ □SAP |

| | |
|---|---|
| □SEP | ¬ □SOP |
| ∴ □SOP | ∴ ¬ □SEP |

| | |
|---|---|
| ◇SAP | ¬ ◇SIP |
| ∴ ◇SIP | ∴ ¬ ◇SAP |

| | |
|---|---|
| ◇SEP | ¬ ◇SOP |
| ∴ ◇SOP | ∴ ¬ ◇SEP |

上述有效推理式的提出,是基于如下真值关系:□SAP 和◇SOP 之间、□SEP 和◇SIP 之间、□SIP 和◇SEP 之间、□SOP 和◇SAP 之间存在着矛盾关系。□SAP 和□SIP 之间、□SEP 和□SOP 之间、◇SAP 和◇SIP 之间、◇SEP 和◇SOP 之间存在着差等关系。

（二）复合模态推理

复合模态推理就是包含有复合模态命题的推理。这类推理的具体形式非常繁多,这里仅对一些常见的复合模态推理进行介绍。

1.联言模态推理

联言模态推理就是以联言模态命题为前提的模态推理。如:

例 1-42　在实现现代化的过程中,中国必然建设物质文明,同时,又必然建设精神文明,

　　　　　所以,在实现现代化的过程中,中国必然既要建设物质文明,又要建设精神文明。

这是一个联言模态推理,其前提是联言模态命题。

在日常思维中,常见的联言模态推理包括以下形式:

$$\frac{\Box(p \wedge q)}{\therefore \Box p \wedge \Box q} \qquad \frac{\Box p \wedge \Box q}{\therefore \Box(p \wedge q)}$$

$$\frac{\Box(p \wedge q)}{\therefore \Box p} \qquad \frac{\Box(p \wedge q)}{\therefore \Box q}$$

$$\frac{\Diamond(p \wedge q)}{\therefore \Diamond p \wedge \Diamond q} \qquad \frac{\Diamond(p \wedge q)}{\therefore \Diamond p}$$

$$\frac{\Diamond(p \wedge q)}{\therefore \Diamond q}$$

**2.选言模态推理**

选言模态推理就是以选言模态命题为前提的模态推理。如:

例1-43  莱布尼兹可能是数学家或逻辑学家,

所以,莱布尼兹可能是数学家,或可能是逻辑学家。

这是一个选言模态推理,其前提是选言模态命题。

在日常思维中,常见的选言模态推理包括以下形式:

$$\frac{\Diamond(p \vee q)}{\therefore \Diamond p \vee \Diamond q} \qquad \frac{\Diamond p \vee \Diamond q}{\therefore \Diamond(p \vee q)}$$

$$\frac{\Box p \vee \Box q}{\therefore \Box(p \vee q)}$$

**3.假言模态推理**

假言模态推理就是以假言模态命题为前提的模态推理。如:

例1-44  一个人如果犯了错误,就可能会受到批评,

所以,并非一个人犯了错误而必然不会受到批评。

这是一个假言模态推理,其前提是假言模态命题。

在日常思维中,常见的假言模态推理包括以下形式:

$$\frac{□(p→q)}{∴¬◇(p∧¬q)}$$

$$\frac{¬◇(p∧¬q)}{∴□(p→q)}$$

$$\frac{□(p←q)}{∴¬◇(¬p∧q)}$$

$$\frac{¬◇(¬p∧q)}{∴□(p←q)}$$

$$\frac{p→□q}{∴¬(p∧◇¬q)}$$

$$\frac{p→◇q}{∴¬(p∧□¬q)}$$

$$\frac{¬(p∧◇¬q)}{∴p→□q}$$

$$\frac{¬(p∧□¬q)}{∴p→◇q}$$

## 第二节　规范模态命题及其推理

### 一、规范模态命题

(一)什么是规范模态命题

规范模态命题属于广义模态命题,它是在一定条件下,给人的行动提出某种命令或规定的命题。换言之,规范模态命题就是包含有模态概念"必须"、"允许"或"禁止"的命题。该类概念称为规范模态概念。如:

例2-1　禁止酒后驾车。

例2-2　允许公民信教或者不信教。

这两个命题都是规范模态命题。其中,例2-1断定酒后驾车这种行为是禁止的,例2-2断定公民信教或者不信教都是允许的,即可以信教,也可以不信教,国家对此没有硬性规定。

需要指出,现代汉语中"应当"、"应该"、"有义务"等语词也表达必须的含义,"不得"、"不准"等语词也表达禁止的含义,"可以"、"有权"、"准许"、"准予"等语词也表达允许的含义。所以,包含有这些语词的句子,一般也应视为表达规范模态命题。

在规范模态命题中,规范模态概念的出现是比较灵活的,既可以出现在命题中间,又可以出现在命题之前或之后。如:

例2-3 任何公民的言行都必须不违反社会公共利益。

例2-4 禁止在公共场所吸烟。

例2-5 大学生选修第二门外国语是允许的。

(二)规范模态命题的种类

规范模态命题可以划分成简单规范命题和复合规范命题。

1.简单规范命题

简单规范命题是指在简单命题中加入规范模态概念后进而形成的命题。根据所包含的规范模态概念不同,该类命题可以划分成必须命题、允许命题和禁止命题。

(1)必须命题

必须命题是在简单命题中加入模态概念"必须"后所形成的命题,包括必须肯定命题和必须否定命题。

必须肯定命题:这是规定某种行为必须履行的命题。如:

例2-6 所有高校都必须推广使用普通话。

例2-7 每个人都必须努力学习。

必须肯定命题的逻辑形式可以表示为:

必须 p 或者 O p

(其中,"O"表示模态概念"必须")

必须否定命题:这是规定某种行为必须不实施的命题。如:

例2-8 一切公民的言行必须不违反宪法。

例2-9 任何商店必须不销售假冒伪劣产品。

必须否定命题的逻辑形式可以表示为:

必须非 p 或者 O¬ p

(2)禁止命题

禁止命题是在简单命题中加入模态概念"禁止"后所形成的命题,包括禁止肯定命题和禁止否定命题。

禁止肯定命题:这是规定某种行为不得实施的命题。如:

例2-10 一切公民的言行禁止违反宪法。

例2-11 任何商店禁止销售假冒伪劣产品。

禁止肯定命题的逻辑形式可以表示为：

　　禁止 p　　或者　　F p

（其中，"F"表示模态概念"禁止"）

　　禁止否定命题：这是规定某种行为不得不实施的命题。如：

　　　　例 2-12　所有高校禁止不推广使用普通话。

　　　　例 2-13　禁止每个人不努力学习。

禁止否定命题的逻辑形式可以表示为：

　　禁止非 p　　或者　　F¬ p

　　（3）允许命题

　　允许命题是在简单命题中加入模态概念"允许"后所形成的命题，包括允许肯定命题和允许否定命题。

　　允许肯定命题：这是规定某种行为可予实施的命题。如：

　　　　例 2-14　在科学研究中允许提出各种假说。

　　　　例 2-15　允许一个人不参加任何党派。

允许肯定命题的逻辑形式可以表示为：

　　允许 p　　或者　　P p

（其中，"P"表示模态概念"允许"）

　　允许否定命题：这是规定某种行为可不予实施的命题。如：

　　　　例 2-16　年老体弱者可以不参加体力劳动。

　　　　例 2-17　学校允许有特殊情况的学生不参加期末考试。

允许否定命题的逻辑形式可以表示为：

　　允许非 p　　或者　　P¬ p

　　以上，我们介绍了简单规范命题的种类。可以看出，必须肯定命题和禁止否定命题的含义实际上是相同的，必须否定命题和禁止肯定命题也类似。这样，关于简单规范命题间逻辑关系的讨论就可以划归为以下命题间逻辑关系的讨论：

　　必须 p　　（O p）

　　必须非 p　　（O¬ p）

　　允许 p　　（P p）

　　允许非 p　　（P¬ p）

（4）简单规范命题之间的逻辑关系

规范命题是一种表示对人的行为进行命令或规定的命题,该类命题和真值模态命题存在明显不同。真值模态命题存在真假问题,但规范命题只存在正确与否问题。规范命题的正确与否,取决于它断定的内容是否符合所在社会的行为规范。符合所在社会行为规范的命题,就是正确的规范命题;否则,就是错误的规范命题。

在不同的简单规范命题之间,存在着一定的逻辑制约关系。这种关系类似于 A、E、I、O 四种性质命题之间的对当关系,所以,也可以借助于逻辑方阵来对它们进行表示和说明。

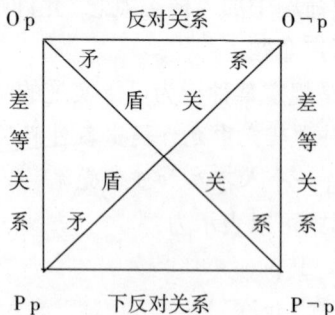

$$
\begin{array}{ccc}
\text{O p} & \text{反对关系} & \text{O}\neg\text{p} \\
 & 矛 & 系 \\
差 & 盾 \quad 关 & 差 \\
等 & & 等 \\
关 & 盾 \quad 关 & 关 \\
系 & 矛 & 系 \\
\text{P p} & \text{下反对关系} & \text{P}\neg\text{p}
\end{array}
$$

上图表明:

必须 p(O p)与必须非 p(O¬ p)之间存在反对关系:如果一个命题正确,另一个命题就不正确;如果一个命题不正确,另一个命题正确与否不确定。

允许 p(P p)与允许非 p(P¬ p)之间存在下反对关系:如果一个命题错误,另一个命题就正确;如果一个命题正确,另一个命题正确与否不确定。

必须 p(O p)与允许非 p(P¬ p)之间,以及必须非 p(O¬ p)与允许 p(P p)之间存在矛盾关系:如果一个命题正确,另一个命题就不正确;如果一个命题不正确,另一个命题就正确。

必须 p(O p)与允许 p(P p)之间,以及必须非 p(O¬ p)与允许非 p(P¬ p)之间存在差等关系:如果必须 p 正确,允许 p 一定正确;如果允许 p 不正确,必须 p 一定不正确;如果必须 p 不正确,允许 p 正确与否不确定;如果允许 p 正确,必须 p 正确与否不确定。必须非 p 和允许非 p 之间的具体情况也与此类似。

2.复合规范命题

复合规范命题是指在复合命题的基础上加入规范模态概念进而形成的命题。以下介绍几种常见的复合规范命题。

(1)联言规范命题

联言规范命题就是在联言命题中加入规范模态概念进而形成的命题。如：

例2-18 任何领导干部都不得假公济私和以权谋私。

联言规范命题的基本形式包括：

O(p∧q)　　　　O p∧O q

P(p∧q)　　　　P p∧P q

F(p∧q)　　　　F p∧F q

(2)选言规范命题

选言规范命题就是在选言命题中加入规范模态概念后进而形成的命题。如：

例2-19 张兰明天可以去北京或者上海。

选言规范命题的基本形式包括：

O(p∨q)　　　　O p∨O q

P(p∨q)　　　　P p∨P q

F(p∨q)　　　　F p∨F q

(3)假言规范命题

假言规范命题就是在假言命题中加入规范模态概念进而形成的命题。如：

例2-20 假如允许一部分人先富起来,那么,就允许一定程度的
　　　　贫富不均。

假言规范命题的基本形式包括：

O(p→q)　　　　O p→O q

P(p→q)　　　　P p→P q

F(p→q)　　　　F p→F q

p→O q　　　　O p→q

p→P q　　　　P p→q

p→F q　　　　F p→q

## 二、规范模态推理

规范模态推理就是前提和结论中包含有规范命题,并且根据规范命题的逻辑性质进行推演的推理。

（一）简单规范推理

简单规范推理包括根据简单规范命题逻辑方阵进行的推理和规范三段论。

1.根据简单规范命题逻辑方阵进行的推理

根据简单规范命题逻辑方阵所显示的不同命题之间的真值制约关系,以下推理是正确的:

(1)　$\dfrac{O\ p}{\therefore \neg O \neg p}$

例 2-21　$\dfrac{子女必须赡养父母,}{所以,并非子女必须不赡养父母。}$

(2)　$\dfrac{O \neg p}{\therefore \neg O\ p}$

例 2-22　$\dfrac{王华今天晚上必须不去看电影,}{所以,并非王华今天晚上必须去看电影。}$

(3)　$\dfrac{\neg P\ p}{\therefore P \neg p}$

例 2-23　$\dfrac{滥伐森林是不允许的,}{所以,允许不滥伐森林。}$

(4)　$\dfrac{\neg P \neg p}{\therefore P\ p}$

例 2-24　$\dfrac{对野生动物不允许不保护,}{所以,对野生动物保护是允许的。}$

(5)　$\dfrac{O\ p}{\therefore \neg P \neg p}$

例2-25　必须在三天之内完成任务，

所以，不允许在三天之内没完成任务。

(6)　O¬p

∴¬Pp

例2-26　必须不浪费水资源，

所以，浪费水资源是不允许的。

(7)　Pp

∴¬O¬p

例2-27　允许在改革的过程中犯错误，

所以，并非在改革的过程中必须不犯错误。

(8)　P¬p

∴¬Op

例2-28　在这种场合允许李明不发表意见，

所以，并非在这种场合李明必须发表意见。

(9)　Op

∴Pp

例2-29　王新今天下午必须休息，

所以，允许王新今天下午休息。

(10)　O¬p

∴P¬p

例2-30　王新今天下午必须不工作，

所以，王新今天下午不工作是允许的。

(11)　¬Pp

∴¬Op

例2-31　不允许诽谤他人，

所以，诽谤他人不是必须的。

(12)　¬P¬p

∴¬O¬p

例2-32　不允许不尊重持反对意见者，

所以，不尊重持反对意见者不是必须的。

(13)　$\cfrac{\neg O p}{\therefore P \neg p}$

例2-33　并非必须连续工作10小时，

所以，不连续工作10小时是允许的。

(14)　$\cfrac{\neg P \neg p}{\therefore O p}$

例2-34　解决矛盾不允许不实事求是，

所以，解决矛盾必须实事求是。

(15)　$\cfrac{\neg O \neg p}{\therefore P p}$

例2-35　并非星期天我们必须不休息，

所以，星期天我们休息是允许的。

(16)　$\cfrac{\neg P p}{\therefore O \neg p}$

例2-36　并非允许明天停止工作，

所以，必须明天不停止工作。

2.规范三段论

规范三段论就是在三段论中引入规范模态概念进而所构成的推理。如：

例2-37　所有的教师都必须爱护学生，

大学教师是教师，

所以，大学教师必须爱护学生。

这是一个规范三段论，其大前提是规范命题，小前提是性质命题，结论是规范命题。

规范三段论的主要形式包括：

所有 M 必须 P

所有 S 是 M
_____

所以,所有 S 必须 P

所有 M 允许 P

所有 S 是 M
_____

所以,所有 S 允许 P

所有 M 禁止 P

所有 S 是 M
_____

所以,所有 S 禁止 P

所有 M 允许非 P

所有 S 是 M
_____

所以,所有 S 允许非 P

（二）复合规范推理

复合规范推理就是包含有复合规范命题的推理。如:

例 2-38　公民必须享受法律赋予的权利,

公民必须履行法律规定的义务,
_____

所以,公民必须既享受法律赋予的权利,又履行法律规定

的义务。

这是一个复合规范推理,其结论是复合规范命题。

复合规范推理的具体形式是比较多的,下面仅列举其中的一部分:

$$\frac{O\,p \wedge O\,q}{\therefore O(p \wedge q)}$$

$$\frac{P(p \wedge q)}{\therefore P\,p \wedge P\,q}$$

$$\frac{F\,p \vee F\,q}{\therefore F(p \wedge q)}$$

$$\frac{O\,p}{\therefore P\,p \wedge F\lnot\,p}$$

$$\frac{O(p \vee q) \wedge F\,p}{\therefore O\,q}$$

$$\frac{O(p \rightarrow q) \wedge O\,p}{\therefore O\,q}$$

$$\frac{O(p \rightarrow q) \wedge F\,q}{\therefore F\,p}$$

$$\frac{O(p \wedge q)}{\therefore O\,p \wedge O\,q}$$

$$\frac{F(p \vee q)}{\therefore F\,p \wedge F\,q}$$

$$\frac{F\,p \wedge F\,q}{\therefore F(p \vee q)}$$

$$\frac{F\,p}{\therefore\,\neg\,O\,p\wedge\neg\,P\,p}$$

## 习 题

### 单项选择题

1.不可能有人会不犯错误。

下列哪个选项最符合题干的断定?(　　)

A.有人可能会犯错误。　　　　B.有人必然会犯错误。

C.所有的人都必然会犯错误。　D.所有的人都可能会犯错误。

E.所有的人都可能不会犯错误。

2.不可能所有的花都结果。

下列哪个选项最接近上述断定的含义?(　　)

A.所有的花必然都不结果。　　B.所有的花可能都不结果。

C.有的花可能不结果。　　　　D.有的花必然结果。

E.有的花必然不结果。

3.不可能所有的商品都价廉物美。

下列哪个选项最准确地表达了上述断定的意思?(　　)

A.可能有的商品价廉但物不美。

B.可能所有的商品都不能既价廉又物美。

C.必然有的商品价廉但物不美。

D.必然有的商品物美但价不廉。

E.必然有的商品价不廉或物不美。

4.一把钥匙能打开天下所有的锁,这样的钥匙是不可能存在的。

下列哪个选项最符合题干的断定?(　　)

A.任何钥匙都必然有它打不开的锁。

B.至少有一把钥匙必然打不开天下所有的锁。

C.至少有一把锁是天下所有的钥匙都必然打不开的。

D.任何钥匙都可能有它打不开的锁。

E.至少有一把钥匙可能打不开天下所有的锁。

5.根据卫星提供的最新气象资料,原先预报的明年北方地区的持续干旱不一定出现。

下列哪个选项最接近上述气象资料所表明的含义?(　　)

A.明年北方地区的持续干旱一定不出现。

B.明年北方地区的持续干旱可能出现。

C.明年北方地区的持续干旱可能不出现。

D.明年北方地区的持续干旱出现的可能性比不出现的可能性大。

E.明年北方地区的持续干旱不可能出现。

6.某专家针对下半年的房价作出预测:房价可能上涨。

下列哪个选项和专家预测的含义相同?(　　)

A.房价不可能不上涨。　　　　　B.房价不一定上涨。

C.房价不一定不上涨。　　　　　D.房价上涨的可能性很小。

E.房价也可能维持原状。

7.一方面规定法律面前人人平等,另一方面允许有人触犯法律而不受制裁,这是不可能的。

下列哪个选项的意思最符合题干的断定?(　　)

A.或者允许有人凌驾于法律之上,或者任何人触犯法律要受到制裁,这是必然的。

B.任何人触犯法律都要受到制裁,这是必然的。

C.有人凌驾于法律之上,触犯法律而不受制裁,这是可能的。

D.如果不允许有人触犯法律而可以不受制裁,那么,法律面前人人平等是可能的。

E.一方面允许有人凌驾于法律之上,另一方面又声称任何人触犯法律都要受到制裁,这是可能的。

8.所有的错误决策都不可能不付出代价,但有的错误决策可能不造成严重后果。

如果上述断定为真,下列哪个选项也一定为真?(　　)

A.有的正确决策也可能付出代价,但所有的正确决策都不可能造成严重后果。

B.有的错误决策必然要付出代价,但所有的错误决策都不一定造成严重后果。

C.所有的正确决策都不可能付出代价,但有的正确决策也可能造成严重后果。

D.有的错误决策必然要付出代价,但所有的错误决策都可能不造成严重后果。

E.所有的错误决策都必然要付出代价,但有的错误决策不一定造成严重后果。

(选择题参考答案:1C,2E,3E,4A,5C,6C,7A,8E)

# 第九章
# 归纳推理

## 第一节　归纳推理概述

### 一、什么是归纳推理

（一）归纳推理的定义

按照逻辑学的传统观点,凡是以个别性知识为前提进而推出一般性结论的推理,就称为归纳推理。

归纳推理,是人们思维中不可缺少的一种重要推理形式。我国古代著名医学家扁鹊在他的实践中,逐步摸索到许多诊断疾病的方法,并最后归结为"望、闻、问、切"这一直到现在还为医学界所广泛采用的"四诊法"。明代科学家徐光启,为了研究蝗虫灾害的规律,查阅了大量文献资料,对我国春秋时代以来历次蝗虫灾害的时间、地点作出了历史的统计,并且到宁夏、陕西、浙江等地走访农民,了解蝗虫的实际情况。最后,他发现蝗虫多出现在湖水涨落幅度较大的干涸沼泽地区,蝗虫成灾的时间多集中于每年的五、六、七三个月,进一步,他又总结出从消灭虫卵入手的治蝗办法。这些,都是人们在实际思维中运用归纳推理的事例。

在逻辑史上,英国哲学家弗兰西斯·培根,首先系统地阐述并运用了归纳推理。他认为,归纳推理是一种新的认识工具,可以帮助人们发现事物之间的因果联系。

（二）归纳推理和演绎推理的关系

归纳推理和演绎推理是思维进程方向不同但却又互相联系、互相依赖、互相渗透的两种推理形式,它们共同构成人类认识世界、改造世界的思维工具。因此,片面强调演绎推理的作用而否认归纳推理的作用是不正确的,而片面强调归纳推理的作用而否认演绎推理的作用,也是不正确的。"归纳和演绎,正如综合和分析一样,必然是相互关联的。不应当牺牲一个而把另一个片面地捧到天上去,应当设法把每一个都用到该用的地方,但是认清它们是相互关联、相辅相成的,才能做到这一点。"①

归纳推理和演绎推理既有区别,又有联系。

它们的区别主要表现在:

第一,从思维进程的方向来说,演绎推理的前提是一般性的原则,整个推理过程往往是从一般推到个别;归纳推理的前提是某类事物中个别事物的知识,整个推理过程往往是由个别推到一般。

第二,演绎推理中前提的含义包含了结论的含义,所以,前提制约着结论,结论不能超出前提的范围。归纳推理(指不完全归纳推理)的前提没有包含结论的含义,结论超出了前提的范围。

第三,演绎推理的前提和结论之间具有必然的相关性,只要前提是正确的,推理过程无误,其结论必然是正确的。归纳推理(指不完全归纳推理)的前提和结论之间具有或然的相关性。正如列宁所说的那样:"以最简单的归纳方法获得的最简单的真理,总是不完全的,因为经验总是未完成的。"②

它们的联系主要表现在:

第一,归纳推理和演绎推理都是人们认识事物过程中不可缺少的环节。在人们对客观事物的认识过程中,有归纳而无演绎,或者有演绎而无归纳,都只可能使认识中断,达不到真正认识事物的目的。

第二,归纳推理和演绎推理在人们的认识中互相联系、互相补充。一方面,归纳推理要依靠演绎推理:归纳推理的结论正确与否,在具体验证过程中要依靠演绎推理;归纳推理的前提是个别性知识,而个别性知识的获得过程也需要运用演绎推理。另一方面,演绎推理要依靠归纳推理:演绎推理是从一般到个别的推理,它所依据的一般性知识或原理来源于归纳推理,没有归纳推理就没有演绎推理。

(三)获得事实材料的方法

归纳推理是一种从关于个别性知识的前提中得出关于一般性知识的结

---

① 《马克思恩格斯选集》第3卷,人民出版社2012年版,第930页。
② 《列宁全集》第55卷,人民出版社1990年版,第150页。

论的推理。因此,要进行归纳推理,就要有作为前提的关于个别事物的知识。这种知识的获得,要有一个搜集材料的过程。材料的收集,要求有一定的方法。这些方法主要是指观察、实验和调查等。

### 1.观察

观察,也叫观测,是指人们有目的地通过感觉器官直接地感知被研究对象的方法。例如,医生出于诊断和治疗的目的而对病人进行测量体温、测量血压、测量心率、叩听胸腔以及看眼球内的颜色、探视咽喉、挤压腹胸等,这些都是观察。观察离不开感觉和知觉,离开了感觉和知觉,就无所谓观察。但观察又不同于一般的简单的感觉和知觉,它比一般的感觉和知觉更为主动、更为积极,带有明显的目的性。

在观察中,为了避免因感官生理上的限制而导致失误,可以广泛地应用各种科学仪器,使观察向广度和深度延伸。

观察时,应该力求全面、准确,防止发生“未观察”和“误观察”的错误。所谓“未观察”,就是指由于观察片面,只看到一部分有关材料而未看到另一部分有关材料所造成的观察错误。所谓“误观察”,是指在观察中把个人主观的东西当作客观的东西而产生的错误。为了克服“未观察”和“误观察”的错误,可以通过随机取样、反复核对等方法加以解决。

### 2.实验

实验是指人们根据研究目的,使用科学仪器及设备,在控制事物或现象的条件下通过感官去认识事物或现象,进而取得感性材料的方法。就一般情况而言,实验较之于观察具有如下作用和性质:第一,实验可以纯化观察对象的条件。实验时可以人为地控制条件,对观察对象进行各种各样的干预,使其摆脱偶发因素的干扰,从而使观察对象处于单纯状态,以便获得其在自然状态下难以被发现的特性。第二,实验可以强化观察对象的条件。有些条件,虽然在自然界中也存在,但却难以得到或利用。人们可以根据一定的实验目的,人为地创造一些在自然状态下难以得到或得不到的环境和条件。第三,实验可以使观察对象重复再现。有的自然现象瞬间即逝,有的在短时间里无法重现(如哈雷彗星)。人们可以在实验中,通过一定的手段,模拟、重复、再现自然现象,以便于对观察对象做进一步的分析和研究。

### 3.调查

调查是有计划、有目的地收集关于自然、社会和思维等现象的事实材料的方法。调查可以根据目的的不同分为全面调查(也叫普查,如人口普查等)和非全面调查两种。非全面调查是对一类对象中的部分对象进行调查;全面调查则是对一类对象中的全部对象进行调查。非全面调查又有抽样调查、表格调查和专题调查等不同种类。就一般情况而言,全面调查所得到的事实材料比非全面调查得到的事实材料要更加真实、可靠。

调查是一项艰苦的工作,既要有热心,又要有准则。一般地说,第一,调查要深入实际。全面调查时不遗漏一人,非全面调查时要做到点面结合,上下结合。第二,调查要实事求是,力求公正,不能带有个人偏见。第三,调查时要详细记录。

### 二、归纳推理的种类

根据前提所考察的对象范围的不同,归纳推理可以分为完全归纳推理和不完全归纳推理。其中,不完全归纳推理又可以进一步分为简单枚举归纳推理和科学归纳推理。

## 第二节　完全归纳推理和不完全归纳推理

### 一、完全归纳推理

(一)什么是完全归纳推理

完全归纳推理又叫完全归纳法,它是基于研究某类事物中每一个个别对象的共同性,进而对该类事物作出一般性结论的归纳推理。如:

例2-1　　原始社会的发展动力是社会基本矛盾,

封建社会的发展动力是社会基本矛盾,

奴隶社会的发展动力是社会基本矛盾,

资本主义社会的发展动力是社会基本矛盾,

社会主义社会的发展动力是社会基本矛盾,

共产主义社会的发展动力是社会基本矛盾,

所以,所有社会的发展动力都是社会基本矛盾。

这就是一个完全归纳推理。

完全归纳推理的逻辑形式,可以表示如下:

$S_1$ 是 P

$S_2$ 是 P

$S_3$ 是 P

……

$S_n$ 是 P

（$S_1$……$S_n$ 是 S 类的全部对象）

————————————————

所以，所有的 S 都是 P

完全归纳推理的特点是，在前提中对一类事物的全部对象毫无遗漏地进行考察，确知 P 属性为全部对象所具有，并以此作为前提，从而推出这类事物都具有 P 属性这个一般性结论。所以，只要前提真实，完全归纳推理的结论就一定是可靠的。

要正确运用完全归纳推理，必须遵循以下两条规则：

第一，每一个前提都必须是真实可靠的。如果前提虚假，即使有一个前提虚假，就不能得到真实可靠的结论。

第二，前提必须是对一类事物中的每一个对象都毫无遗漏地进行考察。只有这样，才能进行完全归纳推理。

（二）完全归纳推理的作用

完全归纳推理是一种从个别到一般的推理，它可以使人们的认识由局部过渡到全体，进而使认识更加深化。

具体而言，完全归纳推理具有以下作用：

第一，完全归纳推理是一种科学发现的方法。

完全归纳推理可以作为一种科学发现的方法，这可以通过一个著名科学家的故事来加以说明。

例 2-2　一位教师在给孩子们上课时，出了这样一道题目：

1+2+3+4+……+100＝？

这位教师心里想：要加这么多的数字，总得费不少工夫，而且一不注意，就会得出错误的结论。可是，没过多久，有个孩子举起手来说出了正确的答案。这令他大吃一惊，连忙询问答案是从哪里来的。原来，这位小学生以敏锐的观察力看到，在这一连串要加的数目中，第一项和最后一项，第二项和倒数第二项，第三项和倒数第三项，……第五十项和倒数第五

十项,每对的和全部都是 101,即:

1+100 = 101

2+99 = 101

3+98 = 101

4+97 = 101

……

50+51 = 101

而且,这样排列成对的正好是从 1 到 100 之间的所有数目。由此可见,从 1 到 100 之间,凡是首尾距离相等的每两项之和都是 101。根据这个发现,又根据排列成对的序数(共有 50 对),便可以迅速算出正确答案,即 $101×50 = 5050$。

显然,在上述故事中"凡是首尾距离相等的每两项之和都是 101"这一结论的获得是运用了完全归纳推理。这就是德国数学家、物理学家和天文学家高斯少年时代的故事,当时他仅有 10 岁。

第二,完全归纳推理是一种论证的方法。

人们在思维过程中,有时为了论证某个一般性的论断,可以用完全归纳推理来进行,即首先列举与一般性论断有关的一切对象,然后对其中的每一个对象逐一进行考察,最后得出某个一般性论断。如:

例2-3　太阳系的大行星都是沿椭圆轨道绕太阳运行的,因为,水星、金星、地球、火星、木星、土星、天王星、海王星是太阳系的全部大行星,它们每一个都是沿椭圆轨道绕太阳运行的。

在上例中,为了论证"太阳系的大行星都是沿椭圆轨道绕太阳运行的"这个一般性命题,它首先列举了所有太阳系大行星的实际情况,然后再得出结论。这就属于在论证过程中运用完全归纳推理。

尽管完全归纳推理既可以作为一种发现的方法,又可以作为一种论证的方法,但由于它的使用有条件要求,即每一前提都为真,并且前提穷尽了某一类事物的所有对象。这样,就给该类推理的使用范围带来了一定的限制:首先,当需要考察的一类事物所包含的对象在数量上是无穷时,就不能运用完全归纳推理;其次,当需要考察的一类事物所包含的对象虽然在数量上是可以穷尽的,但因其数量太大,难以逐一进行考察时,也不能运用完全归纳推理。

### 二、不完全归纳推理

（一）什么是不完全归纳推理

所谓不完全归纳推理，就是根据某类事物中一部分对象的情况进而作出关于该类事物的一般性结论的推理。如：

例2-4　金是具有可塑性的，
　　　　银是具有可塑性的，
　　　　铜是具有可塑性的，
　　　　铁是具有可塑性的，
　　　　铝是具有可塑性的，
　　　　锡是具有可塑性的，
　　　　（金、银、铜、铁、铝、锡是金属的部分对象）

所以，所有的金属都是具有可塑性的。

这就是一个不完全归纳推理。它根据部分金属具有可塑性的特点，进而推出"所有的金属都是具有可塑性的"这一普遍性结论。

不完全归纳推理的特点是：结论的断定范围超出了前提中所考察的对象范围，因而，该类推理具有扩展人们知识的作用。同时，这种推理还可以克服完全归纳推理对观察对象必须毫无遗漏作出分析的限制。

（二）不完全归纳推理的种类

不完全归纳推理可以分为简单枚举法和科学归纳法。

1.简单枚举法

简单枚举法又叫简单枚举归纳推理，它是指根据某一属性在一些同类对象中不断重复，而且没有遇到与之相矛盾的情况，从而对该类事物所有对象作出一般性结论的归纳推理。

简单枚举法的逻辑形式可以表示为：

$S_1$是P

$S_2$是P

$S_3$是P

……

$S_n$是P

（$S_1$、$S_2$、$S_3$……$S_n$是S类的部分对象，并且没有遇到相反的情况）

所以，所有的S都是P

简单枚举法由于其结论超出前提所断定的范围,因此结论不是必然正确的。但是,这种推理在人们的日常生活及科学研究中都具有重要的价值。

在我们日常生活中,简单枚举法运用得非常普遍。民间的很多谚语,如:"云往东,刮场风;云往西,关公骑马披蓑衣"、"早霞不出门,晚霞行千里"、"东虹风,西虹雨"、"天上有了扫帚云,不出三天大雨淋"、"燕子低飞蛇过道,大雨不久就来到"、"早雷不过午,夜雷十日雨"、"雷公先唱歌,有雨也不多"、"五月田,早一天,高一拳",这些就都是广大人民群众根据长期生活经验,运用简单枚举法作出的概括。

在科学研究中,简单枚举法往往起着一种助发现的作用。如,科技史上的许多发明创造,在其早期阶段往往要依赖于一定的初步"猜想"或"假定"。这些"猜想"或"假定",常常是人们通过大量的观察和试验,在取得个别性经验材料后运用简单枚举法获得的。哥德巴赫猜想就属于这种情况。

在实际运用简单枚举法时要慎重,不可只根据少数的、粗略的事实材料,就仓促得出一般性的结论。否则,就会犯"轻率概括"或"以偏概全"的逻辑错误。为了提高运用简单枚举法所得结论的可靠程度,需要注意以下几点:

第一,前提中被考察的对象数量要尽可能多。数量越多,结论的可靠性往往就越高。例如,在分析某种新发现动物的特点时,不能只根据一两只动物的情况就仓促作出结论,而应多考察一些该种动物。

第二,前提中被考察的对象范围要尽可能广泛。范围越广,结论的可靠性往往就越高。例如,要了解某种鸟的食性,就应在不同地区、不同季节进行考察,不可只局限于某一地区、某一季节。因为鸟的食性可能会因地区、季节的不同而发生变化。

第三,要注意搜集反面的事例,一旦有一个反面事例,就不应得出一般性结论。

2.科学归纳法

科学归纳法又叫科学归纳推理,它是指根据某类事物的部分对象与某种属性之间具有因果联系,从而推出该类事物都具有某种属性的归纳推理。如:

例2-5　1960年,英国有一个农场的10万只鸡、鸭,由于吃了发霉的花生而得癌症死去。用发霉的花生作为饲料喂养羊、猫、鸽子等动物，结果这些动物也先后患癌症而死去。1963 年，有人在实验室里观察白鼠吃了发霉的花生后的反应，结果发现白鼠得了肝癌，最后也死去了。为什么这些动物吃了发霉的花生就会得癌症而死去呢？科学家们便对发霉的花生进行化学成分分析，结果发现其中含有大量的致癌物——黄曲霉素。因此，科学家们便得出一个一般性的结论：动物如果吃了发霉的花生，就会因患癌症而死去。

在这一例子中，"动物如果吃了发霉的花生，就会因患癌症而死去"这个一般性结论的得出就运用了科学归纳法，它是建立在分析发霉的花生与癌症之间因果联系的基础上的。

科学归纳法的逻辑形式可以表示如下：

$S_1$ 是 P

$S_2$ 是 P

$S_3$ 是 P

……

$S_n$ 是 P

（$S_1$、$S_2$、$S_3$……$S_n$ 是 S 类的部分对象，并且和 P 之间具有因果联系）

所以，所有的 S 都是 P

科学归纳法与简单枚举法虽然同是不完全归纳推理，但它们之间是有区别的：第一，科学归纳法需要经过调查研究并对一类事物的典型进行分析，其结论的得出，是建立在掌握客观事物之间因果联系的基础上的。简单枚举法则只是依据对客观事物的观察，从几次重复的情况中进行归纳。因此，就结论的可靠性来说，简单枚举法不如科学归纳法。第二，科学归纳法所研究的个别对象不要求数量多寡，只要能从典型对象中分析出因果联系，就可以推出普遍性结论。简单枚举法则要求研究的个别对象，数量尽可能多，范围尽可能广，并且要求不出现反面事例。

简单枚举法与科学归纳法的区别是相对的，不是绝对的。简单枚举法以经验认识为主要依据，但经验认识总是在一定理论指导下获得的，所以，简单枚举法中往往渗透着类似于科学归纳法的分析因素。科学归纳法以分析现象间的因果联系为主要依据，但这种分析必须建立在一定的经验认识基础之上。所以,科学归纳法又总是与经验的积累密切相关。

为了提高运用科学归纳法所得结论的可靠程度,必须注意如下两点:第一,前提中被考察的对象在同类事物中应当具有典型性。第二,必须给推理的结论寻找深层理由,即把握现象之间的因果联系。

## 第三节　探求因果联系的逻辑方法

### 一、什么是因果联系

自然界和社会中的各个现象之间都是彼此联系、互相制约的。如果一个现象的存在或发生必然导致另一现象的存在或发生,那么,这两个现象之间就具有因果联系。其中,产生某一现象的现象,称为原因;被某一现象所引起的现象,称为结果。例如,持续的降雨会使气温下降。这里,持续的降雨就是气温下降的原因,而气温下降则是持续降雨的结果。

因果联系是现象间相互联系的一种形式。它具有一定的特点,这些特点是确立探求因果联系方法的客观基础。

第一,原因和结果在时间顺序上是先后相继的,即原因在先,结果在后。因此,在探求因果联系时,一方面应当注意在被研究现象出现之前就已经存在的各个情况中去寻找它的原因,即原因一定是先行情况;另一方面应当注意在被研究现象出现之后才发生的各个情况中去寻找它的结果,即结果一定是后行情况。但是,两个在时间上存在先后相继关系的情况之间,并不一定就有因果联系。例如,秋季总是先于冬季,但冬季不是秋季的结果,秋季也不是冬季的原因。在实际思维中,如果仅仅根据两个现象在时间上具有先后相继关系,就直接认为它们之间存在因果联系,这就要犯"以先后为因果"的逻辑错误。

第二,因果联系是确定的。这种确定性从质的方面来说,就是在同样的条件下,相同的原因会产生相同的结果。例如,在标准大气压下,纯水的温度降到0℃以下就会结冰;上升到100℃就会沸腾。这种确定性从量的方面来说,就是原因发生了量变,一定会在结果中有所反映。例如,物体受到外力的作用而产生加速度,加速度的大小与外力的大小成正比。

第三,因果联系是普遍而复杂的。因果联系的普遍性,就是说任何现象都是由一定的原因引起的,任何现象也一定会产生相应的结果。人们在有的情况下尚未发现某个现象的原因(或结果),这并不意味着其原因(或结果)就一定是不存在的。关于因果联系的复杂性,它的一个重要表现就是:一个现象的出现,可能不只有一种原因(多因一果);一个现象作为原因,可能产生多种结果(一因多果);若干种不同的原因共同作用,可能产生若干种不同的结果(多因多果);等等。

### 二、穆勒五法

探求现象间因果联系是一个复杂的认识过程。传统归纳逻辑所讲的探求因果联系的方法,是一些比较简单,同时又具有一般性的方法。这些方法包括:求同法、求异法、求同求异并用法、共变法和剩余法。这些方法,最早由英国逻辑学家穆勒在总结培根等前人研究成果的基础上系统提出来,逻辑史上称之为"穆勒五法",或"求因果五法"。

(一)求同法

求同法,也叫契合法。它的内容是:在被研究现象出现的若干场合中,如果仅有唯一的一个情况是这些场合共同具有的,那么,这个唯一的共同情况就是被研究现象的原因(或结果)。如:

例3-1 苏联生物学家亚历山大·涅夫斯基曾预测,当1986年哈雷彗星对地球进行周期性访问时,会有母鸡生下彗星蛋(所谓彗星蛋是指当哈雷彗星在地球上空出现时,母鸡生下的蛋壳上带有彗星图案的蛋)。为了得到这种彗星蛋,早在1950年,苏联科学界就在国内联系了数以万计的养鸡户,法国、意大利、美国等20个国家也相继建立了类似的调查网络。果然,1986年,意大利博尔戈的一户居民家里的鸡生下了一枚彗星蛋。亚历山大·涅夫斯基的预测,正是对求同法的具体运用。原来,早在1682年哈雷彗星访问地球时,德国马尔堡有只鸡生下了布满星辰花纹的鸡蛋——彗星蛋。1758年,当哈雷彗星再次访问地球时,英国霍伊克乡村附近也发现了一只彗星蛋。1834年,哈雷彗星又一次出现在地球的上空,希腊科扎尼又发现了一只彗星蛋。1910年5月17日,当哈雷彗星再一次访问地球时,法国又发现了一只"蛋壳上绘有彗星图案的怪

蛋,图案如雕似印,可任君擦拭"。在这些情况中,被研究现象
彗星蛋都出现,而其他许多条件并不同,只有一种相同的条
件,即彗星访问地球。因此,亚历山大·涅夫斯基根据求同法
提出,彗星访问地球和彗星蛋之间有因果联系,并预测当 1986
年彗星来临时,也会出现彗星蛋。

求同法可以用公式表示如下:

| 场合 | 先行(或后行)情况 | 被研究现象 |
|---|---|---|
| (1) | A、B、C | a |
| (2) | A、D、E | a |
| (3) | A、F、G | a |
| …… | …… | …… |

　　所以,A 情况是 a 现象的原因(或结果)

　　为了提高运用求同法所得结论的可靠性,应注意以下几点:第一,各
种场合还有没有其他的共同情况。人们在运用求同法时,很容易被较为
明显的共同情况所迷惑,而忽略了在不同情况中隐藏着的另一个共同情
况,这个较为隐藏的情况很有可能才是被研究现象的真正原因或结
果。如:

　　例 3-2　人们最早在寻找疟疾病的原因时发现,住在低洼潮湿地
　　　　带的人容易患疟疾,于是以为低洼潮湿的环境是患病的原因。
　　　　后来经过长期探索,人们才弄清楚疟原虫是疟疾病的真正原
　　　　因,蚊子是疟原虫的传播者,而低洼潮湿的环境容易滋生
　　　　蚊子。

　　第二,比较的场合要尽可能地多。一般而言,场合愈多,结论的可靠性
就愈大。这是因为,如果进行比较的场合较多,那么就可以排除一些不相干
现象作为共同情况的可能性,从而使结论逐渐向必然性靠近。迷信中的许
多说法,如"东虹刀兵动,北虹卖儿女"、彗星的出现必然带来灾难等,都是
利用少数场合中事变的巧合,把不相干的现象当成共同情况,从而与被研究
现象联系起来了。如果能自觉地把比较的场合增多,就可以发现这些观点
是难以成立的。

　　(二)求异法

　　求异法,也叫差异法。它的内容是:如果在被研究现象出现的场合与被

研究现象不出现的场合,只有一个情况是不同的,其他的情况完全相同;并且,两场合中这个唯一不同的情况,在被研究现象出现的场合中存在,在被研究现象不出现的场合中不存在,那么,这个唯一不同的情况就是被研究现象的原因(或结果)。如:

例3-3 有一个人被射穿了心脏,而其余的一切情况都保持不变,那么,根据求异法就可以得出结论,射击是致死的原因。

又如:

例3-4 1878年,法国梅林克地区的葡萄普遍害了霜霉病。结果,没到收获季节,一些葡萄园里就已看不到葡萄。然而在波尔多城,有一片靠近路边的葡萄却枝叶繁茂,果实累累。波尔多大学的米勒德特教授认真思考并分析了这一现象。他把路边的葡萄与其他果园里的葡萄进行比较,从品种、土壤、管理、施肥等方面没有发现不同的情况。经过细致调查,才发现,因为路边的葡萄容易被人偷摘,所以园艺工人把硫酸铜和石灰水混合后喷洒在葡萄上,而其他果园里的葡萄没有喷洒这种药水。于是,米勒德特推出结论:"一定是这种防偷的药保护了葡萄,使它免遭霜霉病的侵害。"

显然,这一结论的得出是运用了求异法。

求异法可以用公式表示如下:

| 场合 | 先行(或后行)情况 | 被研究现象 |
|------|------------------|------------|
| (1) | A、B、C | a |
| (2) | -、B、C | - |

所以,A情况是a现象的原因(或结果)

求异法的应用,大多是以实验为基础的。这是因为求异法要求被研究现象出现的场合与不出现的场合,只有一个情况相异,其他都完全相同。这在自然条件下是极为罕见的,几乎碰不到。所以,求异法通常是以实验观察为依据,被观察的两场合分别是用作实验的一组和用作对照的一组,这样做是为了便于人们进行精确的比较。

运用求异法时,所获得结论的可靠性一般要比运用求同法所获得结论的可靠性要高。但是,其结论毕竟不是必然正确的。因此,在运用求异法探求现象间因果联系时,以下两个方面是需要注意的:第一,两个比较的场合中有无其他的差异情况。如果有其他差异情况未被考察到,就容易得出不正确的结论。因为,也许这一未被发现的差异可能就是被研究现象的真正的原因或结果。第二,两个场合中唯一不同的情况是被研究现象的整个原因还是部分原因。如果被研究现象的原因是复合的,并且各个部分原因的作用也各不相同,那么,只要当复合原因中的某一部分原因消失时,被研究现象也可能不出现。所以,我们在运用求异法时,要注意不可把部分原因当作整体原因。

(三)求同求异并用法

求同求异并用法,也叫契合差异并用法。它的内容是:如果在被研究现象出现的若干场合(正事例组)中,只有一个共同的情况,而在被研究现象不出现的若干场合(负事例组)中,却不存在这一共同情况,那么,这个共同的情况就是被研究现象的原因(或结果)。如:

> 例3-5 我国唐代名医孙思邈在多年的行医中发现,有钱人得脚气病的多,而穷人得脚气病的少。于是,他就对这一现象进行了研究。结果他意识到只要是富人,多常年吃精米白面,很少吃粗粮杂粮;只要是穷人,多常年吃糠咽菜,很少吃精米白面。通过把富人与穷人所吃粮食的不同和所得疾病的不同加以对比,孙思邈比较有把握地确定:富人易得脚气病是由于他们常年吃精米和白面的缘故。这样,脚气病的原因就被发现了。

孙思邈在分析和探求脚气病原因的过程中,应用了求同求异并用法这一逻辑方法。

又如:

> 例3-6 人们很早就发现,种植豆类植物(豌豆、蚕豆、黄豆等)时,不仅不需要给土壤施氮肥,而且豆类植物还可以使土壤增加含氮量。相反,如果种植非豆类植物(玉米、水稻、小麦等),就没有这种现象。后经过研究,人们进一步发现:豆类植物的根部长有根瘤,而其他植物则没有。因此,人们得出如下结论:豆类植物的根瘤能使土壤中含氮量增加。

显然,这个结论也是应用求同求异并用法获得的。

求同求异并用法,可以用公式表示如下:

| 场合 | 先行(或后行)情况 | 被研究现象 | |
|------|------------------|------------|---|
| (1) | A、B、C、F | a | |
| (2) | A、D、E、G | a | 正事例组 |
| (3) | A、F、G、C | a | |
| …… | …… | …… | |
| (1′) | −、B、C、G | − | |
| (2′) | −、D、E、F | − | 负事例组 |
| (3′) | −、F、G、D | − | |
| …… | …… | …… | |

所以,A情况是a现象的原因(或结果)

求同求异并用法包括三个步骤:第一步,把被研究现象出现的那些场合加以比较,找出共同的先行或后行情况。第二步,把被研究现象不出现的那些场合加以比较,找出共同的先行或后行情况。第三步,把前两步比较所得的结果再加以比较,进而判明具体的因果联系。

为了提高运用求同求异并用法所得结论的可靠程度,以下两点需要注意:第一,构成正、负事例组的场合越多,结论的可靠性往往就越高。因为正、负事例组的场合越多,就越能排除偶然巧合的情况,这样就不太容易把一些不相干的现象与被研究现象联系起来。第二,正、负事例组的各个对应场合,其相似的程度越高,获得结论的可靠性就越大。因此,在确定负事例组的场合时,应注意选择那些与正事例组中有关场合比较相似的反面场合。

需要指出,求同求异并用法并不就是求同法和求异法的相继使用。后者一般表现为用求异法去验证用求同法所获得的结论,其具体情况可以表示如下:

| 场合 | 先行(或后行)情况 | 被研究现象 | |
|------|------------------|------------|---|
| (1) | A、B、C、D | a | |
| (2) | A、D、E、F | a | 正事例组 |
| (3) | A、F、G、H | a | |
| …… | …… | …… | |
| (1′) | −、B、C、D | − | |
| (2′) | −、D、E、F | − | 一个或一组 |
| (3′) | −、F、G、H | − | 负事例场合 |
| …… | …… | …… | |

所以,A 情况是 a 现象的原因(或结果)

可以看出,在相继运用求同法和求异法时,不要求提供一组负事例场合,只需一个就可以满足要求;同时,提供的负事例场合和正事例组中相对应的场合,它们之间除了某一先行(或后行)情况不相同外,其余情况必须完全相同。

(四)共变法

共变法的内容是:在被研究现象发生变化的各个场合中,如果只有一个情况是变化着的,那么,这个唯一变化着的情况就是被研究现象的原因(或结果)。如:

例 3-7　科学家在研究低温下某些导体的性质时发现,如果其他条件不变,这些导体的电阻随导体温度的下降而减小。当温度降低到某一程度时,导体的电阻会突然消失,这就是超导现象。由此可以得出结论,导体温度降低是导体电阻减小的原因。

显然,这一结论的得出运用了共变法。

共变法可以用公式表示如下:

| 场合 | 先行(或后行)情况 | 被研究现象 |
|------|-----------------|-----------|
| (1) | $A_1$、B、C、D | $a_1$ |
| (2) | $A_2$、B、C、D | $a_2$ |
| (3) | $A_3$、B、C、D | $a_3$ |
| …… | …… | …… |

所以,A 情况是 a 现象的原因(或结果)

在上式中,$A_1$、$A_2$、$A_3$……表示 A 情况量上的变化,$a_1$、$a_2$、$a_3$……表示 a 现象量上的变化。

共变法是在动态中,也即在事物的发展变化中来探求因果联系的逻辑方法,它的理论依据是因果联系在量上的确定性。正是由于这一点,运用共变法所获得的结论比根据求同法、求异法或求同求异并用法所获得结论都要可靠。

在运用共变法时,应当了解原因和结果之间共变关系的多样性。这主要包括:同向共变、异向共变、既同向又异向共变。

所谓同向共变,是指结果的量随原因的量成正比例关系变化。例如,读书越多,知识越丰富;相反,读书越少,知识就越贫乏。所谓异向共变,是指结果的量随原因的量成反比例变化。例如,在其他条件不变的情况下,车速越快,耗油越少;相反,车速越慢,耗油越多。所谓既同向又异向共变,是指结果的量随原因的量成正比例变化,到达一定程度时,就会成反比例变化。例如:多吃营养的食物,在一定限度内可以增进健康;但如果超过了一定的限度,就会引起疾病。又如,在合适的限度内,密植可以引起增产;超过了这个限度,就会引起减产。

为了提高运用共变法时所得结论的可靠性,以下情况需要注意:第一,与被研究现象发生共变的情况是否是唯一的。运用共变法时,要求只能有一个情况和被研究现象发生共变。否则,如果还有其他的情况也在发生变化,那么所得的结论就有可能出错。第二,有些现象之间虽然也存在共变关系,但却不具有因果联系。例如,白天和黑夜之间具有异向共变关系,即白天越长,黑夜越短,黑夜越长,白天越短,但白天和黑夜之间并不具有因果联系。第三,两个现象之间的共变关系往往是在一定限度之内,超过一定的限度,共变现象就会消失或者发生另外一种相反的共变。例如,一般情况下,施肥多,收成就好,但如果施肥超过一定的限度,就可能导致减产,甚至颗粒不收。

(五)剩余法

剩余法的内容是:有一个复合的被研究现象,如果已知这个复合现象的一部分是某些情况的结果,那么,这个复合现象的剩余部分就是别的情况的结果。如:

例3-8 1846年以前,一些天文学家在对天王星进行观察时,发现它的实际运行轨道和按照已知行星的引力计算出来的应该运行轨道并不相同——发生了几个方面的偏离。后经过观察分析,知道其他几方面的偏离是由已知的其他几颗行星的引力所引起的,而另有一方面的偏离却原因不明。这时,一些天文学家就考虑:既然天王星运行轨道的各种偏离是由相关行星的引力所引起的,现在又已知其中的几方面偏离是由几颗行星的引力所引起的,那么,剩下的一处偏离必然是由另一颗未知行星的引力所引起的。后在1846年,有的天文学家和数学家据此推算出了这个未知行星的位置。不久,德国天文学家伽勒用望远镜发现了这一新的行星——海王星。

显然,在海王星的发现过程中,天文学家运用了剩余法。

剩余法可用公式表示如下:

由a、b、c、d构成的复合现象是由A、B、C、D构成的复合情况作用的结果,

现象a是情况A作用的结果,

现象b是情况B作用的结果,

现象c是情况C作用的结果,

所以,现象d是情况D作用的结果。

和运用求同法、求异法、求同求异并用法以及共变法一样,运用剩余法所获得的结论也是或然真的。为了提高有关结论的可靠性,运用剩余法时需要注意:必须首先确定复合现象中的a、b、c是由复合情况中的A、B、C引起的,并且复合现象中的剩余部分d不可能是由情况A、B、C中的一个或几个共同作用引起的;否则,断定现象d由情况D引起的,就根本不可能成立。当然,复合现象中剩余部分d的原因D,其本身不一定是单一情况,也有可能是复杂情况。

以上我们介绍了传统逻辑中探求因果联系的五种逻辑方法。在实际运用中,这几种方法有时是结合在一起的。

## 第四节　概率推理和统计推理

概率推理和统计推理属于现代归纳逻辑研究的范围。

### 一、概率推理

#### (一)概率

通过对自然界和社会现象进行观察可以发现:有些现象在一定条件下必然会出现。例如,在标准大气压下,纯水在0℃以下就会结冰;在100℃时就会沸腾。有些现象在一定条件下必然不会出现。例如,一个袋中装有红、黄、蓝、白、黑五种颜色的小球,从其中任意取出一个小球,这个球的颜色绝对不会是紫色,也即取出紫色的小球这种现象必然不会发生。还有一些现

象,在一定条件下可能出现,也可能不出现。例如,从上述装有五种颜色小球的口袋中取出红色小球,这种现象可能出现,也可能不出现。在一定条件下必然出现的现象叫必然事件;在一定条件下必然不出现的现象叫不可能事件;在一定条件下可能出现,也可能不出现的现象叫随机事件。随机事件一般简称事件,通常用字母 A、B、C 等表示。

随机事件虽然具有偶然性的一面,人们很难事先确定其是否发生,但是可以通过大量的实验、观察进而对该类事件出现的可能程度作出估计,也就是说,某一随机事件出现的可能性大小是可以度量的。所谓概率,就是对某一随机事件出现的可能性程度或可能性大小作出的数量方面的估计。

关于概率可以有几种不同的定义,这里介绍概率的统计定义。

假如我们重复地进行同一个试验 n 次,如果随机事件 A 在这 n 次试验中出现了 m 次,则事件发生次数与试验次数之比 m/n 便是事件 A 在这 n 次试验中出现的频率。随着试验次数的增加,如果事件 A 出现的频率稳定地在某个数字 P 附近摆动,那么,我们就说事件 A 的概率为 P,记作:

$$P(A) = P$$

反映事件 A 的出现概率的命题称为概率命题。

例4-1 观察下面有关抛掷硬币的试验结果。表中 n 表示抛掷硬币的次数,m 表示徽花向上的次数,m/n 表示徽花向上的频率。

| 实验序号 | n = 5 | | n = 50 | | n = 500 | |
|---|---|---|---|---|---|---|
| | m | m/n | m | m/n | m | m/n |
| 1 | 2 | 0.4 | 22 | 0.44 | 251 | 0.502 |
| 2 | 3 | 0.6 | 25 | 0.50 | 249 | 0.498 |
| 3 | 1 | 0.2 | 21 | 0.42 | 256 | 0.512 |
| 4 | 5 | 1.0 | 25 | 0.50 | 253 | 0.506 |
| 5 | 1 | 0.2 | 24 | 0.48 | 251 | 0.502 |
| 6 | 2 | 0.4 | 21 | 0.42 | 246 | 0.492 |
| 7 | 4 | 0.8 | 18 | 0.36 | 244 | 0.488 |
| 8 | 2 | 0.4 | 24 | 0.48 | 258 | 0.516 |
| 9 | 3 | 0.6 | 27 | 0.54 | 262 | 0.524 |
| 10 | 3 | 0.6 | 31 | 0.62 | 247 | 0.494 |

表中显示:当抛掷次数较少时,硬币徽花向上的频率是不稳定的;但是,随着抛掷次数的增加,硬币徽花向上的频率越来越清楚地呈现出稳定性,即在 0.5 这个数字附近摆动。因此,我们说抛掷硬币时出现徽花的概率为 50%。

(二)概率推理

所谓概率推理,就是由某类的部分事物情况从而推出某类的全体事物情况,同时结论又是概率命题的推理。如:

例 4-2　人类出生的婴儿中有的是男婴,有的是女婴。根据有关统计资料,1943 年美国出生的男婴占所有出生婴儿的 51.35%。由这样一个统计情况,我们可以推出一个一般性的结论:人类出生的婴儿中有 51.35% 是男婴。

概率推理可用公式表示如下:

$S_1$ 是 P

$S_2$ 不是 P

$S_3$ 是 P

……

$S_n$ 不是 P

$S_1$、$S_2$、$S_3$……$S_n$ 是 S 类中的部分分子,其中,n 个中有 m 个是 P

所以,所有的 S 中有 m/n 是 P

概率推理是由部分到全体的推理。它在承认具有反例存在的基础上,得出的结论是一概率命题,而不是全称命题。作为一种归纳推理,概率推理的结论仍然超出了前提所断定的范围,因此不具有必然性,也可能发生"以偏概全"的谬误。为了提高结论的可靠性,在使用概率推理时应注意以下两个方面:

第一,对被考察的对象,观测的次数越多,考察的范围越广,结论的可靠性就越大。概率推理是通过随机事件的频率去推得事件的概率的,观测的次数越多、考察的范围越广,就越有可能使推理前提中得到的频率更加接近于事件本身的概率,这样,结论也就更有可能接近实际情况。

第二,要注意客观情况的变化,对概率的把握不可一成不变。客观事物是不断发展变化的,概率的确定要随着客观情况的变化而再作研究,这样才可以始终保证有关概率命题的推出能真实地反映事物情况。

### 二、统计推理

（一）什么是统计推理

统计推理是根据样本具有某属性进而推出总体具有某属性的推理。

那么,什么是样本呢? 根据统计学的规定,被调查的全体对象称为总体;每一个具体对象称为调查单位;从总体中抽选出的部分对象称为样本;样本中含有调查单位的数目称为样本容量。如:

> 例4-3　某工厂生产出 5000,000 节电池,检查员对产品质量进行检测。他们从各生产班组生产的电池中任意抽出 5,000 节(样本),通过检查,发现在这 5,000 节电池中有 4750 节是合格产品,有 250 节为不合格产品。于是,他们进行统计,计算出在抽查的样本中,95%是合格产品。最后,他们作出结论:这批电池有95%是合格产品。

统计推理可用公式表示如下:

> 被观察的 X%的 S′是 P
>
> S′是 S 类事物中的样本
>
> ────────────────
>
> 所以,X%的 S 是 P

在该公式中,X 的取值在 0~100 之间。如果 X 取值为 0 或 l00,那么,结论就是全称命题,这属于统计推理中的极端情形。

（二）几种常用的抽样方法

1.纯随机抽样法。这是指直接从含有 N 个个体的总体中,随机抽出 n 个个体组成样本加以考察的方法。例如,东风开关厂生产声控开关,日产 78,000 个。现对其日产量作 1/1000 的抽样检查,随机抽取 78 个开关组成样本。经检查,样本中开关合格率为 95%。这样,根据样本中开关的合格率就可以推测出总体中开关的合格率。

2.机械抽样法。这是指把按某一顺序排列的总体单位,按固定间隔抽取样本加以考察的方法。例如,某研究机构为了了解大学毕业生的实际收入情况,它对若干所大学的毕业生同时进行调查。具体做法是:首先将一所大学的全体毕业生按年龄从小到大依次排队;然后,以增加 5 岁作为抽样间隔区分出许多年龄段,又从各年龄段的每 10 人中随机抽取 1 人组成样本加以考察;最后,根据对样本考察的结果推断该校全体大学毕业生的实际收入情况。

3.分层抽样法。按照所要研究问题的性质,首先把总体单位划分为性质比较接近的各组(每一组称为一层),然后再从各组中随机抽取一部分单位作为样本进行考察,这种方法就是分层抽样法。例如:某乡某村在估计300亩水稻的平均产量时,首先按土壤肥力不同把这些稻田分为三个组:肥沃地块100亩,中等地块100亩,贫瘠地块100亩;然后再从这三个组中分别随机抽取2亩组成样本。这6亩样本的平均亩产量为1200斤,由此推广到整个300亩水稻的平均亩产量也是1200斤。

4.整群抽样法。这是指将总体划分为若干个群,以群为单位从总体中随机抽取一些群作为样本群,并在样本群内实行全面调查的方法。例如,某工厂大量连续生产彩色电视机,为了掌握某月份生产的某种电视机的一级品比率,确定抽5%的产品,即在全月连续生产的720小时中,按每隔20小时抽取1小时的全部产品,加以检查。根据抽样资料计算结果,一级品比率为96%,由此可以推算出该工厂该月生产的某种电视机的一级品比率为96%。

整群抽样法和分层抽样法是不同的。分层抽样法的分组应尽量减少每组内各个体之间的差异,它通过每个组都有样本单位,并且这些单位是从各组内随机抽取的方式来体现样本的代表性。整群抽样法则要求每个群内各个体对象之间的差异应尽量明显,并且通过这种方式来体现样本的代表性。

和概率推理一样,统计推理仍然是一种不完全归纳推理,其结论也不具有必然性。为了提高统计推理结论的可靠性,必须注意以下几点:

第一,样本应该具有代表性,即抽取的样本应该能够比较准确地反映总体的结构。

第二,样本应尽可能地多一些。样本数量愈多,就愈能代表总体情况,结论也就愈加可靠。

第三,样本的容量应该合适。如果样本容量太小,则难以反映总体的情况;如果样本容量太大,则没必要。至于样本容量究竟该如何确定,这要根据具体调查内容、调查目的适当掌握。

第四,样本的抽取应当是随机的。这是为了保证抽样的客观性,以排除抽样过程中可能存在的主观性、目的性。

## 习 题

### 一、填空题

1."穆勒五法"是指_____、_____、_____、_____、
_____。

2.不完全归纳推理是只考察一类事物中的_____情况,从而概
括出关于该类事物_____的推理。

3.在运用求异法时,要求在被研究现象出现和不出现的场合中,只有
_____不同,_____必须相同。

### 二、单项选择题

1."把绿色植物移到黑暗处,它的绿色会渐渐消退;再把它移到有光的
地方,它会渐渐恢复绿色。所以,光与植物产生绿色有因果关系。"上述因
果关系的判定用的是( )。

A.求同法 B.求异法 C.共变法 D.剩余法

2."有一个患头痛病的樵夫上山砍柴,一次不小心碰破了脚趾头,出了
一点血,但头却不痛了。后来头痛复发,他又偶然碰破原处,头痛又好了。
于是,他得出结论,刺破脚趾的这个地方(即'大敦穴')可以治头痛病。"这
段议论中的结论,是运用( )推理得出的。

A.完全归纳 B.概率 C.简单枚举归纳 D.科学归纳

3."棉花能保温,积雪也能保持地面温度。据测定,新降落的雪有
40%—50%的空气间隙。棉花是植物纤维,雪是水冻成的,它们很不相同,
但两者都是疏松多孔的。可见,疏松多孔的东西具有保温作用。"这段议论
在寻找客观事物的因果联系时,运用了( )。

A.求同法 B.求异法 C.共变法 D.剩余法

4.人们发现:水银的体积会随着温度的变化而变化。当温度确定时,水
银的体积也是确定的;当温度升高时,水银的体积也相应增大;当温度降低
时,水银的体积也相应缩小。据此,人们认为温度变化与水银体积的大小之
间有因果联系,并按此原理制成了温度计。这里,探求因果联系所使用的方
法是( )。

A.契合法 B.差异法 C.剩余法 D.共变法

5.一艘远洋帆船载着五个中国人和几个外国人由中国开往欧洲。途
中,除五个中国人外,全患上了败血症。同乘一艘船,同样是风餐露宿,漂洋

过海,为什么中国人和外国人如此不同呢?原来这五个中国人都有喝茶的习惯,而外国人却没有。于是可以得出结论:喝茶是这五个中国人未得败血症的原因。

下列哪个选项和题干中得出结论的方法最为相似?(　　)

A.警察锁定了犯罪嫌疑人,但是从目前掌握的事实看,都不足以证明他犯罪。专案组由此得出结论,必有一种未知的因素潜藏在犯罪嫌疑人身后。

B.在两块土壤情况基本相同的麦地上,对其中一块施氮肥和钾肥,另一块只施钾肥。结果,施氮肥和钾肥的那块麦地的产量远高于另一块。可见,施氮肥是麦地产量较高的原因。

C.孙悟空:"如果打白骨精,师父会念紧箍咒;如果不打,师父就会被妖精吃掉。"孙悟空无奈得出结论:"我还是回花果山算了!"

D.天文学家观测到天王星的运行轨道有特征 a、b、c,已知特征 a、b 分别是由两颗行星甲、乙的吸引所造成的,于是猜想还有一颗未知的行星造成了天王星的轨道特征 c。

E.一定压力下的一定量气体,温度升高,体积增大;温度降低,体积缩小。气体体积与温度之间存在一定的相关性,说明气体温度的改变是其体积改变的原因。

6.人们早已知道,某些生物的活动是按时间的变化(昼夜交替或四季变更)来进行的,具有时间上的周期性节律,如鸡叫三遍天亮,青蛙冬眠春醒,大雁春来秋往,牵牛花破晓开放,等等。人们由此作出概括:凡生物的活动都受生物钟支配,具有时间上的周期性节律。

下列哪个选项和题干中得出结论的方法不同?(　　)

A.麻雀会飞,乌鸦会飞,大雁会飞,天鹅、秃鹫、喜鹊、海鸥等也会飞,所以,所有的鸟都会飞。

B.摩擦冻僵的双手,手便暖和起来;敲击石块,石块会发出火花;用锤子不断地捶击铁块,铁块也能热到发红;古人还通过钻木取火。所以,任何两个物体的摩擦都能生热。

C.在我们班上,我不会讲德语,你不会讲德语,红霞不会讲德语,阳光也不会讲德语,所以,我们班没有人会讲德语。

D.外科医生在给病人做手术时可以看 X 光片,律师在为被告辩护时可以查看辩护书,建筑师在盖房子时可以对照设计图,教师备课时可以看各种参考书,为什么唯独不允许学生在考试时看教科书及相关的材料?

E.张山是湖南人,他爱吃辣椒;李四是湖南人,他也爱吃辣椒;王五是湖南人,更爱吃辣椒;我所碰到的几个湖南人都爱吃辣椒。所以,所有的湖南人都爱吃辣椒。

7.有一个装满东西的袋子,第一个人从袋子里摸出三个东西,全部都是红色的木球。第二个人从袋子里摸出三个东西,全部都是红色的玻璃球。第三个人从袋子里摸出三个东西,全部都是红色的石球。对于袋子里剩下的东西,他们没有继续往下摸。

对于袋子里的东西,下列哪个选项的说法比较切合实际?(　　)

A.袋子里的东西全部都是红色的球。

B.袋子里的东西全部都是球。

C.除了红色的球以外,袋子里没有其他的东西。

D.袋子里的东西可能都是红色的球。

E.袋子里的东西可能都是球。

8.李强说:"我认识100个人,在我所认识的人中没有一个是失业的,所以,中国的失业率一定是很低的。"

下列哪个选项最能反驳李强的推理?(　　)

A.李强所认识的人中有小孩。

B.李强所在城市的失业率和其他城市不一样。

C.由于流动人口的存在,很难计算失业率。

D.李强认识的绝大多数是单位的同事。

E.李强本人不是失业者。

9.一项针对西部山区 X 村的调查发现,X 村约 3/5 的儿童进入中学后出现中等以上的近视,而他们的父母及祖辈,没有机会到正规学校接受教育,很少出现近视。

下列哪个选项作为上述题干的结论最为恰当?(　　)

A.接受文化教育是造成近视的原因。

B.只有在儿童期接受正式教育才易于造成近视。

C.阅读和课堂作业带来的视觉压力必然造成儿童的近视。

D.文化教育的发展和近视现象的出现有密切关系。

E.X 村约有 2/5 的儿童是文盲。

10.各品种的葡萄中都存在着一种化学物质,这种物质能有效地减少人体血液中的胆固醇。这种物质也存在于各类红酒和葡萄汁中,但白酒中不存在。红酒和葡萄汁都是用完整的葡萄做原料制作的;白酒除了用粮食做原料外,也用水果做原料,但和红酒不同,白酒在以水果做原料时,必须除去其表皮。

下列哪个选项是从题干最为恰当推出的结论?(　　)

A.用作制酒的葡萄的表皮都是红色的。

B.经常喝白酒会增加血液中的胆固醇。

C.食用葡萄本身比饮用由葡萄制作的红酒或葡萄汁更有利于减少血液中的胆固醇。

D.能有效地减少血液中胆固醇的化学物质,只存在于葡萄之中,不存在于粮食作物之中。

E.能有效地减少血液中胆固醇的化学物质,只存在于葡萄的表皮之中,而不存在于葡萄的其他部分中。

11.在一项试验中,第一组被试验者摄取了大量的人造糖,第二组则没有吃糖。结果发现,吃糖的人比没有吃糖的人认知能力低。这一试验说明,人造糖中所含的某种成分会影响人的认知能力。

下列哪个选项如果为真,最能提高上述结论的可靠性?(　　)

A.在上述试验中,第一组被试验者吃的糖大大超出日常生活中的摄入量。

B.上述人造糖中所含的该种成分也存在于大多数日常食物中。

C.第一组被试验者摄取的糖的数量没有超出卫生部门规定的安全范围。

D.两组被试验者的认知能力在试验前是相当的。

E.两组被试验者的人数相等。

12.在欧洲,学龄儿童每天都花时间做柔软体操,而北美洲的学校则很少提供这样的每日柔软体操运动。测验表明:相对于欧洲的儿童来说,北美洲的儿童弱小、迟钝而且不善长跑。由此推断,只有北美儿童每日在学校做柔软体操运动,他们的身体才可能强壮起来。

下列哪个选项如果为真,最能提高上述结论的可靠性?(　　)

A.所有儿童都可能通过做每日柔软体操而变得强壮起来。

B.所有儿童都能通过做每日柔软体操而变得同样强壮。

C.良好的身体素质取决于良好的健康状况。

D.学校的每日柔软体操运动是使欧洲儿童具有良好身体素质不可缺少的因素。

E.北美儿童除了做每日柔软体操运动外,还要学着多吃营养丰富的食物。

13.最近举行的一项调查表明,×附中的学生对滚轴溜冰的着迷程度远远超过其他任何游戏,同时调查发现,经常玩滚轴溜冰的学生的平均学习成绩相对其他学生更好一些。看来,玩滚轴溜冰可以提高学生的学习成绩。

下列哪个选项如果为真,最能降低上述推理结论的可靠性?(　　)

A.×附中与学生家长签订了协议,如果孩子学习成绩的名次没有排在前20名,就禁止学生玩滚轴溜冰。

B.玩滚轴溜冰能够锻炼身体,有利于学习效率的提高。

C.玩滚轴溜冰的同学受到了学校有效的指导,其中一部分同学才不至于因此荒废学业。

D.玩滚轴溜冰有助于智力开发,从而提高学习成绩。

E.玩滚轴溜冰很难,能够锻炼学生克服困难去做好一件事情的毅力,这对学习是有帮助的。

## 三、分析题

1.下列推理属何种归纳推理? 请写出它们的逻辑结构。

(1)水稻能够进行光合作用;大豆能够进行光合作用;松树能够进行光合作用。水稻、大豆、松树都是绿色植物,因此,凡是绿色植物都能进行光合作用。

(2)铜加热之后,体积增大;铝加热之后,体积增大;铁加热之后,体积增大;因为它们加热后,分子间的凝聚力减弱,相应地分子之间的距离就会增加,从而导致体积膨胀;铜、铝、铁都是金属,所以,金属加热后,体积都膨胀。

2.分析下列各题运用了何种探求因果联系的逻辑方法?

(1)长期生活在又咸又苦的海水中的鱼,它们的肉却不是咸的,这是为什么? 科学家们考察了一些生活在海水中的鱼,发现它们的鳃片上都有一种能排盐分的特殊构造,叫"氯化物分泌细胞"组织。科学家们又考察了一些生活在淡水中的鱼,发现它们虽然也在体形、大小、种类等方面不同,但它们鳃片上都没有这种"氯化物分泌细胞"组织。由此可见,具有"氯化物分泌细胞"组织是海鱼在海水中长期生活而肉不具有咸味的原因。

(2)19世纪期间,人们当时从各种化合物中分离出来的氮,其密度总是相同,可是大气中的氮,却比从化合物中得到的氮多出0.5%的重量。于是,人们分析这多出来的重量,一定有它另外的原因。后来经过对大气的反复测定,终于证明空气中氮气加重的原因是因为存在着氩气。

(3)1942年2月,英国发现许多炮台上的炮瞄雷达有时突然受到干扰。当时人们猜想,可能是德国使用了某种反雷达的新式武器。可是,经过科学工作者的多次研究,发现每当各个炮瞄雷达对准太阳时,就会受到同样的干扰,而且当太阳上出现"黑子"、"耀斑"时,干扰就更强。这时,炮瞄雷达受到干扰的原因才真相大白。原来,这是由于从太阳上来的天然干扰,太阳在时刻发射着无线电波。

(4)有个心理学家做了以下两个实验:

一个实验是让一些婴儿间断地听每分钟72次的心跳录音。结果发现,这些婴儿在不听录音时啼哭时间是60%,而在听录音时,就比较安静,啼哭时间降至38%。

另一个实验是任选四组婴儿,每组人数相同,把他们分别放在声音环境不同的房间里。第一个房间保持寂静,第二个房间放催眠曲,第三个房间放模拟的心跳声,第四个房间放真实的心跳声的录音。用这样的方法,试验一下哪个房间里的婴儿最先入睡。结果,第四个房间里的婴儿很快就进入了梦乡。然后第三个房间、第二个房间、第一个房间里的婴儿先后入睡。

以上实验表明:不但心跳声是一种有很强镇静作用的外界刺激,而且模拟心跳声的效果不如真的心跳声的效果。

(选择题参考答案:1B,2C,3A,4D,5B,6D,7D,8D,9D,10E,11D,12D,13A)

# 第十章
## 类比推理和假说

## 第一节 类比推理

### 一、什么是类比推理

类比推理是这样一种推理,它根据两个或两类对象在某些属性上相同或相似,而且已知其中的一个或一类对象还具有其他属性,进而推出另一个或另一类对象也具有相同或相似的其他属性。

例1-1 某青年技术员,曾在五台山上发现了一种野生植物酸刺子。经过认真研究后他发现,这种植物含有糖、酸和淀粉。他联想到玉米也同样具有这些属性,而玉米的这些属性又同它可以酿酒有关。于是,这位技术员推测酸刺子也可以酿酒。后来经过多次试验,他终于获得了成功。显然,这个技术员在这里运用的推理就是类比推理。

例1-2 过去,在我国新疆塔里木河流域并没有长绒棉的生产,现在之所以能生产出高质量的长绒棉,这是科技人员应用类比推理的结果。苏联的乌兹别克地区生产长绒棉,一次,前往该地区参观的中国农业代表团发现这一情况后,有的农业专家就认为,乌兹别克地区与我国新疆塔里木河流域在日照情况、霜期长短、气温高低、降雨量等方面很相似,乌兹别克地区能生长长绒棉,那么,新疆塔里木河流域也应该能生长该类作物。后来经过试验,长绒棉终于移植到我国。

类比推理的逻辑形式可以表示为:

A 对象具有属性 a、b、c、d

B 对象具有属性 a、b、c

所以，B 对象也具有属性 d

其中，"A"和"B"可以指两个类，也可以指两个个体，还可以其中一个指某类，另一个指异类的个体。

怎样在千差万别的事物中确定一定的对象，与我们已知的有待深入了解的对象进行类比呢？这显然有一个选择的过程。这种过程往往是有联想或想象等直接参与的过程。例如，牛顿之所以能将苹果和月亮进行类比，由苹果落地意识到月亮绕地球旋转也是一种指向地心的"下落"运动，并进而指出万有引力的存在，最后总结出万有引力定律；这是因为，他从苹果落地这一常见现象，展开一系列想象，在众多对象中选择了月亮，将苹果落地与月亮绕地球旋转进行类比。由此可见，联想或想象可以说是类比推理能够进行的契机和先导。

类比推理并非出于人们主观意志的自由创造，它是有其客观基础的。在客观世界中，存在着各种各样的事物，每个事物都具有众多的属性。一方面，事物自身所具有的各种属性，并不是彼此孤立、互不相干的，而是相互制约、彼此作用的。例如，对于一个健康的人来说，血糖水平稍高些，肚子就感到饱；血糖水平稍低些，肚子就感到饿。另一方面，客观世界的各种不同事物之间不仅存在着差异性，而且存在着共同性。例如，声音和光这两种物理现象之间不仅具有若干相似的性质，而且这些性质之间的相互联系方式也是极为相似的。正是由于事物属性之间的相互制约，而且不同事物之间具有多方面的相似性、共同性，因此，当人们观察到某事物具有属性 a、b、c、d，而另一事物也具有类似的属性 a、b、c 时，便很自然地推断另一事物可能也同样具有类似的属性 d。类比推理的实质，就在于它是为了某种认识目的而有意识地以事物间的相似性为基础而进行的推理。

类比推理与比较是不同的。比较是辨认事物之间的共同点或差异点；类比推理则是在比较的基础上对被研究事物的某种未知情况作出推断。如果人们的思维仅仅停留在关于事物间共同点或差异点的资料整理上，不去作进一步的推演，那么，这就是比较，而不是类比推理。

类比推理的结论超出了前提所断定的范围，因此，它并不被前提所蕴涵，也就是说，即使前提是真的，类比推理的结论也可能是假的。所以，类比推理是一种或然性推理。

具体而言,如果类推属性 d 恰好是两个或两类对象之间的相似属性,那么,有关类比推理所得出的结论就可靠;反之,如果类推属性 d 恰好是两个或两类对象之间的差异属性,那么,有关类比推理所得出的结论就不可靠,即便前提为真,结论也一定为假。例如,把地球与太阳相比较,根据它们都是天体,都有氧、氮、硫、磷、钾等元素,并且太阳上有氦元素,进而得出地球上也有氦元素。这一结论就是可靠的,因为氦元素是它们的共同点。但如果由太阳自身发热、发光,也类推到地球自身发热、发光,则显然是不正确的,因为这些是它们的差异性。

在对象所具有的一系列属性中,有些是固有属性,有些是偶有属性。例如,人都有心、肝、脾、肺、肾五个器官,这是人所固有的属性。但个别人具有的"返祖"现象,如生有短尾、生出长毛等,都是人的偶有属性。在进行类比推理时,如果把某对象的偶有属性类推到其他对象上,那么结论一定是不可靠的。

与演绎推理和归纳推理相比,类比推理有如下特点:

第一,从思维进程看,类比推理往往是在两个或两类对象之间进行比较后推出一定的结论,因此,其思维方向表现为从个别到个别,或者从普遍到普遍。演绎推理的思维方向通常表现为从一般到个别。归纳推理的思维方向则是从个别到一般。

第二,从适用范围来看,类比推理比演绎推理和归纳推理的适用范围都要广泛。演绎推理和归纳推理虽然在思维方向上截然相反,但它们有一个重要的相同点,即都是在同类对象的范围内进行。而类比推理则要灵活得多,它不受这方面的严格限制,即类比推理既可以在同类事物间进行,如例1-2 中的乌兹别克地区与新疆地区,又可以在两个不同的事物类之间进行,如太阳系与原子内部结构,还可以在某类中的个体与另一事物类之间进行,如作为试验对象的某只小白鼠与人。应当指出,当研究者把某类事物与另一类的个别事物进行类比时,究其实质,它是把某类事物与另一类事物进行类比。

第三,从前提与结论的关系看,类比推理的结论受前提的制约程度较低。演绎推理是必然性推理,它的结论被前提所蕴涵,结论受到前提的严格制约,完全归纳推理也如此。至于不完全归纳推理,虽然其结论超出了前提所断定的范围,结论知识是前提知识的推广,所以,前提对结论的约束程度明显低于演绎推理。但是,不完全归纳推理的结论需要足够的前提和严密的例证作依据,否则,就很容易犯"以偏概全"的逻辑错误。可见,不完全归纳推理的结论仍然在相当程度上受到前提的制约。而类比推理,其前提大多是为结论提供线索,并未严格地规定或限制结论,所以,该类推理往往可以使人们的思维从一个领域跳跃到另一个领域,具有极大的灵活性。也正因为如此,与演绎推理和归纳推理相比,类比推理更富有创造性,它在科学发现和技术发明中有着不可取代的重要作用。


**二、类比推理的种类**

由于事物的属性有性质和关系之分,所以,我们可以根据类比推理的前提考察的是事物的性质还是事物之间的关系,把类比推理划分为性质类比推理和关系类比推理。

(一)性质类比推理

性质类比推理就是根据两个或两类对象在某些性质上相同或相似,而且已知其中的一个或一类对象还具有其他性质,进而推出另一个或另一类对象也具有相同或相似的其他性质。

性质类比推理的逻辑形式可以表示为:

A 对象具有性质 a、b、c、d

B 对象具有性质 a、b、c
_____

所以,B 对象也具有性质 d

如:

例1-3　浙江黄岩柑橘原是我国南方的特产,后被引种于美国加利福尼亚州。为什么会想到把浙江黄岩柑橘移植到加利福尼亚州呢? 因为把这两个地区进行一番比较,就可以作出如下性质类比推理:

美国加利福尼亚州和我国南方这些地区的地形、水文、土壤等自然环境是相似的,温度、湿度、光照等气候条件二者也是相似的;

我国南方这些地区适宜于种植柑橘;
_____

所以,美国加利福尼亚州也适宜于种植柑橘。

（二）关系类比推理

关系类比推理就是根据两个系统在某些关系上相同或相似，而且已知其中的一个系统还具有其他关系，进而推出另一个系统也具有相同或相似的其他关系。

关系类比推理的逻辑形式可以表示为：

A 系统具有关系 $R_1$、$R_2$、$R_3$、$R_4$

B 系统具有关系 $R_1$、$R_2$、$R_3$

所以，B 系统也具有关系 $R_4$

如：

例1-4　工程技术人员在设计大型建筑物之前，往往是先建造小的模型，进行力学等方面的模拟实验。在得到足够的资料以后才以此为根据设计出建造大型建筑物的实际方案。这是从模拟实验的情况类推到实物建筑的情况。在这一过程中，往往要用到关系类比推理。具体情况可以表示如下：

试验模型系统具有关系 $R_1$、$R_2$、$R_3$、$R_4$

实物建筑系统具有关系 $R_1$、$R_2$、$R_3$

所以，实物建筑系统也具有关系 $R_4$

### 三、类比推理的逻辑要求

类比推理是一种或然性推理，其前提不蕴涵结论，也就是说，即使前提为真，结论也可能为假。因此，为了提高类比推理结论的可靠性，在实际运用此类推理时，应注意以下几个方面：

第一，尽量增加前提中据以类比的相同属性的数量。

在前提中相类比的两个或两类对象的相同属性越多，结论的可靠性往往就会越高。因为，两个或两类对象之间相同属性越多，就意味着两个或两类对象越为接近，这样，被类推的属性也就更有可能为它们所共有。例如，医学上某种新药临床应用之前，往往先在接近人类的高等动物身上进行实验，以观察新药的效应，最后才将实验结果推广到人体上。这是因为，高等动物的生理结构比低等动物更加接近人类，两者之间的相同属性更多，这样，把有关实验结果类推到人类就更为可靠。

第二,在前提中确认的相同属性应尽可能是事物的本质属性。

在前提中确认的相同属性越是本质的,结论的可靠性往往就会越高。因为,本质属性是事物的规定性,它们往往决定着事物的其他属性。所以,如果类比物之间的相同属性越是本质的,那么,它们就越会有其他一系列的属性相同。这样,有关类推的属性也就有较大的可能为它们所共有。例如,有人曾经把海豚的大脑和猿猴的大脑相比较,发现二者都具有绝对重量大、相对重量也大,并且都有广泛的沟回等属性,而且已知猿猴是有智能活动的,由此就可推知海豚也是有智能活动的。应当说,这一推理的结论是比较可靠的,因为据以类推的相同属性是两对象的本质属性。

第三,在前提中确认的相同属性与推出属性之间应有联系。

类比推理据以进行的相同属性与推出属性之间的联系越密切,结论往往就会越可靠。例如,人们曾根据红外线和紫外线都具有光的性质,都具有穿透力,以及红外线有灭菌效果,进而推出紫外线也有灭菌的作用。这一类比推理的结论是比较可靠的,因为,穿透力与形成热能、蒸发掉微生物体内水分的灭菌功能之间有着密切联系。

在实际运用类比推理的过程中,如果忽视了上述三个方面的要求,就可能会犯"机械类比"的逻辑错误。例如,张歌喜欢吃面食,有很多朋友;张明也喜欢吃面食,有很多朋友。已知张歌今年通过了大学英语六级考试,所以,张明今年也通过了大学英语六级考试。显然,这一推理属于类比推理,但它犯了"机械类比"的逻辑错误。因为前提中提供的相同属性与类推属性之间毫不相关。

### 四、类比推理的作用

类比推理能够超越前提知识的范围,为人们提供全新的知识。因此,它在人们认识世界和改造世界的过程中,有着十分重要的作用。

首先,类比推理可以为人们提供认识事物的途径。例如,在历史上,人们曾长时期对雷鸣闪电产生恐惧,以为这是天神震怒的表现。后来,美国科学家富兰克林通过捕捉雷电的实验,使人们终于明白雷鸣闪电只是一种自然现象。启发富兰克林做实验的是如下一个类比推理:在实验之前,他注意到带有不同性质电的两个物体接触时,会产生火花、声响和电流;而发生雷鸣闪电时,也伴有巨响、火花,于是,他推想到雷鸣闪电也是一种自然放电现象。后来,有关实验证实了他的这一结论。关于类比推理在人们认识过程中的作用,德国哲学家康德指出:"每当理智缺乏可靠的思路时,类比这个方法往往能指引我们前进。"①

其次,类比推理是创造性思维的重要方法。在科技史上,许多重要理论的提出以及技术的发明,往往都受益于类比推理。如,达尔文在创立生物进化论的过程中就运用了类比推理。他通过长期的观察,发现在家养条件下动植物会发生变异,而且这种变异通过生物的遗传而世代积累起来,逐渐形成新的物种。同时,他还发现,人类对动植物的有意或无意选择是形成新物种的关键。于是他便提出设想,能否把家养条件下动植物新品种形成的知识类推到自然界? 但这里最困难的问题是,在自然状态下生活的动植物,由谁来对它们进行选择? 后来在一个偶然的机会,达尔文读了马尔萨斯的《人口论》,受到马尔萨斯"生存竞争"理论的启发,进而,他认识到自然界也存在着生存竞争。于是,他进行了如下类比推理:在自然界中物种的变异是普遍的事实,物种的差异或变异大都可以遗传给后代,这些情况同家养条件下动植物的情况一样。在家养条件下,人工选择可以使新的物种形成;在自然条件下,是自然选择造就了不同的物种。自然状态下物种变异的保存或淘汰是自然选择的结果;自然状态下时刻进行的生存竞争,就是自然界在发挥自己的选择力量。可见,类比推理在达尔文建立进化论的过程中起了十分重要的作用。又如,传说我国古代著名的工匠鲁班,有一次上山砍树时,手指被野草的嫩叶子划伤。他发现这些叶子的边缘上有许多锋利的小齿,于是就想到如果在竹片上制作许多相似的小齿,也许能割开树木。后来,他经过反复的试验和改进,最后在铁片上制作了许多小齿,终于发明了人们沿用至今的伐木工具——锯。显然,在这一过程中类比推理也起到了关键作用。

再次,科学上许多发明创造和科学假说的推出,都要借助于类比推理。例如,18 世纪中叶,维也纳医生奥恩布鲁格曾碰到一个外表检查不出什么严重疾病但很快就死亡的病人,后经解剖其尸体,发现他胸腔化脓,积满脓水。奥恩布鲁格想,今后如何才能诊断出这类疾病呢? 忽然他想起其父经营酒业时,常用木棍敲击木制的酒桶,根据酒桶被敲击时发出的响声,就能

---

① 康德:《宇宙发展史概论》,上海人民出版社 1978 年版,第 147 页。

估出酒桶内是否有酒,以及酒的多少。那么,人的胸腔不也很像酒桶吗? 岂不是也可以用手指叩击胸腔,根据其声响而作出诊断吗? 于是,奥恩布鲁格发明了"叩诊法"。再如,法国物理学家德布罗意在提出物质波假说的过程中,将实物粒子与光进行类比,由光具有波粒二重性进而推测实物粒子也应具有波粒二重性。

最后,类比推理是人们进行论证或说明的一种重要方法。在实际的说明或论证过程中,有时人们为了解释某种事实或原理,会找出另一种与之相似的并且已经得到解释的事实或原理,然后通过类比推理来使某种事实或原理得到解释。

总之,类比推理是人们经常应用的一种推理方法。可以说,能否广泛而又恰当地将类比推理运用到实际思维中,是衡量一个人创造性思维能力的重要标志之一。

# 第二节　假　　说

## 一、什么是假说

假说就是人们依据已有的事实材料和科学原理,对未知事物或规律性作出的假定性解释。如:

例2-1　长期以来,人们一直认为地球均衡地绕着自己的轴转动。但是后来,人们发现地球的自转是不均匀的,秋天转得快,春天转得慢。人们还发现,最近2000年来,每过100年,一昼夜要加长0.001秒,也就是说,地球的自转速度在逐渐减慢。地球的自转为什么是不均匀的呢? 科学家对此提出了许多见解。有人认为,这与季节风有关。英国科学家杰福利斯计算过,每年冬天从海洋吹到大陆上,夏天又从大陆流回海洋的空气(就是风)重量达300万亿吨。这么大重量的空气来回移动,使地球的重心发生变化,地球的自转速度也就时快时慢。有人认为,影响地球均匀转动的是南极。南极巨大的冰川正在慢慢融化,南极大陆的重量在减轻,这使地球失去平衡,影响了自转速度。还有人认为,这与月亮有关。月亮能引起地球上海水的涨落,这种涨落与地球旋转的方向相反,从而使地球自转的速度逐渐减慢。

在上述例子中,科学家们提出的各种见解都是对"地球自转不均匀"这一现象的试探性解释,都是假说。

假说具有以下显著特征:

第一,假说是以客观事实和科学知识为依据的。

科学的假说,总是在真实知识的土壤里生长的,是人类洞察事物能力的突出表现,它们与瞎想、乱想有根本不同。如:

例2-2　对于恐龙在地球上灭绝的原因,一些美国科学家曾提出如下假说:在6500万年以前,宇宙空间的一块巨石与地球相碰撞,使地球上空的大气中形成了一层厚厚的尘土云,遮住了阳光。没有阳光照射的地球表面在若干年内一直很冷,恐龙的食物来源也被毁掉,最终导致恐龙灭绝。

上述假说依据了这些事实材料:铱元素在地球上很少见,但在陨石和一些小行星上却大量存在;意大利的一个地方发现有大量铱元素,出土深度与恐龙和其他动物遗骨相同,并且经过检测,这个地方铱元素形成的年代大约是6500万年以前,与恐龙和其他动物灭绝的时间相同。上述假说提出的科学依据是:两个巨大天体相碰撞会形成一层很厚的尘土云;阳光被尘土遮盖会造成地球温度下降;地球温度下降会影响地球上动植物的生长。

第二,假说具有推测性。

假说以一定的事实为根据,但并不局限于事实本身,而是张开思维的翅膀,解释过去,预测未来,广泛探索自然、社会以及思维领域中事物的本质和规律。但是,假说毕竟不是已被证实的科学原理,它在社会实践中既有被确证的可能,又有被证伪的可能。只要假说没有最终被证实为真理,无论它经历的时间多么漫长,就仍是一种推测。

第三,假说是人的认识接近客观真理的方式。

假说作为对各种未知事实的假定性解释,它是否把握了客观真理,还有待于实践的进一步验证。但是从发展的观点看,假说的不断修改、补充和更新,将会促使人们更加广泛、更加深刻地认识客观现实。

### 二、假说形成的思维过程

假说的形成方式是复杂多样的。不同性质的假说,其形成的具体途径往往差别很大。但是,从一般情况来看,假说的形成大致上要经历如下过程:初始阶段和完成阶段。

### (一)初始阶段

在一定事实材料的基础上,以科学原理为指导,通过思维的加工(主要是应用推理)而作出初步的假定,这就是假说形成的初始阶段。如:

例 2-3  1844 年,德国天文学家培塞尔在研究天狼星在天空中位置的变化时,发现天狼星的位移具有周期性的偏差度,忽左忽右地摆动。根据有关天狼星的观测资料和万有引力定律,培塞尔认为,天狼星有一个人们尚未知道的光度较弱而质量很大的伴星,二者围绕着共同的引力中心运行。由于这个伴星的引力而使天狼星的位置忽左忽右,呈现周期性的摆动现象。

这就是培塞尔提出的关于天狼星位置摆动原因的假说。

在假说形成的初始阶段里,研究者必须在掌握部分事实材料的基础上去设想或猜测未知的事物或规律,以避免出现纯思辨的虚构。在这一过程中,除了演绎推理,类比推理和归纳推理也往往起着非常重要的作用。科学史上大量的事例都说明了这一点。如:

例 2-4  17 世纪时,英国生理学家哈维在建立血液循环学说时使用了几个类比。一是天文学的类比。他把人体看成小宇宙,认为太阳是大宇宙的中心,天体作圆周运动,心脏是人体的中心,血液的运动也是圆周运动。二是气象学的类比。他说,湿的土地被太阳温暖,产生蒸汽,蒸汽上升后凝聚,又作为雨降下,再湿润土地,由此产生新生命代代相传。在体内,血液运动也是如此。大自然是循环的,因此,血液的循环运动也是可能的。三是把心脏同水泵作类比。这种类比是他作出发现的关键。水往低处流,而水泵却能把水从低处抽到高处,心脏的作用同水泵的作用是一样的。

例 2-5  18 世纪末,法国科学家普鲁斯特研究了许多物质的重量组成情况。他发现天然孔雀石所含的碳酸铜与人工合成的碳酸铜,二者的重量组成一样:其中含 69.4%氧化铜,25%二氧化碳,5.6%水;西班牙的朱砂和日本的朱砂,二者的重量组成一样:其中含86.2%汞,13.8%硫;秘鲁的氯化银和西伯利亚的氯化银,二者的重量组成一样:其中含11.2%氢,88.8%氧;等等。普鲁斯特通过归纳推理得出如下结论:任何化合物都有固定的重量组成,这就是定组成定律。这个定律提出后,在化学界经过很长时间的争论才确定下来。

在假说形成的初始阶段里,研究者提出的初步假定往往不是单一的。人们往往从不同角度设想出若干个可供选择的假定,经过认真的比较、研究,才最终决定具体取舍。例如,脉冲星为什么能够非常有规则地发出脉冲?关于脉冲星的辐射机制问题,天文工作者曾设想了各种能够辐射脉冲的情况。这些被设想到的可能情况有:脉动、双星作轨道运动以及自转。所谓脉动,是设想整个星体时而膨胀时而收缩,好像人的心脏跳动那样。人们已经知道,有的恒星由于脉动而造成了光度的变化,这样的恒星称为脉动变星。所以,天文工作者自然会想到射电脉冲也可能是由脉动作用而引起的。所谓双星作轨道运动,是设想两颗恒星在互相绕转的运行过程中,由于发生相互遮掩的交食现象,这样我们就会观测到周期性的脉冲。所谓自转,是设想像灯塔上的光束那样旋转。灯塔光束扫描海面时,每扫描一周就照射到海轮上一次,于是在船上的人看来,就是每隔一定周期亮一下(光脉冲)。这样的辐射机制可以形象地称它为"灯塔"辐射机制。天文工作者经过一番考察才确认:如果是脉动作用的话,那就不可能维持脉冲周期的极端稳定性;如果是双星作轨道运动的话,那也不可能维持脉冲周期的极端稳定性;可是,脉冲星最明显的特征是脉冲周期的高度稳定,所以,选用"灯塔"辐射机制是最合理的。

大致说来,在假说形成的初始阶段里,对若干个设想进行选择,是采取以下思维过程:

或者 $H_1$,或者 $H_2$,或者 $H_3$

如果 $H_2$,那么 $T_2$;但是非 $T_2$

因此,$H_2$ 不能成立

如果 $H_3$,那么 $T_3$;但是非 $T_3$

因此,$H_3$ 不能成立

所以,$H_1$

当人们从若干设想中选择了一个比较合理的初步假定后,假说便进入完成阶段。

(二)完成阶段

从已经确立的初步假定出发,经过事实材料和科学原理的广泛论证,使初步假定发展成为一个结构稳定的系统,这就是假说形成过程中的完成阶段。

在假说形成的完成阶段,研究者以确立的初始假定为核心,一方面运用科学理论对其进行多方面的说明、论证,另一方面寻求经验证据的广泛支持。经验证据对假说的支持采取两种表现形式:一种是根据初始假定,对一些已知事实作出解释。如果被解释的事实越多,支持初始假说的证据就越多。另一种是对未知事实进行预测,即研究者根据假说的理论内容,预言一些未知事实。如:

例2-6 "大陆漂移说"在被近代德国学者魏格纳提出时,他曾系统地解释了以下各组事实:

——各个大陆块可以像拼板玩具那样拼合起来,大陆块边缘之间的吻合程度是非常高的。这是大陆漂移的几何(形状)拼合证据。

——大西洋两岸以及印度洋两岸彼此相对地区的地层层序(地层构造)是相同的。这是大陆漂移的地质证据。

——大西洋两岸的古生物种(植物化石和动物化石)几乎是完全相同的。还有大量的古生物种属(化石)是各大陆都相同的。这是大陆漂移的古生物证据。

——留在岩层中的痕迹表明,在3.5亿年前到2.5亿年前之间,今天的北极地区曾经一度是气候很热的沙漠,而今天的赤道地区曾经为冰川所覆盖,这些大陆块古时所处的气候带与今日所处的气候带恰好相反。这是大陆漂移的古气候证据。

此外,魏格纳还曾根据大陆漂移的设想,预言大西洋两岸的距离正在逐渐增大;格陵兰由于继续向西移动,它与格林尼治之间的经度距离正在逐渐增大。

总之,假说的形成过程充满了创造性,没有什么固定的模式可循。但

是,根据假说的基本特征,人们在建立科学的假说时应该注意以下三点:

第一,应当以事实为根据,但不必等事实材料全面、系统地积累起来之后才提出假说。

假说的提出应当以事实为根据,因为事实材料是形成假说的基础和出发点。如果假说离开了客观事实,它就会成为无源之水、无本之木。从科学发展的历史来看,即使一些基本理论观点不切合实际的假说,在其最初提出来的时候也是以一定的事实材料作为出发点的。

事实是提出任何假说的根据,这是事情的一个重要方面。但另一方面,人们也不要等待事实材料完全、系统积累起来之后,才去建立相应的假说。因为材料的搜集是一个历史过程,它常常要受到特定时期技术条件以及人类实践范围的限制;同时,假如只有在有关材料全面搜集之后才去提出假说,这样势必会造成理论思维研究活动的停止,进而科学也就难以得到发展。

第二,既要运用已有的科学理论,又要勇于冲破一些传统观念的束缚。

提出假说的目的是为了拓展和深化原有的认识,所以,在这个过程中应当遵循和运用已有的科学理论,不能与科学中已经证实的一些定律、原理等相互矛盾。但是,人的认识毕竟是一个辩证发展的过程,原有的理论知识不可能尽善尽美。特别是当它们与新发现、新出现的一些事实不相一致时,就暴露出自身的弊端。在这种情况下,提出有关假说时就应当摆脱已有观念的束缚。当然,这样做需要非常大胆的革新勇气。从历史上看,哥白尼提出的"太阳中心说"、达尔文提出的"进化论"、普朗克提出的量子假说以及爱因斯坦提出的相对论假说等等,它们一方面都是自然科学史上伟大的革命变革,另一方面都是建立在敢于对"经典理论"提出挑战的基础上。

第三,不仅要圆满地解释一些已有的事实,还要包括一些能够为实践检验的预测结论。

正是因为存在着原有理论无法解释的一些事实,人们才去建立有关假说,所以,假说应该对各种有关的事实能够给予正确的解释。同时,假说还应当预言一些未知的事实,应当包含有能够在未来实践中进行检验的结论。这样,可以使人们的实践进入新的领域,对生产和科学的发展起到促进作用。

### 三、假说的验证

假说被提出之后,就会面临验证的问题。任何假说的真理性都不依赖于人们的主观信仰或社会公认,也不依赖于它能否作为某种方便的手段或工具,唯有社会实践才是验证假说真理性的标准。关于假说的验证过程,严格地说来,它并不是从假说提出之后才开始的,而是在研究者最初酝酿某些简单设想时就已经开始了。但是,只有在假说提出之后的验证活动,对假说的真理性才具有决定意义,因为它可以对假说的真理性给以全面和严格的验证。

假说的验证过程可以分为两个步骤:

第一,从假说的基本理论观点出发,结合一定的背景知识,推导出一些关于事实的论断。这些论断有的是对已知事实的解释,有的是对未来事实的预言。其中,前者在验证假说真伪方面远不及后者有说服力。例如,牛顿的万有引力假说提出后,曾以此解释了涨潮和退潮的现象。但是,这并不能为该假说提供强有力的确证。到了 18 世纪,法国数学家克雷洛根据万有引力假说,计算出哈雷彗星的轨道,并预言哈雷彗星经过近日点的日期将是 1759 年 4 月 4 日或 5 日,可能前后偏差一个月。后来,天文学家果真在 3 月 12 日用望远镜看到哈雷彗星经过了近日点,比克雷洛预言的日期只早了 23 天。这就为牛顿万有引力假说的真理性提供了有力的证据。

假说验证的第一步是个逻辑推理的过程,具体情况可用公式表示如下:

如果(p 并且 r),那么 q

其中,"p"表示假说的基本理论观点,"r"表示一定的背景知识,"q"表示关于已知事实或未知事实的命题。

第二,通过各种实践,检验从假说基本观点结合背景知识所推出的结论是否真实。这里所说的实践,包括观察、实验等。如果推出的结论和事实相符合,那么,人们一般就认为假说得到了证实。如果推出的结论与事实不相符合,那么,人们一般就认为假说被证伪了。

以上两步,只是假说验证过程中的基本步骤。实际的假说验证过程,无论是证实一个假说,还是证伪一个假说,都是非常复杂的。

首先,假说的证实是极其复杂的。假说的证实过程,可以表示为如下推理形式:

如果(p 并且 r),那么 q

q
_____
所以, p 并且 r

该推理形式表示:从假说 p 和有关背景知识 r 的结合中,推出关于一定事实的结论 q。实践证明 q 是真实的,所以, p 和 r 都是真的。显然,这在逻辑上是无效的,它属于充分条件直言推理的肯定后件式。根据充分条件假言命题的逻辑性质:后件为真时,前件并不必然为真。因此,由 q 为真,并不能必然确定 p 和 r 为真,进而 p 也不必然为真。在这种情况下,只能说假说 p 得到了某种程度的确证。

因此,为了证实一个假说,往往需要从假说和有关背景知识的结合中引申出关于一系列事实的命题。支持假说的事实越多,假说得到的确证程度就越高。但是应当注意,不同类型的事实对假说的支持程度是不同的。如果从假说和有关背景知识的结合中推出的是关于已知事实的命题,那么,这种事实将只能给予假说一般性的支持。如果假说能预言一些未知的新事实,并且这种事实仅仅依靠有关背景知识不能推导出来,那么,这种事实就能给假说较强的支持。

总之,由于假说被证实的过程不具有逻辑上的必然性,并且各种不同的经验事实对假说的支持程度大不相同,所以,人们只有在社会历史的发展过程中,从质、量两个方面不断提高假说被确证的程度,使假说逐步转化为科学理论。

其次,假说的证伪也是极其复杂的。假说的证伪过程,可以表示为如下推理形式:

如果(p 并且 r),那么 q
并非 q
_____
所以,并非(p 并且 r)

该推理形式表示:结合一定的背景知识 r,从假说 p 中推导出关于一定事实的结论 q。实践证明 q 是虚假的,所以,作为前提的联言命题"p 并且 r"是虚假的。"p 并且 r"为假,既可能是 p,即假说为假;也可能是 r,即背景知识为假。换言之,并不能必然地推出假说 p 一定虚假。例如,天文学家第谷曾以经验的观察结果,为开普勒的行星运动定律思想提供了证据。但遗憾的是,他却否定哥白尼的地球围绕太阳运动的观点。第谷认为,如果地球围绕太阳运动,那么,地球上的观察者在每天固定的时间里观察某颗恒星时,视线的方向将会逐渐改变,即呈现"视差运动"。当然,为了推导出这一结论,他不得不假定被观察的恒星距离地球很近,以至于关于它们的视差运动将明显得足以使他自己的仪器检测出来。为了证实自己的推断,第谷进行了大量艰苦的工作,最终却一无所获。对此,他并不怀疑自己作出推断的背景知识是不正确的,反而认定哥白尼的观点是错误的。事实上,科学研究的实践已经证明,第谷作出上述推断的背景知识是错误的,因为即使最近的恒星也比第谷设想的远得多,并且视差测定需要高倍率的望远镜和十分精密的技术。

当然,有时候问题确实出现在假说上。在这种情况下,往往需要对假说进行局部修改、调整,推出新的结论后再次进行检验。

需要指出,有时从假说和相关背景知识中推出的结论与观察、实验的结果不相符合,原因并不在于假说或背景知识,而是由于观察、实验等技术手段不完善,进而所得到的事实材料不准确,甚至是错误的所造成的。在这种情况下,就不能必然地证伪假说。总之,假说的证伪和假说的证实一样,个别的、有限的实践活动并不足以作出确定的结论,证伪一个假说需要一个历史的过程。

关于假说的验证,科技史上常见的情形并不表现为对一定假说的完全肯定或完全否定,而是表现为:在实践检验的过程中,有关假说的一部分内容被确证,而另一部分内容被否证。研究者通过对该假说进行局部修改,再次接受实践的检验。这样循环下去,假说不断地得到修改、补充和完善。当该假说获得越来越多经验事实的支持,特别是经受了预言事实的严格检验,并且战胜在同一问题上的其他假说时,它就上升为科学理论。反之,如果有的假说在实践中被证明是错误的,它又无法解决理论内容与实际情况之间不一致的矛盾,并且被其他的假说所战胜,那么,在这种情况下它就要被淘汰。化学史上的燃素说就是如此。

# 习　题

## 一、单项选择题

1.我国著名的地质学家李四光,在对东北的地质结构进行了长期、深入的调查研究后发现,松辽平原的地质结构与中亚细亚极其相似。他推断,既然中亚细亚蕴藏大量的石油,那么松辽平原很可能也蕴藏大量的石油。后来,大庆油田的开发证明了李四光的推断是正确的。

下列哪个选项与李四光的推理方式最为相似?(　　)

A.他山之石,可以攻玉。

B.邻居买彩票中了大奖,小张受此启发,也去买了体育彩票,结果没有中奖。

C.某乡镇领导在考察了荷兰等地的花卉市场后认为要大力发展规模经济,回来后组织全乡镇种大葱,结果导致大葱严重滞销。

D.每到炎热的夏季,许多商店腾出一大块地方卖羊毛衫、长袖衬衣、冬靴等冬令商品,进行反季节销售,结果都很有市场。小王受此启发,决定在冬季种植西瓜。

E.乌兹别克地区盛产长绒棉。新疆塔里木河流域与乌兹别克地区在日照情况、霜期长短、气温高低、降雨量等方面均相似,科研人员受此启发,将长绒棉移植到塔里木河流域,果然获得了成功。

2.一般人总会这样认为,既然人工智能这门新兴学科是以模拟人的思维为目标,那么,就应该深入地研究人思维的生理机制和心理机制。其实,这种看法很可能误导这门新兴学科。如果说,飞机发明的最早灵感是来自于鸟的飞行原理的话,那么,现代飞机从发明、设计、制造到不断改进,没有哪一项是基于对鸟的研究之上的。

上述议论,最可能是把人工智能的研究比作下列哪个选项?(　　)

A.对鸟的飞行原理的研究。

B.对鸟的飞行的模拟。

C.对人思维的生理机制和心理机制的研究。

D.飞机的设计、制造和改进。

E.对人的灵感的研究。

3.骨骼对于(　　)相当于(　　)对于房屋。

A.人体——梁柱　B.上肢——窗户　C.关节——钢筋　D.肌肉——电梯

4.机动对于(　　)相当于(　　)对于清澈。

A.固定——浑浊　B.有机——透明　C.活泼——洁净　D.灵活——

明亮

5.(　　)对于体操表演相当于泳道对于(　　)。

A.操场——浴场　　　　B.吊环——水球运动

C.平衡木——蝶泳比赛　D.运动员——水上健儿

## 二、分析题

1.分析下列材料中包含的类比推理,指出其前提、结论和逻辑形式。

(1)蛙泳,顾名思义是从青蛙而得名。人类很早就羡慕青蛙那种有力的泳姿。青蛙的双腿对水面的蹬夹力很大,水给青蛙的反作用力也很大,这是一种费力小而做功大的形体动作。人们从中受到了启发,于是模仿青蛙的游泳姿势创造了适用于人的蛙泳。人们在创造蛙泳的过程中,是根据青蛙和人有许多的相似点:都是动物,都有四肢,蛙腿和人腿的结构相似,都能产生很大的蹬力等,而青蛙游泳时的蹬夹动作费力小而做功大,由此推知人仿效青蛙的蹬夹动作也能费力小而做功大。

(2)哥白尼认为,地球绕太阳转动,并且绕地轴自转。托勒密派天文学家反对这种观点。他们认为,如果地球每天绕轴自转一周,那么地球表面上任何一点在很短暂的时间内都将运动很大一段距离。这时,如果有块石头从地球表面的一座塔顶上落下来,那么在下落过程中,由于地球自转的缘故,塔已经离开了原来的位置,因此,下落的石头应该落在距塔基相当远的地面上。但是,人们看到的情况并非如此,石头总是落在塔基边缘。这就是所谓的"塔的证据"。伽利略指出,从运动着的地球表面的一座塔顶上落下来的石头,掉在塔基附近而不是掉在离塔基远处的事实,不能说明地球不是运动的。这正如一条匀速航行的船,从桅杆顶上落下一件重物,总是落在桅杆脚下而不是落在船尾一样。在 17 世纪 40 年代,法国人伽桑狄进行了一次"桅顶落石"的试验,结果与伽利略预期的相同。

2.分析下列材料中是否包含有类比推理;如有,指出其前提、结论和逻辑形式。

(1)若说:何以对付敌人的庞大机构呢?那就有孙行者对付铁扇公主为例。铁扇公主虽然是一个厉害的妖精,孙行者却化为一个小虫钻进铁扇公主的心脏里去把她战败了。柳宗元曾经描写过的"黔驴之技"也是一个很好的教训。一个庞然大物的驴子跑进贵州去了,贵州的小老虎见了很有些害怕。但到后来,大驴子还是被小老虎吃掉了。我们八路军新四军是孙行者和小老虎,是很有办法对付这个日本妖精或日本驴子的。目前我们须得变一变,把我们的身体变得小些,但是变得更加扎实些,我们就会变成无敌的了。①

(2)然则仲尼之圣尧奈何? 圣人明察在上位,将使天下无奸也。今耕渔不争,陶器不窳,舜又何德而化? 舜之救败也,则是尧有失也。贤舜,则去尧之明察;圣尧,则去舜之德化。不可两得也。楚人有鬻盾与矛者,誉之曰:"吾盾之坚,物莫能陷也。"又誉其矛曰:"吾矛之利,于物无不陷也。"或曰:"以子之矛陷子之盾,何如?"其人弗能应也。夫不可陷之盾与无不陷之矛不可同世而立。今尧、舜之不可两誉,矛盾之说也。②

3.根据下面提供的材料,分析指出:(1)这里提出的假说是什么? (2)提出该假说的依据是什么? (3)验证该假说时用的是什么方法?

人们早就发现,蝙蝠在黑夜中能作快速飞行,而不会撞在障碍物上。这个现象如何解释? 科学家们根据他们关于超声波的知识,提出了一个假说:蝙蝠能在黑夜中避开障碍物,是由于它能发出一种超声波,而它的耳朵能听到这种超声波遇到障碍物时所产生的回声。由这个假说就可推出一个结论:如果把蝙蝠的耳朵塞严了,那么它就会碰到障碍物上。于是,把塞严了耳朵的一些蝙蝠放到暗室中,结果发现,蝙蝠马上失去避开障碍物的能力。

(选择题参考答案:1E,2D,3A,4A,5C)

---

① 《毛泽东选集》第三卷,人民出版社1991年版,第882—883页。
② 韩非:《韩非子·难一》。

# 第十一章
## 逻辑思维基本规律

### 第一节　逻辑思维基本规律概述

　　逻辑思维基本规律是关于思维形式的基本规律,是人们正确运用概念、命题、推理和论证等思维形式经验的抽象和概括。逻辑思维基本规律包括同一律、矛盾律、排中律和充足理由律。

　　作为逻辑思维的基本规律,同一律、矛盾律、排中律和充足理由律具有以下特点:

　　第一,四条规律对于所有思维形式都普遍有效。

　　人们在思维中运用的各种思维都具有各自的特殊规则,但这些规则不具有普遍性,只适用于相应的思维形式。例如,下定义的规则、划分的规则、概念周延性的规则、换质法和换位法的规则、三段论的规则,等等。它们或者是明确概念必须遵守的,或者是作出命题必须遵守的,或者是进行推理、论证必须遵守的,但均不是运用概念、命题、推理、论证等思维形式时所必须共同遵守的。同一律、矛盾律、排中律和充足理由律则不同,它们在各种思维形式中普遍适用,是正确思维的必要条件。当然,逻辑思维基本规律起作用是有条件的。这种条件是同一思维过程中,即在同一时间、同一关系(或同一方面)下对同一对象的思维。

　　第二,四条规律集中表现了逻辑思维的特征。

　　逻辑思维具有确定性和论证性的特征。其中,思维的确定性又具体表现为思维的同一性、一贯性和明确性。同一律、矛盾律和排中律是有关思维具有确定性的规律,充足理由律是有关思维具有论证性的规律。任何思维活动如若违背了上述四条规律,都必然会出现这样或那样的逻辑错误。

　　逻辑思维基本规律虽然属于思维领域的规律,但它们和客观事物又不是毫无关联的。正如列宁所指出的:"逻辑形式和逻辑规律不是空洞的外壳,而是客观世界的反映。"①逻辑思维基本规律是人们在长期实践的基础上,对于客观事物中一定特性和关系的概括反映。不管人们承认与否、认识与否,它们对于思维都具有规范作用,是正确认识必须遵守的要求。

# 第二节　同　一　律

### 一、同一律的内容

　　同一律的基本内容是:在同一思维过程中,任何一种思想必然与其自身同一。其公式可以表示为:

　　A 是 A

公式中的"A"表示同一思维过程中的一个概念或命题。由于推理和论证都是由概念和命题组成的,因此,同一律是所有思维形式必须遵循的普遍规律。

　　在概念方面,同一律是说:一个概念的内容(内涵和外延)仅与其自身同一而与其他概念相区别。亦即:在同一思维过程中,一个概念反映什么对象,它就反映什么对象;反映对象什么属性,它就反映对象什么属性;反映什么时间的对象属性,它就反映什么时间的对象属性。例如,"人民"和"敌人"两个概念,在同一思维过程中它们的内涵和外延是什么就是什么,是确定同一的。只有这样,才能确定哪些是人民,哪些是敌人,进而把人民和敌人区别开来。

　　在命题方面,同一律是说:一个命题断定的内容是什么就是什么,其自身是同一的。亦即:同一思维过程中的一个命题,如果它断定同一时间、同一对象的什么属性,那它就是断定同一时间、同一对象的什么属性;或者说,它肯定什么就肯定什么,否定什么就否定什么。若就真值而言,一个命题是真的,它就是真的;是假的,它就是假的。如:

　　　　例2-1　瑞典首次颁发诺贝尔奖的时间是 1901 年 12 月 10 日。

---

　　① 《列宁全集》第 55 卷,人民出版社 1990 年版,第 151 页。

例2-2　教育必然是中国实现现代化事业的根本保证。

例2-1断定了瑞典首次颁发诺贝尔奖的时间,它是唯一的,不可能是其他的什么时间;例2-2断定了教育是中国实现现代化事业根本保证的必然性。在同一思维过程中,不能针对这一内容再有其他相反的断定,如不能用"可能"代替其中的"必然",形成一个可能模态命题。

在语言表达方面,同一律是说:在既定的语境中,任何一个表达概念的语词或表达命题的语句,所表达的意义都应是同一的。亦即:如果一个语词表达某概念,那它就表达某概念;如果一个语句表达某命题,那它就表达某命题。只有这样,才能保证语言表达的准确性和有效性。例如,"矛盾"这一语词,可以指古代两种作用不同的武器,可以指客观对象内部对立面之间互相依赖、互相排斥的关系(辩证矛盾),可以指违反逻辑规律所犯的自相矛盾错误,还可以指两个概念外延之间或命题之间的矛盾关系,等等。但在特定语境下,它表达的是哪一概念,就表达哪一概念,不能随心所欲去规定或理解。语句也是这样。尽管同一语句有时可表达不同命题,但特定语境中的一个语句表达的只能是某一确定命题。

同一律是人们对客观事物确定性的反映,也就是说,客观事物的确定性是同一律的客观基础。客观事物永远处在运动、变化之中,在不同时间、不同方面,同一事物完全可能既具有一定属性又不具有一定属性,或者具有完全不同的属性。但是,任何事物在同一时间、同一方面又都保持质和量的相对确定性。这种确定性不是不变性,而是发展过程中的相对确定性。"A是A"就是对事物在运动发展过程中这种相对确定性的反映。

### 二、同一律的逻辑要求

根据同一律的基本内容,正确思维必须符合下述逻辑要求:

1.概念必须保持自身的同一。

概念必须保持自身的同一,这是说在同一思维过程中,概念的内涵和外延是确定的,不能任意改变概念的内容或把不同概念的内容混淆起来。违反这一逻辑要求,就会犯"混淆概念"或"偷换概念"的逻辑错误。

"混淆概念"就是在同一思维过程中,把两个内涵或外延不同的概念当作同一个概念使用的逻辑错误。它通常是由于人们缺乏对表面相似而内容不同的概念间区别的明确把握,进而不自觉地违反了同一律的要求所产生的。如：

例2-3　鲁迅在谈到当时国民党军队中一位排长时说："他以为不抵抗将军下台,'不抵抗'就一定跟着下台了。这是不懂逻辑:将军是一个人,而不抵抗是一种主义,人可以下台,主义却可以仍旧留在台上的。"①

在这位国民党排长的思维中,就是把"不抵抗将军"和"不抵抗主义"两个不同的概念,当作相同概念来使用,进而犯了"混淆概念"的逻辑错误。

"偷换概念"就是在同一思维过程中,故意违反同一律的逻辑要求,用一个概念去代换另一个不同的概念,进而所产生的逻辑错误。如：

例2-4　司马光夫人说："我要出去看花灯。"

司马光说："家中有这么多灯,何必出去看?"

司马光夫人说："我还要看游人。"

司马光说："家中有这么多人,何必出去看?"

司马光可能是不想让夫人出去看花灯,所以才用"灯"代替"花灯",用"人"代替"游人"以编造所谓的理由。但从逻辑上看,这犯了"偷换概念"的逻辑错误。

现实中"混淆概念"或"偷换概念"的常见情形有下面三种：

第一,对同一语词表达的不同概念加以混淆或偷换。如：

例2-5　群众是真正的英雄,我是群众,所以,我是真正的英雄。

这是一个错误的三段论。其中的"群众"虽是同一语词,但在大前提中它表达集合概念,在小前提中它表达非集合概念。例2-5混淆或偷换了它所表达的不同内容。

第二,故意对表面相似的语词所表达的不同概念进行偷换。例如,20世纪中叶,我国著名学者马寅初提出了社会主义时期应节制人口增长的"新人口论"。这本来与西方的"马尔萨斯人口论"不是同一概念,但有些人却利用表达两个概念的语词在表面上存在相似之处,进而把"新人口论"说成是"马尔萨斯人口论",对其予以批判。

第三,用孤立、片面、似是而非或毫不相干的事实来混淆或偷换概念。如：

---

① 《鲁迅全集》第5卷,人民文学出版社1981年版,第147页。

例2-6　战国时期,宋玉和登徒子侍于楚王侧。登徒子批评宋玉有好色的缺点。宋玉为了证明他不好色,而是登徒子好色,所以,在楚王面前攻击登徒子说:"登徒子……其妻蓬头挛耳,齞唇历齿,旁行踽偻,又疥且痔。登徒子悦之,使有五子。王孰察之,谁为好色者矣。"①

登徒子的妻子丑陋,生有五个孩子,这些可能是事实。但由此并不能说明登徒子好色。宋玉抓住个别不相干的事实,偷换"好色"这一概念的内容,并侮辱对方"好色",这真是荒唐之极!

2.命题必须保持自身的同一。

命题必须保持自身的同一,这是说在同一思维过程中,任何一个命题都有其确定的内容,不能任意改变其内容或把不同的命题相混淆。违反这一要求,就会犯"转移命题"或"偷换命题"的逻辑错误。

"转移命题"是指在同一思维过程中不自觉地把一个命题换成另一个命题。如:

例2-7　在某饭店,一位顾客对送鸡蛋汤的服务员说:"小姐,你的拇指泡到汤里去了!"服务员说:"不要紧,这汤不太烫。"

这位顾客的本意是在提醒服务员"你要注意卫生",而对方却把话扯到"这汤不太烫"上。从逻辑上分析,这位服务员犯了"转移命题"的逻辑错误。

"偷换命题"是指在同一思维过程中,故意用另一命题代替原命题,从而为自己的观点服务。如:

例2-8　斯大林在批判无政府主义时说:"请诸位先生告诉我们吧:究竟何时、何地、在哪个行星上,有哪个马克思说过'吃饭决定思想体系'呢?为什么你们没有从马克思著作中引出一句话或一个字来证实你们这种论调呢?诚然,马克思说过,人们的经济地位决定人们的意识,决定人们的思想,可是谁向你们说过吃饭和经济地位是同一种东西呢?难道你们不知道,像吃饭这样的生理现象是和人们经济地位这种社会现象根本

_____

① 宋玉:《登徒子好色赋》。

不同的吗?"①

无政府主义者为了歪曲马克思主义原理,否定马克思主义的科学性和真理性,竟故意把"经济地位决定思想体系"偷换为"吃饭决定思想体系"。对于这种"偷换命题"的逻辑错误,斯大林进行了揭露。

要遵守同一律,保证思维的正确性,就应做到以下两点:

第一,明确概念的含义。概念的含义就是已经形成的概念内涵。要明确它,就要对其下定义。尤其是在辩论过程中,"我们必须依据一个定义来进行论辩,例如所谓真假就得先确立什么是真,什么是假"②。只有确切地阐明各个概念的内涵,划清不同概念之间的界线,才可能立论坚实、驳论有力。

第二,确定命题的断定内容。一个命题断定的是思维对象的什么情况,在特定语境中是确定的。如果任意改变命题的断定内容或混淆不同命题的断定内容,必然导致转移或偷换命题的逻辑错误,妨碍言语交际的准确性。例如,写文章时论题往往表现为一个命题。按照同一律的要求,一篇文章从头到尾都要紧紧围绕论题来进行,否则就要"跑题"。关于"跑题",毛泽东同志曾指出:"许多人写文章,做演说,可以不要预先研究,不要预先准备;文章写好之后,也不多看几遍,像洗脸之后再照照镜子一样,就马马虎虎地发表出去。其结果,往往是'下笔千言,离题万里',仿佛像个才子,实则到处害人。"③"跑题",从逻辑角度看就是犯了"转移命题"或"偷换命题"的逻辑错误。毛泽东同志关于此种现象的分析可谓入木三分、发人深省。实际上,不仅写文章不能偷换作为论题的命题,辩论中也应如此。如果要反驳别人的观点,就必须首先把对方的观点弄清楚,然后进行驳斥。否则,连对方的观点是什么都不清楚,甚至凭想当然歪曲对方的观点,进而加以驳斥,这与同一律的逻辑要求是格格不入的。

### 三、同一律的作用

1.同一律的根本作用在于保证思维具有同一性。思维只有具有同一

---

① 斯大林:《无政府主义还是社会主义?》,见《斯大林全集》第 1 卷,人民出版社 1953 年版,第 298—299 页。
② [古希腊]亚里士多德:《形而上学》,商务印书馆 1959 年版,第 81 页。
③ 《毛泽东选集》第三卷,人民出版社 1991 年版,第 840 页。

性,才能正确地反映客观事物,为言语交际奠定良好的基础。否则,如果违反同一律,所使用的概念或命题时而是这种内容,时而是另一种内容,势必会导致思维混乱。具体而言,一个理论体系如果违反了同一律,其中的概念或命题不确定,它就不会具有严密性和科学性。例如,英国古典经济学派提出的剩余价值理论,将剩余价值和利润这两个不同的概念混为一谈,由此产生了一系列不一致的说法、没有解决的矛盾和荒谬的东西,进而使这一理论漏洞百出。后来,马克思在建立剩余价值学说的过程中,纠正了上述逻辑错误,从而使剩余价值理论发展成为逻辑严密、内容科学的理论体系。

2.同一律是驳斥诡辩的有力工具。诡辩论者经常使用"偷换概念"、"偷换论题"等手法,以达到把错误观点装扮成正确观点或者把正确的观点歪曲成错误观点的目的。同一律要求每一思想都应当保持同一性,这就为人们从思维确定性方面识破诡辩、维护真理提供了理论武器。

需要指出,虽然同一律的根本作用在于保证思维具有同一性,但它并不否定思想的发展变化。任何思想都不是一成不变的,随着客观事物的发展和人们认识的深化,思想本身也会发展变化。对此,同一律并没有进行否定,它只是强调思想发展过程中的相对确定性。

# 第三节　矛盾律

## 一、矛盾律的内容

矛盾律的基本内容是:在同一思维过程中,两个互相否定的思想不能同真,必有一假。其公式可以表示为:

A 不是非 A

公式中的"A"表示同一思维过程中的一个概念或命题;"非 A"表示与"A"相否定的另一个概念或命题。

在概念方面,矛盾律的体现有两点:第一,两个具有矛盾或反对关系的概念不能同时用来反映同一对象。例如,"义务教育"和"非义务教育"是具有矛盾关系的两个概念,不能用来反映同一种教育。如果用来反映同一种教育,比如高中阶段教育,就等于既说"高中阶段是义务教育",又说"高中阶段不是义务教育",二者是不能同真的。又如,"牛"和"马"是具有反对关系的两个概念,不能用来反映同一种动物。因为,"马"属于"非牛"的种概念,或者"牛"属于"非马"的种概念,"牛"和"马"蕴涵着矛盾关系。第二,同一概念中不能有相互否定的内容。例如,"圆而方的桌子"、"非物质的物质"等等,这些概念包含了两个互相否定的内容,而客观上根本不存在与这些概念相对应的具体对象。

在命题方面,矛盾律的体现有两点:第一,互相矛盾的两个命题不能同真。如:

例 3-1 { 所有罪犯都应被判刑。
有的罪犯不应被判刑。

例 3-2 { 如果他是大学生,他就是德才兼备的人才。
他是大学生,但不是德才兼备的人才。

例 3-3 { 今晚必然下雨。
今晚可能不下雨。

上述每组命题所包括的两个命题之间都是不能同真的矛盾关系,其中必有一个假命题。如例 3-3,如果"今晚必然下雨"真,"今晚可能不下雨"必假;反之,如果"今晚可能不下雨"真,"今晚必然下雨"必假。第二,互相反对的两个命题不能同真。这是因为,具有反对关系的两个命题,其中一个必定蕴涵与另一个具有矛盾关系的命题;而具有矛盾关系的命题必有一假,这样,根据蕴涵关系的特点,被蕴涵的命题假时,蕴涵它的命题必假。这也就表明,具有反对关系的两个命题不能同真、必有一假。以 A 命题与 E 命题为例。如果 A 命题真,根据矛盾律,O 命题必假。由于 E 命题蕴涵 O 命题,既然 O 命题假,那么 E 命题必假。这样,若 A 命题真,E 命题必假。反之亦然。如:

例 3-4 { 所有国家都有核武器。
所有国家都没有核武器。

这是两个具有反对关系的命题。矛盾律决定了二者不能同真、必有一假。

同一律的公式是"A 是 A",矛盾律的公式是"A 不是非 A"。显然,矛盾律是用否定的形式表达了同一律用肯定形式所表达的思想,或者说,矛盾律是同一律的进一步展开。二者都是关于思维确定性的逻辑规律。

## 二、矛盾律的逻辑要求

根据矛盾律的内容,可以对正确思维提出这样的逻辑要求:在同一思维过程中,不能同时承认一个思想及其否定都是真的。违反这一要求,就会犯"自相矛盾"的逻辑错误。

"自相矛盾"一词源于《韩非子·难一》篇:"楚人有鬻盾与矛者,誉之曰:'吾盾之坚,物莫能陷也。'又誉其矛曰:'吾矛之利,于物无不陷也。'或曰:'以子之矛,陷子之盾,何如?'其人弗能应也。"这则典故中的楚人之所以"弗能应",是由于他违反了矛盾律,犯了"自相矛盾"的逻辑错误。因为,"吾盾之坚,物莫能陷也"蕴涵着"我的矛不能刺穿我的盾"这一命题;而"吾矛之利,于物无不陷也"蕴涵着"我的矛能刺穿我的盾"这一命题。"我的矛能刺穿我的盾"和"我的矛不能刺穿我的盾"是两个相互矛盾的命题,二者不能同真、必有一假。而楚人的话实际上是同时肯定了两者,这与矛盾律的要求是格格不入的。因此,当人们质问他时,他也就无法回答。

思维中"自相矛盾"的逻辑错误往往表现为以下几种情形:

1.肯定地使用一个包含有相互否定内涵的概念。例如,杜林在其哲学中肯定地使用了一个"可以计数的无限序列"的概念。恩格斯就此指出:"可以计数的无限序列的观念,换句话说,杜林的囊括世界的定数律,是一个形容语的矛盾……它本身就包含着矛盾,而且是荒唐的矛盾。"① 这就是说,杜林所使用的"可以计算的无限序列"的概念犯了"自相矛盾"的逻辑错误。因为,既然是无限序列,就是不可计算的;如果是可以计算的,那就不是无限序列。但二者同时存在于杜林的定义之中。

2.使用了一个包含互相否定内容的命题。如:

例 3-5　赵市长上任将近一年多时间,就为老百姓办了八件实事。这个命题里说的"将近一年",意思是不到一年;"一年多",意思是超过一年。所以,这个命题在时间上既肯定赵市长上任不满一年,又肯定赵市长上任超过一年。两个相互否定的内容同时存在,这是不符合矛盾律要求的。

3.对两个具有矛盾或反对关系的命题同时给以肯定。如:

例 3-6　早晨,校园里静悄悄的,只有几个同学在朗读外语。

例 3-7　深夜,远望整个商业大楼漆黑一团。只有楼顶层东头的

---

① 《马克思恩格斯选集》第 3 卷,人民出版社 2012 年版,第 426 页。

一个房间亮着微弱的灯光。

既然校园里静悄悄的,就不能有朗读外语的声音;既然有同学在朗读外语,那么校园里就不应是静悄悄的。既然大楼漆黑一团,就不能有灯光;大楼里有灯光在亮,那么大楼就不应是漆黑一团。因此,例3-6、例3-7都犯了"自相矛盾"的逻辑错误。

在实际思维中,像上述明显犯"自相矛盾"逻辑错误的情况比较少见。但是,通过上下文的语言表达,在意义上隐含"自相矛盾"错误的却并不少见,只是人们一般不易发现。只有揭示出语言表达的深层意义,才会发现其中存在的逻辑错误。如:

> 例3-8 1928年,鲁迅在揭露宣扬资产阶级人性论的文人所犯自相矛盾错误时说:"上海的教授对人讲文学,以为文学当描写永远不变的人性,否则便不久长。例如英国,莎士比亚和别的一两个人所写的是永久不变的人性,所以至今流传,其余的不这样,就都消灭了云。这真是所谓'你不说我倒还明白,你越说我越糊涂'了。英国有许多先前的文章不流传,我想,这是总会有的,但竟没有想到它们的消灭,乃因为不写永久不变的人性。现在既然知道了这一层,却更不解它们既已消灭,现在的教授何从看见,却居然断定它们所写的都不是永久不变的人性了。"①

"上海的教授"一方面断定莎士比亚和别的一两个人以外的作家的作品都消灭了,一方面又断定他们的作品都没有写永远不变的人性。可是,作品既已消灭,就无法知道它们没有写永久不变的人性;能够知道它们没有写永久不变的人性,就意味着这些作品还没有消灭。因此,"上海的教授"的观点中暗含了一对"自相矛盾"的命题,即"莎士比亚和别的一两个人以外的作家的作品消灭了"和"莎士比亚和别的一两个人以外的作家的作品没有消灭",这是违反矛盾律逻辑要求的。

4.悖论。悖论是一种特殊的逻辑矛盾。它是指这样一种命题:由这一命题的真,可以推出它是假的;由这一命题的假,可以推出它是真的。

"说谎者悖论"是一个著名的悖论。它通常表述为:"我正在说的这句

---

① 《鲁迅全集》第3卷,人民文学出版社1981年版,第557页。

话是假的。"由这句话便产生这样一个问题："说自己正在说谎的人,他的这句话是不是假的?"回答这个问题时便会产生悖论:如果他(指说谎者)说的"我正在说的这句话是假的"这句话是真的,那么,可以推出这句话是假的;如果他(指说谎者)说的"我正在说的这句话是假的"是假的,那么,可以推出这句话是真的。

悖论的形式很多,形成原因也不相同。因此,解决悖论的方法也有许多种。这里介绍语言层次理论。该理论认为,语言是分层次的,某一层的语言不能在自身中讨论它的表达式的真假,必须在高一层的语言中才可以讨论。在"说谎者悖论"中,悖论的产生是由于没有考虑到语言的层次问题,错误地把"我正在说的这句话是假的"(记为"p")和"'我正在说的这句话是假的'这句话是假的"(记为"p是假的")这样两个不同层次的语句混而为一,从而使"p"断定了自身是假的。根据语言层次理论,这样的语句是无意义的。如果明确地把"p"和"p是假的"分属不同层次,悖论就不会出现了。

到目前为止,尽管悖论问题仍未完全解决,但逻辑学家和数学家的深入研究,有力地推动了相关学科的发展。

### 三、矛盾律的作用

矛盾律的根本作用在于保证思维过程的前后一贯性、无矛盾性。无论何时何地,如果思维违反矛盾律,产生了逻辑矛盾,就会影响到对客观现实的正确认识,妨碍科学地分析问题和正确地解决问题。因此,列宁曾经指出:"'逻辑矛盾'——当然,在正确的逻辑思维的条件下——无论在经济分析中或在政治分析中都是不应当有的。"①具体而言,矛盾律具有下述作用:

1.遵守矛盾律是一个问题具有意义的前提。美国著名科普作家阿西莫夫曾举例:如果有人问,当一个不可抗拒的力遇到一个什么都不能使之运动的物体时,将会发生什么情况? 对此,他分析说:

例3-9 "所谓'不可抗拒的力'按定义(如果这些字确实有一定的涵义的话)就是一种无法抗拒之力,因此,宇宙中只要有这种不可抗拒的力,就不可能有一个什么力都不能使之运动的物体。而所谓'什么都不能使之运动的物体'按定义(如果这

①《列宁选集》第2卷,人民出版社2012年版,第746页。

些字确实有一定的涵义的话），无非就是任何力（不管这个力有多大）遇到它都将被吸收……在任何一个存在这样一个物体的宇宙中，就不可能同时存在不可抗拒的力这类东西。""由此可见，如果我们所提的问题是说这两种东西（不可抗拒的力和什么力都不能使之运动的物体）同时存在的话，那么，我们所提的问题显然已经背离了这两个词本身所包含的定义……因此，这个问题是一个没有意义的问题。"①

上例表明，一个问题如果本身违反了矛盾律的要求，就会成为一个包含逻辑矛盾的无意义问题。

2.遵守矛盾律是确立科学理论的必要条件。任何一种科学理论都应保持自身内容的无矛盾性。如果包含有逻辑矛盾，它就不可能成立或者至少它的可靠性令人怀疑。例如，文艺复兴时期意大利著名科学家伽利略的自由落体定律，就是在发现亚里士多德落体学说包含有逻辑矛盾的基础上提出的。亚里士多德认为，物体从高空下落时，下落的快慢和重量成正比，即物体重量越大，下降速度就越大。这一观点曾在1800多年里被物理学界视为真理。后来，伽利略发现该理论中存在着逻辑矛盾。他认为，假设把轻重不同的两个物体捆在一起，这两个捆在一起的物体将以何种速度下降呢？一方面，它的降落速度应该大于重物体单独降落的速度，因为重物体和轻物体合在一起，比原来的单个重物体更重了。另一方面，它的降落速度应该小于重物体单独降落时的速度，因为重物体单独降落的速度大于轻物体单独降落的速度，把速度不同的两个物体捆在一起，其降落速度一定不如降落较快的物体，即重物体单独降落时的速度快。根据以上两方面的推论，就会得出自相矛盾的结论：捆在一起的两个轻重不同的物体，其下降速度既快于又慢于重物体单独下降的速度。亚里士多德的落体学说中存在着逻辑矛盾，因此，它的正确性就值得怀疑。在此基础上，伽利略提出了新的自由落体定律，克服了旧学说中包含的逻辑矛盾。

3.矛盾律是人们驳斥谬误、揭露诡辩的有力武器。在辩论中，如果一方能指出对方观点中存在逻辑矛盾，也就意味着对方观点的逻辑支柱是靠不住的。这样，就可以运用矛盾律予以揭露，置对方于被动境地。

---

① ［美］I.阿西莫夫：《你知道吗？》，科学普及出版社1980年版，第12页。

需要指出,矛盾律要求排除的仅仅是思维中的逻辑矛盾,而不是客观存在的辩证矛盾。逻辑矛盾和辩证矛盾是有根本区别的。前者是由于思维违背了矛盾律而出现的逻辑错误,是思维在反映客观对象过程中产生的混乱,它是没有客观基础的。后者则是客观对象本身固有的对立统一关系,它是现实的矛盾。

# 第四节 排 中 律

## 一、排中律的内容

排中律的基本内容是:在同一思维过程中,两个互相否定的思想不能同假,必有一真。其公式可以表示为:

A 或者非 A

公式中的"A"表示同一思维过程中的一个概念或命题;"非 A"表示与"A"相否定的另一个概念或命题。

在概念方面,排中律是说:在同一论域中,反映某一对象时或者用 A 概念或者用非 A 概念,不能两者都不使用。并且,A 和非 A 中必然有一个是正确反映该对象的概念。例如,在学生这一论域中,某一学生或者是"大学生"或者是"非大学生",二者必居其一。如果"大学生"没有反映该学生的本质属性,那么"非大学生"必然能正确反映该学生的本质属性;反之亦然。但应指出,排中律制约的只是同一论域中的矛盾概念,不同论域的概念是不受这一逻辑规律约束的。例如,"大学生"与"大学教师"分别属于不同论域,二者之间就无所谓不能同假、必有一真的问题。

在命题方面,排中律是说:在同一思维过程中,"A"和"非 A"两个互相矛盾或具有下反对关系的命题不能同假,必有一真。如果"A"假,那么"非 A"必真;如果"非 A"假,那么"A"必真。如:

例 4-1 
$\begin{cases} \text{所有疾病都是能治愈的。} \\ \text{有的疾病不是能治愈的。} \end{cases}$

例 4-2 
$\begin{cases} \text{一所大学只有具备优秀的师资队伍,才能成为一流} \\ \text{大学。} \\ \text{一所大学不具备优秀的师资队伍,也能成为一流大学。} \end{cases}$

例 4-3 $\begin{cases} 有的中国留学生来自发展中国家。 \\ 有的中国留学生不是来自发展中国家。 \end{cases}$

例 4-1、例 4-2 是两组具有矛盾关系的命题,例 4-3 是一组具有下反对关系的命题。它们都具有不能同假的特点,即如果每组命题中一个命题为假,另一个命题必为真。

从根本上而言,同一律、矛盾律和排中律都是基于客观事物运动发展过程中的相对确定性而提出来的,它们都是对客观事物相对确定性的反映,只是反映的角度不同。同时,这种不同的反映角度,也决定了三条逻辑规律对思维提出的要求以及所起的具体作用是有区别的。

### 二、排中律的逻辑要求

根据排中律的基本内容,正确思维必须遵循下述逻辑要求:在同一思维过程中,对于"A"和"非 A"两个互相否定的思想,不能都加以否定(即断定二者都是假的)。如果否定其中的一个,就应当肯定另一个。违反这一要求,就会犯"两不可"的逻辑错误。

"两不可"是指在同一思维过程中,对于"A"和"非 A"两个具有否定关系的思想同时加以否定,即否定"A"真,又否定"非 A"真。它通常表现为以下两种情况:

1. 否定同一论域中两个具有矛盾关系的概念,杜撰出所谓的中间概念。

根据排中律的要求,如果"A"和"非 A"是同一论域中两个互相矛盾的概念,那么,该论域中的任何对象如果不属于"A"的外延,就必然属于"非 A"的外延,既不属于"A"概念外延又不属于"非 A"概念外延的所谓中间对象是不存在的。这也就是说,所谓处于"A"和"非 A"两个概念之间的中间概念是错误的。它们的提出,犯了"两不可"的逻辑错误。如:

例 4-4　19 世纪后半叶由马赫和阿芬那留斯所创立的经验批判主义学派,企图用"要素"这个"新"术语代替被他们认为过时了的"物质"和"精神"两个"旧"术语。他们认为,这个"要素"既不是物质,也不是精神,而是超越二者的新东西;他们的哲学是超越于唯物主义和唯心主义之上的、没有任何"片面性"的"最新哲学"。

实际上,经验批判主义者的"最新哲学"在逻辑上是站不住脚的。因为,任何一个思维对象不是物质的,必然是精神的;不是精神的,必然是物质的。任何一种哲学不属于唯物主义,就必然属于唯心主义;不属于唯心主义,就必然属于唯物主义。不可能有既不是物质又不是精神的所谓"要素",也不可能有既不属于唯物主义,又不属于唯心主义的所谓"最新哲学"。经验批判主义者利用杜撰所谓中间概念的方法来企图达到自己的目的,但这样做却在逻辑上犯了"两不可"的错误。

　　2.对两个具有矛盾关系的命题同时加以否定。如:

　　　　例4-5　在一次讨论世上有神还是无神的问题时,甲认为世上不
　　　　　　　存在神,乙认为世上有神存在。丙提出观点说:"我既不同意
　　　　　　　世上无神的观点,又不同意世上有神的观点。对这个问题应
　　　　　　　作具体分析。"

"世上无神"和"世上有神"是截然对立的两种观点。如果丙不承认其中的一个观点,那么,他就得承认另一个观点。而事实上,丙不但承认其中任何观点,反而用"应做具体分析"来支吾搪塞。这样,丙就不但犯了"两不可"的逻辑错误,而且企图为谬论进行诡辩。

　　更有甚者,有的"两不可"逻辑错误表现为提出所谓"第三种"观点。这种做法"模棱两可,含糊不清,不可捉摸。……总是回避明确地肯定地提出问题,谋求不偏不倚,在两种互相排斥的观点之间像游蛇一样蜿蜒爬行"①。如:

　　　　例4-6　经验批判主义者阿芬那留斯为了掩盖其主观唯心主义的
　　　　　　　观点,在回答哲学基本问题,即世界究竟是物质第一性还是精神第一性
　　　　　　　时说:"我既不知道物理的东西,也不知道心理的东西,只知道第三种
　　　　　　　东西。"列宁一针见血地指出:"援用'第三种东西'不过是一种狡辩,因
　　　　　　　为我们每个人都知道什么是物理的东西,什么是心理的东西,可是目前
　　　　　　　谁也不知道什么是'第三种东西'。阿芬那留斯只是用这种狡辩掩盖
　　　　　　　痕迹,事实上他在宣称自我是第一性的(中心项),自然界(环境)是第
　　　　　　　二性的(对立项)。"②

列宁认为阿芬那留斯"援用'第三种东西'不过是狡辩"。从逻辑的角度看,

　　① 《列宁选集》第1卷,人民出版社2012年版,第515页。
　　② 《列宁选集》第2卷,人民出版社1995年版,第108页。

这是因为根据排中律的要求,"物质第一性"和"精神第一性"这两个互相否定的命题必有一真,不承认前者就要承认后者,反之亦然。而阿芬那留斯"援用第三种东西"的实质,是"两不可",即既不承认"物质第一性",又不承认"精神第一性"。

### 三、排中律的作用

排中律的作用在于保持思维具有明确性和鲜明性,而明确性和鲜明性是正确思维的必要条件。在具体认识过程中,如果思想含混不清,在是非问题面前态度暧昧、不置可否,就不可能得到明确的认识,更谈不上获取真理。正如亚里士多德所说:"一切都无分别,真假混在一起,落在这样境界的人实际不能说出也不会说出任何可以令人明了的事物;因为他同时说'是'与'不是',对于一切事物不作判断,只是混混沌沌的,若有所思若无所思,这样的人与草木何异?"①

关于排中律的作用,以下三点需要注意:

1.排中律只是要求对于思维中两个互相否定的思想作出非此即彼的抉择,并不否认客观事物发展过程中的中间环节和第三种可能性。例如,王华对张明说:"昨天下午的篮球赛甲队既没有赢,又没有输"。王华的这一观点不能被视为违反了排中律要求。因为,"昨天下午的篮球赛甲队赢"和"昨天下午的篮球赛甲队输"并不构成排中律所要求的否定关系。事实上,如果昨天下午的篮球赛甲队和对方打成了平局,那么,上述两个命题将都是假的。

2.当人们对某一问题尚未进行全面而深入的了解时,对于是非问题不做二者择一的决断,即既不肯定"是",又不肯定"非",这并不违反排中律的要求。例如,在没有掌握充分事实材料和确凿证据的时候,遵照"以事实为根据,以法律为准绳"的基本原则,不对某被告是否犯罪作出断定,这不仅在法律上,而且在逻辑上也是允许的。

3.对于隐含着某种错误预设的复杂问语,不简单地回答"是"或"不是",这是排中律许可的。因为,无论回答"是"或者"不是",都将意味着承认问话中所隐含的预设是事实。例如,有人问:"你现在戒毒了吗?"这就是

---

① [古希腊]亚里士多德:《形而上学》,商务印书馆1959年版,第70页。

一个复杂问语,其中隐含着预设"你曾经吸毒"。如果事实上你从来没有吸毒,就不能简单地回答"戒了"或者"没有戒",因为这两种回答都将意味着你承认自己曾经吸过毒。所以,遇到"复杂问语"时应当认真分析,明确指出其中所暗含的预设是错误的。

### 四、排中律与矛盾律的区别

从根本上而言,同一律、排中律和矛盾律都是保证思维确定性的逻辑规律,在本质上它们是一致的。现在根据前面的介绍,把排中律和矛盾律之间的区别总结如下:

第一,基本内容不同。排中律是说在同一思维过程中两个互相否定的思想不能同假,必有一真;矛盾律则是说在同一思维过程中两个互相否定的思想不能同真,必有一假。

第二,适用范围不同。排中律适用于具有矛盾关系或下反对关系的命题,而矛盾律适用于具有矛盾关系或反对关系的命题。

第三,逻辑错误不同。违反排中律要求的逻辑错误表现为"两不可",即对具有矛盾关系或下反对关系的两个思想同时否定;违反矛盾律要求的逻辑错误表现为"自相矛盾",即对具有矛盾关系或反对关系的两个思想同时肯定。

第四,具体作用不同。排中律的作用是保证思维具有明确性、鲜明性;矛盾律的作用是保证思维具有首尾一贯性、无矛盾性。

## 第五节　充足理由律

### 一、充足理由律的内容

充足理由律的基本内容是:在同一思维过程中,任一思想被确定为真必然是有充足理由的。其公式可以表示为:

A 真,因为 B 真,并且 B 能推出 A

公式中的"A"表示被确定为真的思想,可称为"论断";"B"表示用来确定"A"真的一个(或一些)真命题,可称为"充足理由"。

充足理由律表明,任何一个被确定为真的论断,都必然存在着为什么确定该论断为真的充足理由。这些充足理由表现为一个(或一些)命题,它们不仅是真的,而且从它们能推出被确定为真的论断。可见,用来确定某一论断为真的充足理由具有两个特征:第一,理由由真命题组成。第二,从理由为真足以推出论断为真。如:

  例5-1 我们必须抓住历史机遇,振兴教育事业。因为,如果不抓住历史机遇,振兴教育,那么,就不能完成教育为现代化建设提供人才支持和知识贡献的两项根本任务,我国的综合国力和文明程度也难有大的提高,我们与发达国家的差距就会有继续扩大的危险。

上例为确立"我们必须抓住历史机遇,振兴教育事业"这一论断为真,提供了一系列的真实理由,并且由这些理由能必然地推出论断为真。

  充足理由律是不以人的主观意志为转移的逻辑规律。具体而言,在实际思维中,人们提出一个新的真概念,作出一个新的真命题,都必须有充足理由;在推理时,要想必然推出真结论,就必须前提真实和推理形式有效;在论证时,要确定某一论题为真,必须论据真实并且能从论据的真推出论题成立。所以,任何被确定为真的思想都必然是有充足理由的。也就是说,如果没有充足理由,任何思想都是不能被确定为真的。但是,实际思维是复杂的。有的论断明明是真的,可人们一时还不可能把其之所以为真的充足理由揭示出来。对此,可以坚信随着认识的深化,人们终究会把握这些论断之所以为真的充足理由。

  充足理由律作为逻辑基本规律,它是客观事物情况存在的原因和条件在思维中的反映。在客观世界,任何事物情况的存在都不是无缘无故的,总是有一定的原因和条件。这些原因和条件组合起来,就形成该事物情况存在的充分条件。如果反映某一客观事物情况存在的命题为"A",那么"A"真的充分条件命题"B"就是充足理由。一个命题"A"只要有充足理由"B",就可以判定其为真;否则,不能确定其为真。例如,在客观上,存在着在压力不变的条件下,金属受热后体积就会膨胀这一情况。这一情况反映在思维中,就会形成下述的论证:

  例5-2 金属加热后体积会膨胀。因为,如果压力不变的话,金属加热后分子之间的距离会加大,而分子之间距离加大时体积就会膨胀。

在这一论证中,"因为"前面的话是被确定为真的论断,"因为"后面的话是为论断真所提供的充足理由。显然,这一论证中的充足理由是对客观事物情况的正确反映。

充足理由律是客观事物因果条件规律的反映。某一被断定为真的思想不仅通常与某一事物情况相对应,而且,它的充足理由与该事物情况存在的充分条件也往往是对应的。但是,不能把一定论断与其充足理由的关系和事物情况与其充分条件的关系混淆起来。这是因为:一方面,论断与其充足理由之间的关系属于意识领域的命题之间的关系;事物情况与其充分条件之间的关系则属于客观现实的对象或现象之间的关系。另一方面,逻辑论断的充足理由并非总是与客观的因果条件相对应的。如:"今天天气很冷,因为气温表的水银柱已降到零下 10℃。"在这句话里,"气温表的水银柱已降到零下 10℃"是"今天天气很冷"的充足理由,但是,今天天气很冷的客观原因和条件并非是气温表的水银柱已降到零下 10℃。

### 二、充足理由律的逻辑要求

根据充足理由律的基本内容,可提出如下逻辑要求:在同一思维过程中,如果确定某一思想为真,必须为之提供充足理由。违反这一要求,就会犯"毫无理由"、"虚假理由"、"预期理由"或"推不出"等逻辑错误。本节仅就"毫无理由"作一说明,至于其他逻辑错误将在"论证"一章进行介绍。

"毫无理由"是指在同一思维过程中,仅断定某一命题为真,而并不为这一命题之所以为真提供理由的逻辑错误。例如,现实中有些人认为,某些思想,尤其是某些权威人士提出来的思想,其正确性无可置疑,无须为其提供任何理由。从逻辑上看,这就属于犯了"毫无理由"的错误。东汉学者王充曾在《论衡》中对思维过程中"毫无理由"的现象进行过严厉批评。他提出:"世儒学者,好信师而是古,以为圣贤所言皆无非,专精讲习,不知难问。"[①]"专精讲习,不知难问"就是对被断定为真的思想不提供任何理由。

### 三、充足理由律的作用

充足理由律的作用在于保证思维具有论证性。人们在日常说话、撰写

———————

① 王充:《论衡·问孔》。

文章、发表演讲以及展开论辩时,只有保证思维具备了良好的论证性,有关观点和主张才可能立得住并获得较强的说服力。否则,如若违反充足理由律的要求,不能有效地为自己的论断提供充足理由,思想就会缺乏论证性,甚至有时会出现"信口开河"、"蛮不讲理"的情况。

例如,"地心说"这种错误的观点,历史上曾经长期在人们的思想中占据统治地位。后来在罗马教会的宣扬下,该学说更是被涂上了一层神圣的光彩。罗马教会不仅不遗余力地宣扬"地心说",并且采用各种手段残酷迫害反对该学说的人。公元1600年,罗马宗教裁判所竟将反对"地心说"、积极宣扬"日心说"的意大利伟大科学家布鲁诺活活烧死。但是,随着历史车轮的前进,愈来愈多的人逐渐理解了"地心说"的错误性,并最终放弃了这种观点。从逻辑的角度看,"地心说"理论之所以最终被科学彻底否定,被人们普遍放弃,这是因为该理论的存在并没有真正的充足理由。

此外,充足理由律要求人们在提出新的论断时必须以相应的充足理由作为基石,这种崇尚理由反对空谈的精神,为我们在现实中省察任何已有学说、观点和主张,发现谬误,解放思想,反对奴隶主义,无疑提供了强有力的理性支持。

当然,充足理由律仅仅要求在思维过程中提出论断时要同时提供充足理由,至于人们在实际中提供的理由究竟是否是充足理由,即是否正确,从理由能否推出论断,这样的问题是充足理由律所解决不了的。此外,在为有关论断提供理由时,究竟应从哪些方面考虑,选择哪些具体事实,引用什么科学定律等,这些都与具体科学知识有关,充足理由律也是无能为力的。

## 习　题

### 一、填空题

1.违反矛盾律要求的具体表现是:在同一思维过程中,对具有_____或_____的两个命题都加以肯定。

2.排中律的适用范围是_____和_____。

3.充足理由律的逻辑要求是:_____。

### 二、单项选择题

1.黄某说张某胖,张某说范某胖,范某和覃某都说自己不胖。如果四个

人的陈述中只有一个人是错误的,那么,谁一定胖?(  )

A.黄某  B.张某  C.范某  D.张某和范某

2.关于 X 公司职员的工作状况有如下三种描述:"公司所有职员都恪尽职守"、"公司职员并不都恪尽职守"、"文茜女士恪尽职守"。其中有两个描述是假的。

根据题干,仍不能确定下列哪个选项的真假?(  )

A.文茜女士未恪尽职守。　　　B.公司所有职员都不恪尽职守。

C.公司有些职员不恪尽职守。　　D.公司所有职员都恪尽职守。

3.在向南方受灾地区的捐款活动中,某慈善组织收到一笔 10000 元的匿名捐款。该组织经过调查,发现是甲、乙、丙、丁四个人当中的某一个捐的。慈善组织成员对他们进行求证时,发现他们的说法不一致:

甲:"对不起,这钱不是我捐的。"

乙:"我估计这钱肯定是丁捐的。"

丙:"乙的收入最高,肯定是乙捐的。"

丁:"乙的说法没有任何根据。"

假定四个人中只有一个人说了真话,那么,到底谁是真正的捐款者?(  )

A.甲  B.乙  C.丙  D.丁

4.莎士比亚在剧本《威尼斯商人》中,描写富家少女鲍西娅品貌双全,贵族子弟、公子王孙纷纷向她求婚。鲍西娅按照其父遗嘱,由求婚者猜盒订婚。有金、银、铅三个盒子,盒子外面分别写有三句话,其中,只有一个盒子里放着鲍西娅的肖像。求婚者无论是谁,只有通过这三句话猜中鲍西娅的肖像究竟放在哪个盒子里,他才可以娶到鲍西娅。这三句话分别如下:

(1)金盒子:"肖像不在此盒中。"

(2)银盒子:"肖像在铅盒中。"

(3)铅盒子:"肖像不在此盒中。"

鲍西娅告诉求婚者,上述三句话中最多只有一句是真的。如果你是求婚者,会猜测鲍西娅的肖像究竟放在哪个盒子里?(  )

A.金盒子　　　　　　　　B.银盒子

C.铅盒子　　　　　　　　D.要么金盒子,要么银盒子

E.不能确定

5.某珠宝店失窃,甲、乙、丙、丁四个人涉嫌被拘审。四个人的口供如下:

甲:"案犯是丙。"

乙:"丁是罪犯。"

丙:"如果我作案,那么丁是主犯。"

丁:"作案的不是我。"

四个人的口供中只有一个是假的。如果这一断定正确,那么下列哪个选项是真的?(　　)

A.说假话的是甲,作案的是乙。　　B.说假话的是丁,作案的是丙和丁。

C.说假话的是乙,作案的是丙。　　D.说假话的是丙,作案的是丙。

E.说假话的是甲,作案的是甲。

### 三、分析题

1.有一天,法国某城市一家餐馆门前挂了一个"明天吃饭不要钱"的牌子。第二天刚开业,就顾客盈门。可顾客一吃上饭,老板就要钱。人们问他:"牌子上不是写着'明天吃饭不要钱'吗?"老板答曰:"是啊,明天不要钱,今天要钱。"第三、第四天……老板照收不误。请问老板采用的是什么手法?

2."这个山洞从来就没有人敢进去过,进去的人,也从来没有出来过。"这句话是否违反逻辑思维基本规律?

3.甲、乙、丙三人有如下一段对话。甲说:"世界上先有蛋,因为鸡是蛋变的,没有蛋哪能有鸡!"乙说:"世界上先有鸡,因为蛋是鸡生的。假如先有蛋,那么蛋是怎样生下来的呢?"丙说:"不能说世界上先有鸡,也不能说世界上先有蛋。"请问:丙的话符合逻辑思维基本规律吗?

4.一个年轻人想到爱迪生的实验室里去工作,爱迪生亲自接见了他。年轻人满怀信心地对爱迪生说:"我有一个伟大的理想,那就是发明一种万能溶液,它可以溶解一切物品。"爱迪生听后惊异地说:"那么你想用什么器皿来放置这种万能溶液? 它不是可以溶解一切物品吗?"年轻人哑口无言。问:年轻人为什么会被爱迪生问得哑口无言?

### 四、综合题

1.某公安局的刑侦员 A、B、C、D 对某案的涉嫌犯李、赵作了如下断定:

A:"赵不是罪犯。"

B:"如果李是罪犯,那么,赵不是罪犯。"

C:"李是罪犯,或赵是罪犯。"

D:"李和赵都是罪犯。"

事后证明,四个人作出的断定中只有一个是错误的。请问谁是罪犯?

2.甲、乙、丙、丁四个人在一起议论本班同学申请学生贷款的情况。

甲说:"我班所有同学都已申请了贷款。"

乙说:"如果班长申请了贷款,那么学习委员就没申请。"

丙说:"班长申请了贷款。"

丁说:"我班有人没有申请贷款。"

已知四个人中只有一人说假话。请问,谁说了假话?班长和学习委员是否申请了贷款?

3.某国王要为自己的女儿挑选一个既聪明又勇敢的女婿,他向所有的求婚者宣称,他已经把公主和两只狮子分别关进了三间房子,并且在三间房子的门上分别写了一句话,让求婚者们去打开自己认为可以打开的门。其中,第一间房门上写着:"这间房子里有狮子。"第二间房门上写着:"公主在第一间房子里。"第三间房门上写着:"这间房子里有狮子。"其实,这三句话中只有一句话是真的。请问,公主究竟被关在了哪间房子里?

4.初中三年级11班有学生做了好事却没留名。甲、乙、丙、丁四位老师对班上的四位学生表达了如下看法:

甲:"这件事如果不是张三做的,肯定就是赵六做的。"

乙:"这件事如果是张三做的,那么,李四或王五也会做。"

丙:"这件事如果李四不做,则王五也不会做。赵六也不会是做这件事的人。"

丁:"这件事肯定是张三做的,李四与王五都不会做。"

事后得知,甲、乙、丙、丁四位教师的看法中只有一人正确。请问,究竟是谁做了好事?

5.某仓库失窃,四个保管员涉嫌被传讯。四人的口供如下:

甲:"我们四人都没作案。"

乙:"我们中有人作案。"

丙:"乙和丁至少有人没作案。"

丁:"我没作案。"

已知四个人中有两人说的是真话,两人说的是假话。请问,究竟谁说了真话? 谁说了假话? 丁和乙作案了吗?

（选择题参考答案:1B,2B,3A,4A,5B）

# 第十二章
## 预　设

预设,也称"前提"或"先设",它的本意是预先的设定或先决的条件。预先的设定,可以在语义和语用两个层面进行分析。预设可以分为语义预设和语用预设。

## 第一节　语义预设

### 一、什么是语义预设

语义预设是一个语句根据语义分析得到的"在先的设定"或"已然的承诺"。"在先的设定"是语句的附加信息,暗含在语句的内部,是语句可理解、有意义的前提条件。语句的意义表现为命题态度,基本的命题态度有三类:断定态度、命令态度和疑问态度。如果命题态度得以实现则语句有意义,反之无意义。因此,语义预设就是保证一个语句有意义的那些可能的前提条件,反映的是语句之间的语义关系。如:

例1-1　小刘的女儿学古筝。

例1-2　请把窗户关上!

例1-3　张玲会参加今晚院里的演出吗?

例1-1有附加信息:"存在小刘这个人","小刘有女儿"。这两个附加信息是先于语句的整体意义的形成而存在的,是这一语句完成断定态度的前提,因而是这一语句的语义预设。

例1-2预设"所在的地方有窗户","窗户是开着的"。如果"没有窗户"或"窗户是开着的"为假,则这个祈使句的命令态度就无法完成,这一语句就没有意义。

例 1-3 预设"张玲存在","今晚院里有演出"。同样,这两个预设是这一语句疑问态度得以实现的前提。一个疑问句只有当所有预设都是真的时候,该疑问句才存在真解答。这两个预设有一个为假,该疑问句就没有意义。

### 二、语义预设的真值定义

关于语义预设还有一个被广泛提及的定义,这个定义由于运用了语义概念"真"、"假",与逻辑的关系颇为密切,所以叫作语义预设的真值定义。

语义预设的真值定义:A 在语义上预设 B,如果 A 是真的,B 是真的;并且如果 A 是假的,B 仍是真的。一个更简单的表述是:如果 $A \vDash B$ 并且 $\neg A \vDash B$,那么 A 语义地预设 B。

根据该定义,语义预设是一个命题与其否定命题必然推出的共同命题,亦即一个命题及其否定命题拥有相同的预设。同时,仅由一个命题 A 推出的命题 B,或者仅由否定命题 ¬ A 推出的命题 B 都不是其语义预设。如:

例 1-4 A:关公的脸是红的。

¬ A:关公的脸不是红的。

这个例子中,命题 A 及其否定 ¬ A 都预设"关公这个人存在"。由于一个命题及其否定命题拥有相同的预设,所以,真值语义预设被认为是不可否定的,即否定了某一命题其预设仍然不变。换言之,从真值角度定义的语义预设,不可否定性是其根本特征。

在真值条件语义学中,只有命题才有真假,命题的意义也体现在有真假值上。上述预设的真值定义是针对命题的,语义预设成了保证一个命题具有真假值的必要条件——如果语义预设真,那么得出这个预设的命题或真或假;如果语义预设假,那么得出这个预设的命题就无意义(真值空缺)。如果把"真值空缺"也看成是一个真值,涉及语义预设的命题的真值就有三个:真、假、真值空缺。

语义预设的真值定义反映的是命题之间的语义关系,称为命题的预设定义。实际上就命题和语句的关系而言,有真假的语句是命题,语句的外延大于命题的外延,因此语义预设的真值定义仅解释了部分语句的语义预设。真值定义无法说明非命题的语句的预设,如祈使句、疑问句无法用真假来衡量,但它们仍然有自己的语义预设。

根据罗素的理论,从逻辑上可以把否定分为窄域否定和宽域否定。窄域否定是一种内部否定,否定词作用于命题的某一部分;宽域否定是外部否定,否定的是整个命题。定义中的"¬A"、"A为假",意味着对A的否定一定是宽域否定。由于宽域否定形成的命题不那么直观,一般人们会找到¬A的等值命题,把否定词移到命题内部。特别是遇到单称命题时要注意,当把宽域否定变成窄域否定时,窄域否定作为一种内部否定,否定词不仅仅可以否定谓词,还可以否定命题的任何其他部分。如:

例1-5　约翰在图书馆遇见乔治。

由于否定的位置不同,例1-5可以形成不同的否定命题:

A.不是约翰在图书馆遇见乔治。

B.约翰没有在图书馆遇见乔治。

C.约翰在图书馆没有遇见乔治。

D.约翰在图书馆遇见的不是乔治。

在这四种情况下,可以得到"存在约翰这个人"、"存在乔治这个人","有人在图书馆遇见乔治"、"约翰遇见乔治"、"约翰在图书馆"、"约翰在图书馆遇见某个人"等语义预设。其中,前两个语义预设是四种情况下共有的,具有绝对性。后四个语义预设则是以上四个否定命题分别拥有的,具有相对性。因此,对于单称命题的否定,要根据命题的复杂程度不同考虑到种种可能情况。

由于真值定义解释的预设是语义预设的经典部分,在预设分析中出现的频率较高,因而,这一定义的应用范围也就比较普遍。

### 三、命题的预设和非命题的预设

自然语言中的语句有的表达命题,有的不表达命题。以命题作为划分的界限,是对预设进行语义分析的一种途径。

(一)命题的预设

命题的预设主要针对实然命题进行分析。实然命题包括简单命题和复合命题,相应地,命题的预设也分为两种:

1.简单命题的预设

自然语言中的一些语言符号能够引发简单命题的预设,这些语言符号称作预设的触发语。如:

例 1-6　王林去市体育馆的游泳池游泳。

当命题反映思维对象情况的时候,命题中所包含的专有名词或摹状词、名词短语必须有所指,这种情况被称为存在预设,即命题中所讨论的对象存在。因此,例 1-6 预设:"存在王林这个人","某市有体育馆","体育馆里有游泳池"。预设的对象可能存在于现实世界,也可能存在于可能世界。"孙悟空是唐僧的徒弟"这一语句,就预设在《西游记》所刻画的可能世界中,"孙悟空存在"、"唐僧存在"。

例 1-7　小王知道小李在读博士。

"知道"、"明白"、"懂得"、"喜欢"、"吃惊"、"遗憾"、"奇怪"等这一类表示事实的性质或关系的谓词能够引发一些真实性的事态,被称作事实预设。从逻辑上讲,事实预设必定发生在原命题事态之前,有先时性,因此例 1-7 预设"小李在读博士"。

例 1-8　他开始练瑜伽。

"开始"、"结束"、"离开"、"进来"、"停止"等是表示状态变化的动词,它们预设语句谈论的对象原来处于与现在不同的状态。例 1-8 预设"他原来不练瑜伽"。

例 1-9　小刘又到上海了。

"又"是重述词,预设命题中的行为或事件曾经发生过一次、两次或多次。因此,例 1-9 预设"小刘曾经到过上海"。其他的重述词包括"第二次"、"再次"、"依然"、"不再"、"回到"、"收复"等。

例 1-10　小王出国前一直在外企工作。

时间状语也可以触发预设,例 1-10 预设"小王出国了"。

例 1-11　明明是在公园走失的。

例 1-12　小张从小李那儿拿走的是一本书。

这两个例子对应汉语中的两种结构"是某人做了某事/某人是在何时何地以何种方式做的某事"和"某人做的某事是……"。这两个结构表示强调,也可以触发预设。例 1-11 预设"明明走失了"。例 1-12 预设"小张从小李那儿拿走了什么东西。"

例 1-13　比起小王来,小张是个更出色的运动员。

例 1-14　他跟他爹一样有文艺天赋。

现代汉语中的对比结构可以通过重读强调来表示,也可以通过诸如"也"之类的副词来表示,还可通过"比起……来"、"跟……一样"这样的句型来表示。无论哪一种,均可引发预设。例 1-13 预设"小王是个运动员"。例 1-14 预设"他爹有文艺天赋。"

触发语内部的情况比较复杂,并不是所有的触发语都容易理解。对触发语进行辨析有利于预设的辨别。

2.复合命题的预设

日常思维中使用的复合命题主要包括联言命题、选言命题、假言命题和负命题。一般认为,复合命题所具有的预设等于各个支命题预设的累积。如:

例 1-15　这次跳绳比赛,一班赢了二班,但输给了三班。

运用累积的原则来分析例 1-15 这个联言命题的预设:两个支命题共同拥有预设"有一个跳绳比赛"。此外,前一个支命题预设"存在一班"、"存在二班",后一个支命题预设"存在一班"、"存在三班"。两个支命题拥有的预设合起来,就构成了整个联言命题的预设。

按照累积原则可以分析大部分复合命题的预设,但是也有例外,如:

例 1-16　小张没有再看另一条短信,甚至连第一条他也没有看。

在例 1-16 这个例子中,前一个支命题预设"小张看了第一条短信",后一部分句子的含义取消了这个预设,这样,支命题的预设并未上升成整个复合命题的预设。

作为命题的预设,复合命题的预设也可以用其真值定义来分析。按照语义预设的真值定义,复合命题的预设是一个复合命题和它的否定命题所共同具有的预设。运用否定分析的方法,例 1-15 的否定命题为:这次跳绳比赛,一班或者没有赢二班或者没有输给三班。原命题和否定命题共同拥有以下预设:"存在一次跳绳比赛"、"存在一班"、"存在二班"、"存在三班"。其他复合命题如:

例 1-17　或者方芳会唱歌,或者李丽会唱歌。

例 1-18　于飞要么在美国待的时间长,要么在中国待的时间长。

例 1-19　如果你考不上大学,那么就去工作吧!

例 1-20　只有你亲自经历,才能体会这次西藏之行的艰辛。

例 1-21　并非小王不参加面试,就没有机会了。

例 1-17 的否定命题是"方芳不会唱歌,李丽不会唱歌",这个相容选言命题预设"方芳、李丽存在"。

例1-18的否定命题是"于飞在美国和中国待的时间一样长,或者都不长",这个不相容选言命题预设"于飞存在"、"于飞在中国生活过一段时间"、"于飞在美国生活一段时间"。

例1-19的否定命题是"你考不上大学,也不去工作"。原命题预设"你没有考大学"。以"如果……那么……"为联结项的条件命题,"如果"引发的是一种可能,这种可能是对将来的推测。无论结果如何,某件事还未进行。

例1-20的否定命题是"你不亲自经历,也能体会这次西藏之行的艰辛"。原命题预设"有一次赴西藏之行"。

负命题的预设,同样是负命题与它的否定命题共同拥有的预设,即负命题的等值命题和原命题共同拥有的预设。例1-21是一个负命题,其等值命题是"小王不参加面试也有机会"。该等值命题和原命题"小王不参加面试就没有机会了"的共同预设也就是负命题的预设,即:"存在小王"、"有一次面试"。再如,"并非恺撒死于暗杀"这一命题与命题"恺撒不是死于暗杀"等值,"并非恺撒死于暗杀"的预设就是"恺撒不是死于暗杀"和"恺撒死于暗杀"的共同预设:"存在恺撒这个人"、"恺撒已死"。

需要注意的是,反事实条件命题的预设比较特殊,分析时不能使用以上的分析方法。如:

例1-22　假如2003年前就制造出了抗SARS病毒的疫苗,那么2003年SARS就不能在大范围内传播。

在这个命题中,前件和后件所表述的都是与事实相悖的情况,即前件、后件均为假——事实上,"2003年前没有制造出抗SARS病毒的疫苗,2003年SARS在大范围内传播了"。这些事实,即是例1-22的预设。因此,遇到"如果"、"要是"、"假如"等引发的假言命题时,要辨析是否属于反事实条件命题,然后再分析相应的预设。

(二)非命题的预设

不表达命题的语句如祈使句、疑问句,该类语句的意义无法用真假来衡量,但是,预设对其命题态度的实现仍然至关重要。

1.祈使句的预设

祈使句是要求或者希望别人做或不做某事的句子。祈使句以支配受使人的行为为目的,一个完整的祈使句应该包含祈使人、祈使语、受使人和祈使内容四个要素。一般而言,这四个要素并非都会显现在一个祈使句中,但是,一个祈使句所具有的祈使内容却是必不可少的。祈使句的语义分析,主要是针对祈使内容的分析。

祈使句所祈使的"预期行为"的发生总是具有将来时的性质,但这种具有将来时的行为一般总是与祈使句发出时的现状相联系的。为使祈使句所祈使的预期行为具有成为现实的可能性,祈使句的内容总带有一定的目的性,即祈使人或者希望受使人延续当时的现状,或者希望受使人改变当时的现状。希望延续当时的现状,则预设和行动后的事态一致;希望改变当时的现状,则预设和完成后的事态相反。如:

例1-23

A.请把电脑打开。　　预设:电脑是关着的。完成后:电脑开着。

B.请不要把电脑打开。预设:电脑是关着的。完成后:电脑关着。

C.请开着电脑。　　　预设:电脑是开着的。完成后:电脑开着。

D.请不要开着电脑。　预设:电脑是开着的。完成后:电脑关着。

在上述例子中,A、D属于需要改变现状的一类,即预设的事态与完成后的事态相反;B、C属于保持现状的一类,即预设的事态与完成后的一致。祈使句要求对方用行动来反馈,对祈使句的这两种预设情况的了解有助于采取正确的行动。

2.疑问句的预设

按照一般分类,疑问句包括是非疑问句、正反疑问句、选择疑问句和特指疑问句四种。选择疑问句与选言命题相对应,至于选言命题的预设,前文已经有所分析。

是非疑问句和正反疑问句的预设是一致的,可以看作一类,他们都预设"要么p,要么非p"。如:

例1-24　昨天敲门的是你吗?

例1-25　这件事情你究竟是否同意?

例1-24属于是非疑问句,预设"昨天有人敲门","昨天敲门的要么是你,要么不是你"。例1-25是正反疑问句,预设"有一件事,要么你同意,要么你不同意"。

特指疑问句的特点是:它有一个问词和一个问域。问词是疑问句中的未知项。问域或辖域是针对疑问句所回答内容的范围。特指疑问句的预设和问词、问域密切相关。例如：

例1-26 今天谁来咱们学校参观了？

例1-27 你爱吃哪个牌子的面包？

在例1-26中，问词"谁"的辖域是人，因此，该例句预设"今天有人到学校参观"。在例1-27中，问词"哪个牌子的面包"，其辖域是面包的牌子，原句子预设"某人爱吃某个牌子的面包"。在交际语境中，特指疑问句的预设必须从其问域内推出，换言之，分析特指疑问句的预设时要了解问词的辖域，如："谁"是问"人"；"何时"是问"时间"；"何处"（"哪儿"或"哪里"）是问"地方"；等等。

# 第二节 语用预设

语用预设是在言语交际活动因素的干预下产生的预设，它涉及语言符号与符号使用者以及交际语境之间的关系。

## 一、语用预设的定义

对于语用预设，大致有下列几种主要的看法：语用预设是一种命题态度；语用预设是交际双方的共有知识或背景信息；语用预设是施行言语行为的恰当条件。

（一）语用预设是一种命题态度

斯托内克尔（R.C.Stalnaker）认为，语用预设是一种接受某物为真的态度，必须联系语句使用者的信念、思想、希望等来说明语用预设。他提出下述语用预设的定义："一个说话者在谈话的一个给定时间里预设P，仅当在他的语言行为中，他倾向于这样行动：好像他认为P当然真，也好像他假定了他和其他听众一样认为P当然真。"①

在上述预设定义中，说话者并不一定要真正地认为某一预设P当然是真的，换言之，为了交谈的目的，说话者和他的听众可以接受一个虚假的知

---

① ［美］R.斯涛纳克尔著，胡泽洪译：《论预设》，《哲学译丛》1999年第2期。

识或一个真值尚存疑问的命题。这个被接受的虚假的知识或真值尚存疑问的命题是参与交谈者的普遍信念,对于理解说话者和听众之间的交谈是不可缺少的。这也就表明,语用预设未必是反映现实世界的真实情况。如:

例2-1　在某一次世界杯足球比赛开始时,A 说:冠军将是巴西队。B 说:冠军将是意大利队。

例2-1预设"巴西队或者意大利队均已经入围"。即使后来的情况表明,在进入决赛之前,这两个队均已经被淘汰了,即预设为假,这也不影响 A 和 B 之间的上述谈话。因为在这次交谈中,双方都认定"巴西队或者意大利队均已经入围"这一预设是真的,它仅仅是这一次交谈所需要的前提。

(二)语用预设是交际双方的共有知识或背景信息

从言语交际的功能出发,语用预设被有的研究者认为是交际双方的共有知识或者话语的背景信息。杰肯道夫(R. Jackendoff)就"把'句子的预设'用以表示说话人认为他和听话人所共有的句中的知识"[1]。如:

例2-2　A:"已经四月份了,这里的桃花竟然还开得这么好!"
　　　　 B:"人间四月芳菲尽,山寺桃花始盛开嘛!"

在例2-2中,说话者是以"正常情况下,四月份桃花应该凋谢"这一知识为先决条件的。他说出"已经四月了,这里的桃花竟然还开得这么好"这一句话来表达自己的这一思想,受话者也理解了这一预设,进而才对出了相应的诗句。

说话人对共知信息的假设,或交际双方共同接受的信息,包括说话人和听话人所共有的背景知识、交际场合的场景以及交际双方的相互关系等。作为预设的共有知识包括三种情况:

第一,一般人都具有的常识。如"现在是七月,但下雪了"这句话是以七月份天气炎热,不应当下雪这一知识背景为先决条件的。说话者说出这一话语来表达自己的思想,或受话者要正确理解这一话语,都必须从相应的预设出发。只有这样,交际才能正常进行。假如在一个人的知识结构中,七月下雪被认为是一种正常的自然现象,他就不会说出上述话语,或者当他听到别人讲这一话语时,他就会感到茫然,不可理解。

---

[1]　R. Jackendoff: *Semantic Interpretation in Generative Grammar*, Mass: The MIT Press, 1972, p. 230.

第二,只限于交际双方的共有知识,其他人不一定了解。如:

例2-3 在一家商店里,顾客A和售货员B的一段对话:

A:来了没有?

A:快两个月了,会不会出什么事?

B:还没有呢! 我也等得急死了!

B:不会! 不会! 以前也有过这种情况。

C:但愿如此!

在上述例子中,如果A和B是单纯的买主、卖主关系,他们可能在谈论A的订货来了没有。如果A和B既是买主和卖主的关系,同时又是朋友关系,那么他们可能在谈论一位朋友来了没有。两人谈话的预设是什么,第三者难以判断,但是,A和B两人却是很清楚的。

第三,作为预设的共有知识,它需要通过发话人的话语暗示出来,并得到受话人的理解。如:

例2-4 抱歉,我来晚了,路上我的车抛锚了。

这句话的预设是:"说话人有一辆汽车"。这一情况可能受话者事先并不知道,他是根据后半部分话语传递出来的信息推断出来的。

真正的共有知识应该是所有交际参与者的共有知识。如果对于说话人的某个预设,听话人并没有理解,那么,这个预设就很难说是共有知识。因此,把语用预设解释为"背景信息"更为合理。话语的背景信息,并非是交际者都知道的。在实际的交际语境中,包括说话人的预设、听话人的预设,以及说话人和听话人双方所共有的预设。

(三)语用预设是施行言语行为的恰当条件

基南(E.L.Keenan)认为"情景的得体性是句子话语的语用预设"[1]。菲尔默(C.Fillmore)则把语用预设定义为"通过一句话来有效地实施某一言语行为所必须满足的条件"[2]。这里,语用预设被理解为实施某一言语行为所需要满足的恰当条件;或者,使一句话语具有必要的社会适切性所必须满足的条件。这样,语用预设不构成话语的语句意义,只是为运用话语创造基

---

[1] 基南著,金顺德译:《自然语言中的两类预设》,见《语言学和外语教学资料》总第18号,上海外国语学院外国语言文学研究所语言研究室编印,第45页。

[2] C.Fillmore:Verbs of judging,In C.Fillmore & T.Langendoen,*Studies in Linguistic Semantics*,New York:Holt,Rinehart & Winston,1971,p.276.

础,使言语活动能达到交际的目的。

言语行为的得体性条件包括:基南的文化方面的条件或情景,如:参与者的地位及其关系种类,参与者的年龄、性别及辈分关系,言语发生时物质背景中某些物体的存在与否,等等;菲尔默的社会合适性条件,如:说话者的真诚条件、明智条件、适宜条件等;格赖斯(H.P.Grice)的关于语言交际的"合作原则";奥尔伍德(Jells Allwood)等人提出的关于交际中语句的恰当性条件,即能力准则与相关准则。宽泛地说,一切使话语适宜或者能触发特定含义的先决条件都属于语用预设。如:

例2-5 "明天把论文拿给我看!"

这句话要成立,必须预设这样几个条件:"受使人写了论文","祈使人希望看到这篇论文","祈使人有权命令受使人拿出论文"。如果缺乏其中任何一个条件,例2-5中的命令都不能奏效。

无论是接受某事为真的态度、交际双方的背景知识还是施行言语行为的恰当条件,都可以被看作是语用预设,单独哪一个方面都不能全面地解释语用预设。对语用预设的三种理解是相互联系的。接受某物为真的态度实际上包含在能力准则中。合作交际准则中的能力准则,表示说话者必须是诚实的并且对他所说的话要有一定的根据。就命题来说,这意味着说话者必须相信他所陈述的是真的,并且他必须拥有一定的证据来支持他所说的话。语用预设的第二种和第三种解释的关系,表现在预设是交际双方所共有的背景知识。基于这种知识,说话者才有可能说出某一话语,而受话者也才有可能正确地理解话语。也正是基于这种共有知识,才能判断某个言语行为是否恰当,是否有效。因此,相对于话语的理解而言,共有知识和适切性可以被看作是语用预设的两个主要特征。

## 二、潜在的预设和实际的预设

利奇(G.Leech)在《语义学》中提出,语义学只能具体规定潜在的前提,而语用学则把潜在的前提变成了事实上的前提。[①] 盖士达(G.Gazdar)的潜预设理论也把所有从语义分析得到的预设称为"潜预设",这种预设只是一

① [英]杰弗里·利奇著,李瑞华等译:《语义学》,上海外语教育出版社1987年版,第189—190页。

种理论设定。按照利奇、盖士达的理论,语义预设被称为潜在的预设,语用预设则是实际的预设。

对预设的语义分析,仅仅是分析静态语句的预设。这是一个语句所具有的潜在的或者可能的预设。当"潜预设"一旦进入了语境当中,它便会出现复杂多变的情况:有的显现为实际的预设,有的则被消去。预设的这种不稳定性,说明预设是最终受到语境影响的语用关系。因此,斯托内克尔说:"语义的与语用的预设概念并不是相互抵触的;它们是对相关而不相同的观念的解释。一般地说,任何在给定的语境中表达出来的命题的语义预设将是在那个语境中的人的语用预设。但是,反之则不然。"①

语义预设作为潜在的预设可能变成实际的预设,成为实际预设的一部分。祈使句的预设最能反映这一点。如:

例2-6 把这张桌子搬到客厅吧!

从语义的角度分析例2-6的预设,则仅分析祈使的内容,即它预设"有一张需要搬动的桌子"、"这张桌子不在客厅"。若从语用的角度分析例2-6的预设,则还需要考虑祈使人是否拥有命令的权利,以及受使人是否具备实施祈使人所祈使内容的能力。只有这两个方面都具备,祈使的目的才可能实现。因此,从语用的角度看,例2-6中这句话要成立,除了需要具备一定的语义预设之外,还须预设:"祈使人有权要求受使人搬动桌子","受使人有能力搬动桌子"。

语义预设在某些特定语境中,或者在句内某些特定的环境中会被取消。这也就是说预设具有可取消性。语义预设如果与特定的语境相矛盾,即和我们的认识发生冲突或者我们在使用中有意对它进行否定,它就会被消去进而不复存在。如:

例2-7 A:你儿子好可爱啊!

　　　　 B:不,我还没有结婚呢。

语言的交际反映的是句子之间的历时关系,在事件发生上有先后的顺序。在例2-7中,从A的话可以得出预设"B有儿子",而B的话则把这一预设取消了。可见,语义预设是否变为实际的预设,要取决于具体的语境。

---

① ［美］R.C.斯托内克尔:《语用学》,见黄师哲、朱红、李先锟译:《语用学与自然逻辑》,开明出版社1994年版,第205页。

此外,语义预设会受到语句焦点的影响,随着语句焦点的变化而变化。语句的焦点就是说话人所强调的信息。语句焦点跟预设是相对的,随着句子焦点结构的改变,句子的预设意义也必定随之改变。如对例1-5"约翰在图书馆遇见乔治"的语义预设进行分析时,实际上是考虑到所有可能的语句焦点,进而形成了不同的否定命题,因此,该语句拥有绝对预设和相对预设。一般来讲,绝对预设可以全部上升为实际预设,而哪些相对预设能够上升为实际预设,则要取决于语句使用时的焦点所在。由于语句在某一个具体语境中使用的时候焦点是固定的,而在进行语义分析时则是考虑到焦点的种种可能,所以,某些时候语句的潜在预设要比实际的预设丰富。

语义预设被视为语句一旦形成,就已寓于句义之中的信息,它是关于句子结构与世界的关系的,而语用预设则是言语交际中的预设。尽管语义预设和语用预设分别属于语义和语用两个不同的层面,但任何语句最终都要被使用,因此,预设的语义分析是语用分析的基础,分析前者有助于对后者的认识。

## 第三节　预设的运用

预设在言语交际过程中起着重要的作用。从受话人的角度分析出语言中暗含的预设,有助于人们透过表面的语言现象,把握说话人的真实思想。从说话人的角度有意识地使预设符合真实性或合适性的要求,是话语可理解、有意义的前提。有目的地设置预设,也可以达到某种特殊的目的。

### 一、预设的析出
预设是暗含在语句或话语背后的信息,具有隐蔽性。为了有效地沟通和交流,需要了解话语中的隐含信息。这种隐含的信息,只有在对话语的表层进行分析并结合具体语境经过推理后才能得到。预设的析出表现为一种自然语言推理。这种推理,具体表现为在语言结构的基础上,依靠逻辑概念、语义、语境等推出话语意义的先决条件。

语义预设是话语合适的潜在或可能的预设,分析语义预设是预设分析的第一步。分析语义预设不需要参照语境,该类预设相对固定,不会因人而异,主要和语句的结构、命题的逻辑特性相关。析出语义预设时,要在了解预设的定义、预设的种类以及预设的各种触发机制的基础上,依据现实性原则推出。所谓现实性原则是指语句意义所描述的事情在所讨论的世界中发生的可能性原则。此外,一些特别的预设析出方法,如否定测试法也有助于析出语义预设。所谓否定测试法是指,分别从某个语句 S 和它的否定 ¬ S 出发,不附加任何其他条件而必然地推出它们的共同的预设。如:

例3-1　A:小方的姐姐在杭州工作。

¬ A:小方的姐姐不在杭州工作。

在例3-1中,从 A 和¬ A 出发,可以必然地推出"小方有姐姐"。不过,否定测试法的依据是语义预设的真值定义,否定测试法的范围是命题所具有的语义预设,肯定命题和否定命题拥有相同的语义预设只是部分语义预设的特征。否定测试法无法分析疑问句、祈使句的预设。

此外,析出语义预设时有可能从一个语句平行地推出几个预设。如:

例3-2　文学院又获得了学校合唱比赛的冠军。

从例3-2可以平行地推出以下两个预设:

$A_1$:学校举行了合唱比赛。

$A_2$:文学院获得过合唱比赛冠军。

在分析语义预设时,也有可能推出的预设之间具有传递性,即预设之中包含预设。如:

例3-3　请把王丽家的后门打开。

从例3-3可以推出以下三个预设:

$A_1$:王丽家有后门。

$A_2$:王丽有房子。

$A_3$:有一个人叫王丽。

上述这三个预设之间不是并列关系,其中,由 $A_1$ 可以推出 $A_2$,由 $A_2$ 可以推出 $A_3$。

语用预设是关于话语背景和话语合适性的预设,话语合适性的原则对于语用预设的析出至关重要。所谓话语合适性原则是指,话语与交际环境相适应,能够产生对方能够接受并进而实现说话者所期待的效果的原则。根据话语合适性原则,可以从交际话语中推出一个共同的背景信息。如:

例3-4 甲："这次亚洲杯决赛,我想日本队会获得冠军,日本队还是技术过硬。"

乙："不一定,中国队主场作战,获胜的呼声也很高。"

根据话语合适性原则,可以得到在例3-4中甲、乙两人对话的如下背景知识:中国队和日本队闯入了决赛。在特定的交际语境中,甲、乙两人的对话如果是合适的,这就必须设想一个语境条件,即中国队和日本队都闯入了决赛。否则,如果中国队或者日本队没有闯入决赛,则将无法取得预想的交际效果。

不过,由于语境的缺乏,有时也会导致推不出预设的情况。例如,只限于交际双方的共有背景,第三方有时就会很难了解。此外,语用预设推理具有连续性,在实际的言语交际过程中,随着言语的动态发展,前面的预设也可能作为背景知识并结合新的话语又推出新的预设。这种情况,在语用预设的析出过程中也是要注意的。

总之,预设推理是较多依赖推理主体对预设认知以及智力干涉的推理;语用预设推理对语境有较强的依赖性。对语用预设的分析,既需要语言知识,又需要一般的非语言知识;既要充分考虑语言的使用者、具体的语境,又要把它与话语合适性、背景共知性或共同性等语境因素的关系考虑进去。只有这样,才能对语用预设作出较为充分、合理的解释。

## 二、预设的真实性或合适性

预设是言语交际中双方沟通的隐形纽带。在人际沟通中,需要把信息有效地传递给对方,使自己的思想能为他人所接受、所理解。只有当受话者所掌握的预设和发话人的预设一致的时候,话语的意义才能按照发话者的意图被理解,才会有双方的沟通。如:

例3-5 "您老人家安心养病吧!"

这一语句预设"对方是老人"、"说话人是晚辈"、"老人身体有病",等等。不难看出,注意预设的真实性或者合适性有助于正确地实施言语行为,并使听话人正确地理解相应的言语行为。

在正常情况下,话语的预设被言语行为中的双方相信是真的。只有交际双方设定预设命题真或预设事实存在,即共认它们在可能世界中是真的,才会建立双方言语交际的逻辑链,实现彼此的思想交流。如:

例3-6　A:"这次学生会竞选,李明不会当选文艺部长。"

B:"是呀! 我想张林能当选文艺部长。"

A:"是的。"

在例3-6的对话中,A、B的讨论所设定的共有信息是"这次学生会竞选,当选文艺部长的或者是李明或者是张林"。以这个共有知识为大前提,再由"李明不会当选文艺部长",B才推出"张林能当选文艺部长"。作为预设的前提,可能与最后的结果不一致,即最后当选学生会文艺部长的可能是李明、张林之外的其他人,但是,只要交际双方有共同的设定,彼此理解,其言语交际就不会有障碍。

但是在一些情况下,仅仅话语的一方相信预设为真,还不足以使谈话正常进行。要使谈话正常进行,还必须使预设在现实世界中确实为真。如:

例3-7　两个老朋友相遇。老王说:"啊,老张,你什么时候出院的呀?"

这里,老王说的话预设:老张前一段时间住过院。假如老王只是听说老张住院了,而老张实际上并没有住院,那么,尽管老王相信他的预设为真,也会让老张对老王的话语感到莫名其妙。老王本来想关心问候一下老朋友,可是由于他的预设为假,问候的目的没有达到,相应的言语行为也就没有成功。

### 三、有目的地设置预设

一般情况下,为了实现一个言语行为,要求预设具有真实性或者合适性。然而,从语用的角度看,说话者和听话人有时候并不需要真正认为预设是真的,他们可以接受一个真假不定的,甚至是虚假的预设作为谈话的起点。语用预设的这一特点,给言语交际的双方通过巧用预设来达到自己目的的话语策略提供了可能。人们完全可以有意识地利用预设来达到某种目的,至少有以下三种预设的使用能对谈话的效果产生积极影响:人为地误置预设、故意曲解话语的预设、有目的地选择使用预设。

#### (一)人为地误置预设

说话者在提出的问话中,有意隐含着对方没有承认或者根本不能接受的假设,这样的问话叫作复杂问语。对于复杂问语的回答,无论是肯定还是否定,其结果都将是承认这个错误的假设。如:

例3-8　古希腊一个诡辩学者向梅内德谟的哲学家提出一个问

题:"你是否已经停止打你的父亲了?"

这里,无论哲学家回答已经停止或没有停止,其结果都将等于承认了如下这个预设:他曾经打过他的父亲。而这个预设,可能是哲学家根本不承认的。

正因为复杂问语具有上述特点,所以有时候说话人明明知道某一命题为假,却故意把它当作真的来进行预设,并以此为诱饵,诱导对方说出自己希望得到的话语,进而使其在不知不觉中落入语言陷阱。如:

例3-9　有一次,邻人偷了华盛顿的一匹马。华盛顿同警察到邻人的农场去讨回,结果遭到那人的拒绝,那人声称马是自己的。华盛顿急中生智,用手捂住马的双眼,问邻人:"如果这马是你的,那么,请你告诉我们,马的哪只眼睛是瞎的?"

"右眼。"

华盛顿放开捂右眼的手,结果马的右眼并不瞎。

"我说错了,马的左眼才是瞎的。"邻人急忙辩解。

华盛顿又放开捂左眼的手,结果,马的左眼也不瞎。

"我又说错了……"邻人还想狡辩。

"是的,你错了。"警察说,"这证明马并不是你的,你必须把马交还给华盛顿先生。"

在例3-9中,华盛顿成功的关键在于,他在前提中设置了一个陷阱,即通过一个复杂问语预设了"马的两只眼睛中有一只是瞎的",而实际上马的双眼都没有瞎。由于不是邻居的马,邻居对马不甚了解,所以,邻居无论断定马的哪只眼睛是瞎的,其结果都只能是错误的回答。

在日常生活中,恰当地运用复杂问语的方法可以试探对方是否说了真话。在论辩中,在难以从正面直接驳倒对方的情况下,先不暴露自己的真实意图,而是通过提问复杂问语的方法预先设置一个圈套,然后设法引诱或迫使对方来钻,这样,也往往可以收到出奇制胜的效果。

由于人为误置预设的问句里埋伏着一个错误的假定,无论你肯定回答还是否定回答都等于承认了这个也许与你无关的假定,因此,对于复杂问语不能采取简单的回答:是或者不是,而要从根本上给予否定。在例3-8中,针对诡辩家的问话,梅内德谟的哲学家这样回答:"不存在是否已经停止打我的父亲的问题,因为,无论过去和现在,我都没有打我的父亲。"

这样,当我们面对问话时,有时候需要先考虑预设的真假,然后再予以回答。如：

例 3-10　在上海举办的某次中学生智力竞赛中，有一道题目难住了众多参赛者。这道题目是：

"怎样识别雌雄蚯蚓？"

结果，参赛者的答案五花八门，固然其中不乏奇思妙想，可就是对不上口径，即没有考虑问话的预设，而是仅仅从识别的方法上来进行考虑，结果当然是找不到正确的答案。

（二）故意曲解话语的预设

在言语交际的过程中，听话者有时明明知道说话人的话语中所暗含的预设，却故意装作不知道，并曲解预设。这样做，在某些特殊的语境中可以显示幽默，避免尴尬不愉快，甚至可以帮助听话者脱离险境。如：

例 3-11　一个外交官去见林肯，看到他正在刷鞋。外交官感到很吃惊："哎呀，总统先生，您还要给自己刷鞋吗？"林肯回答："是呀，那你还要给谁刷鞋呢？"

在该例中，按照一般的常识，外交官的问话预设着"总统的鞋不用自己刷而应有别人刷"，但林肯却故意把外交官的预设曲解为"大家都只给别人刷鞋而不给自己刷鞋"。这样，林肯的回答也就充满了幽默诙谐。

周恩来在 1928 年的一次脱险经历也印证了曲解预设的妙用，如：

例 3-12　1928 年 5 月，周恩来和邓颖超乘坐日本轮船到了大连，一上码头，他们便被带到了港口警察所。一名日本警官一开口就对周恩来说："你是周恩来？"周恩来镇定自若，用手指着邓颖超说："她是古玩商，不是什么周恩来。"日本警官见此人对周恩来是男是女都分不清楚，就挥挥手，放他们走了。

在例 3-12 中，日本当局当时正在搜捕周恩来，警官的话是对着周恩来说的，预设着"周恩来是男性"。如果周恩来当时予以否认，则至少他承认知道周恩来是什么样的人。事实上，周恩来装出对警官所说话语中隐含的预设全然不知的样子，把手指向邓颖超并讲了一些和警官的预设毫不相关的曲解之话。结果，使得日本警官认为这个人连周恩来的性别都不清楚，进而推断他对周恩来一无所知，这样，周恩来夫妇得以从容脱险。

（三）有目的地选择使用预设

预设是谈话的前提，它决定着谈话的进程和方向，也就是说，谈话时使用什么预设,决定着你在什么基础上谈话。在谈话的过程中,有目的地选择使用预设,可以使言语交际行为朝着自己预期的方向发展。如:

　　例3-13　一个朋友到老张家里聊天,快到中午了,老张想叫妻子去准备午饭,但又担心准备一番后客人却不在家里吃饭。所以,老张试探性地向客人问道:"今天中午想请您吃火锅,您吃羊肉没问题吧?"客人回答:"没有问题,我吃什么都行!"

在例3-13中,老张的问话包含着这样的预设:"我决定让朋友中午在家吃饭"。老张在主观上认为这一预设"好像当然真",即属于双方共同接受的背景,并在这一前提上仅仅提出吃什么的问题。这样,显得老张的邀请非常诚挚,他的朋友也就欣然接受其中的预设。反之,假设老张这样对他的朋友询问:"中午能在我家吃饭吗?"该问语不再包含上述预设,他的朋友可能回答"不了,我还有其他的安排,谢谢您!"不难看出,在对话的过程中,预设的选择使用情况不同,提问的结果往往也会明显不同。

　　有目的地选择预设,有时可以表达不宜于直接表达的言外之意。例如,商家总是希望宣传自己的产品好,但广告法明文规定不允许搞恶意竞争。这样,在广告宣传中,一些商家就巧妙地利用预设以便起到宣传自己的产品,打击对手的目的。盖中盖的广告"好钙,蓝瓶的"就是一个典型案例。"好钙,蓝瓶的"预设着"不是蓝瓶的就不是好钙",但是,如果盖中盖的生产商直接把这个观点宣讲出来,则就势必会引起其他竞争对手的不满甚至反击。

## 习　题
### 一、分析下列话语中所包含的预设
1.小刘的哥哥昨天又去了上海。
2.你昨晚看的什么电影?
3.他认识到逻辑学是一门工具性学科。
4.我终于收到了这封迟到的推荐信!
5.当时如果我在场,我就会劝他不要去。
6.小孩子不能这样和大人说话!
7.甚至小王也参加了迎新晚会。

8.假如你能安全出去,一定帮我照看家人。

9.荣获校园歌手大赛一等奖的,要么是张全,要么是赵平。

## 二、单项选择题

1.王大妈上街买东西,看到旁边围了一群人。凑过去一看,原来是中国高血压日的宣传。王大妈转身就要走,一位年轻的大夫叫住了她,说:"大妈,让我帮您测血压好吗?"王大妈连忙挥手说:"我又不胖,算了吧!"

根据以上信息,以下哪个选项最可能是王大妈的回答所隐含的前提?(  )

A.只有患高血压病的人才需要测血压,我不用。

B.只有胖人才可能得高血压病,需要经常测血压。

C.虽然测血压是免费的,可是给我开药方就要收钱了。

D.你们这么忙,还是给身体比较胖的人测吧。

E.让我当众测血压,多难为情,不好意思。

2.艾森豪威尔烟瘾很大,烟斗几乎不离手。某一天,他宣布戒烟,结果立刻引起轰动。记者们向他提出了戒烟能否成功的问题,艾森豪威尔回答说:"我绝不第二次戒烟!"

下面各个选项都可能是艾森豪威尔讲话的含义,除了(  )。

A.在这次戒烟以前,我从没有戒过烟。

B.我曾经戒过烟,但失败了。

C.如果这次戒烟失败,我就不再戒烟。

D.我相信这次戒烟一定成功。

E.我具有戒烟所需要的足够的意志和决断力。

3.英语课结束后,王教授对小张说:"你怎么上英语课又迟到了?"

下列各个选项都可以从王教授的话中推出或者为其所预设,除了(  )。

A.小张上课曾经迟到过。

B.有学生上课迟到了。

C.小张知道上英语课的时间。

D.小张应该遵守课堂纪律。

E.小张喜欢自学英语。

4.大学生应该接受批判性思维训练,不然的话,他们会不假思索地接受某些既定的知识或观念,而批判性思维正是教会他们对这些知识和观念保持审慎的态度。

下列哪个选项不是上述观点的预设？（　　）

A.除非大学生接受批判性思维训练,否则,他们会轻易接受一些既定的知识或者观念。

B.大学生具有理解批判性思维的概念、原理或者方法的能力。

C.大学生在学习的过程中不应该有迷信权威的心理。

D.大学生能对某些既定的知识或者观念保持审慎的态度是件好事。

E.是否应该开展大学生的批判性思维训练,首先应该征求教师的意见。

5.甲:"村口原来那座拱形桥是什么时候被什么人炸毁的?"

乙:"是被日本人炸毁的,我记得是在抗日战争快要结束的时候。"

下列哪个选项不是上述对话中的预设？（　　）

A.村口曾经有一座拱形桥。

B.拱形桥被人炸毁了。

C.中国历史上有一段时期被称作抗日战争时期。

D.拱形桥是被日本人炸毁的。

E.曾经有一座拱形桥。

（选择题参考答案:1B,2B,3E,4E,5D）

# 第十三章
## 论　证

## 第一节　论证的概述

### 一、什么是论证

论证就是用一个或一些真实的命题确定另一命题真实性的思维形式。

在日常工作和科学研究中,经常需要确定某一命题的真实性。为此,人们就引用一个或一些真实命题作为根据,从其中推出所要确定的命题的真实性,这就是论证。如,地质工作者为了证明喜马拉雅山脉在过去的地质年代里曾经是海洋地区,就作出了如下论证:

> 例1-1　喜马拉雅山脉在过去的地质年代里曾经是海洋地区。因为地质学已经证明,凡是有水生生物化石的地层,都是地质史上的海洋地区。地质调查探明,喜马拉雅山脉的地层中遍布着珊瑚、苔藓、海藻、鱼龙、海百合等化石。因此可以得知,喜马拉雅山脉在过去的地质年代里曾经被海洋淹没过。

从例1-1中可以看出,地质工作者是根据"凡是有水生生物化石的地层,都是地质史上的海洋地区"和"喜马拉雅山脉的地层中遍布着珊瑚、苔藓、海藻、鱼龙、海百合等化石"这两个已知为真的命题,确定了"喜马拉雅山脉在过去的地质年代里曾经被海洋淹没过"这一命题的真实性。

在实际思维中,论证有简单和复杂之分。但就逻辑结构而言,它们都由论题、论据和论证方式三部分组成。这三部分称之为"论证三要素"。

论题,就是在论证中要确定其真实性的命题。例1-1中的"喜马拉雅山脉在过去的地质年代里曾经是海洋地区"就是一个论题。在实际的论证中,常见的论题主要有两类:1.其真实性在科学上有待进一步证明的命题。

例如某些科学假说。对于这一类论题的论证,目的在于探索论题的真实性。
2.科学上已被证实的命题。例如数学教师在课堂上证明的一些定理。对于
这一类论题的论证,目的在于使受方(读者、听众等)确信论题的真实性。

论据,就是被用来确定某一论题真实性的命题。在例1-1中,"凡是有
水生生物化石的地层,都是地质史上的海洋地区"和"喜马拉雅山脉的地层
中遍布着珊瑚、苔藓、海藻、鱼龙、海百合等化石"都是论据。在具体的论证
当中,论题只有一个,论据却可以有多个。对于一个较为复杂的论证,论据
可分为两类:1.真实性明显的论据。所谓真实性明显的论据,就是在论证
过程中无须为其真实性再进一步提供论据的论据。这主要包括:已被确
认的反映有关事实的命题、公理、定义以及已被科学所证明了的一切定理
等。2.真实性不明显的论据。所谓真实性不明显的论据,就是在论证过程
中其真实性又被加以说明的论据,也就是本身带有论据的论据。

在论证中凡自身不再带有论据的论据,又称基本论据;凡自身带有论据
的论据,又称非基本论据。

在一个比较复杂的论证中,往往有多级论证关系,存在着多级论据。假
定某具体论证的总论题是"p",其中存在的多级论证关系可以表示如下:

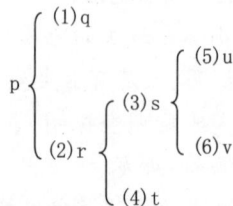

$$p \begin{cases} (1)\,q \\ \\ (2)\,r \begin{cases} (3)\,s \begin{cases} (5)\,u \\ \\ (6)\,v \end{cases} \\ \\ (4)\,t \end{cases} \end{cases}$$

直接推出总论题的论据,称为总论题的第一级论据。上图中"q"、"r"是"p"
的第一级论据。推出第一级论据的论据,称为总论题的第二级论据。上图
中"s"、"t"是"p"的第二级论据。推出第二级论据的论据,称为总论题的第
三级论据。上图中"u"、"v"是"p"的第三级论据。其余情况依次类推。从
上图可以看出,"q"、"t"、"u"、"v"是基本论据,"r"、"s"是非基本论据。论
据的级次是相对于特定论题而言的。上图中"s"、"t"相对于总论题"p"而
言是第二级论据,相对于第一级论据"r"而言,又成了第一级论据。类似
地,"u"、"v"相对于总论题"p"而言是第三级论据,相对于"r"而言却是第

二级论据,相对于"s"而言是第一级论据。整个论证过程的总论题称之为一级论题。上图中"p"是一级论题。作为非基本论据的一级论据,本身又是一个分论题,称之为二级论题。上图中"r"就是一个二级论题。作为非基本论据的二级论据,本身也是一个分论题,称之为三级论题。上图中"s"就属于三级论题。其余情况,依此类推。

任何论证总是通过一个或几个推理进行的。论证中运用的各种推理形式的总和,叫作论证方式。论证方式也叫论证形式。例 1-1 中只包含一个推理,即三段论,具体表示如下:

凡有水生生物化石的地层,都是地质史上的海洋地区,

喜马拉雅山脉的地层中遍布着珊瑚、苔藓、海藻、鱼龙、海百合等化石,

所以,喜马拉雅山脉在过去的地质年代里曾经是海洋地区。

以上推理的逻辑形式是:

MAP

SAM

∴ SAP

这就是例 1-1 的论证方式。

又如:

例 1-2 "马克思主义是一种科学真理,它是不怕批评的。如果马克思主义害怕批评,如果可以批评倒,那末马克思主义就没有用了。"①

这一论证中运用了三个推理,它们分别如下:

凡科学真理是不怕批评的,

马克思主义是科学真理,

所以,马克思主义是不怕批评的。

如果马克思主义害怕批评,如果马克思主义可以批评倒,那么马克思主义就没有用了,

马克思主义不是没用,

所以,马克思主义不是害怕批评的,是批评不倒的。

_____

① 《毛泽东文集》第七卷,人民出版社 1999 年版,第 231 页。

　　　　马克思主义不是害怕批评的，
　　　　────────────────
　　　　所以，马克思主义是不害怕批评的。

以上三个推理的逻辑形式分别是：

　　　MAP
　　　SAM
　　　────────
　　　∴ SAP
　　　$(p \lor q) \to r$
　　　￢ r
　　　────────
　　　∴ ￢ p ∧ ￢ q
　　　SEP
　　　────────
　　　∴ SA$\overline{P}$

例 1-2 的论证方式就是以上三个推理形式，即三段论、否定后件式充分条件直言推理和换质推理的总和。

　　论证和推理是有密切联系的。任何论证都要借助于一定的推理来进行，推理是论证的工具，论证是推理的运用。论题相当于推理的结论，论据相当于推理的前提，论证方式相当于推理形式。

　　论证和推理又是有区别的。第一，思维进程不同。论证的思维进程是由未知到已知，具体表现为先有论题，后有论据。推理的思维进程则是由已知到未知，具体表现为先有前提，后有结论。第二，逻辑结构的复杂度不同。论证的结构往往要比推理复杂，它常常是由一系列推理组成。第三，具体要求不同。论证不但要求论证方式符合逻辑，而且要求论题和论据真实。推理则只要求推理形式符合逻辑，并不要求前提、结论必真。

### 二、逻辑论证的作用

　　逻辑论证能够根据已知为真的命题去确定另一命题的真实性。因此，它在认识上具有巨大的作用。

　　第一，逻辑论证是传播知识、宣传真理的有效手段。

　　在实际思维中，有些理论、知识尽管早已得到实践的检验，但是，它们的真实性却往往不为另一些人所知道。通过有效的逻辑论证，就可以使更多的人明白这些理论、知识的真实性。数学课上教师对一些定理的证明，客观上就起着这样的作用。相反,传播知识、宣传真理的过程中如果缺乏有力的逻辑论证,就往往会影响到知识、理论的可信度。

第二,逻辑论证是获得新知的重要途径。

通过逻辑论证,人们可以在已有知识的基础上获得一些新的知识。例如,罗巴切夫斯基在对"过直线外一点可以引无数条直线与它相平行"这一命题的具体论证过程中,创立了不同于欧几里得几何学的罗巴切夫斯基几何学;毛泽东同志通过对"中国革命走农村包围城市的道路"这一思想的论证,建立了中国新民主主义革命的理论。

第三,逻辑论证是提出科学假说的重要凭借。

在事实材料和有关原理的基础上提出科学假说,都要进行必要的逻辑论证。假说和胡思乱想的重要区别之一,就表现在前者往往建立在逻辑论证的基础上。科学发展史上一些著名的假说,如哥白尼的"太阳中心说"、魏格纳的"大陆漂移说"等,在提出时都附有逻辑论证。

第四,根据实践提出的一些命题,经过严密的逻辑论证可以上升为科学原理。

人们在实践基础上提出的一些命题,有时仅是知其然而不知其所以然。通过严密的逻辑论证,揭示不同命题之间的联系,这就可以从整体结构上把握命题的性质、作用及地位,进而形成一定的科学思想。例如,长期以来,人们发现在平面或球面上画图,只需要四种颜色就可以把任何两个相邻的区域区分开来。由于没有严格的逻辑论证,所以这一直是一种经验和猜测。一直到1976年,美国的两位数学家利用电子计算机作了200亿个逻辑命题的证明之后,它才发展成为"四色定理"。

逻辑论证虽然可以根据一个或一些命题的真实性去确定另一命题的真实性,进而在认识上有巨大作用,但它却不可能代替实践而成为检验真理的标准。马克思主义认为,人的思维是否具有客观的真理性,这并不是一个理论的问题,而是一个实践的问题。逻辑论证属于主观认识范围,是人的理性思维活动,它不是把客观事实与主观认识相比较,不可能最终解决人的认识是否具有真理性的问题。作为检验真理唯一标准的,只能是社会实践。

逻辑论证不仅不能代替实践成为检验真理的标准,相反,它又是以实践为基础的。这主要表现在:1.逻辑论证必须引用真实的命题作为论据,而作为论据的任何命题,其真实性归根结底是由实践检验的。2.逻辑论证必须运用正确的推理形式,而正确的推理形式都是客观事物规律的反映。它们来自实践,其正确性最终也只有通过实践才能验证。

当然,逻辑论证不能代替实践成为检验真理的标准,这并不意味着逻辑论证对于实践检验毫无作用。对认识的真理性检验往往是一个漫长的过程。在这个过程中,经常需要对不同实践所得到的结果作出理论分析,而这时往往少不了逻辑论证。可以说,逻辑论证对实践检验起着重要的辅助作用。

## 第二节　论证的种类

按照不同的标准,对论证可以作出如下不同的分类:直接论证和间接论证;演绎论证、归纳论证和类比论证。

### 一、直接论证和间接论证

根据论证过程是否是从论据的真实性中直接推出论题的真实性,可以把论证分为直接论证和间接论证。

（一）直接论证

直接论证是在论证过程中从真实的论据直接推出论题为真的论证。如:

> 例2-1　"我们认为中国人民革命阵营必须扩大,必须容纳一切愿意参加目前的革命事业的人们。中国人民的革命事业需要有主力军,也需要有同盟军,没有同盟军的军队是打不胜敌人的。正处在革命高潮中的中国人民需要有自己的朋友,应当记住自己的朋友,而不要忘记他们。忠实于人民革命事业的朋友,努力保护人民利益而反对保护敌人利益的朋友,在中国无疑是不少,无疑是一个也不应被忘记和被冷淡的。"①

例2-1就是一个直接论证。其中"中国人民革命阵营必须扩大,必须容纳一切愿意参加目前的革命事业的人们"是论题,其他的命题是论据,而论题

---

① 《毛泽东选集》第四卷,人民出版社1991年版,第1378页。

的真实性是通过论据的真实性直接推出来的。

直接论证之所以称为"直接论证",并不是说这种论证的过程简单,也不是说这种论证只有一个或一个层次的论据,而是说这种论证从论题出发,论据为论题提供正面理由,进而直接阐明论题的真实性。

(二)间接论证

间接论证是在论证过程中通过确定另一个或另一些命题的虚假,从而确定论题真实性的论证。间接论证的特点是,它不是从论据的真实性直接推出论题的真实性,而是首先提出一个或一些与论题有关的其他命题作为逻辑中介,然后通过确定这个或这些命题的虚假,再最终确定论题的真实性。

间接论证通常采用两种方法:反证法和选言证法。

1.反证法

反证法是通过确定与论题具有矛盾关系或下反对关系的命题即反论题虚假,来确定论题真实性的论证方法。如:

　　　　例2-2　我们必须大力发展教育事业。否则,就不能满足现代化
　　　　　　　建设对各种人才的需要,就不能迅速提高中华民族的整体文
　　　　　　　化素质,进而现代化建设事业也就会成为一句空话。

例2-2所采用的论证方法就是反证法。它的论题是:"我们必须大力发展教育事业"。为了确定这个论题的真实性,首先提出了一个与论题具有矛盾关系的反论题"我们不大力发展教育事业"(在语言表达上采用了省略方式,即"否则")。假设反论题真,由它推出一个明显地应予以否定的虚假命题,即"不能满足现代化建设对各种人才的需要,不能迅速提高中华民族的整体文化素质,进而现代化建设事业也会成为一句空话"。这个命题应当否定,因而推出反论题也应否定。否定了反论题,根据排中律,论题的真实性也就得到了肯定。由于从反论题推出的命题是明显地应予以否定,所以在语言表述上,例2-2就把对这个命题的否定以及进而对反论题的否定和原论题的肯定省略了。

运用反证法的论证过程可以表示如下:

[求证]　p

[证明]　假设q(q与p具有矛盾关系或下反对关系)

　　　　如果q,那么r

非 r

所以,非 q

所以,p(根据排中律)

这也就是说,运用反证法进行间接论证时主要包括四个步骤:

第一步,提出论题 p。

第二步,提出与论题 p 具有矛盾关系或下反对关系的反论题 q。

第三步,证明反论题 q 虚假。

第四步,根据排中律,由 q 假推出论题 p 真。

反证法对论题的论证不容置疑。因此,它是一种非常有说服力的论证方法。同时,该方法的应用范围也比较广泛,尤其是有些论题,如果选用直接论证方法进行论证时往往会异常困难,而如果选择反证法进行论证则常常会简便易行。

正确运用反证法必须注意以下几点:第一,提出的反论题应该与原论题之间构成矛盾关系或下反对关系。第二,由反论题作为前件和由一个或一些虚假命题作为后件所构成的充分条件假言命题必须真实。第三,由反论题作为前件所推出的作为后件的所有命题都应是虚假的。这些命题往往属于下列情形之一:(1)与已知的事实情况不符合。(2)与有关学科的公理、定理或者定义相矛盾。(3)与已知条件矛盾。(4)自相矛盾。

2.选言证法

选言证法是运用选言命题提出包括论题在内的各种可能情况,并通过确定除论题所指情况外,其余可能情况都是假的,从而确定论题真实性的一种论证方法。如,毛泽东在《中国革命战争的战略问题》一文中分析中国革命战争的领导责任时说:

例2-3 "自一九二四年开始的中国革命战争,已经过去了两个阶段,即一九二四年至一九二七年的阶段和一九二七年至一九三六年的阶段;今后则是抗日民族革命战争的阶段。这三个阶段的革命战争,都是中国无产阶级及其政党中国共产党所领导的。中国革命战争的主要敌人,是帝国主义和封建势力。中国资产阶级虽然在某种历史时机可以参加革命战争,然而由于它的自私自利性和政治上经济上的缺乏独立性,不愿意也不能领导中国革命战争走上彻底胜利的道路。中国农民群众和城市小资产阶级群众,是愿意积极地参加革命战争,并愿意使战争得到彻底胜利的,他们是革命战争的主力军;然而他们的小生产的特点,使他们的政治眼光受到限制(一部分失业群众则具有无政府思想),所以他们不能成为战争的正确的领导者。因此,在无产阶级已经走上政治舞台的时代,中国革命战争的领导责任,就不得不落到中国共产党的肩上。"①

例2-3中包含了一个运用选言证法的间接论证。它的论题是:"中国革命战争必须由中国无产阶级及其政党中国共产党领导。"为了论证该论题,首先构造了如下选言命题:"中国革命战争或者由资产阶级领导,或者由农民和城市小资产阶级领导,或者由无产阶级领导"(原文在语言表述上省略了);其次,分别论证资产阶级、农民和城市小资产阶级都不能领导中国革命战争;再次,确定论题的真实性。

运用选言证法的论证过程可以表示如下:

[求证] p

[证明] 或者p,或者q,或者r(或者s,…)

非q

非r(非s,…)

所以,p

这也就是说,运用选言证法进行间接论证主要有三个步骤:

第一步,构造一个以原论题为一选言支的选言命题。

第二步,确定除原论题这一支命题外,其余选言支均为假。

第三步,根据选言推理的否定肯定式,推断原论题为真。

## 二、演绎论证、归纳论证和类比论证

根据论证所运用的推理种类不同,论证可以分为演绎论证、归纳论证和类比论证。

(一)演绎论证

演绎论证就是运用演绎推理进行的论证。在实际思维中,人们以科学原理、定律或其他真实命题为根据,运用演绎推理,推出某个命题的真实性,

① 《毛泽东选集》第一卷,人民出版社1991年版,第183页。

这就是演绎论证。如：

例 2-4　经济规律是不以人们的意志为转移的。因为,客观规律是不以人们的意志为转移的。

例 2-4 就是一个运用三段论的推理进行演绎论证的例子。具体推理为：

客观规律是不以人们的意志为转移的,

经济规律是客观规律(省略),

所以,经济规律是不以人们的意志为转移的。

又如,毛泽东在《中国革命和中国共产党》一文中对"中国革命的性质"这一问题的有关说明,也运用了演绎论证。文中指出：

例 2-5　"现阶段的中国革命究竟是一种什么性质的革命呢? 资产阶级民主主义的革命,还是无产阶级社会主义的革命呢? 显然地,不是后者,而是前者。

既然中国社会还是一个殖民地、半殖民地、半封建的社会,既然中国革命的敌人主要的还是帝国主义和封建势力,既然中国革命的任务是为了推翻这两个主要敌人的民族革命和民主革命,而推翻这两个敌人的革命,有时还有资产阶级参加,即使大资产阶级背叛革命而成了革命的敌人,革命的锋芒也不是向着一般的资本主义和资本主义的私有财产,而是向着帝国主义和封建主义,既然如此,所以,现阶段中国革命的性质,不是无产阶级社会主义的,而是资产阶级民主主义的。"①

在例 2-5 中,论证的论题是："现阶段中国革命的性质,不是无产阶级社会主义的,而是资产阶级民主主义的。"在具体的论证中,作者运用了三个省略假言前提的肯定前件式充分条件直言推理,进而使整个论证过程显得环环相扣,思路严密：

如果中国社会是一个殖民地、半殖民地、半封建的社会,那么现阶段中国革命的性质不是无产阶级社会主义的,而是资产阶级民主主义的;(省略)

中国社会是殖民地、半殖民地、半封建社会;

① 《毛泽东选集》第二卷,人民出版社 1991 年版,第 646—647 页。

所以,现阶段中国革命的性质不是无产阶级社会主义的,而是资产阶级民主主义的。

如果中国革命的敌人还是帝国主义和封建势力,那么现阶段中国革命的性质不是无产阶级社会主义的,而是资产阶级民主主义的;(省略)

中国革命的敌人主要的还是帝国主义和封建势力;

所以,中国现阶段革命的性质不是无产阶级社会主义的,而是资产阶级民主主义的。

如果革命的任务是为了推翻这两个主要敌人(帝国主义和封建势力)的民族革命和民主革命,而推翻这两个敌人的革命有时还有资产阶级参加,即使大资产阶级背叛革命而成了革命的敌人,革命的锋芒也不是向着一般的资本主义和资本主义的私有财产,而是向着帝国主义和封建主义,那么,现阶段中国革命的性质,就不是无产阶级社会主义的,而是资产阶级民主主义的;(省略)

中国革命的任务是为了推翻这两个主要敌人的民族革命和民主革命,而推翻这两个敌人的革命有时还有资产阶级参加,即使大资产阶级背叛革命而成了革命的敌人,革命的锋芒也不是向着一般的资本主义和资本主义的私有财产,而是向着帝国主义和封建主义;

所以,现阶段中国革命的性质,不是无产阶级社会主义的,而是资产阶级民主主义的。

(二)归纳论证

归纳论证就是运用归纳推理进行的论证。归纳推理的结论是一般性知识,而前提则是有关个别事物的知识。所以,在实际思维中,人们引用一些有关个别事物的命题作为论据,来论证某个一般性的命题,这就是归纳论证。如:

例2-6 所有的社会形态都存在生产力和生产关系的矛盾。因为人类社会的全部社会形态有五种:原始社会、奴隶社会、封建社会、资本主义社会和共产主义社会,而原始社会、奴隶社会、封建社会、资本主义社会和共产主义社会都存在着生产力和生产关系的矛盾。

例 2-6 中引用"原始社会存在着生产力和生产关系的矛盾"、"奴隶社会存在着生产力和生产关系的矛盾"等五个具体的命题作论据,运用完全归纳推理,论证了"所有的社会形态都存在着生产力和生产关系的矛盾"这一普遍性论题的真实性。所以,它属于归纳论证。

归纳论证的可靠性因所运用归纳推理的种类不同而有差异。由于完全归纳推理的前提和结论之间具有必然联系,所以,运用完全归纳推理进行论证时,只要有关论据都是真实的,那么相应论题的真实性也就是无可置疑的。

在实际的归纳论证中,人们除了运用完全归纳推理之外,还经常运用不完全归纳推理。如:

> 例 2-7　自然科学来自人类的生产活动。最早的天文学是在人们的游牧活动和农业活动中,总结各种天象及日月星辰的观察材料而建立起来的;农业生产和商业交往活动,需要丈量土地、衡量器物、计数事物、测定时间,从而出现了古代数学;在手工劳动中,制造和使用各种工具、器械,从事建筑,进行推、拉、举、抛等活动,体验到一些机械运动原理,产生了古代力学;从畜牧和种植活动中,了解到动物、植物、微生物的性状和生长规律,获得了最早的生物学知识等。

例 2-7 中在论证"自然科学来自人类的生产活动"这一论题时,就是根据天文学、数学、力学、生物学等具体情况,运用了不完全归纳推理。

需要注意的是,由于不完全归纳推理的前提和结论之间只具有或然性联系,即使前提是真实的,结论也不必然是真实的。所以,运用不完全归纳推理进行论证时,尽管论据都是真实的,但经过论证后的结论却并不必然是真实的。当然,在运用简单枚举归纳推理进行论证时,如果对论据的选择能做到既典型又充分,那么,应该说这样的论证还是有一定说服力的。此外,由于科学归纳推理是建立在对事物因果联系认识的基础上,其结论具有较高的可靠性,所以,运用科学归纳推理进行的归纳论证是有较强的说服力的。如:

> 例 2-8　"我说一切所有号称强大的反动派统统不过是纸老虎,原因是他们脱离人民。你看,希特勒是不是纸老虎?希特勒不是被打倒了吗?我也谈到沙皇是纸老虎,中国皇帝是纸老虎,

日本帝国主义是纸老虎,你看,都倒了。"①

这里,毛泽东对"一切所有号称强大的反动派统统不过是纸老虎"这一论题的论证,就运用了科学归纳推理。他不仅列举了希特勒、沙皇、中国皇帝和日本帝国主义等反动派都是纸老虎,还更进一步通过科学分析,说明了它们之所以是纸老虎的原因,即"脱离人民"。应该说,毛泽东同志这样的论证是比较有说服力的。

(三)类比论证

类比论证就是运用类比推理进行的论证。在实际论证当中,人们根据两个或两类对象在某些属性上相同或相似,进而确定它们在另一属性上也相同或相似,这就是类比论证。如:

> 例2-9 我国古代有则断案的故事:某人杀妻后伪造其妻被火烧死的现场。娘家人怀疑,于是告到官府。检官断案,用两头猪作验证。一头猪杀死,另一头猪不杀死。把这两头猪一同放在柴草中焚烧。结果:那头活猪被烧时,因大口呼吸,烧死后口、鼻内有大量烟灰;而那头先杀死的猪的口、鼻中却无此现象。于是,检官结合对死者验尸时,发现死者口、鼻中没有留下大量烟灰,断定死者是先被杀后被烧。经审讯,死者丈夫认罪。

在例2-9中,检官断案时运用了类比论证。为了论证论题"死者是先被杀后被烧"的可靠性,检官通过用活猪和死猪被烧的情况与验尸的情况进行类比,进而推出了相应的结论。

需要说明的是,由于类比推理的结论具有或然性而不具有必然性,所以,运用这种方法进行论证时必须注意:即使论据正确,有关论题也并非完全没有错误的可能。同时,对这一推理方法的运用还要注意防止出现"机械类比"的逻辑错误。

把论证划分成演绎论证、归纳论证和类比论证,这种划分是建立在这样一个假设的基础上的:某论证过程只涉及一种推理类型。但事实上,一个具体论证往往会综合运用多种推理类型,这是我们进行实际论证或考察、分析任何已有论证时需要注意的。

---

① 《毛泽东文集》第七卷,人民出版社1999年版,第328页。

## 第三节　论证的规则

人们要作出正确的论证,除了应了解论证的逻辑结构和种类以外,还必须遵守论证的一些规则。违反这些规则,有关论证就会缺乏论证性,说服力也就无从谈起。

### 一、论题的规则

1.论题必须清楚、明确。

论证的目的就在于确定论题的真实性,因此,清楚而明确的论题是有效论证的先决条件。如果论题不清楚、不明确,也就是说,论证的对象是什么都含混不清,那么,相应的论证也就难以谈得上严密、具有说服力。

论题是论证者在论证过程中所要阐明的中心思想,是论证者基于对有关问题的认识而形成的断定。它一般以命题的形式表现出来。论证中论题应当清楚、明确,主要是说:第一,论证者在进行论证之前就应该形成关于论题的清楚而明白的思想,并以一定的命题形式作出断定。第二,用来表达命题的语句应该清楚、明确,不会产生歧义。第三,对于论题中所涉及的关键概念,必要时还要加以说明,以避免因概念含混而导致论题不明确。

如,毛泽东在《矛盾论》一文中论及"矛盾诸方面的同一性和斗争性"时有这样一段说明:

> 例3-1　"同一性、统一性、一致性、互相渗透、互相贯通、互相依赖（或依存）、互相联结或互相合作,这些不同的名词都是一个意思,说的是如下两种情形:第一、事物发展过程中的每一矛盾的两个方面,各以和它对立着的方面为自己存在的前提,双方共处于一个统一体中;第二、矛盾着的双方,依据一定的条件,各向着其相反的方面转化。这些就是所谓同一性。"①

这里对"同一性"的解释,客观上在论证中起到了明确论题的作用。

如果在论证中违反上述规则,就要犯"论题不清"的逻辑错误。

---

① 《毛泽东选集》第一卷,人民出版社1991年版,第327页。

2.论题应始终保持同一。

论题应始终保持同一,是指在同一个论证中只能有一个论题,整个论证过程始终要围绕该论题展开,这是同一律对论证的具体要求。

违反这一规则,就要犯"转移论题"的逻辑错误。"转移论题"主要有如下两种表现形式:

第一,用内容完全不同的论题替换原有论题。例如,本来的论题是"吃鱼能够健脑",而实际论证时却笔端一转,去论证"吃鱼可以使你头脑聪明"。显然,这是两个不同的论题,用后者替换前者,就犯了"转移论题"的逻辑错误。

第二,用一个与原论题相近的论题替换原论题。这是论证中比较容易犯的"转移论题"逻辑错误的一种形式。其中,常见的情形是"论题扩大"和"论题缩小"。

"论题扩大",是指在实际论证中并非论证原论题,而是论证了一个与原论题相近,却比原论题断定较多的论题。例如,本来要论证的论题是"思维与语言的联系",但实际上论证的却是"思维与语言的关系"。显然,前者断定的仅仅是指思维与语言两者之间的联系方面,后者断定的却既包括思维与语言的联系,又包括思维与语言的区别。这两个论题看起来相近,而事实上后者断定的要比前者断定的多。这样的论证就犯了"论题扩大"的逻辑错误。

"论题缩小",是指在论证过程中实际上并未论证原论题,而是论证了一个与原论题相近,却比原论题断定较少的论题。例如,本来要论证的论题是"三角形的内角之和等于 180 度",但实际上论证的却是"等边三角形的内角之和等于 180 度。"我们知道,三角形中除了等边三角形,还包括非等边三角形。显然,就这两个论题所断定的内容而言,后者要比前者少。这样的论证就犯了"论题缩小"的逻辑错误。

## 二、论据的规则

1.论据应当是真实命题。

论据是用来论证论题真实性的根据,论证过程就是从真实性的论据推出论题真实性的过程。如果论据不真,或者论据的真实性尚未得到证实,那么,论题的真实性也就不能得到论证。

违反上述规则,就会犯"虚假理由"或"预期理由"的逻辑错误。

"虚假理由",是指在论证过程中以虚假命题作为论据而犯的逻辑错误。其中主要有两种情况:第一,由于受认识水平的限制,在论证过程中误把虚假命题当作论据。例如,在科学发展史上,一些错误学说的提出和形成一般都是因为认识水平所限,根据虚假命题而造成的。如,"地球中心说"是以"太阳围绕地球转动"这一虚假命题为基本根据的,"燃素说"则是以主观想象中存在着"燃素"为依据的。第二,为了达到颠倒黑白、混淆是非的目的,在具体论证中故意捏造虚假论据。例如,1931 年 9 月 18 日,日本关东军守备队在沈阳北郊用炸药炸毁了南满铁路长沈线的一段路轨,但却反诬中国军队炸毁南满铁路和袭击日本守备队,并以此作为向我沈阳附近的北大营和沈阳市区发动进攻的理由。日本军国主义分子以谎言为理由的做法,自然从根本上来说是由其反动的政治立场所决定的,但从逻辑上看,这也是不符合论证要求的,犯了"虚假理由"的逻辑错误。

"预期理由",是指在论证过程中引用真实性尚待证明的命题作为论据,进而所犯的逻辑错误。如,有人提出:

例 3-2  地球上出现的不明飞行物,是外星球上的宇宙人发射的,因为现代科学告诉人们,外星球可能存在着比地球人更高级的宇宙人。他们向地球发射宇宙飞行物是很自然的事情。

在例 3-2 这一论证中,论题是"地球上出现的不明飞行物,是外星球上的宇宙人发射的"。其论据是两个真实性尚未得到证实的命题,即"外星球存在着比地球人更高级的宇宙人"和"外星人向地球发射宇宙飞行物是很自然的事情"。由于论据本身的真实性是待证的,所以,根本不可能由此确定论题的真实性。例 3-2 就犯了"预期理由"的逻辑错误。

2.论据的真实性不应依赖论题的真实性来论证。

在论证中,论题的真实性是依靠论据的真实性来确定的。如果论据的真实性反过来又依靠论题的真实性来确定,那就等于说,论题的真实性是用论题的真实性来确定的,这种情况等于没有对论题进行任何论证。

违反上述规则,就会犯"循环论证"的逻辑错误。

"循环论证",是指在论证过程中把论题反过来又作为论据的论据进而所犯的逻辑错误。如:

例 3-3  有人曾试图证明地球是不自转的。他说:"地球是不自转的。因为如果地球自转,那么,它由西向东转,地球上就会有一股持久的东风;或者由东向西转,地球上就会有一股持久的西风。而实际上地球上既没有持久的东风,也没有持久的西风。为什么这样呢? 这是因为地球不自转。"

在例3-3中,论者引用"地球上既没有持久的东风,也没有持久的西风"这一命题作为论据,以证明"地球是不自转的"这个论题。但是,对"地球上既没有持久的东风,也没有持久的西风"这一论据的真实性,论者又引用"地球是不自转"这一原本是论题的命题作为论据予以说明。这样的论证等于原地兜圈子,论题始终得不到有效论证。

### 三、论证方式的规则

关于论证方式的规则只有一条,即从论据应能推出论题。

所谓"从论据应能推出论题",就是指论据是论题的充足理由,从论据的真实性可以推出论题的真实性。从论据应能推出论题,是充足理由律在论证这一思维形式中具体作用的表现。

在实际论证中,如果违反上述规则就会犯"推不出"的逻辑错误。这一错误的产生原因,主要有以下几种情况:

1.论证过程违反推理规则。

由于论证过程都要借助于一定的推理来完成,所以,当从论据推出论题时,必须遵守有关的推理规则或者要求。否则,如果在论证中违反了一定的推理规则或者要求,就意味着论题并不能从有关论据中推出,就会犯"推不出"的逻辑错误。如:

> 例3-4 某死者是服砒中毒死亡。因为死者体内有砒的残余物质;如果死者是服砒中毒死亡,那么其体内就会有砒的残余物质。

在例3-4中,从论据推不出论题的真实性。因为,论证中运用了充分条件直言推理的肯定后件式,而这是违反充分条件直言推理的"肯定后件不能肯定前件"这一规则的。

2.论题与论据不相干。

论题与论据不相干,是指论题和论据之间在内容上毫无联系。在这种情况下,即使论据是真实的,也并不能推出论题就是真实的。如:

例3-5　毛泽东同志在《论联合政府》一文中有这样一段话:"国民党人却说:'共产党破坏抗战,危害国家。'(见一九四三年九月国民党十一中全会的决议案)唯一的证据,就是共产党联合了各界人民创造了英勇抗日的中国解放区。这些国民党人的逻辑,和中国人民的逻辑是这样的不相同,无怪乎很多问题都讲不通了。"①

显然,毛泽东同志在这里实际上是指出国民党人的论据和论题之间毫无逻辑联系,二者风马牛不相及。这就是论证过程中"论据与论题不相干"的一个实例。

3.论据不充足。

论据不充足,是指在论证过程中,论据的真实性对于论题的真实性来说虽然是必要的,但仅有这些论据尚不足以推出论题的真实性。如:

例3-6　张华在这次选举中一定有选举权和被选举权,因为,他已年满18周岁。

在例3-6中,张华已年满18周岁仅仅是他有选举权和被选举权的必要条件,而不是充分条件。所以,这一论证过程存在"论据不充足"的情况,犯了"推不出"的逻辑错误。

毛泽东同志曾结合抗日战争的实际情况,阐述了论证过程中避免论据不充足的必要性。他在《论持久战》这部著作中驳斥当时的亡国论者时指出:"亡国论者看到敌我强弱对比一个因素,从前就说'抗战必亡',现在又说'再战必亡'。如果我们仅仅说,敌人虽强,但是小国,中国虽弱,但是大国,是不足以折服他们的。他们可以搬出元朝灭宋、清朝灭明的历史证据,证明小而强的国家能够灭亡大而弱的国家,而且是落后的灭亡进步的。如果我们说,这是古代,不足为据,他们又可以搬出英灭印度的事实,证明小而强的资本主义国家能够灭亡大而弱的落后国家。所以还须提出其他的根据,才能把一切亡国论者的口封住,使他们心服,而使一切从事宣传工作的人们得到充足的论据去说服还不明白和还不坚定的人们,巩固其抗战的信心。"②

---

① 《毛泽东选集》第三卷,人民出版社1991年版,第1049页。
② 《毛泽东选集》第二卷,人民出版社1991年版,第450—451页。

4.以人为据。

以人为据,是指在论证过程中,为了确定一个命题为正确,不是以事实和已经证明的科学原理为依据,而是仅仅以与这一命题有关的人的权威、地位、品德等作为论证这一命题为真的依据。通常所说的"因人纳言"就是属于这种情况。

意大利物理学家、天文学家伽利略曾在《关于托勒密和哥白尼的两大世界体系的对话》一书中记述了这样一个故事:一个经院哲学家不相信人的神经在大脑中会合这一结论。一位解剖学家邀请他去参观人体解剖。在解剖室里,他亲眼看到人的神经确实是在大脑中会合的。解剖学家便问他:"现在你该相信了吧?"他回答说:"您这样清楚明白地使我看到了这一切,假如在亚里士多德的著作里没有与此相反的说法,即神经是从心脏中产生出来的,那我一定会承认这是真理了。"经院哲学家的意思是,"神经是从心脏中产生出来的"这一命题尽管与事实不符合,但亚里士多德是这样认为的,所以,它依然是正确命题。可以说,这则故事把论证过程中"以人为据"所可能产生的荒谬情形刻画得淋漓尽致。

5.以相对为绝对。

以相对为绝对,是指在论证过程中引用论据确定论题的真实性时,把在一定条件下为真的命题视为无条件的、绝对真实的命题而使用。例如,在标准大气压下,水的沸点是 100℃,可见,"水的沸点是 100℃"这个命题为真是有条件的。在实际论证中,如果忽视了这一点,把它作为无条件的命题而去论证有关命题,那就会犯"推不出"的逻辑错误。

# 第四节　反　　驳

## 一、什么是反驳

所谓反驳,就是用真实的命题去确定一个论证的论题错误、论据虚假或者论证方式不能成立的思维形式。如:

例 4-1　有人主张做一切事情都要看本本上是怎样写的。这是思想僵化的表现。如果一切都要从本本出发,那么本本上没有写的,我们就什么事也不能办,那样,社会就不能进步,它的生机就停止了。

例4-1就是一个反驳。它通过一些真实的命题来确立"做一切事情都要看本本上是怎样写的"这一论题是错误的。

从逻辑结构上看,任何反驳都是由被反驳的论题、反驳的论据以及反驳方式三部分构成的。其中,被反驳的论题,是指在反驳过程中需要确定其虚假的命题。该类命题既可以是对方论证中的论题,又可以是对方论证中的论据。反驳的论据,是指在反驳过程中用来作为反驳根据的命题。反驳方式,是指在反驳过程中所使用的推理形式。在例4-1中,被反驳的论题是"做一切事情都要看本本上是怎样写的",反驳的论据是"如果一切都要从本本出发,那么本本上没有写的,我们就什么事也不能办,那样,社会就不能进步,它的生机就停止了"。反驳方式是充分条件直言推理的否定后件式,即:

$$p \rightarrow q$$
$$\neg q$$
$$\therefore \neg p$$

反驳和论证是有区别的。论证的根本目的是确立一定的命题是正确的、真实的,反驳的根本目的则在于确立一定的命题是错误的、虚假的。但是,二者又是有密切联系的。第一,在探求真理、传播和发展真理的过程中,论证和反驳往往是相辅相成、密不可分的,二者共同推进人类的认识不断得到深入和发展。第二,从一定意义上,可以说反驳是论证的一种特殊形式。这是因为,确立论题 p 是错误的,论据 q 是虚假的,或者一定的论证方式 $\beta$ 不能成立,也就是确立"论题 p 是虚假的"、"论据 q 是虚假的"或者"某具体论证方式 $\beta$ 不能成立"这些命题是真实的。

## 二、反驳的种类

根据不同的标准,可以对反驳作出不同的分类。这里,我们根据反驳对象的差异,把反驳划分成反驳论题、反驳论据和反驳论证方式三种类型。

### (一)反驳论题

反驳论题就是确定对方的论题是错误的。这是各类反驳中最彻底、最有逻辑力量的一种。

反驳论题时常用的方法包括:直接反驳和间接反驳。

1.直接反驳

直接反驳就是引用有关论据,直接推出被反驳命题错误的反驳方法。如:

例4-2　"所有的科学家都接受过高等学历教育"这个观点是错误的。因为,事实上有的科学家并没有接受过高等学历教育。

例4-2是一个直接反驳。它根据"有的科学家没有接受过高等学历教育"这一命题的真,直接推出"所有的科学家都接受过高等学历教育"这一论题为假。

2.间接反驳

间接反驳是相对于直接反驳而言的。它的特点是:在确立一命题为错误的过程中,不是引用有关论据直接推出该命题错误,而是通过以下两种方法的运用,来间接达到反驳的目的。

(1)独立论证反驳法

独立论证反驳法就是通过论证与被反驳命题具有矛盾关系或反对关系的命题为真,然后推出被反驳命题为假的反驳方法。如:

例4-3　"生产关系都是阶级关系",这种观点不能成立。我们知道,原始社会没有阶级,其生产关系就不是阶级关系。可见,有些生产关系并不是阶级关系。

例4-3的反驳方法属于独立论证反驳法。被反驳的命题是"生产关系都是阶级关系"。在具体的反驳过程中,首先通过运用三段论推理(省略了一个前提,即"原始社会的生产关系是生产关系"),论证"有些生产关系不是阶级关系"这一命题成立,然后根据该命题和被反驳命题之间构成矛盾关系,进而根据矛盾律,由这一命题为真推出被反驳命题为假。

独立论证反驳法的思维过程可以表示为:

被反驳的命题:p

论证 q 真(q 和 p 具有矛盾关系或反对关系)

所以,p 为假(根据矛盾律)

独立论证反驳法和反证法是不同的。首先,独立论证反驳法是用来确定某命题虚假的,反证法则是用来确定某命题正确的。其次,独立论证反驳法的逻辑根据是矛盾律,由真推假;反证法的逻辑根据是排中律,由假推真。

（2）归谬法

归谬法是反驳过程中经常使用的一种逻辑方法。为了反驳命题 p，先假定 p 是真的，并据此推导出明显荒谬的结论，然后根据充分条件直言推理的否定后件式，从而驳倒被反驳的命题，这就是归谬法。如：

例4-4　"聪明才智是天生的"，这种观点是荒谬的。如果聪明才智是天生的，那么，爱因斯坦生下来就应能创立相对论，这显然是荒谬的。爱因斯坦生下来和别的婴儿一样无知。

例4-4 就是应用归谬法进行反驳的例子。它首先假定被反驳的命题"聪明才智是天生的"为真，然后以此作为充分条件假言命题的前件，推出一个内容显然荒谬的后件，即"爱因斯坦生下来就应能创立相对论"，进而运用充分条件直言推理的否定后件式，确定被反驳的命题虚假。

归谬法的思维过程可以表示为：

被反驳的命题:p

假设 p 真

如果 p，那么 q

非 q

所以，非 p

运用归谬法时，从假定被反驳命题为真进而推导出一定的荒谬结论，这往往有如下表现形式：

第一，从假定被反驳的命题为真，进而推导出一假命题。例 4-4 就属于这种情况。

第二，从假定被反驳的命题为真，进而推导出两个互相矛盾的命题。如：

例4-5　基督教宣称:"《圣经》里关于耶稣言行的记载都是真实的。"一位研究《圣经》的德国学者对此进行了反驳。他指出：如果《圣经》里关于耶稣言行的记载都是真实的，那么《福音书》上说的"任何人的心思耶稣都能及时看透"这是真实的。同样，《福音书》上说的"耶稣直到最后才知道犹大将出卖自己"也应是真实的，而这意味着"有的人的心思耶稣不能及时看透。"

在该例中，这位德国学者在运用归谬法进行反驳时，就是先假定"《圣经》里关于耶稣言行的记载都是真实的"为真,然后由此推导出一对互相矛盾的命题,即"任何人的心思耶稣都能及时看透"和"有的人的心思耶稣不能及时看透"。

第三,从假定被反驳的命题为真,进而推导出与其自身相矛盾的命题。如:

> 例4-6 古希腊学者克拉底鲁曾宣称:"我们对任何事物所作的肯定或否定都是假的。"亚里士多德在反驳这个观点时指出:"克拉底鲁的话等于说:'一切命题都是假的',而如果一切命题都是假的,那么,这个'一切命题都是假的'命题也是假的。"

显然,例4-6中亚里士多德在反驳克拉底鲁的观点时,就是从假定对方的观点正确,进而推导出一个与其自身相矛盾的命题。

归谬法和反证法既有区别又有联系。二者的区别在于:反证法用于论证,它的目的在于确立某一命题为真;归谬法用于反驳,它的目的在于确立某一命题为假。二者的联系在于:反证法是通过确立与原论题具有矛盾关系或下反对关系的命题为假,进而间接确定原论题为真。在这个过程中,一般都会使用归谬法。

(二)反驳论据

反驳论据,就是确定对方在进行论证时所使用的论据是虚假的或真假未定的。例如:

> 例4-7 "木星有卫星,因为所有的行星都有卫星,而木星是行星"。这个论证不成立。因为,"所有的行星都有卫星"是一个虚假命题,例如,金星是行星,但它并没有卫星。

例4-7就是属于反驳论据的情况。

需要指出,论据虚假,并非论题就必然虚假。在反驳过程中,如果驳倒了对方所提供的论据,并不就意味着同时驳倒了对方的论题。但是,假如确定了对方论据虚假,那就等于驳倒了对方的论证。因为,在一个具体的论证过程中,论题的真实性是以论据的真实性为前提的。如果论据虚假,那么论题也就失去了根据,因此,有关论证也就难以成立。

在反驳论据时,如同反驳论题一样,既可以采用直接反驳的方法,也可以采用间接反驳的方法。

(三)反驳论证方式

反驳论证方式,就是指出对方在论证过程中所运用的推理形式不符合

有关推理规则或推理要求,进而犯了"推不出"的逻辑错误。如:

　　例4-8　"李明是外语学院的学生,因为,所有外语学院的学生都
　　　　　是学外语的,而李明是学德语的"这一论证不成立。因为,该
　　　　　论证过程包含了这样一个推理:"所有外语学院的学生都是学
　　　　　外语的,李明是学外语(德语)的,所以,他是外语学院的学
　　　　　生。"这一推理违反了三段论的规则"中项在前提中至少要周
　　　　　延一次",其中项"学外语的"在大、小前提中均不周延,所以
　　　　　犯了"中项两次不周延"的逻辑错误。

例4-8就属于反驳论证方式的情况:它指出被反驳的论证所运用的推理形式无效,违反了三段论推理规则。

　　需要指出,在反驳中如果驳倒了对方的论证方式,并不等于驳倒了对方的论题,也不等于确定了对方的论据是虚假的。这是因为:在有些情况下,对方的论题和论据都是真实的,仅仅论证方式不正确。所以,如果驳倒了论证方式,只是表明对方所运用的推理形式是错误的,违反有关推理的规则或要求,进而,由对方所提供的论据并不能合乎逻辑地推导出论题,论题也就没有得到有效论证。

　　从根本上而言,反驳的目的在于确定某论证的论题虚假,所以,在以上三种反驳类型中,反驳论题应当是最基本的。在实际的反驳当中,为了增强反驳力量,人们往往并不是仅采用某一种反驳类型,而是根据情况,把不同的反驳类型有机地结合在一起。

### 三、反驳的规则

　　反驳可以被看作是一种特殊的论证,因此,前面介绍的关于论证的规则也可以看作是反驳的规则,即被反驳的论题必须清楚、明确;被反驳的论题应始终保持同一;反驳的论据应当是真实命题;反驳的论据的真实性不应依赖被反驳论题的虚假性来论证;从反驳的论据应能推出被反驳的论题虚假。违反了这些规则,也会产生相应的逻辑错误。总之,如果理解了论证的规则,反驳的规则也就比较容易理解,所以,关于后者这里就不再详细介绍。

## 习 题

### 一、填空题

1.论证是＿＿＿＿＿＿＿的思维形式。它由＿＿＿＿＿＿、＿＿＿＿＿和＿＿＿＿＿三部分组成。

2.论证和推理有密切联系,论题相当于＿＿＿＿＿＿＿＿,论据相当于＿＿＿＿＿＿,论证方式相当于＿＿＿＿＿＿。

3.论证方式是指＿＿＿＿＿＿＿。运用反证法时,要求反论题与原论题之间是＿＿＿＿＿＿关系。

### 二、单项选择题

1."本公司自 1980 年以来生产的轿车,至今仍有一半在公路上奔驰;其他公司自 1980 年以来生产的轿车,目前至多有三分之一没有被淘汰。"某汽车公司希望以此广告向消费者显示,该公司生产的轿车的耐用性能极佳。

下列哪个选项如果正确,最能支持上述广告的观点?(　　　)

A.扣除通货膨胀的因素,该公司目前生产的新车价格只比 1980 年稍高一点。

B.自 1980 年以来,其他公司轿车的年产量有显著增长。

C.购买该公司生产的轿车的车主,经常都把车保养得很好。

D.自 1980 年以来,该公司对轿车的改进远远小于其他公司对轿车的改进。

E.自 1980 年以来,该公司每年生产的轿车数量没有显著增长。

2.建筑历史学家丹尼斯教授对欧洲 19 世纪早期铺有木地板的房子进行了研究。结果发现较大的房间铺设的木板条比较小房间铺设的木板条窄得多。丹尼斯教授认为,既然大房子的主人一般都比小房子的主人富有,那么,用窄木条铺地板很可能是当时有地位的象征,用以表明房主的富有。

下列哪个选项如果正确,最能支持丹尼斯教授的观点?(　　　)

A.欧洲 19 世纪晚期的大多数房子所铺设的木地板的宽度大致相同。

B.丹尼斯教授的学术地位得到了国际建筑历史学界的公认。

C.欧洲 19 世纪早期,木地板条的价格是以长度为标准计算的。

D.欧洲 19 世纪早期,有些大房子铺设的是比木地板条昂贵得多的大理石。

E.在以欧洲 19 世纪市民生活为背景的小说《雾都十三夜》中,富商查理的别墅中铺设的就是有别于民间地板的细条胡桃木地板。

3.科学研究中使用的形式语言和日常生活中使用的自然语言有很大的不同。形式语言看起来像天书,远离大众,只有一些专业人士才能理解和运用。其实这是一种误解,自然语言和形式语言的关系就像肉眼与显微镜的关系。肉眼的视域广阔,可以从整体上把握事物的信息;显微镜可以帮助人们看到事物的细节和精微之处,尽管用它所看到的范围小。所以,形式语言和自然语言都是人们交流和理解信息的重要工具,把二者结合起来使用,具有强大的力量。

下列哪个选项如果正确,最能支持题干中论证的观点?(　　)

A.通过显微镜看到的内容可能成为新的"风景",这说明形式语言可以丰富自然语言的表达,我们应重视形式语言。

B.正如显微镜下显示的信息最终还是要通过肉眼观察一样,形式语言表述的内容最终也要通过自然语言来实现,这说明自然语言更基础。

C.科学理论如果仅用形式语言表达,很难被普通民众理解;同样,如果仅用自然语言表达,有可能变得冗长而且很难表达准确 。

D.科学的发展很大程度上改善了普通民众的日常生活,但人们并没有意识到科学表达的基础——形式语言的重要性。

E.使用哪种语言其实不重要,关键在于是否表达了真正想要表达的思想内容。

4.顾颉刚先生认为,《周易》卦爻辞中记载了商代到西周初叶的人物和事迹,如高宗伐鬼方、帝乙归妹等,并据此推定《周易》卦爻辞的著作年代当在西周初叶。《周易》卦爻辞中记载的这些人物和事迹已被近年来出土的文献资料所证实,所以,顾先生的推定是可靠的。

下列哪个选项最准确地描述了题干中论证的缺陷?(　　)

A.卦爻辞中记载的人物和事迹大多数都是古老的传说。

B.论证中的论据并不能确定著作年代的下限。

C.传说中的人物和事迹不能成为证明著作年代的证据。

D.论证只是依赖权威者的言辞来支持其结论。

E.论证中的论据包含自相矛盾。

5.研究人员对四川地区出土的一批恐龙骨骼化石进行分析后发现,骨骼化石内的砷、钡、铬、铀、稀土元素等含量超高,与现代陆生动物相比,其体内的有毒元素要高出几百甚至上千倍。于是,一些古生物学家推测这些恐龙死于慢性中毒。

下列哪个选项如果正确,不能质疑上述推测?( )

A.恐龙化石附近土壤中的有毒元素会渗进化石。

B.恐龙化石内还有很多相应的解毒元素。

C.这批恐龙化石都是老年恐龙,属于自然死亡。

D.在恐龙化石附近的植物化石里,有毒元素含量很少。

6.书最早是以昂贵的手稿复制品出售的,印刷机问世后,就便宜多了。在印刷机问世的最初几年里,市场上对书的需求量成倍增长。这说明,印刷图书的出现刺激了人们的阅读兴趣,大大增加了购书者的数量。

下列哪个选项如果正确,最能削弱题干中的论证?( )

A.书的手稿复制品比印刷品更有收藏价值。

B.在印刷机问世的最初几年里,原来手稿复制品书籍的购买者,大都用原先只能买一本书的钱买了多本印刷品书籍。

C.在印刷机问世的最初几年里,印刷品的质量远不如现代的印刷品。

D.在印刷机问世的最初几年里,印刷书籍都没有插图。

E.印刷机问世的最初几年里,读者的主要阅读兴趣从小说转到了科普读物。

7.《乐记》和《系辞》中都有"天尊地卑"、"人以类聚,物以群分"等文句。由于《系辞》的文段写得比较自然,一气呵成,而《乐记》则显得勉强生硬,分散拖沓,所以,一定是《乐记》沿袭或引用了《系辞》的文句。

下列哪个选项如果正确,最能削弱题干中的论证?( )

A."天尊地卑"在比《系辞》更古老的《尚书》中被当作习语使用过。

B.《系辞》以礼为重来讲天地之别,《乐记》以乐为重来讲天地之和。

C.经典著作的形成通常都经历了一个由不成熟到成熟的漫长过程。

D.《乐记》和《系辞》都是儒家的经典著作,成书年代尚未确定。

8.在高速公路上行驶时,许多司机都会超速。因此,如果规定所有汽车都必须安装一种装置,这种装置在汽车超速时会发出声音提醒司机减速,那么,高速公路上的交通事故将会明显减少。

上述题干中的论证依赖于下列哪些假设?( )

I 在高速公路上超速行驶的司机大都没有意识到自己超速。

Ⅱ　高速公路上发生交通事故的重要原因是司机超速行驶。

Ⅲ　上述装置的价格十分昂贵。

A.只有Ⅰ　B.只有Ⅱ　C.只有Ⅲ　D.只有Ⅰ和Ⅱ　E.Ⅰ、Ⅱ和Ⅲ

9.蝙蝠奇特的捕食方式一直是研究者感兴趣的。某项研究成果成功地把一种荧光粉抹在千岛湖畔出没的蝙蝠的背上,这使得研究者可以较为清楚地观察蝙蝠在夜间的活动。因此,这项成果大大增进了研究者对于蝙蝠捕食方式的了解。

为使上述题干中的论证成立,下列哪个选项是必须假设的?(　　　)

A.千岛湖畔出没的蝙蝠只在夜间捕食。

B.研究者只对蝙蝠的捕食方式感兴趣,对其他行为方式不感兴趣。

C.在蝙蝠的背部抹荧光粉并不会改变蝙蝠的捕食方式。

D.千岛湖的地理环境非常适合研究者做夜间观察。

E.在蝙蝠的背部抹荧光粉会改变蝙蝠的飞行方式。

### 三、分析下列论证的结构,指出论题、论据和论证方式

1.对待历史文化遗产应采取批判继承的态度。对待历史文化遗产的态度,要么是全盘继承,要么是虚无主义,要么是批判继承。全盘继承,不分精华和糟粕,不能推陈出新,不利于文化的发展,这种态度是不可取的。虚无主义,割断了历史,违背了文化发展的规律,同样不利于文化的发展。只有批判继承,去其糟粕,取其精华,才能促进文化的繁荣。

2.人的正确思想是从哪里来的? 是从天上掉下来的吗? 不是。是自己头脑里固有的吗? 不是。人的正确思想,只能从社会实践中来,只能从社会的生产斗争、阶级斗争和科学实验这三项实践中来。

(选择题参考答案:1E,2C,3C,4B,5D,6B,7A,8D,9C)

# 第十四章
## 经典命题逻辑

## 第一节　命题、命题形式和真值函数

### 一、命题

(一)什么是命题

命题是对思维对象有所断定的思维形式。所谓断定,即对思维对象进行具体的肯定或否定。如果一个命题对思维对象的具体肯定或否定符合实际情况,那么该命题就是真的;反之,如果一个命题对思维对象的具体肯定或否定不符合实际情况,那么它就是假的。如:

例1-1　沈括是我国古代11世纪的一位著名科学家。

这是一个真命题。

例1-2　4不是偶数。

这是一个假命题。

任何一个命题要么是真的,要么是假的。真、假统称为一个命题的真值,简称值。换言之,如果用p、q、r等代表命题,称之为命题变项,那么p、q、r取值的集合是真值集——{真,假}。

任何思想都是借助具体的语言而存在的。命题的语言形式是陈述句或反诘句。疑问句、祈使句、感叹句等,只是表示有所疑问、发出命令或请求、有所感叹等,不直接表达命题。

命题和判断存在着不同之处。判断是被肯定了的命题,体现了下判断者在一定条件下对具体命题内容的肯定。任何命题都有真、假两种可能,下判断者总是肯定自以为真的命题,而不是对自以为假的命题进行肯定。需要指出的是,事实上的真命题不见得人人都会作出肯定进而形成判断;事实上的假命题不见得没有人肯定进而不会形成一定的判断。

（二）命题的种类

命题包括简单命题和复合命题。简单命题如：

      例1-3  杜甫是唐朝诗人。

      例1-4  重庆位于中国的西南。

      例1-5  有的人是有崇高理想的。

复合命题如：

      例1-6  如果气温降到0℃，则水会结冰。

      例1-7  只有认识错误才能很好地改正错误。

      例1-8  并非只有中国人才讲汉语。

可以看出，简单命题的构成要素一般包括：主词、谓词、系词、量词。复合命题的构成要素则包括联结词和命题。① 构成复合命题的命题，称为支命题。支命题可以是简单命题，也可以是复合命题。如：

      例1-9  王华懂英语或法语，但绝不可能懂德语。

从整体上而言，这是一个联言命题，属于复合命题。其中包括两个支命题，第一个支命题即"王华懂英语或法语"又属于复合命题。

需要注意的是，在经典命题逻辑中，凡是不能分析为复合命题的命题，即命题成分不能仅仅被分析为命题和联结词的，都将被视为简单命题。如：

      例1-10  无论任何人，只要是中华人民共和国公民，就必须遵守宪法。

在这个命题中，尽管包含了联结词"只要……就……"，但它依然是简单命题。因为其命题成分并不能简单地分析为仅由联结词和支命题构成，此外还涉及一个量词结构"无论什么人"。至于此类命题的结构，第十五章中将会进行分析。

## 二、命题形式

（一）真值联结词

复合命题是通过联结词作用于一定的命题进而形成的命题。在自然语

---

① 这里的主词、谓词、系词、量词和联结词，分别相当于传统逻辑中的主项、谓项、联项、量项和联结项。

言中,联结词的意义往往是多方面的,涉及语气、时间次序、条件关系以及因果关系等方面的意义。在这些意义当中,逻辑学所研究的仅是联结词的逻辑性质,即支命题的真假与复合命题的真假之间的制约关系。这种制约关系具体表现为:支命题的真假直接决定着复合命题的真假。基于这种研究视角,便产生了真值联结词以及与此相关的真值形式。

真值联结词是反映复合命题与支命题之间真、假制约关系的联结词,是对自然语言中的联结词进行逻辑抽象的产物。由一定的真值联结词结合命题变项所形成的形式结构称之为真值形式。需要指出,一定真值形式中的命题变项实际上已经仅仅是真值变项,并不涉及命题的其他含义。

经典命题逻辑中经常用到的真值联结词有五个:否定、析取、合取、蕴涵和等值。这五个联结词又称为基本的真值联结词,因为它们反映了人们思维中经常出现的五种复合命题,即负命题、选言命题①、联言命题、充分条件假言命题和充分必要条件假言命题本身的真、假与其所包含支命题的真、假之间的制约关系。由基本的真值联结词和一定的命题变项相结合进而形成的真值形式,分别称之为否定式、析取式、合取式、蕴涵式和等值式。

1.否定式

否定联结词的符号是"¬",读作"非"或者"并非"。¬放在命题变项之前可形成否定式,如¬p。该公式读作"非p"或者"并非p"。否定联结词或否定式¬p的具体含义,可以通过以下图表进行说明:

| p | ¬p |
|---|---|
| T | F |
| F | T |

上表称之为真值表。其中,左列p下面的"T"、"F"表示命题变项p可能具有的真值,"T"表示"真","F"表示"假"。右列¬p下面的"F"和"T",表示当p分别为真命题和假命题时,¬p的真值情况。图表显示:当p真时,¬p假;当p假时,¬p真,即¬p是p的否定。

需要指出,¬有时也称为一元联结词。¬p仅是否定式的最简单、最基

---

① 这里的选言命题即传统逻辑中所讲的相容性选言命题。

本形式。下述的析取式、合取式、蕴涵式和等值式也存在类似情况。

作为真值联结词的¬和日常思维中的"并非"或"非"是有区别的。在经典命题逻辑中,"¬"只能作用在命题变项或具体真值形式之前。在自然语言以及日常思维中,"非"、"并非"则可以加在一定的语词或概念之前,例如"非正义战争"、"非生物"、"非脑力劳动"。

2.析取式

析取联结词的符号是∨,读作"析取"。把∨放在一定的命题变项之间可形成相应的析取式,如p∨q。该公式读作"p析取q"。析取联结词或析取式p∨q的具体含义,可以通过以下真值表来说明:

| p | q | p∨q |
|---|---|-----|
| T | T | T |
| T | F | T |
| F | T | T |
| F | F | F |

由于p可能取真值或假值,q也可能取真值或假值,因此,p和q共有四种真值组合情况:p真并且q真,p真而q假,p假而q真,p假q也假。此外没有其他可能情况。这就是上表中所列的具体内容。上表中最右一列,则表示在p、q的每一种具体真值组合情况下p∨q的真值:当命题变项p和q都真时,p∨q真;当p真而q假时,p∨q真;当p假而q真时,p∨q真;当p和q都假时,p∨q假。这些情况表明:p和q的真值可以完全决定p∨q的真值,即只要有一个支命题(析取支)为真,p∨q就为真;只有所有支命题都为假时,p∨q才为假。

析取联结词的符号是∨,有时为了方便,人们也把∨读作"或"、"或者"。但值得注意的是,∨和自然语言以及日常思维中的"或"、"或者"还是有区别的。在日常思维中,人们常用"或"形成一定的命题,以表示存在的几种可能情况,如命题:

例1-11　张宏来自河南、四川或者上海。

例1-12　景阳冈上的武松或者打死老虎,或者被老虎吃掉。

人们也经常通过"或"构成一定的命题,以表示某一个母类所包含的具体子类,如:

例1-13 每一个概念或者属于肯定概念,或者属于否定概念。

例1-14 任何一种生物或者是动物,或者是植物,或者是微生物。

可见,在日常思维中,人们是不会通过"或"把两个没有意义关联的命题联结起来进而表达另外一个新的命题的。换言之,在日常思维中人们使用"或"作联结词时,要求所联结的支命题之间具有具体意义上的关联。如:

例1-15 墨子是河南鲁山人或今年冬天天气很冷。

这一命题在日常思维中人们一般认为它是不恰当的,不会作出。但是,

例1-16 墨子是鲁山人∨今年冬天天气很冷。

则是一个借助析取联结词而形成的命题(析取命题),该命题是真的,不存在违反逻辑的地方。总而言之,"∨"的真值表含义必然是日常思维中"或"、"或者"所具有的;但"或"、"或者"的一些含义并不为"∨"所具有。二者仅仅在相应支命题的真假与整个命题的真假关系上是一致的。

3.合取式

合取联结词的符号是∧,读作"合取"。把一定的命题变项和合取符号结合起来,可以形成相应的合取式,如 p∧q。该公式读作"p 合取 q"。合取联结词或合取式 p∧q 的含义,可以通过以下真值表来说明:

| p | q | p∧q |
|---|---|-----|
| T | T | T |
| T | F | F |
| F | T | F |
| F | F | F |

以上图表显示:当 p 真 q 也真时,p∧q 真;当 p 真而 q 假时,p∧q 假;当 p 假而 q 真时,p∧q 假;当 p 假 q 也假时,p∧q 假。可见,只有在支命题(合取支)p 和 q 都为真时,p∧q 才真;否则,只要支命题 p、q 中有一个为假,p∧q 就为假。

有时为了方便,人们也把合取联结词符号∧读作"并且"。但类似于析取联结词符号∨,尽管上列真值表所显示的∧的含义必然为日常思维中联结词"并且"所具有,而日常思维中的"并且"还有其他一些含义,如表示并列关系、承接关系等,下列命题就属于此类情况:

例1-17 墨子是中国古代的逻辑学家并且是哲学家。

例 1-18 李明昨天到了上海,并且去看望了他的弟弟。

此外,根据合取式的真值表,$p \wedge q$ 和 $q \wedge p$ 具有相同的逻辑含义,即真值完全一致。但在日常思维中,由"并且"作联结词而构成的联言命题"p 并且 q"和"q 并且 p"的含义则并不总是相同,甚至有时"p 并且 q"是一个有意义的命题,而"q 并且 p"则不然。如:

例 1-19 他今天早晨离开了南京,并且走时公司的人谁也不知道。

**4.蕴涵式**

蕴涵联结词的符号是→,读作"蕴涵"。借助蕴涵符号把一定的命题变项联结起来,可以形成相应的蕴涵式,如 $p \rightarrow q$。该公式读作"p 蕴涵 q"。蕴涵联结词或蕴涵式的含义,可以通过以下真值表来说明:

| p | q | p→q |
|---|---|-----|
| T | T | T |
| T | F | F |
| F | T | T |
| F | F | T |

在蕴涵式 $p \rightarrow q$ 中,p 称作前件,q 称作后件。以上真值表显示:当 p 真而 q 假时,$p \rightarrow q$ 为假;在其他三种情况下,$p \rightarrow q$ 均为真。换言之,一个蕴涵式只有在前件真而后件假时,它才取假值,在其他情况下它都取真值。

以上解释的蕴涵又称作实质蕴涵,有时人们为了方便,也称之为"如果……那么……"。但是,日常思维中的"如果……那么……"和作为真值联结词的蕴涵还是存在有区别的,尽管上列真值表所显示的含义为日常思维中的"如果……那么……"所包含。如以下一些情况:

第一,表示理由和推断的关系,即推理关系。

例 1-20 如果所有金子都是闪光的,那么有些闪光的是金子。

例 1-21 如果张明比李强个子高,那么李强比张明个子矮。

第二,表示时间顺序。

例 1-22 如果冬天到了,那么春天也就快了。

第三,表示虚拟情况之间的联系。

例 1-23 如果他平时认真学习,那么这次考试成绩就不会如此差。

5.等值式

等值联结词的符号是↔,读作"等值"。通过等值联结词↔把一定的命题变项联结起来,可以形成等值式,如p↔q。该公式读作"p等值于q"。等值联结词或等值式的含义,可以通过以下真值表来说明:

| p | q | p↔q |
|---|---|-----|
| T | T | T |
| T | F | F |
| F | T | F |
| F | F | T |

以上真值表说明,当p和q的真、假取值情况相同即同真或同假时,p↔q为真;否则,当p和q中一个为真,而另一个为假时,p↔q为假。

等值符号↔有时也读作"当且仅当",但是,日常思维中的"当且仅当"除了具有以上真值表所显示的含义之外,还有另外的含义。在日常思维中,由"当且仅当"作联结词构成的命题,往往表示前件所反映的情况是后件所反映情况的充分必要条件,后件对于前件也如此。换言之,该类命题要求前后件之间不仅存在真值关联,而且存在具体意义上的关联。这种具体意义上的关联,反映着一定客观情况之间的条件关系。

以上是经典命题逻辑中经常出现的五个基本真值联结词以及相应真值式的一些具体情况。此外,对于其他的一些真值联结词,可以通过一定的方法利用以上五个联结词而加以定义。

(二)命题形式

任何命题都表达一定的思想内容。命题所表达的思想内容存在的具体形式即命题形式。经典命题逻辑对命题形式的研究局限于复合命题形式,并且不涉及复合命题形式的全部问题。在这种逻辑理论中,所谓复合命题形式实质上仅指其中的一个层面,即真值形式。换言之,经典命题逻辑中的命题形式是指真值形式,它是对复合命题真假语义的抽象概括,反映着复合命题本身的真假和其所包含的支命题真假之间的关系。在这种命题形式中,原来复合命题中的联结词已被抽象为真值联结词,命题变项已变成真值变项。

利用五个基本的真值联结词以及一定的真值变项,可以刻画任何复合命题的命题形式即真值形式。前述真值形式即 $\neg p$、$p \vee q$、$p \wedge q$、$p \rightarrow q$ 和 $p \leftrightarrow q$,可以说是表示比较简单的复合命题形式。下面列举一些比较复杂的复合命题形式:

例 1-24　$(\neg (p \wedge \neg p))$

读作:并非,p 并且非 p。这是传统逻辑中的矛盾律在经典命题逻辑中的表现形式。

请读者注意,我们以后在同一意义上使用"命题形式"、"逻辑形式"和"真值形式"三个语词。

例 1-25　$(\neg (p \rightarrow q))$

读作:并非,如果 p 那么 q。

例 1-26　$(p \vee \neg p)$

读作:p 或者非 p。这是传统逻辑中的排中律在经典命题逻辑中的表现形式。

例 1-27　$(p \wedge (q \rightarrow r))$

读作:p,并且,如果 q 那么 r。

例 1-28　$(p \rightarrow (p \vee q))$

读作:如果 p,那么,p 或者 q。

例 1-29　$((p \wedge q) \leftrightarrow (q \wedge p))$

读作:p 并且 q,等值于,q 并且 p。

例 1-30　$(p \rightarrow (q \rightarrow r))$

读作:如果 p,那么,如果 q 那么 r。

在以上列举的复合命题形式中,我们使用了括号。括号是用来表示复合命题形式中的结构关系的,括号内的部分表示该复合命题形式中的一个独立单位。当一个命题形式的结构比较复杂时,会有许多层括号。为了简明起见,我们约定以下括号省略规则:

(1)整个命题形式最外层的一对括号可以省略。

(2)五个基本真值联结词的结合力依下列顺序递减:

$\neg$, $\vee$, $\wedge$, $\rightarrow$, $\leftrightarrow$。

(3)连续出现的 $\rightarrow$,采用从后向前结合的方法。

按照这些规则,上述比较复杂的复合命题形式可以简写为:

例 1-24′　¬（p∧¬p）

例 1-25′　¬（p→q）

例 1-26′　p∨¬p

例 1-27′　p∧（q→r）

例 1-28′　p→p∨q

例 1-29′　p∧q↔q∧p

例 1-30′　p→q→r

如果已知一个复合命题，那么，在分析其命题形式时应该注意以下几点：第一，分析构成这个复合命题的要件，即找出主联结词和相应的支命题。第二，如果主联结词涉及的支命题中有的又是复合命题，则要对这些支命题的结构进一步分析。第三，把相同的简单命题代以相同的命题变项，不同的简单命题代以不同的命题变项。第四，分析整个复合命题本身的真假与其支命题真假之间的关系。如果支命题本身又属于复合命题，则需要进一步分析支命题本身真假与其所包含支命题真假之间的关系。第五，借助于五个基本真值联结词和命题变项来表示复合命题和支命题之间的真值关系，其中包括部分支命题又是复合命题时，这些支命题与其所包含的支命题之间的真值关系。

例 1-31　假如李明和张宏下周去昆明，那么我也去。

这个复合命题的主联结词是"假如……那么……"，其支命题"李明和张宏下周去昆明"又属于复合命题。以 p 表示"李明下周去昆明"，q 表示"张宏下周去昆明"，r 表示"我下周去昆明"，该复合命题的形式可表示为：

（p∧q）→r

例 1-32　只有考试成绩达到一定标准，才能被录取上研究生。

这是一个必要条件假言命题，主联结词是"只有……才"。以 p 表示"考试成绩达到一定标准"，以 q 表示"被录取上研究生"，该命题的形式可表示为：

¬p→¬q

通过自然语言在表达一定的命题时，具体方式往往是灵活多样的，这种情况也需要在分析复合命题形式时予以注意。

例 1-33　人不犯我，我不犯人；人若犯我，我必犯人。

这是一个联言命题，但在语言表述上，主联结词被省略了。其支命题也存在这种情况。如果以 p 表示"人犯我"，q 表示"我犯人"，那么该命题的形式可表示为：

$(\neg p \rightarrow \neg q) \wedge (p \rightarrow q)$

例 1-34　张凯在今天的会议上明确表示赞同工会主席的提议，王华却不是这样。

这个复合命题的支命题在表述上存在省略现象。其包含的两个支命题，如果完整地表述出来则应为："张凯在今天的会议上明确表示赞同工会主席的提议"，"王华在今天的会议上没有明确表示赞同工会主席的提议"。以 p 表示第一个支命题，以 q 表示第二个支命题包含的简单命题即"王华在今天的会议上明确表示赞同工会主席的提议"，该复合命题的形式可表示为：

$p \wedge \neg q$

### 三、真值函数

#### （一）真值函数的个数

在任何一个真值形式中，每一组命题变项的真值组合情况都决定着该真值形式本身的真或假。这说明：真值形式包含的命题变项和真值形式之间存在着函数关系。此类函数称为真值函数，其自变量就是真值形式中所包含的命题变项，定义域和值域都是真值集合，即{真,假}。

每一个真值形式都体现着一定的真值函数关系，但真值形式的数目可以无限多，真值函数数目却并非如此。真值函数的数目取决于其所包含的命题变项的个数。

当命题变项个数为 1 时，该变项的取值只能有两种可能：

p
T
F

当命题变项个数为 2 时，这些变项的真值组合情况有 $2^2 = 4$ 种：

| p | q |
|---|---|
| T | T |
| T | F |
| F | T |
| F | F |

当命题变项的个数为 3 时,这些变项的真值组合情况有 $2^3 = 8$ 种:

| p | q | r |
|---|---|---|
| T | T | T |
| T | T | F |
| T | F | T |
| T | F | F |
| F | T | T |
| F | T | F |
| F | F | T |
| F | F | F |

可见,当一真值函数包含的命题变项个数为 n 时,这些变项的真值组合情况有 $2^n$ 种。

每一真值函数都是对其所包含的所有命题变项的各种真值组合情况作出断定,即判定为真或假。由于命题变项的每一种真值组合都存在着判定为真或假两种可能,n 个命题变项的真值组合情况共 $2^n$ 种,所以,包含 n 个命题变项的真值函数的数目为 $2^{2^n}$ 个,即:

$$\underbrace{2\times2\times2\times\cdots\cdots\times2}_{2^n\text{个}} = 2^{2^n}$$

这样,仅包含一个命题变项的真值函数的个数为 $4(2^2 = 4)$:

| p | $f_1$ | $f_2$ | $f_3$ | $f_4$ |
|---|---|---|---|---|
| T | T | T | F | F |
| F | T | F | T | F |

在上表中,"$f_1$"是"$f_1(p)$"的略写,其余类推。$f_1$ 表明:无论 p 的真值取真或假,该函数值总为真,因此,它是一个永真的真值函数。该真值函数可以表示为:$p \lor \neg p$。$f_4$ 表明:无论 p 的真值取真或假,该函数值都为假。因此,它是一个永假的真值函数。该真值函数可以表示为:$p \land \neg p$。$f_2$ 表明:当 p 为真时,它为真;当 p 为假时,它为假。$f_3$ 表明:当 p 为真时,它为假;当 p 为假时,它为真。可见,$f_2$ 和 $f_3$ 属于时真时假的真值函数,它们可以分别表示为:$p$ 和 $\neg p$。

包含两个命题变项的真值函数的个数为 $16(2^{2^2} = 16)$ :

| p | q | $f_1$ | $f_2$ | $f_3$ | $f_4$ | $f_5$ | $f_6$ | $f_7$ | $f_8$ | $f_9$ | $f_{10}$ | $f_{11}$ | $f_{12}$ | $f_{13}$ | $f_{14}$ | $f_{15}$ | $f_{16}$ |
|---|---|---|---|---|---|---|---|---|---|---|---|---|---|---|---|---|---|
| T | T | T | T | T | T | T | T | T | T | F | F | F | F | F | F | F | F |
| T | F | T | T | T | T | F | F | F | F | T | T | T | T | F | F | F | F |
| F | T | T | T | F | F | T | T | F | F | T | T | F | F | T | T | F | F |
| F | F | T | F | T | F | T | F | T | F | T | F | T | F | T | F | T | F |

在上表中,"$f_1$"是$f_1(p,q)$的略写,其余类推。$f_1$表明:无论命题变项 p、q 的真值组合情况如何,$f_1$总为真,因此,它是一个永真的真值函数。该真值函数可以表示为:$(p{\rightarrow}q) \wedge p{\rightarrow}q$。$f_{16}$表明:无论命题变项 p、q 的真值组合情况如何变化,$f_{16}$始终取假值,因此,它是一个永假的真值函数。该真值函数可以表示为:$p \wedge q \wedge \neg\ p$。$f_2 \sim f_{15}$,从表中可以看出它们都是可真可假的真值函数,即在命题变项的有些真值组合情况下,函数值为真;在命题变项的另外一些真值组合情况下,函数值为假。$f_2 \sim f_{15}$可以分别表示为:

$f_2 : p \vee q$          $f_3 : p \vee \neg\ q$

$f_4 : p \vee (q \wedge \neg\ q)$      $f_5 : \neg\ p \vee q$

$f_6 : q \vee (p \wedge \neg\ p)$      $f_7 : p{\leftrightarrow}q$

$f_8 : p \wedge q$          $f_9 : \neg\ (p \wedge q)$

$f_{10} : \neg\ (p{\leftrightarrow}q)$      $f_{11} : (p \wedge \neg\ q) \vee (\neg\ p \wedge \neg\ q)$

$f_{12} : p \wedge \neg\ q$      $f_{13} : (\neg\ p \wedge q) \vee (\neg\ p \wedge \neg\ q)$

$f_{14} : \neg\ p \wedge q$      $f_{15} : \neg\ p \wedge \neg\ q$

总之,真值形式的个数是无限的,但真值函数的个数却是有限的。真值函数的个数取决于其所包含的命题变项的个数。所有的真值函数可以划分为三类:

1.永真的真值函数:无论命题变项的真值组合情况如何,该类真值函数的值永为真。

2.永假的真值函数:无论命题变项的真值组合情况如何,该类真值函数的值永为假。

3.时真时假的真值函数:仅在命题变项的部分真值组合情况下,该类真值函数的值为真。

（二）真值函数的表达式

真值函数的个数决定于它所包含的命题变项的个数。那么,如果已知某一真值函数的具体取值情况,即相关真值表,能否利用该真值函数包含的命题变项情况,通过简捷的方法构造出其真值形式呢? 回答是肯定的。

1.写真法:运用这种方法去分析一个真值函数的表达式时,第一步,在所给真值表中,找出所有函数值为真的行数。如:

| p | q | r | $f_1$ | |
|---|---|---|-------|---|
| T | T | T | T | → |
| T | T | F | F | |
| T | F | T | T | → |
| T | F | F | F | |
| F | T | T | T | → |
| F | T | F | F | |
| F | F | T | T | → |
| F | F | F | F | |

第二步,在这些取值为真的行中,如果某命题变项的值为真,则以其本身作为一合取式的支命题;如果某命题变项的值为假,则以其否定作为一合取式的支命题。如:

| p | q | r | $f_1$ | | |
|---|---|---|-------|---|---|
| T | T | T | T | → | $p \wedge q \wedge r$ |
| T | T | F | F | | |
| T | F | T | T | → | $p \wedge \neg q \wedge r$ |
| T | F | F | F | | |
| F | T | T | T | → | $\neg p \wedge q \wedge r$ |
| F | T | F | F | | |
| F | F | T | T | → | $\neg p \wedge \neg q \wedge r$ |
| F | F | F | F | | |

第三步,把所得到的全部合取式用析取符号联结起来。这样,便构造出该真值函数的一个表达式。如:

| p | q | r | f₁ |
|---|---|---|---|
| T | T | T | T |
| T | T | F | F |
| T | F | T | T |
| T | F | F | F |
| F | T | T | T |
| F | T | F | F |
| F | F | T | T |
| F | F | F | F |

$\longrightarrow$ p∧q∧r

$\longrightarrow$ p∧¬q∧r

$\longrightarrow$ ¬p∧q∧r

$\longrightarrow$ ¬p∧¬q∧r

(p∧q∧r)∨
(p∧¬q∧r)∨
(¬p∧q∧r)∨
(¬p∧¬q∧r)

2.写假法:运用这种方法去分析一个真值函数的表达式时,第一步,在所给真值表中,找出所有函数值为假的行数。如:

| p | q | f₁ |
|---|---|---|
| T | T | T |
| T | F | T |
| F | T | F | $\longrightarrow$ |
| F | F | F | $\longrightarrow$ |

第二步,在这些取值为假的行中,如果某命题变项的值为假,则以其本身作为一析取式的支命题;如果某命题变项的值为真,则以其否定作为一析取式的支命题。如:

| p | q | f₁ |
|---|---|---|
| T | T | T |
| T | F | T |
| F | T | F | $\longrightarrow$ p∨¬q |
| F | F | F | $\longrightarrow$ p∨q |

第三步,把所得的全部析取式用合取符号联结起来。这样,该真值函数的一个表达式便被构造出来。如:

| p | q | $f_1$ |
|---|---|---|
| T | T | T |
| T | F | T |
| F | T | F |
| F | F | F |

$\longrightarrow p \lor \neg q$
$\longrightarrow p \lor q$ $\Big\}$ $(p \lor \neg q) \land (p \lor q)$

在使用写真法或写假法构造一个真值函数的表达式时,需要注意以下两点:第一,如果某真值函数的值全部为假,则不能通过写真法构造其形式;如果某真值函数的值全都为真,则不能通过写假法构造其形式。第二,为了使构造出的真值形式简洁明了,写真法常用于某真值函数的取值中真少于假的场合,写假法常用于某真值函数的取值中假少于真的场合。

例1-35 构造以下真值函数的表达式:

| p | q | $f_1$ | $f_2$ | $f_3$ |
|---|---|---|---|---|
| T | T | T | T | F |
| T | F | F | T | F |
| F | T | F | T | F |
| F | F | T | F | T |

解 关于$f_1$,用写真法可以构造出其如下表达式:

$(p \land q) \lor (\neg p \land \neg q)$

用写假法,则可以构造出其另外的表达式:

$(\neg p \lor q) \land (p \lor \neg q)$

关于$f_2$,用写假法可以构造出其如下表达式:

$p \lor q$

关于$f_3$,用写真法可以构造出其如下表达式:

$\neg p \land \neg q$

例1-36 根据以下真值函数的取值情况,构造其一定的表达式:

| p | q | r | $f_1$ | $f_2$ | $f_3$ | $f_4$ |
|---|---|---|---|---|---|---|
| T | T | T | T | F | T | F |
| T | T | F | T | T | T | F |
| T | F | T | T | F | T | F |
| T | F | F | F | T | F | T |
| F | T | T | F | T | T | F |
| F | T | F | F | T | T | F |
| F | F | T | T | T | T | F |
| F | F | F | F | F | T | T |

解　关于 $f_1$，用写真法可以构造出其如下表达式：

$(p \wedge q \wedge r) \vee (p \wedge q \wedge \neg r) \vee (p \wedge \neg q \wedge r) \vee (p \wedge \neg q \wedge \neg r)$

如用写假法，则又可以构造出 $f_1$ 的另外表达式：

$(p \vee \neg q \vee \neg r) \wedge (p \vee \neg q \vee r) \wedge (p \vee q \vee \neg r) \wedge (p \vee q \vee r)$

关于 $f_2$，用写真法可以构造出其如下表达式：

$(p \wedge q \wedge \neg r) \vee (\neg p \wedge q \wedge r) \vee (\neg p \wedge q \wedge \neg r)$

关于 $f_3$，用写假法可以构造出其如下表达式：

$(\neg p \vee q \vee r) \wedge (p \vee q \vee r)$

关于 $f_4$，用写真法可以构造出其如下表达式：

$(p \wedge \neg q \wedge \neg r) \vee (\neg p \wedge \neg q \wedge \neg r)$

# 第二节　重　言　式

## 一、重言式

真值函数可分为永真的、时真时假的和永假的三类。据此，可以把表示真值函数的形式即命题形式（或称真值形式）划分为三类。

（一）永真式

该类命题形式表示永真的真值函数，即无论命题变项如何取值，命题形式的值始终为真。如：

例 2—1　$\neg (p \wedge \neg p)$

当 p 取值为真时，该命题形式为真；当 p 取值为假时，该命题形式也为真。

（二）永假式

该类命题形式表示永假的真值函数，即无论命题变项如何取值，命题形式的值始终为假。如：

例 2-2　p∧￢p

当 p 取值为真时,p∧￢p 为假;当 p 取值为假时,p∧￢p 也为假。

（三）时真时假式

该类命题形式表示时真时假的真值函数,即在命题变项的有些取值情况下,命题形式的值为真;在命题变项的有些取值情况下,命题形式的值为假。如：

例 2-3　p∧q

当 p、q 都为真时,p∧q 为真;当 p 和 q 中有一个为假或两个都假时,p∧q 为假。

永真式也称重言式,此类命题形式在经典命题逻辑中占有重要地位。永假式也称矛盾式。永真式和时真时假式,可统称为可满足式,即在命题变项的至少一种取值下,该类命题形式取值为真。相对于可满足式,永假式又称不可满足式,即在命题变项的所有取值情况下,该类命题形式恒取假值。

以下一些命题显然是正确的：

一个命题形式是重言式,当且仅当它的否定式是不可满足式。

一个命题形式是不可满足式,当且仅当它的否定式是重言式。

一个命题形式是可满足式,当且仅当它不是不可满足式。

不可满足式一定不是重言式;非重言式不一定是不可满足式。

### 二、重言式的判定

重言式是经典命题逻辑的主要研究对象。如何判定一个具体的命题形式是否是重言式呢? 常用的方法有真值表法、赋值归谬法和真值树法。

（一）真值表法

前一节我们已经给出了￢p,p∨q,p∧q,p→q 和 p↔q 的真值表,这是五个最基本的真值表。真值表方法就是根据它们建立起来的。

构造一个具体的真值表,一般包括以下步骤：

第一步,列出给定命题形式里的所有命题变项及其各种真值组合情况。

第二步,根据命题形式的具体形成过程,把相应的构成部分（也是命题形式）按照从左至右、由简到繁的顺序排列,最后列出整个命题形式。

第三步,根据五个基本真值表,依次给出所列全部命题形式的真值。

　　如果所构造的某命题形式的真值表显示最后一列的真值情况都为真，则可判定该命题形式为重言式，因为它表明该命题形式表示一个永真的真值函数；否则，说明该命题形式不是重言式。

　　例2-4　判定¬¬p→p是否是重言式。

　　　解　¬¬p→p 的真值表如下：

| p | ¬ p | ¬ ¬ p | ¬ ¬ p→p |
|---|---|---|---|
| T | F | T | T |
| F | T | F | T |

以上真值表的最后一列均为T，所以¬¬p→p是重言式。

　　例2-5　判定p→(q→p)是否是重言式。

　　　解　p→(q→p)的真值表如下：

| p | q | q→p | p→(q→p) |
|---|---|---|---|
| T | T | T | T |
| T | F | T | T |
| F | T | F | T |
| F | F | T | T |

以上真值表的最后一列均为T，所以p→(q→p)是重言式。

　　例2-6　判定(p→q)∧¬p→¬q是否是重言式。

　　　解　(p→q)∧¬p→¬q 的真值表如下：

| p | q | ¬ p | ¬ q | p→q | (p→q)∧¬ p | (p→q)∧¬ p→¬ q |
|---|---|---|---|---|---|---|
| T | T | F | F | T | F | T |
| T | F | F | T | F | F | T |
| F | T | T | F | T | T | F |
| F | F | T | T | T | T | T |

以上真值表的最后一列不都为T，这表明(p→q)∧¬p→¬q仅在命题变项的部分真值组合情况下为真，所以，它不是重言式。

　　需要指出，在构造和(A∧B)→(A∨B)(A、B代表一定的命题形式)相类似的命题形式的真值表时，尽管A、B不是原命题形式的命题变项，但可以

把它们视为特殊的命题变项,并在此基础上构造相应的真值表。(A∧B)→
(A∨B)的真值表如下:

| A | B | A∧B | A∨B | (A∧B)→(A∨B) |
|---|---|---|---|---|
| T | T | T | T | T |
| T | F | F | T | T |
| F | T | F | T | T |
| F | F | F | F | T |

例2-7　判定命题形式(p∧q)↔(p∧q)∧((p∧q)∨r)是否是
重言式。

解　(p∧q)↔(p∧q)∧((p∧q)∨r)的真值表如下:

| p∧q | r | (p∧q)∨r | (p∧q)∧((p∧q)∨r) | (p∧q)↔(p∧q)∧((p∧q)∨r) |
|---|---|---|---|---|
| T | T | T | T | T |
| T | F | T | T | T |
| F | T | T | F | T |
| F | F | F | F | T |

以上真值表的最后一列均为T,所以,原命题形式为重言式。

(二)赋值归谬法

任何一个真值形式,从理论上讲都可以通过真值表的方法判定其是否
属于重言式。但是,当一个真值形式的命题变项过多或者结构过于复杂时,
如果使用真值表法判定其是否属于重言式,那么构造出来的相应真值表将
会比较复杂。例如,用真值表方法判定(p→(q→r))→(p∧q→r∨s)是否
是重言式时,构造的真值表将包括 $2^4 = 16$ 行。赋值归谬法和真值树方法,
就是基于这一事实而发展起来的另外两种重言式判定方法。

赋值归谬法的具体步骤如下:

第一步,列出待判定的命题形式。

第二步,假设该命题形式为假,并在该命题形式的主联结词下标上表示
假值的符号。

第三步,根据五个基本真值联结词的真值表,从支命题到命题变项,依

次对命题形式的各个构成部分赋值。

第四步,检查在赋值过程或赋值结果中是否出现逻辑矛盾。如果其中有一个命题变项或者支命题既取真的值,又同时被赋予假的值,那么,这就表明原命题形式属于重言式;如果没有出现这种情况,那么就表明原命题形式不属于重言式。

在赋值归谬法的实际运用过程中,有时需要把第三步和第四步结合起来。

**例 2-8** 判定命题形式$((p \rightarrow q) \wedge \neg q) \rightarrow \neg p$是否是重言式。

解 运用赋值归谬法对该命题形式赋值,具体情况如下:

$$( ( p \rightarrow q ) \wedge \neg q ) \rightarrow \neg p$$

| | |
|---|---|
| F | (1),假设 |
| T F | (2),根据(1) |
| T T T | (3),根据(2) |
| T F | (4),根据(3) |
| T | (5),根据(3),(4) |

当$((p \rightarrow q) \wedge \neg q) \rightarrow \neg p$为假时,q 的赋值必须既为假,又为真,产生逻辑矛盾,所以,原命题形式为重言式。

**例 2-9** 判定命题形式$((p \rightarrow r) \wedge (q \rightarrow r) \wedge (p \vee q)) \rightarrow r$是否是重言式。

解 运用赋值归谬法对该命题形式进行赋值,具体情况如下:

$$( ( p \rightarrow r ) \wedge ( q \rightarrow r ) \wedge ( p \vee q ) ) \rightarrow r$$

| | |
|---|---|
| F | (1),假设 |
| T T F | (2),根据(1) |
| T F T F T | (3),根据(2) |
| F F | (4),根据(3) |
| F | (5),根据(4) |
| T | (6),根据(3),(5) |

当$((p{\to}r)\wedge(q{\to}r)\wedge(p\vee q)){\to}r$为假时,p的赋值既为假,又为真,产生逻辑矛盾,所以,原命题形式为重言式。

例2-10　判定命题形式$(p{\to}q){\to}(\neg q{\to}\neg p)$是否是重言式。

解　运用赋值归谬法对该命题形式进行赋值,具体情况如下:

```
（ p  →  q ）  →  （ ¬q  →  ¬ p ）
 ┊   ┊   ┊    ┊    ┊    ┊    ┊
 ┊   ┊   ┊    ┊    ┊    ┊    ┊
 ┊   ┊   ┊    ┊    ┊    ┊    ┊
 ┊   ┊   ┊    ┊    ┊    ┊    ┊
 ┊   ┊   F    ┊    ┊    ┊    ┊
 ┊   T   ┊    ┊    ┊    F    ┊
 ┊   ┊   ┊    ┊    F    ┊    T
 ┊   ┊   F    ┊
 ┊   F
 ┊
 F
```

(1)，假设
(2)，根据(1)
(3)，根据(2)
(4)，根据(3)
(5)，根据(2)，(4)

当$(p{\to}q){\to}(\neg q{\to}\neg p)$为假时,p的赋值既为真,又为假,产生逻辑矛盾,所以,原命题形式为重言式。

例2-11　判定命题形式$(p\wedge q)\vee(p\wedge r){\to}p\wedge(q\vee r)$是否是重言式。

解　运用赋值归谬法对该命题形式进行赋值,具体情况如下:

```
（ p ∧ q ） ∨ （ p ∧ r ） → p ∧ （ q ∨ r ）
         ┊                    ┊
         ┊                    ┊
         ┊          F         ┊
         T                    F
```

(1)，假设
(2)，根据(1)

由于析取式为真、合取式为假的情况都不是唯一的,所以,以上赋值需分情况进一步讨论:

Ⅰ.当$q\vee r$为假时,具体赋值过程如下:

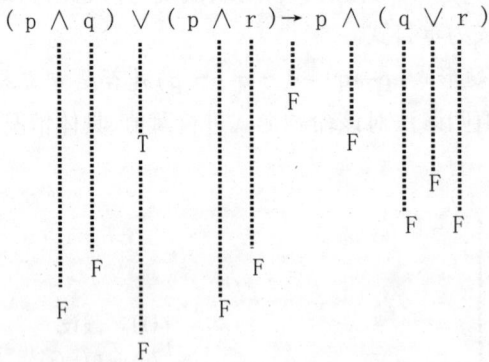

$$（p\wedge q）\vee（p\wedge r）\to p\wedge（q\vee r）$$

|  |  |
|---|---|
| F （在 p∧(q∨r) 中间部分） | (1)，假设 |
| T | (2)，根据(1) |
| F | (3)，假设 |
| F　F | (4)，根据(3) |
| F　　　　F | (5)，根据(4) |
| F | (6)，根据(5) |
| F | (7)，根据(6) |

在上述赋值过程中，(p∧q)∨(p∧r)既取真的值，又取假的值，产生逻辑矛盾，所以，q∨r 不可能为假。

Ⅱ.当 p 为假时，具体赋值过程如下：

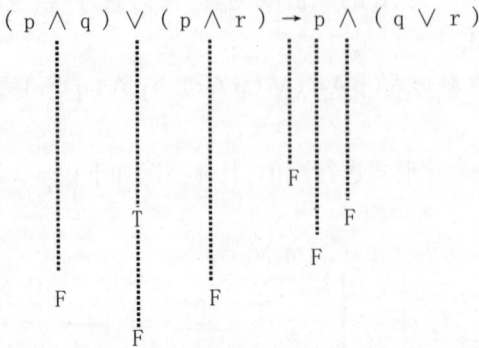

$$（p\wedge q）\vee（p\wedge r）\to p\wedge（q\vee r）$$

|  |  |
|---|---|
| F | (1)，假设 |
| T　　　　　　F | (2)，根据(1) |
| F | (3)，假设 |
| F　　　　F | (4)，根据(3) |
| F | (5)，根据(4) |

在上述赋值过程中，(p∧q)∨(p∧r)既取真的值，又取假的值，产生逻辑矛盾，所以，p 不可能为假。

综合Ⅰ、Ⅱ可知，当(p∧q)∨(p∧r)→p∧(q∨r)被假设为假时，必然产生逻辑矛盾，所以，该命题形式为重言式。

一般而言，赋值归谬法不适用于非蕴涵式。但是，一些非蕴涵式可以变形为等值的蕴涵式，这样，就可以先把这些非蕴涵式转变为与其等值的蕴涵式，然后再使用赋值归谬法。例如，命题形式 p∨(¬p∧q)∨(¬q∧p) 可以转变为¬p→(¬p∧q)∨(¬q∧p)。如果以 A、B 代表任何命题形式，那么,A∨B 和¬A→B 等值。关于这一点,运用真值表方法可以判定。

与真值表方法相比,当一个命题形式包含的命题变项过多或命题结构比较复杂时,赋值归谬法应用起来比较简便。但是,真值表方法既可以判定一个命题形式是否是重言式,又可以判定一非重言式究竟是矛盾式还是时真时假式;赋值归谬法则不能判定一个非重言式究竟是矛盾式还是时真时假式。

(三)真值树法

真值树法也称树形图法,它是判定任意命题形式是否是重言式的另外一种常用方法。

真值树是由根结点、枝结点和叶结点以及不同结点之间的连线构成的倒置树形图,如:

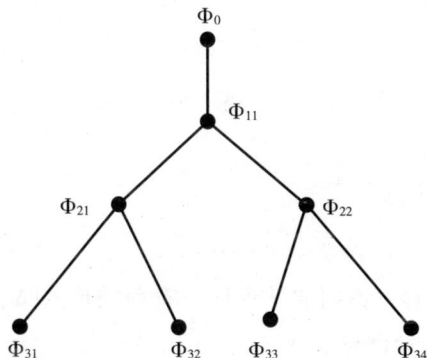

在该图形中,$\Phi_0$ 称为根结点,$\Phi_{31}$、$\Phi_{32}$、$\Phi_{33}$ 和 $\Phi_{34}$ 称为叶结点,$\Phi_{11}$、$\Phi_{21}$ 和 $\Phi_{22}$ 称为枝结点。由根结点经枝结点到叶结点的连线称为"枝"。以上树形图有四个枝。同一结点与其下列同一层次不同结点之间的连线,称为"枝权"。在以上树形图中,$\Phi_{21}$ 有两个枝权,$\Phi_{22}$ 也有两个枝权。

在任何一棵真值树中,根结点放置待判定命题形式 A 的否定式¬A;叶结点放置根据真值树生成规则得到的¬A 中的命题变项或者其否定式;其他结点放置根据真值树生成规则生成的相应命题形式。

真值树的生成规则如下:

1.双重否定规则:如果真值树的某个枝上有命题形式¬¬A,则在该枝末端增加一个新的结点,写上 A。图示如下:

$$\begin{array}{c} | \\ \neg \neg A \\ | \\ A \end{array}$$

2.析取规则:如果真值树的某个枝上有命题形式 A∨B,则在该枝末端增加两个新的结点,分别写上 A 和 B。图示如下:

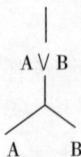

$$\begin{array}{c} | \\ A \vee B \\ \diagup \diagdown \\ A \quad\quad B \end{array}$$

3.否定析取规则:如果真值树的某个枝上有命题形式¬（A∨B）,则在该枝末端增加一个新的结点,把¬A 和¬B 分行写出。图示如下:

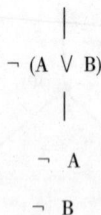

$$\begin{array}{c} | \\ \neg (A \vee B) \\ | \\ \neg A \\ \neg B \end{array}$$

4.合取规则:如界真值树的某个枝上有命题形式 A∧B,则在该枝末端增加一个新的结点,分行写上 A 和 B。图示如下:

$$\begin{array}{c} | \\ A \wedge B \\ A \\ B \end{array}$$

以下五条规则的解释类似前四条,故仅给出图示。

5.否定合取规则:

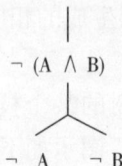

$$\begin{array}{c} | \\ \neg (A \wedge B) \\ \diagup \diagdown \\ \neg A \quad\quad \neg B \end{array}$$

6.蕴涵规则：

$$A \to B$$
$$\neg A \qquad B$$

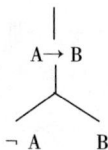

7.否定蕴涵规则：

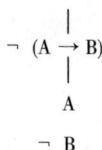

$$\neg (A \to B)$$
$$A$$
$$\neg B$$

8.等值规则：

$$A \leftrightarrow B$$
$$A \qquad \neg A$$
$$B \qquad \neg B$$

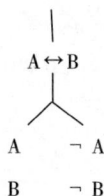

9.否定等值规则：

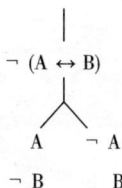

$$\neg (A \leftrightarrow B)$$
$$A \qquad \neg A$$
$$\neg B \qquad B$$

以上九条规则中，"A"、"B"表示任意命题形式。其中，前三条规则即双重否定规则、析取规则和否定析取规则可称为基本规则；其余六条可称为导出规则，它们可由前三条规则推导出来。

在用真值树方法判定一个命题形式是否是重言式时，具体步骤如下：

第一步,写出被判定命题形式的否定式,作为根结点。

第二步,根据真值树生成规则生成真值树。在这一过程中需要注意:(1)如果某命题形式位于不止一个枝上,那么,运用生成规则生成新枝时要涉及该命题形式所属的所有枝。(2)生成规则可分为两类,即有关不分权的规则,包括双重否定规则、否定析取规则、合取规则、否定蕴涵规则;有关分权的规则,包括析取规则、否定合取规则、蕴涵规则、等值规则、否定等值规则。如果在真值树生成过程中,某一枝的扩充既可使用分权规则,又可使用不分权规则,那么最好使用不分权规则。这样做,可以简化判定程序。(3)真值树在生成过程中,如果仅仅做到某一步,某枝上已经出现 A 和 ¬ A,那么可停止该枝的继续扩充。

第三步,考察真值树的各个枝。如果在某枝上 A 和 ¬ A 同时存在,那就表明产生了逻辑矛盾。在此类枝的终点即叶结点下端标上符号"×",表示该类枝被封闭,属于封闭枝,简称闭枝。如果某真值树的所有枝都属于闭枝,那么,相应的命题形式为重言式。否则,如果存在开枝,即有没被封闭的枝,那么,相应的命题形式不是重言式。

例 2-12　判定命题形式 $(\neg p \vee q) \wedge \neg q \rightarrow \neg p$ 是否是重言式。

解　以原命题形式的否定式即 $\neg((\neg p \vee q) \wedge \neg q \rightarrow \neg p)$ 作为根结点,构造真值树如下:

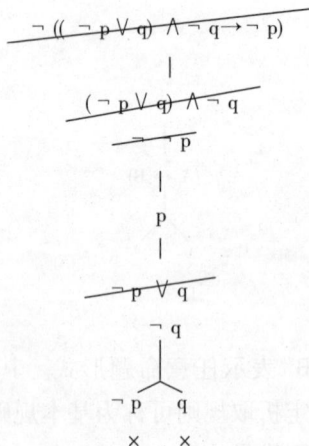

在该真值树中,"—"表示在真值树的生成过程中,被其覆盖的命题形式已

被根据生成规则使用。以下同此。从图中可以看出,真值树的两个枝都是闭枝,所以,(¬p∨q)∧¬q→¬p是重言式。

例2-13 判定命题形式(p→q)∧(p∨r)∧(r→s)→(q∨s)是否是重言式。

解 以原命题形式的否定式即¬((p→q)∧(p∨r)∧(r→s)→(q∨s))为根结点,构造真值树如下:

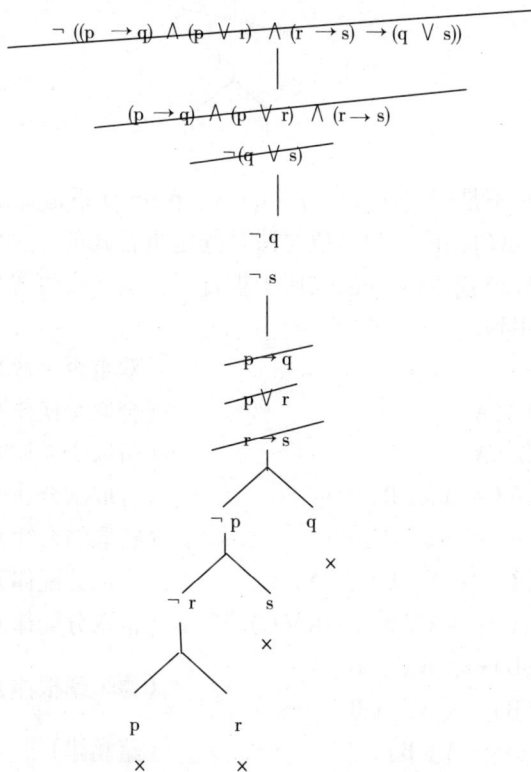

该真值树的所有枝都是闭枝,所以,(p→q)∧(p∨r)∧(r→s)→(q∨s)是重言式。

例2-14 判定命题形式(p→q)∧¬p→¬q是否是重言式。

解 以原命题形式的否定式即¬((p→q)∧¬p→¬q)为根结点,构造真值树如下:

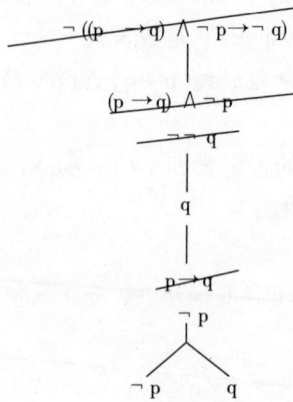

该真值树有两枝不是闭枝,所以,(p→q)∧¬p→¬q不是重言式。

　　真值表法、赋值归谬法和真值树法是判定重言式的三种常用方法。利用这些方法,可以判定以下等值式属于重言式。这些重言等值式在经典命题逻辑中经常用到:

　　1.¬¬A↔A　　　　　　　　　　　　（双重否定律）

　　2.A∧B↔B∧A　　　　　　　　　　　（合取交换律）

　　3.A∨B↔B∨A　　　　　　　　　　　（析取交换律）

　　4.(A∧B)∧C↔A∧(B∧C)　　　　　（合取结合律）

　　5.(A∨B)∨C↔A∨(B∨C)　　　　　（析取结合律）

　　6.A∧(B∨C)↔(A∧B)∨(A∧C)　　（合取分配律）

　　7.A∨(B∧C)↔(A∨B)∧(A∨C)　　（析取分配律）

　　8.$\begin{cases}¬(A∧B)↔¬A∨¬B\\ ¬(A∨B)↔¬A∧¬B\end{cases}$　　　（德·摩根律）

　　9.(A→B)↔(¬A∨B)　　　　　　　　（蕴涵律）

　　10.¬(A→B)↔A∧¬B　　　　　　　　（蕴涵否定律）

　　11.$\begin{cases}(A↔B)↔(A∧B)∨(¬A∧¬B)\\ (A↔B)↔(¬A∨B)∧(¬B∨A)\end{cases}$　（等值消除律）

　　12.$\begin{cases}A∧A↔A\\ A∨A↔A\end{cases}$　　　　　　　　　（幂等律,重言律）

　　13.$\begin{cases}A∧(A∨B)↔A\\ A∨(A∧B)↔A\end{cases}$　　　　　（吸收律）

# 第三节　范　式

范式是一种在形式上具有某种特点的命题形式。通过这些特点的分析,可以判定一命题形式的具体类别:重言式、矛盾式或时真时假式。

## 一、合取范式

范式包括两大类:合取范式和析取范式。

合取范式是一合取式,其合取支都是简单析取式。

简单析取式就是析取支是命题变项或者命题变项否定的析取式。如:

pＶ¬p,　pＶq,　pＶqＶr

都是简单析取式,而

pＶ¬¬p,　pＶ(q→r),　pＶ(q↔r)

都不是简单析取式。

如果一个简单析取式中包含有某命题变项及其否定作为析取支,那么,该简单析取式是重言式。例如:

pＶ¬p,　pＶqＶ¬p,　pＶrＶsＶ¬r

都分别属于重言式,而以下命题形式不属于重言式:

pＶq,　pＶqＶ¬r,　pＶrＶqＶ¬t

若干个简单析取式通过合取联结词联结起来,就形成一合取范式。显然,在合取范式中,不包含联结词→、↔,否定联结词¬只作用于命题变项之前。例如,以下命题形式都是合取范式:

(pＶq)∧(qＶ¬q)

(pＶ¬q)∧(rＶqＶt)∧(pＶq)

(pＶ¬q)∧(rＶs)∧(qＶrＶ¬sＶt)

而以下命题形式不属于合取范式:

(p→q)∧(pＶ¬p)

(p↔q)∧(p→r)

¬(pＶq)∧¬q

请读者思考以下命题形式是否属于合取范式:

p∨q

(p∨q)∧q

p∧q

合取范式可以显示重言式。如果一合取范式的所有合取支即简单析取式都是重言式，那么，该合取范式是重言式；否则，该合取范式不是重言式。如，以下合取范式都是重言式：

(p∨r∨¬r)∧(p∨q∨¬q)

(p∨¬p)∧(¬p∨q∨r∨p)∧(r∨t∨¬t)

而(p∨q)∧(q∨r∨t)∧(r∨¬r)则不是重言式。

由于简单析取式不能显示矛盾式，所以，合取范式也就不能显示矛盾式。

## 二、析取范式

析取范式是一析取式，其析取支都是简单合取式。

简单合取式就是合取支都是命题变项或者命题变项的否定的合取式。如：

p∧q, p∧¬p∧r, p∧¬p∧¬q

都是简单合取式，而以下命题形式则不是简单合取式：

p∧(q∨r), p∧¬p∧(q→r)

如果一个简单合取式中包含有某命题变项及其否定作为合取支，那么，该简单合取式是矛盾式。如：

p∧¬p, p∧q∧¬q, p∧r∧t∧¬r

都是矛盾式，而p∧q, p∧¬q∧r, p∧q∧t都不是矛盾式。

若干个简单合取式通过析取联结词联结起来，就可形成一析取范式。显然，在析取范式中，不包含联结词→、↔，否定联结词¬只作用于命题变项之前。例如，以下命题形式都是析取范式：

(p∧q)∨(q∧r∧¬s)

(p∧¬q)∨(¬q∧¬r)∨(q∧r∧s)

而(p→q)∨(p∧r)、(p∧q)∨(p↔p)都不是析取范式。

析取范式可以显示矛盾式。如果一析取范式的所有析取支即简单合取式都是矛盾式，那么，该析取范式是矛盾式；否则，该析取范式不是矛盾式。

如,以下命题形式是矛盾式:

$(p \wedge \neg p \wedge s) \vee (r \wedge s \wedge \neg s)$

$(p \wedge q \wedge \neg q) \vee (r \wedge \neg r) \vee (r \wedge s \wedge \neg s)$

而命题形式$(p \wedge q) \vee (r \wedge s) \vee (p \wedge t)$不是矛盾式。

由于简单合取式不能显示永真式,所以,不能从形式上判明一析取范式是否是重言式。

### 三、范式存在定理

范式存在定理的基本内容是:每个命题形式都有一个与之相等值的合取范式和析取范式。

根据范式存在定理,对任何一个命题形式,都可以通过求其合取范式的方法来判定该命题形式是否是重言式:如果一命题形式的合取范式是重言式,那么,该命题形式也是重言式;否则,该命题形式为非重言式。对任何一个命题形式,都可以通过求其析取范式的方法来判定该命题形式是否是矛盾式:如果一个命题形式的析取范式是矛盾式,那么,该命题形式也是矛盾式;否则,该命题形式是非矛盾式。

由于合取范式和析取范式在形式上各具有一些特点,如在任何一个合取范式中,只可能出现¬、∧、∨三个联结词,¬作用于命题变项,∨出现在合取支内,∧出现在不同的合取支之间。因此,对任何一个命题形式都可以通过一定的方法、步骤来求得其相应范式。

一般而言,求一命题形式的范式,步骤如下:

第一步,消去原命题形式中的蕴涵符号→和等值符号↔。

根据蕴涵律:$(A \rightarrow B) \leftrightarrow (\neg A \vee B)$,将原命题形式中的$A \rightarrow B$置换成$\neg A \vee B$。根据等值消除律$(A \leftrightarrow B) \leftrightarrow (A \wedge B) \vee (\neg A \wedge \neg B)$,$(A \leftrightarrow B) \leftrightarrow (\neg A \vee B) \wedge (\neg B \vee A)$,在求析取范式时,可以将原命题形式中的$A \leftrightarrow B$置换成$(A \wedge B) \vee (\neg A \wedge \neg B)$;在求合取范式时,可以将原命题形式中的$A \leftrightarrow B$置换成$(\neg A \vee B) \wedge (\neg B \vee A)$。

第二步,消去或内移符号¬。

根据双重否定律:$\neg \neg A \leftrightarrow A$,将$\neg \neg A$置换成A。根据德·摩根律:$\neg (A \vee B) \leftrightarrow \neg A \wedge \neg B$,$\neg (A \wedge B) \leftrightarrow \neg A \vee \neg B$,将$\neg (A \vee B)$置换成$\neg A \wedge \neg B$,将$\neg (A \wedge B)$置换成$\neg A \vee \neg B$。

第三步,应用分配律求得范式。

求合取范式时,根据析取分配律:A∨(B∧C)↔(A∨B)∧(A∨C),用(A∨B)∧(A∨C)置换 A∨(B∧C)。求析取范式时,根据合取分配律 A∧(B∨C)↔(A∧B)∨(A∧C),用(A∧B)∨(A∧C)置换 A∧(B∨C)。

例 3-1  求(p→q)→(¬p∨q)的合取范式。

解  (¬p∨q)→(¬p∨q)          (消去一个→)

（¬p∨q)∨(¬p∨q)          (消去另一个→)

(p∧¬q)∨(¬p∨q)          (内移¬)

(p∨¬p∨q)∧(¬q∨¬p∨q)      (分配∨)

此式即原命题形式的合取范式。

例 3-2  求 p↔p∧q 的析取范式。

解  (p∧p∧q)∨(¬p∧¬(p∧q))     (消去↔)

(p∧p∧q)∨(¬p∧(¬p∨¬q))     (内移¬)

(p∧p∧q)∨(¬p∧¬p)∨(¬p∧¬q) (分配∧)

此式即原命题形式的析取范式。

例 3-3  判定命题形式(p∨q→r)→p 是否是重言式。

解  求该命题形式的合取范式如下:

¬(p∨q→r)∨p              (消去一个→)

¬(¬(p∨q)∨r)∨p           (消去另一个→)

(¬¬(p∨q)∧¬r)∨p          (内移¬)

((p∨q)∧¬r)∨p            (消去¬¬)

(p∨q∨p)∧(¬r∨p)          (分配∨)

此式即原命题形式的合取范式,因为其合取支都不包含某一命题变项及其否定,所以,原命题形式不是重言式。

例 3-4  判定命题形式¬(p→p∨q)是否是矛盾式。

解  求该命题形式的析取范式如下:

¬(¬p∨(p∨q))             (消去→)

¬¬p∧¬(p∨q)              (内移¬)

p∧¬(p∨q)                (消去¬¬)

p∧¬p∧¬q                 (内移¬)

此式即原命题形式的析取范式,在它唯一的析取支中包含有 p 和¬p,

所以,原命题形式是矛盾式。

例 3-5　判定命题形式 q∧(p→q)→p 是否是矛盾式。

解　求该命题形式的析取范式如下:

$$¬(q∧(p→q))∨p \qquad (消去一个→)$$
$$¬(q∧(¬p∨q))∨p \qquad (消去另一个→)$$
$$¬q∨¬(¬p∨q)∨p \qquad (内移¬)$$
$$¬q∨(¬¬p∧¬q)∨p \qquad (内移¬)$$
$$¬q∨(p∧¬q)∨p \qquad (消去¬¬)$$

此式即原命题形式的析取范式,并非其每个析取支都包含有某命题变项及其否定,所以,原命题形式不是矛盾式。

需要指出,尽管就整体而言,范式包括合取范式和析取范式,但是,任何一个命题形式,无论其合取范式还是析取范式,具体形式都可能不是唯一的。换言之,同一个命题形式可以有不同的合取范式以及不同的析取范式。例如:(p∨¬p∨q)∧(¬q∨¬p∨q)和¬q∨¬p∨q 都是命题形式(p→q)∧p→q 的合取范式。

### 四、利用重言式判定推理形式的正确性

任何推理都包括前提和结论两部分。一个推理的有效性并不依赖于前提和结论事实上的真、假,而是看前提和结论之间是否存在蕴涵关系。因此,一个推理的有效性即推理形式的正确性问题就转化为该推理相应的蕴涵式是否是重言式问题。

把某推理的所有前提联结起来形成一联言命题,写出其命题形式 A;再把该推理结论的命题形式写出来,得到 B。如果 A→B 是重言式,那么,该推理就是有效的,即推理形式正确;否则,该推理无效,推理形式不正确。

例 3-6　分析以下推理是否有效:

如果张三的行为构成渎职罪,那么他是国家工作人员;

张三根本不是国家工作人员;

所以,其行为并不构成渎职罪。

解　该推理的形式是:

p→q

$$\frac{\neg q}{\therefore \neg p}$$

（p 表示"张三的行为构成渎职罪"，q 表示"张三是国家工作人员"。）

与其相对应的蕴涵式是：$((p\to q)\wedge\neg q)\to\neg p$。该蕴涵式的真值表如下：

| p | q | ¬ p | ¬ q | p→q | (p→q)∧¬ q | ((p→q)∧¬ q)→¬ p |
|---|---|-----|-----|-----|-----------|-----------------|
| T | T | F | F | T | F | T |
| T | F | F | T | F | F | T |
| F | T | T | F | T | F | T |
| F | F | T | T | T | T | T |

真值表的最后一列均为 T，所以，$((p\to q)\wedge\neg q)\to\neg p$ 是重言式，原推理有效。

例 3-7　分析以下推理形式是否正确：

$$p\to q$$
$$q\to r$$
$$\therefore \neg r\to\neg p$$

解　与该推理形式相对应的蕴涵式是：

$((p\to q)\wedge(q\to r))\to(\neg r\to\neg p)$，使用赋值归谬法对该蕴涵式赋值如下：

| | | | | | | | | | | | | |
|---|---|---|---|---|---|---|---|---|---|---|---|---|
| ( ( p | → | q ) | ∧ | ( q | → | r ) ) | → | ( ¬ r | → | ¬ p ) | | |

|  |  |
|---|---|
| F | (1)，假设 |
| T | (2)，根据(1) |
| T ... T ... T | (3)，根据(2) |
| T ... F | (4)，根据(3) |
| F | (5)，根据(3)，(4) |
| T | (6)，根据(3)，(4) |

在上述赋值过程中，q 既取真的值，又取假的值，产生逻辑矛盾，所以，

$((p{\rightarrow}q)\land(q{\rightarrow}r)){\rightarrow}(\lnot r{\rightarrow}\lnot p)$是重言式,原推理形式正确。

例3-8 分析以下推理是否有效:

只要执行正确的知识分子政策,就能发挥知识分子的积极性。

只有发挥知识分子的积极性,才能使国家科技事业兴旺。

所以,如果执行正确的知识分子政策,就能使国家科技事业兴旺。

解 该推理的形式是:

$$p{\rightarrow}q$$
$$\underline{\qquad r{\rightarrow}q\qquad}$$
$$\therefore\quad p{\rightarrow}r$$

(p 表示"执行正确的知识分子政策",q 表示"发挥知识分子的积极性",r 表示"国家科技事业兴旺"。)

与其相对应的蕴涵式是:$((p{\rightarrow}q)\land(r{\rightarrow}q)){\rightarrow}(p{\rightarrow}r)$。求该蕴涵式的合取范式如下:

$((p{\rightarrow}q)\land(r{\rightarrow}q)){\rightarrow}(p{\rightarrow}r)$

解   $\lnot((p{\rightarrow}q)\land(r{\rightarrow}q))\lor(p{\rightarrow}r)$     (消去一个→)

$\lnot((\lnot p\lor q)\land(\lnot r\lor q))\lor(\lnot p\lor r)$     (消去剩余→)

$\lnot(\lnot p\lor q)\lor\lnot(\lnot r\lor q)\lor(\lnot p\lor r)$     (内移¬)

$(\lnot\lnot p\land\lnot q)\lor(\lnot\lnot r\land\lnot q)\lor(\lnot p\lor r)$     (内移¬)

$(p\land\lnot q)\lor(r\land\lnot q)\lor(\lnot p\lor r)$     (消去¬¬)

$(p\land\lnot q)\lor((r\lor\lnot p\lor r)\land(\lnot q\lor\lnot p\lor r))$     (分配∨)

$((p\land\lnot q)\lor(r\lor\lnot p\lor r))\land((p\land\lnot q)\lor$

$(\lnot q\lor\lnot p\lor r))$     (分配∨)

$(p\lor r\lor\lnot p\lor r)\land(\lnot q\lor r\lor\lnot p\lor r)\land(p\lor\lnot$     (分配∨)

$q\lor\lnot p\lor r)\land(\lnot q\lor\lnot q\lor\lnot p\lor r)$

此式即所求合取范式,其合取支并非都是重言式,所以,$((p{\rightarrow}q)\land(r{\rightarrow}q))$$\rightarrow(p{\rightarrow}r)$不是重言式,原推理无效。

# 第四节 求否定运算和求对偶运算

## 一、求否定运算

求否定运算就是求与一否定命题相等值的命题。如果被否定命题比较简单，那么这将是非常容易的事情。如：

例4-1 并非物美价廉。

例4-2 并非如果某人生病，那么他就发高烧。

这两例中的"并非"表示对其后面的命题进行否定。根据前面介绍的有关真值表知识，可以比较容易地得出与它们相等值的命题：

例4-1′ 物不美或者价不廉。

例4-2′ 某人生病，但他并未发高烧。

但是，如果被否定的命题是一个结构比较复杂的复合命题，那么，求得与否定命题相等值的命题将是一件非常不容易的事情。

现代逻辑中的求否定运算方法，可以使人们相对比较容易地获得一否定命题（被否定的是复合命题）的等值命题。基本思路是：通过把具体的复合命题符号化为公式，借助于公式变换的一些规则，将求否定命题的过程转变成一种运算过程。

求否定运算的规则是：在一个不包含联结词→和↔，并且否定符号¬只出现在命题变项之前的公式中，将∧和∨互换，将π和¬π（π为任意命题变项）互换。

显然，根据上述规则，在求否定运算时，如果一公式中包含有联结词→和↔，或者其中包含的否定符号¬并非仅仅出现在命题变项之前，则要先把联结词→和↔消去，通过公式变形使否定符号仅仅出现在命题变项之前，然后再应用规则求得与该公式的否定相等值的另一公式。

例4-3 求 $p \wedge (\neg q \vee r) \wedge (q \vee r)$ 的否定。

解 $\quad p \vee (\neg q \wedge r) \vee (q \wedge r)$ （互换∧，∨）

$\quad\quad \neg p \vee (q \wedge \neg r) \vee (\neg q \wedge \neg r)$ （π和¬π互换）

此式即原公式的否定。

例4-4 求 $(p \to q) \wedge p \to q$ 的否定。

解　¬((p→q)∧p)∨q　　　　　　　（消去一个→）

　　¬((¬p∨q)∧p)∨q　　　　　　（消去另一个→）

　　¬(¬p∨q)∨¬p∨q　　　　　　（内移¬）

　　(¬¬p∧¬q)∨¬p∨q　　　　　（内移¬）

　　(p∧¬q)∨¬p∨q　　　　　　（消去¬¬）

　　(p∨¬q)∧¬p∧q　　　　　　（∧,∨互换）

　　(¬p∨q)∧p∧¬q　　　　　　（π和¬π互换）

此式即原公式的否定。

　　在求否定运算的过程中,如果否定符号¬直接出现在括号外面,则去掉该否定符号,括号内的公式保持不变。这样,例4-4的求否定过程可以简化。

　　例4-5　求(p→t)∧p→t的否定。

解　¬((p→t)∧p)∨t　　　　　　　（消去一个→）

　　¬((¬p∨t)∧p)∨t　　　　　　（消去另一个→）

　　(¬p∨t)∧p∧¬t　　　　　　　（π和¬π互换）

此式即原公式的否定。

　　例4-6　求(p↔q)∧¬q→¬p的否定。

解　¬((p↔q)∧¬q)∨¬p　　　　　　（消去→）

　　¬(((p∧q)∨(¬p∧¬q))∧¬q)∨¬p　　（消去↔）

　　(((p∧q)∨(¬p∧¬q))∧¬q)∧p　　（π和¬π互换）

此式即原公式的否定。

### 二、求对偶运算

观察以下各组命题:

例4-7 ⎰ 如果张明思想品德好,那么,他不会干出这种损人利己的事情。

⎱ 如果张明干出了这种损人利己的事情,那么,他思想品德不好。

例 4-8 $\begin{cases}$一个人只有年满 18 岁，才有选举权。\\一个人如果有选举权，那么，他年满 18 岁。$\end{cases}$

例 4-9 $\begin{cases}$当且仅当一个三角形是等角的，它才等边。\\当且仅当一个三角形不等边，它才不等角。$\end{cases}$

以上各组命题所包含的两个命题之间都具有对偶关系。从逻辑的角度看，相互对偶的命题之间都是具有等值关系的。由于现代逻辑把日常思维中的假言命题抽象为仅仅从真、假值角度考察的蕴涵和等值命题，所以，现代逻辑所考察的对偶命题也就只涉及蕴涵命题和等值命题。针对比较复杂的蕴涵命题和等值命题，借助于求对偶运算可以求出相应的对偶命题。

求对偶运算：在等值式 $A \leftrightarrow B$ 和蕴涵式 $A \rightarrow B$ 中，如果 A、B 都不包含等值符号 $\leftrightarrow$ 和蕴涵符号 $\rightarrow$，并且否定符号 $\neg$ 仅仅出现在命题变项之前，那么，将 $A \leftrightarrow B$ 和 $A \rightarrow B$ 中的 $\vee$ 和 $\wedge$ 互换，即可得到它们的对偶公式：

$A^* \leftrightarrow B^*$

$B^* \rightarrow A^*$

具有对偶关系的一对命题形式之间是相互等值的。

在求 $A \leftrightarrow B$ 或 $A \rightarrow B$ 的对偶命题形式时，如果 A、B 中出现符号 $\leftrightarrow$，$\rightarrow$，则需要先消去它们。

例 4-10　$p \leftrightarrow p \vee (q \wedge \neg q)$ 的对偶命题形式是：

$p \leftrightarrow p \wedge (q \vee \neg q)$

例 4-11　求 $(p \rightarrow p \vee q) \rightarrow (q \rightarrow p)$ 的对偶命题形式。

解　$(\neg p \vee p \vee q) \rightarrow (\neg q \vee p)$　　　（消去 $\rightarrow$）

$(\neg p \wedge p \wedge q) \rightarrow (\neg q \wedge p)$　　　（互换 $\wedge$，$\vee$）

$(\neg q \wedge p) \rightarrow (\neg p \wedge p \wedge q)$　　　（移项）

此式即所求对偶命题形式。

例 4-12　求 $p \wedge q \rightarrow q \wedge p$ 的对偶命题形式。

解　$q \wedge p \rightarrow p \wedge q$　　　（移项）

$q \vee p \rightarrow p \vee q$　　　（互换 $\wedge$，$\vee$）

此式即所求对偶命题形式。

由于具有对偶关系的命题形式之间是相互等值的，所以，在推理的形式证明或命题演算过程中，适时使用求对偶运算可以简化相应的推导过程。

# 第五节 命题逻辑的形式证明

形式证明是指对具体推理的形式正确性进行考察,即把具体推理的前提和结论符号化为逻辑公式,运用一定的推理规则,有步骤地从表示前提的公式推出表示结论的公式。

为了保证形式证明能严谨有序地进行,避免错误和随意性,现代逻辑提出了关于形式证明的两套规则:建立证明的规则和推理规则。

## 一、建立证明的规则

建立证明的规则是关于如何组织形式证明的前提、如何运用推理规则、怎样才可以确认形式证明建立起来的一些规定。一般而言,建立一个推理的形式证明可采用如下步骤:第一步,把前提的符号表达式即公式按行列出,并在公式左边标明相应的行数;在最后一行前提公式的右边列出推理结论的符号表达式即结论公式,用一斜线将其和前提公式分开。第二步,考虑运用某个推理规则于一定的前提公式,将所得结论写在下面一行,并在其右边注明得到的根据。第三步,再考虑运用某个推理规则于已经写出的公式(不包括原推理结论公式),并写出得到的结论,在结论右边注明得到的根据。第四步,依此类推,直到得到原推理结论公式。如果最后得到了原推理结论公式,则形式证明就被认为建立起来,原推理的有效性得到证明。

## 二、推理规则

在形式证明中,常用的是以下一些推理规则。这些规则大多对应于一定的重言式,体现了人们在思维中经常使用的推理形式。

1.假设引入规则:

在推导过程中,可以根据需要随时引入一个假设。

2.蕴涵消除规则(分离规则),简记为 $\rightarrow_-$:

从 $A \rightarrow B$ 和 $A$,可以推出 $B$。

3.合取引入规则,简记为 $\wedge_+$:

从 $A$ 和 $B$,可以推出 $A \wedge B$。

4.合取消除规则,简记为∧_:

从 A∧B,可以推出 A。

从 A∧B,可以推出 B。

5.析取引入规则,简记为∨_+:

从 A,可以推出 A∨B。

从 B,可以推出 A∨B。

6.析取消除规则,简记为∨_:

从 A∨B 和¬ A,可以推出 B。

从 A∨B 和¬ B,可以推出 A。

7.等值引入规则,简记为↔_+:

从 A→B 和 B→A,可以推出 A↔B。

8.等值消除规则,简记为↔_:

从 A↔B,可以推出 A→B。

从 A↔B,可以推出 B→A。

9.否定引入规则(归谬律),简记为¬ _+:

在给定前提下,如果引入假设 A,由此推出 B 和¬ B,那么,由原来的前提可以推出¬ A。

10.否定消除规则(反证律),简记为¬ _:

在给定前提下,如果引入假设¬ A,由此推出 B 和¬ B,那么,由原来的前提可以推出 A。

11.假言易位规则:

从 A→B,可以推出¬ B→¬ A。

12.否定后件规则:

从 A→B 和¬ B,可以推出¬ A。

除了上面所列规则外,还允许在需要时将经典命题逻辑中其他的重言式当作推理规则使用。例如:

13.双重否定消除规则,简记为¬ ¬ _:

从¬ ¬ A,可以推出 A。

14.假言三段论规则:

从 B→C 和 A→B,可以推出 A→C。

15.二难推理规则:

从 A→B,C→D 和 A∨C,可以推出 B∨D。

此外,为了使形式证明简便易行,还需要增加以下两条特殊规则:

16.等值置换规则:

在推导过程中,可以把互相等值的公式彼此替换。

17.蕴涵引入规则,简记为→₊:

如果在前提公式的集合基础上,再加上一个假设 A,进而可以推出 B,那么,从这个前提公式的集合可以推出 A→B。

例 5-1　分析以下推理是否有效:

如果张明去北京,那么李卫和赵强也去北京。

如果李卫或者王华去北京,那么孙明也去北京。

张明去北京。

所以,孙明和赵强去北京。

解　该推理可以符号化为:

$$p→(q∧r)$$
$$(q∨s)→t$$
$$p$$

∴ t∧r

(p 表示"张明去北京",q 表示"李卫去北京",r 表示"赵强去北京",s 表示"王华去北京",t 表示"孙明去北京"。)

对这个推理形式,可以构造如下形式证明:

| | | | |
|---|---|---|---|
| 1 | p→(q∧r) | | |
| 2 | (q∨s)→t | | |
| 3 | p　／　∴ t∧r | | |
| 4 | q∧r | 1,3 | →₋ |
| 5 | q | 4 | ∧₋ |
| 6 | r | 4 | ∧₋ |
| 7 | q∨s | 5 | ∨₊ |
| 8 | t | 2,7 | →₋ |
| 9 | t∧r | 8,6 | ∧₊ |

上述证明的最后一行即原推理的结论公式,所以,原推理有效。

例 5-2  分析以下推理形式是否有效:

$$p\rightarrow(q\rightarrow r)\wedge(\neg q\rightarrow s)$$

$$\neg r\wedge\neg s$$

$$\therefore\neg p$$

解  对这一推理形式,可以构造如下形式证明:

1  p→(q→r)∧(¬ q→s)
2  ¬ r∧¬ s    /∴ ¬ p
3  p                              假设
4  (q→r)∧(¬ q→s)            1,3  →_
5  q→r                          4  ∧_
6  ¬ r                          2  ∧_
7  ¬ q                          5,6  否定后件规则
8  ¬ q→s                        4  ∧_
9  ¬ s                          2  ∧_
10  ¬ ¬ q                       8,9  否定后件规则
11  ¬ p                         7,10  ¬ _+

上述证明的最后一行即原推理形式的结论,所以,原推理形式有效。

例 5-3  分析以下推理形式是否有效:

$$p\rightarrow q\wedge\neg q$$

$$\therefore\neg p$$

解  对于这一推理形式,可以构造如下形式证明:

1  p→q∧¬ q   /∴ ¬ p
2  p                             假设
3  q∧¬ q                        1,2  →_
4  q                             3  ∧_
5  ¬ q                          3  ∧_
6  ¬ p                          4,5  ¬ _+

上述证明的最后一行即原推理形式的结论,所以,原推理形式有效。

例 5-4  分析以下推理是否有效:

张华没有上课或者因为有病,或者因为有急事。

如果张华有急事,他就会打电话来。

张华没有打电话来。

所以,张华没有上课是因为有病。

解　该推理可符号化为:

$p \lor q$

$q \rightarrow r$

$\neg r$

$\therefore p$

(p 表示"张华没有上课是因为有病",q 表示"张华没有上课是因为有急事",r 表示"张华打电话来"。)

对于这一推理形式,可以构造如下形式证明:

| | | |
|---|---|---|
| 1 | $p \lor q$ | |
| 2 | $q \rightarrow r$ | |
| 3 | $\neg r / \therefore p$ | |
| 4 | $\neg q$ | 2,3 否定后件规则 |
| 5 | $p$ | 1,4 $\lor_-$ |

上述证明的最后一行即原推理的结论公式,所以,原推理有效。

## 第六节　命题演算

### 一、形式系统

命题演算是经典命题逻辑中发展起来的另外一种重要逻辑方法。这种方法的实质,是通过运用演算手段即建立形式系统进而把对重言式以及正确推理形式的研究,转变成对形式系统的研究。

所谓形式系统,是指用没有任何语义内容的人工语言表示的系统。一个形式系统通常由五部分构成:1.初始符号。初始符号是一个形式系统使用的基本符号,是形式语言的语素。2.形成规则。形成规则规定什么样的符号序列是形式语言的语句即合式公式。合式公式简称公式。初始符号和形成规则组成形式系统的语言,即形式语言。3.公理。公理是某些被挑选出来的、用作推导其他公式的出发点的公式。在一个形式系统中,公理是不加证明,也是不可以证明的。4.推理规则。推理规则即形式系统中使用的变形规则。每一个推理规则规定怎样从一个或一组公式通过符号变换得出另一个公式。5.定理。根据推理规则,由一定的公式推导出来的另一些公式称为定理。

建立和研究形式系统,需要用到两种语言:对象语言和语法语言。对象语言是用来构造公式、构成形式系统的语言。语法语言也称元语言,是人们讨论对象语言时所使用的另外一种语言。语法语言一般是使用人们日常运用的自然语言,有时还需增加一些特制的表意的语法符号。

当然,命题演算使用的形式系统并不是始终没有意义的。对形式系统中的符号、公式等作出一定的解释,如 p、q、r、s 等是命题变项,∨ 表示析取等,形式系统就成为有关命题真值形式的逻辑演绎系统。

根据是否使用公理,可以把命题演算系统分为两种:公理化命题演算系统和自然演算系统。

### 二、公理化命题演算系统

命题演算可以有不同的公理系统。不同系统间的区别往往表现在初始符号、公理和推理规则的不同。下面介绍 P 系统,它是由德国逻辑学家 D.希尔伯特和 W.阿克曼在《数理逻辑基础》一书中提出的。

（一）初始符号

1.$p, q, r, s, p_1, q_1, r_1, \cdots\cdots$

2.¬ , ∨

3.( , )

初始符号中,1 类符号表示命题变项。2 类符号表示命题联结词,其中,¬ 表示否定,∨ 表示析取。3 类符号是技术符号,( 称作左括号,) 称作右括号。括号是为了区别公式的结构关系的。

（二）形成规则

在陈述形成规则之前,先引进一些讲述该类规则时需要用到的一些语言符号(简称语法符号):

小写希腊字母 π,表示初始符号 1 类中的任何一个,即 π 是命题变项的名称。大写拉丁字母 X,Y,Z,表示任意符号序列,例如"p→q","p∨q"等。

大写拉丁字母 A,B,C,D 等,表示符合形成规则的符号序列,这些符号序列称作合式公式,简称公式。

P 系统的形成规则如下:

1.任一初始符号 π 是合式公式。

2.如果 X 是合式公式,那么 ¬ X 也是合式公式。

3.如果 X,Y 是合式公式,那么 X∨Y 也是合式公式。

4.只有符合以上三条规则的符号序列才是合式公式。

合式公式是一系统中经解释后有意义的公式,非合式公式则不然。

(三)定义

1.A∧B = df¬ (¬ A∨¬ B)

2.A→B = df¬ A∨B

3.A↔B = df(A→B)∧(B→A)

定义的目的在于引进新的联结词。以上定义引进了 ∧ ,→ ,↔ 三个联结词。这些联结词的引进,使得部分公式得到简化,例如:可以用 p∧q 表示 ¬ (¬ p∨¬ q)。同时,定义又是形成规则的补充。由于以上定义的引进,因此,p∧q,p→q,p↔q 等也都是合式公式。

(四)公理

1.p∨p→p

2.p→p∨q

3.p∨q→q∨p

4.(q→r)→(p∨q→p∨r)

公理1称作重言律,含义是:如果 p∨p 是真的,那么 p 就是真的。公理2称作引进析取律,含义是:如果 p 真,那么 p∨q 真。公理3称作析取交换律,含义是:析取式的两个支命题可以交换位置,真值保持不变。公理4称作附加律,含义是:如果蕴涵式 q→r 真,那么给 q 和 r 加上一个相同的析取支,所得蕴涵式 p∨q→p∨r 也真。

(五)推理规则

1.代入规则:将合式公式 A 中出现的某初始符号 π 全部代以另一合式公式 B,进而得到合式公式 A(π/B)。从 A,可推出 A(π/B)。

2.分离规则:从 A→B 和 A,可推出 B。

3.定义置换规则:定义的左右两边可以互相替换。设 B = dfC,A(B) 为包含公式 B 的 A 公式，A(B/C) 为在公式 A 中用公式 C 置换 B 后所得公式。从 A(B)，可推出 A(B/C)。

代入规则和定义置换规则在运用时的要求是有差别的。运用代入规则时，要求在 A 中应对 π 的每一次出现都用 B 代入。运用定义置换规则时，则不要求在一公式中被代入项的每一次出现都被置换为另一等值公式。

以上是 P 系统的出发点。下面介绍该系统的一些定理及有关证明。

（六）定理

定理 1：$(q \to r) \to ((p \to q) \to (p \to r))$

证明：

| | | |
|---|---|---|
| 1 | $(q \to r) \to (p \lor q \to p \lor r)$ | 公理 4 |
| 2 | $(q \to r) \to (\neg p \lor q \to \neg p \lor r)$ | 1，代入 $p/\neg p$ |
| 3 | $(q \to r) \to ((p \to q) \to (p \to r))$ | 2，定义置换 |

定理 1 的含义是：如果 $q \to r$，那么，又如果 $p \to q$，就可以推出 $p \to r$。

定理 2：$p \to p$

证明：

| | | |
|---|---|---|
| 1 | $p \to p \lor q$ | 公理 2 |
| 2 | $p \to p \lor p$ | 1，代入 $q/p$ |
| 3 | $p \lor p \to p$ | 公理 1 |
| 4 | $(q \to r) \to ((p \to q) \to (p \to r))$ | 定理 1 |
| 5 | $(p \lor p \to p) \to ((p \to p \lor p) \to (p \to p))$ | 4，代入 $q/p \lor p, r/p$ |
| 6 | $(p \to p \lor p) \to (p \to p)$ | 5,3，分离 |
| 7 | $p \to p$ | 6,2，分离 |

定理 2 是传统逻辑里的同一律在命题演算里的表现形式。

定理 3：$\neg p \lor p$

证明：

| | | |
|---|---|---|
| 1 | $p \to p$ | 定理 2 |
| 2 | $\neg p \lor p$ | 1，定义置换 |

定理 4：$p \lor \neg p$

证明：

| | | |
|---|---|---|
| 1 | $p \lor q \to q \lor p$ | 公理 3 |
| 2 | $\neg p \lor p \to p \lor \neg p$ | 1，代入 $p/\neg p, q/p$ |

| | |
|---|---|
| 3　$\neg p \vee p$ | 定理3 |
| 4　$p \vee \neg p$ | 2,3,分离 |

定理3的含义是:p假或者p真。定理4的含义是:p真或者p假。这两条定理都是传统逻辑里的排中律在命题演算里的表现形式。

定理5:$p \rightarrow \neg \neg p$

证明:

| | |
|---|---|
| 1　$p \vee \neg p$ | 定理4 |
| 2　$\neg p \vee \neg \neg p$ | 1,代入 $p/\neg p$ |
| 3　$p \rightarrow \neg \neg p$ | 2,定义置换 |

定理6:$\neg \neg p \rightarrow p$

证明:

| | |
|---|---|
| 1　$p \rightarrow \neg \neg p$ | 定理5 |
| 2　$\neg p \rightarrow \neg \neg \neg p$ | 1,代入 $p/\neg p$ |
| 3　$(q \rightarrow r) \rightarrow (p \vee q \rightarrow p \vee r)$ | 公理4 |
| 4　$(\neg p \rightarrow \neg \neg \neg p) \rightarrow (p \vee \neg p \rightarrow p \vee \neg \neg \neg p)$ | 3,代入 $q/\neg p, r/\neg \neg \neg p$ |
| 5　$p \vee \neg p \rightarrow p \vee \neg \neg \neg p$ | 4,2,分离 |
| 6　$p \vee \neg p$ | 定理4 |
| 7　$p \vee \neg \neg \neg p$ | 5,6,分离 |
| 8　$p \vee q \rightarrow q \vee p$ | 公理3 |
| 9　$p \vee \neg \neg \neg p \rightarrow \neg \neg \neg p \vee p$ | 8,代入 $q/\neg \neg \neg p$ |
| 10　$\neg \neg \neg p \vee p$ | 9,7,分离 |
| 11　$\neg \neg p \rightarrow p$ | 10,定义置换 |

定理7:$(p \rightarrow q) \rightarrow (\neg q \rightarrow \neg p)$

证明:

| | |
|---|---|
| 1　$p \rightarrow \neg \neg p$ | 定理5 |
| 2　$q \rightarrow \neg \neg q$ | 1,代入 $p/q$ |
| 3　$(q \rightarrow r) \rightarrow (p \vee q \rightarrow p \vee r)$ | 公理4 |
| 4　$(q \rightarrow \neg \neg q) \rightarrow (\neg p \vee q \rightarrow \neg p \vee \neg \neg q)$ | 3,代入 $r/\neg \neg q, p/\neg p$ |
| 5　$\neg p \vee q \rightarrow \neg p \vee \neg \neg q$ | 4,2,分离 |
| 6　$p \vee q \rightarrow q \vee p$ | 公理3 |

7  ¬p∨¬¬q→¬¬q∨¬p                6,代入 p/¬p,q/¬¬q

8  (q→r)→((p→q)→(p→r))         定理1

9  (¬p∨¬¬q→¬¬q∨¬p)→((¬p∨q→¬p∨¬¬q)→(¬p∨
   q→¬¬q∨¬p))

                                 8,代入 p/¬p∨q,

                                 q/¬p∨¬¬q,

                                 r/¬¬q∨¬p

10  (¬p∨q→¬p∨¬¬q)→              9,7,分离
    (¬p∨q→¬¬q∨¬p)

11  ¬p∨q→¬¬q∨¬p                 10,5,分离

12  (p→q)→(¬q→¬p)               11,定义置换

定理8:¬(p∧q)→¬p∨¬q

证明:

1  ¬¬p→p                        定理6

2  ¬¬(¬p∨¬q)→¬p∨¬q             1,代入 p/¬p∨¬q

3  ¬(p∧q)→¬p∨¬q                2,定义置换

定理9:¬p∨¬q→¬(p∧q)

证明:

1  p→¬¬p                        定理5

2  ¬p∨¬q→¬¬(¬p∨¬q)            1,代入 p/¬p∨¬q

3  ¬p∨¬q→¬(p∧q)                2,定义置换

定理的证明可以简化。简化证明的一个主要途径是"导出规则"的引入。导出规则的提出,是基于系统中的一些定义、公理或者已经证明过的定理。在 P 系统中,可以引入以下导出规则:

1.析取交换规则:从 A∨B,可以推出 B∨A。

本规则是基于对公理3即 p∨q→q∨p 进行概括而提出的。

2.附加规则:从 B→C,可以推出 A∨B→A∨C。

本规则是基于对公理4即(q→r)→(p∨q→p∨r)进行概括而提出的。

3.假言三段论规则:从 B→C 和 A→B,可以推出 A→C。

本规则是基于对定理1即(q→r)→((p→q)→(p→r))进行概括而提出的。

4.假言易位规则:从 A→B,可以推出¬ B→¬ A。

本规则是基于对定理 7 即(p→q)→(¬ q→¬ p)进行概括而提出的。

5.等值引入规则:从 A→B 和 B→A,可以推出 A↔B。

本规则是基于定义 3 即 A↔B ＝ df(A→B)∧(B→A)而提出的。

6.等值置换规则:如果 A,B 等值,那么,从 Φ(A)可以推出 Φ(A/B);从 Φ(B)可以推出 Φ(B/A)。其中,Φ 表示任一合式公式,Φ(A)表示包含 A 的某一合式公式,Φ(B)表示包含 B 的某一合式公式,Φ(A/B)表示在 Φ(A)中用 B 替换 A 后得到的合式公式,Φ(B/A)表示在 Φ(B)中用 A 替换 B 后得到的合式公式。

上述规则实际是定义置换规则的推广,即凡是等值的公式都可以在推导过程中互相替换。

随着定理的增多,还可以概括出其他一些导出规则,以供后面的证明使用。

定理 10:p→q∨p

证明:

| | | |
|---|---|---|
| 1 | p→p∨q | 公理 2 |
| 2 | p∨q→q∨p | 公理 3 |
| 3 | p→q∨p | 2,1,假言三段论 |

定理 11:¬ (p∨q)→¬ p∧¬ q

证明:

| | | |
|---|---|---|
| 1 | p→p | 定理 2 |
| 2 | ¬ (p∨q)→¬ (p∨q) | 1,代入 p/¬ (p∨q) |
| 3 | p↔¬ ¬ p | 定理 5,定理 6,等值引入 |
| 4 | q↔¬ ¬ q | 3,代入 p/q |
| 5 | ¬ (p∨q)→¬ (¬ ¬ p∨¬ ¬ q) | 2,3,4,等值置换 |
| 6 | ¬ (p∨q)→¬ p∧¬ q | 5,定义置换 |

定理 12:¬ p∧¬ q→¬ (p∨q)

证明:

| | | |
|---|---|---|
| 1 | p→p | 定理 2 |
| 2 | ¬ (p∨q)→¬ (p∨q) | 1,代入 p/¬ (p∨q) |
| 3 | ¬ (¬ ¬ p∨¬ ¬ q)→¬ (p∨q) | 2,等值置换 |

4　¬p∧¬q→¬（p∨q）　　　　　3,定义置换

### 三、自然演算系统

自然演算系统和公理系统不同。在公理系统中,只能从几个给定的公理出发,运用系统中的推理规则进行推演。在自然演算系统中,不存在公理,可以从任意给定的前提出发,运用系统中的推理规则进行推演。自然演算系统有不同的种类。不同的自然演算系统,给出的具体推理规则往往是不同的。现在介绍其中一个,称之为 $NP_1$ 系统。

（一）初始符号

1.$p,q,r,s,p_1,q_1,r_1,\cdots$

2.$\neg,\vee,\wedge,\rightarrow,\leftrightarrow$

3.（,）

上述符号中,1 类符号表示命题变项。2 类符号表示命题联结词,其中,¬表示否定,∨表示析取,∧表示合取,→表示蕴涵,↔表示等值。括号是用来区别公式的结构关系的。

（二）形成规则

1.任何一个命题变项都是合式公式。

2.如果 A 是合式公式,则¬A 是合式公式。

3.如果 A 和 B 是合式公式,则 A∨B,A∧B,A→B 和 A↔B 都是合式公式。

4.只有符合以上三条规则的符号序列才是合式公式。

合式公式以下简称公式。

（三）推理规则

1.假设引入规则:在证明的任何步骤上,可以根据需要随时引入一个假设。

2.结论引入规则:在证明的任何步骤上,可以根据需要随时引入已证公式。

3.重复规则:在一个假设下出现的公式（包括假设）,既可在该假设下重复出现,又可在随后的假设下重复出现。

4.蕴涵引入规则,简记为→₊:如果在前提公式的集合基础上,再加上一个假设 A,进而可以推出 B,那么,从这个前提公式的集合可以推出 A→B。

5.蕴涵消除规则,简记为→_:从 A→B 和 A,可以推出 B。

6.合取引入规则,简记为∧_+:从 A 和 B,可以推出 A∧B。

7.合取消除规则,简记为∧_:从 A∧B,可以推出 A;从 A∧B,可以推出 B。

8.析取引入规则,简记为∨_+:从 A,可以推出 A∨B;从 B,可以推出 A∨B。

9.析取消除规则,简记为∨_:从 A∨B 和¬A,可以推出 B;从 A∨B 和¬B,可以推出 A。

10.等值引入规则,简记为↔_+:从 A→B 和 B→A,可以推出 A↔B。

11.等值消除规则,简记为↔_:从 A↔B,可以推出 A→B;从 A↔B,可以推出 B→A。

12.否定引入规则,简记为¬_+:在给定前提下,如果引入假设 A,由此推出 B 和¬B,那么,由原来的前提可以推出¬A。

13.否定消除规则,简记为¬_:在给定前提下,如果引入假设¬A,由此推出 B 和¬B,那么,由原来的前提可以推出 A。

(四)定理

以下列举一些定理及有关证明。

定理 1:A→A

证明:

| 1 | A | 假设引入规则 |
| 2 | A | 重复规则 |
| 3 | A→A | 1,2,→_+ |

定理 2:A∧B→A

证明:

| 1 | A∧B | 假设引入规则 |
| 2 | A | 1,∧_ |
| 3 | A∧B→A | 1,2,→_+ |

定理 3:A∧B→B

定理 4:A→A∨B

证明:

| 1 | A | 假设引入规则 |

| 2 | A∨B | 1, ∨₊ |
|---|---|---|

2　　A∨B　　　　　　　　　　　　1,∨₊

3　　A→A∨B　　　　　　　　　　1,2,→₊

定理5:B→A∨B

定理6:(A∨B)∧¬A→B

证明:

1　(A∨B)∧¬A　　　　　　　　　假设引入规则

2　A∨B　　　　　　　　　　　　1,∧₋

3　¬A　　　　　　　　　　　　　1,∧₋

4　B　　　　　　　　　　　　　　2,3,∨₋

5　(A∨B)∧¬A→B　　　　　　　1,4,→₊

定理7:(A∨B)∧¬B→A

定理8:(A→B)∧A→B

定理9:(A→B)∧(B→A)→(A↔B)

证明:

1　　　(A→B)∧(B→A)　　　　　假设引入规则

2　　　A→B　　　　　　　　　　1,∧₋

3　　　B→A　　　　　　　　　　1,∧₋

4　　　A↔B　　　　　　　　　　2,3,↔₊

5(A→B)∧(B→A)→(A↔B)　　　1,4,→₊

定理10:(A↔B)→(A→B)

定理11:(A↔B)→(B→A)

定理12:(B→C)∧(A→B)→(A→C)

证明:

1　　　　(B→C)∧(A→B)　　　　假设引入规则

2　　　　　　　A　　　　　　　　假设引入规则

3　　　　　　　A→B　　　　　　1,∧₋

4　　　　　　　B→C　　　　　　1,∧₋

5　　　　　　　B　　　　　　　　3,2,→₋

6　　　　　　　C　　　　　　　　4,5,→₋

7　　　　A→C　　　　　　　　　2,6,→₊

8　(B→C)∧(A→B)→(A→C)　　　1,7,→₊

定理 13：¬ ¬ A→A

证明：

| 1 | ¬ ¬ A | 假设引入规则 |
|---|---|---|
| 2 | ¬ A | 假设引入规则 |
| 3 | ¬ ¬ A | 1,重复规则 |
| 4 | ¬ A | 2,重复规则 |
| 5 | A | 2,3,4,¬ _ |
| 6 | ¬ ¬ A→A | 1,5,→_+ |

定理 14：A→¬ ¬ A

证明：

| 1 | A | 假设引入规则 |
|---|---|---|
| 2 | ¬ ¬ ¬ A | 假设引入规则 |
| 3 | ¬ ¬ A | 假设引入规则 |
| 4 | ¬ ¬ ¬ A | 2,重复规则 |
| 5 | ¬ ¬ A | 3,重复规则 |
| 6 | ¬ A | 3,4,5,¬ _ |
| 7 | A | 1,重复规则 |
| 8 | ¬ ¬ A | 2,6,7,¬ _ |
| 9 | A→¬ ¬ A | 1,8,→_+ |

定理 15：(A→B)∧(A→¬ B)→¬ A

证明：

| 1 | (A→B)∧(A→¬ B) | 假设引入规则 |
|---|---|---|
| 2 | A→B | 1,∧_ |
| 3 | A→¬ B | 1,∧_ |
| 4 | A | 假设引入规则 |
| 5 | A→B | 2,重复规则 |
| 6 | A→¬ B | 3,重复规则 |
| 7 | B | 5,4,→_ |
| 8 | ¬ B | 6,4,→_ |
| 9 | ¬ A | 4,7,8,¬ _+ |
| 10 | (A→B)∧(A→¬ B)→¬ A | 1,9,→_+ |

定理 16:(A→B)→(¬ B→¬ A)

证明:

| 1 | A→B | 假设引入规则 |
|---|---|---|
| 2 | ¬ B | 假设引入规则 |
| 3 | A | 假设引入规则 |
| 4 | A→B | 1,重复规则 |
| 5 | B | 4,3,→_ |
| 6 | ¬ B | 2,重复规则 |
| 7 | ¬ A | 3,5,6,¬ + |
| 8 | ¬ B→¬ A | 2,7,→+ |
| 9 | (A→B)→(¬ B→¬ A) | 1,8,→+ |

定理 17:(¬ B→¬ A)→(A→B)

定理 18:(A→¬ B)↔(B→¬ A)

定理 19:(¬ A→B)↔(¬ B→A)

定理 20:(A→B)∧¬ B→¬ A

定理 21:((A∨B)∧(A→C)∧(B→C))→C

证明:

| 1 | (A∨B)∧(A→C)∧(B→C) | 假设引入规则 |
|---|---|---|
| 2 | A∨B | 1,∧_ |
| 3 | A→C | 1,∧_ |
| 4 | B→C | 1,∧_ |
| 5 | ¬ C | 假设引入规则 |
| 6 | A→C | 3,重复规则 |
| 7 | (A→C)∧¬ C→¬ A | 定理20,结论引入规则 |
| 8 | (A→C)∧¬ C | 6,5,∧ + |
| 9 | ¬ A | 7,8,→_ |
| 10 | A∨B | 2,重复规则 |
| 11 | B | 10,9,∨_ |

| | | |
|---|---|---|
| 12 | B→C | 4,重复规则 |
| 13 | C | 12,11,→_ |
| 14 | ¬ C | 5,重复规则 |
| 15 | C | 5,13,14,¬_ |
| 16 | ((A∨B)∧(A→C)∧(B→C))→C | 1,15,→_+ |

定理22:A∧B↔B∧A

定理23:A∨B↔B∨A

证明:

先证 A∨B→B∨A

| | | |
|---|---|---|
| 1 | A∨B | 假设引入规则 |
| 2 | A→B∨A | 定理5 |
| 3 | B→B∨A | 定理4 |
| 4 | (A→B∨A)∧(B→B∨A) | 2,3,∧_+ |
| 5 | ((A∨B)∧(A→B∨A)∧(B→B∨A))→B∨A | 定理21 |
| 6 | (A∨B)∧(A→B∨A)∧(B→B∨A) | 1,4,∧_+ |
| 7 | B∨A | 5,6,→_- |
| 8 | A∨B→B∨A | 1,7,→_+ |

再证 B∨A→A∨B,具体方法同上。

根据 A∨B→B∨A 和 B∨A→A∨B 以及↔_+,可以推出 A∨B↔B∨A。

需要指出,在NP₁系统的推导过程中,除了运用前面提出的推理规则,还可以引入"导出规则"。导出规则的提出,是基于系统中的已证定理或形成规则。这些规则的运用,将会使有些推导过程明显简化。在NP₁系统中,可以提出以下导出规则:

1.假言三段论规则:从 B→C 和 A→B,可以推出 A→C。

2.双重否定消除规则,简记为¬ ¬_:从¬ ¬ A,可以推出 A。

3.双重否定引入规则,简记为¬ ¬_+:从 A,可以推出¬ ¬ A。

4.否定后件规则:从 A→B 和¬ B,可以推出¬ A。

5.等值置换规则:如果 A,B 等值,那么,从 Φ(A)可以推出 Φ(A/B);从 Φ(B)可以推出 Φ(B/A)。其中,Φ 表示任一合式公式,Φ(A)表示包含 A 的某一合式公式,Φ(B)表示包含 B 的某一合式公式,Φ(A/B)表示在 Φ

(A)中用 B 替换 A 后得到的合式公式,$\Phi(B/A)$ 表示在 $\Phi(B)$ 中用 A 替换 B 后得到的合式公式。

当然,随着已证定理的增多,还可以概括出其他一些导出规则,以供后面的证明使用。

下面以定理 21 为例,说明导出规则的引入可以使 $NP_1$ 系统的部分定理证明过程简化。

定理 21:$((A \lor B) \land (A \to C) \land (B \to C)) \to C$

| 1 | | $(A \lor B) \land (A \to C) \land (B \to C)$ | 假设引入规则 |
| 2 | | $A \lor B$ | $1, \land_-$ |
| 3 | | $B \to C$ | $1, \land_-$ |
| 4 | | $A \to C$ | $1, \land_-$ |
| 5 | | $\neg C$ | 假设引入规则 |
| 6 | | $\neg A$ | 4,5,否定后件规则 |
| 7 | | $B$ | 2,6,$\lor_-$ |
| 8 | | $C$ | 3,7,$\to_-$ |
| 9 | | $\neg C$ | 5,重复规则 |
| 10 | | $C$ | 5,8,9,$\neg_-$ |
| 11 | $((A \lor B) \land (A \to C) \land (B \to C)) \to C$ | | 1,10,$\to_+$ |

### 四、命题演算系统的性质

构造形式系统的目的,在于用一种严密的方法来研究逻辑。所以,形式系统本身是否严密也就成为人们关注的问题。有关逻辑系统本身的研究,称为元逻辑研究。就命题演算系统而言,此类研究涉及独立性、一致性、完全性等问题。

(一)独立性

一个命题演算系统具有独立性,当且仅当,该形式系统的公理之间彼此独立,即任何一个公理相对于系统中给定的推理规则,都不可能从其他公理推出。针对一个具体的形式系统,独立性要求可以放宽。有的系统为了推演方便,所选取的公理往往会比较多,不管它们彼此是否独立,这种情况是允许的。对自然演算系统而言,由于没有公理,所以也就不存在独立性问题。公理化命题演算系统 P 具有独立性。

（二）一致性

命题演算系统的一致性,可以有三种不同的定义:语义定义、语法定义和古典定义。一个命题演算系统具有语义一致性,当且仅当,该系统的定理都是重言式。语义一致性也称可靠性。一个命题演算系统具有语法一致性,当且仅当,并非任一合式公式都在该系统中可以证明。一个命题演算系统具有古典意义下的一致性,当且仅当,不存在任何合式公式 A,A 和 ¬ A 都在该系统中可以证明。古典意义下的一致性,又称无矛盾性。

公理化命题演算系统 P 和自然演算系统 NP₁,具有以上三种定义下的一致性。同时,具有一致性也是逻辑学对任何一个形式系统提出的起码要求。

（三）完全性

命题演算系统的完全性,可以有不同的定义:语义定义、语法定义和古典定义。一个命题演算系统具有语义完全性,当且仅当,一切重言式都在该系统中可以证明。一个命题演算系统具有语法完全性,当且仅当,如果把一个该系统的不可证公式当作公理,那么,该系统就将是不一致的。一个命题演算系统具有古典意义下的完全性,当且仅当,对于任一合式公式 A 而言,或者 A 可证,或者 ¬ A 可证。

公理化命题演算系统 P 和自然演算系统 NP₁具有语义完全性和语法完全性,但不具有古典意义下的完全性。

**习　题**

**一、根据以下真值函数的取值情况,构造其一定的表达式**

| p | q | r | $f_1$ | $f_2$ | $f_3$ | $f_4$ | $f_5$ |
|---|---|---|---|---|---|---|---|
| T | T | T | F | F | T | F | F |
| T | T | F | F | T | T | F | F |
| T | F | T | F | F | T | T | T |
| T | F | F | F | T | T | T | F |
| F | T | T | T | F | T | T | F |
| F | T | F | T | T | T | T | T |
| F | F | T | T | F | F | F | T |
| F | F | F | F | T | F | F | T |

## 二、用真值表方法判定下列命题形式是否是重言式

1.$(p \rightarrow q) \wedge p \rightarrow q$

2.$(\neg p \rightarrow q) \wedge (\neg p \rightarrow \neg q) \rightarrow p$

3.$(p \rightarrow r) \rightarrow (q \vee p \rightarrow q \vee r)$

4.$p \wedge (q \wedge r) \leftrightarrow q \wedge (p \wedge r)$

5.$(p \rightarrow (q \rightarrow r)) \leftrightarrow ((p \rightarrow q) \rightarrow r)$

## 三、用赋值归谬法判定下列命题形式是否是重言式

1.$\neg p \wedge (q \rightarrow p) \rightarrow q$

2.$(p \vee q) \wedge q \rightarrow p$

3.$(p \rightarrow (q \rightarrow r)) \rightarrow (q \rightarrow (p \rightarrow r))$

4.$\neg (p \vee q) \rightarrow \neg p \wedge \neg q$

5.$\neg q \vee \neg p \rightarrow \neg (p \wedge q)$

6.$(p \rightarrow q) \rightarrow \neg p \vee q$

## 四、用真值树方法判定下列命题形式是否是重言式

1.$(p \rightarrow q) \wedge \neg q \rightarrow \neg p$

2.$(p \wedge q \rightarrow r) \rightarrow (p \rightarrow (q \rightarrow r))$

3.$(p \rightarrow (q \rightarrow r)) \rightarrow (p \wedge q \rightarrow r)$

4.$(p \rightarrow q) \wedge (q \rightarrow r) \rightarrow (p \rightarrow r)$

5.$(p \vee q \rightarrow r) \wedge \neg p \rightarrow (q \rightarrow r)$

6.$\neg (p \rightarrow q) \rightarrow p \vee q$

## 五、求下列命题形式的合取范式

1.$p \leftrightarrow q \vee p$

2.$(p \wedge q) \wedge r \rightarrow q \wedge (p \wedge r)$

3.$\neg p \wedge (q \rightarrow p) \rightarrow \neg q$

4.$p \wedge q \rightarrow q \vee r$

5.$(p \vee q \vee r) \wedge \neg q \rightarrow (\neg p \rightarrow r)$

## 六、求下列命题形式的析取范式

1.$(p \rightarrow q) \wedge (q \rightarrow r) \wedge p \wedge \neg r$

2.$q \vee p \rightarrow q \wedge p$

3.$(p \rightarrow \neg q) \rightarrow (p \rightarrow q)$

4.$p \wedge (q \wedge \neg q)$

### 七、求下列命题形式的否定

1. $p \lor q \lor (r \to p)$

2. $\neg p \land \neg q \to (r \lor s)$

3. $(r \to q \lor s) \to s \land \neg r$

4. $q \to (p \to q)$

### 八、求下列命题形式的对偶

1. $q \leftrightarrow q \land (p \lor \neg p)$

2. $p \lor q \lor r \to r \lor q \lor p$

3. $(p \lor q) \land \neg p \to q \lor s$

4. $p \land \neg (r \lor q) \to p \land \neg r \land \neg q$

### 九、分析以下推理是否有效

1. 如果政府提高工资或提高物价,那么就会有通货膨胀。如果有通货膨胀,则或者政府限制通货膨胀或者老百姓经济利益受损。如果老百姓经济利益受损,那么政府威信就会降低。政府没有限制通货膨胀并且威信也没有降低。所以,政府没有提高工资。

2. 如果不是张明和李华都不去春游,那么王红一定去春游。张明决定去春游。因此,王红一定去春游。

3. 如果在有限长的线段 AB 上存在无限多个点,那么,如果这些点有长度,则 AB 将无限长;如果这些点没有长度,则 AB 也将没有长度。一个有限长的线段 AB 不可能无限长,也不可能没有长度。所以,在有限长的线段 AB 上不能存在无限多个点。

# 第十五章
## 经典谓词逻辑

## 第一节　谓词逻辑的公式

谓词逻辑的公式是谓词逻辑对命题形式进行刻画时所采用的方式。从构成上看,此类公式是借助于一系列的符号,遵循一定的规则形成的。这些符号,除了在经典命题逻辑中已经介绍的逻辑联结词、左右括号、逗号等之外,还包括个体词、谓词和量词。

### 一、个体词、谓词和量词

（一）个体词

在自然语言中,个体词是表示个体对象的语词。例如,"鲁迅是著名的文学家"这个命题中的"鲁迅"就是一个个体词。在谓词逻辑中,个体词用两类特殊的符号来表示:

1.个体常项

个体常项是表示特定个体的符号。在自然语言中,指称特定个体的语词包括专有名词和摹状词。专有名词,例如"孔子"、"黄河"、"毛泽东"等都是。摹状词是指通过刻画某个体的唯一性特征来指称该个体的语词,例如:"中国最长的河流"、"中国的末代皇帝"等。本书所谓的特定个体,仅指用专有名词(简称专名)指称的特定个体。

在谓词逻辑中,通常用拉丁字母表中前面字母的小写来表示特定个体,如 a、b、c、d……,也可以用专有名词的汉语拼音的第一个字母(小写)来表示,如"开封"、"天津"可分别表示为 k、t。这些符号,称之为个体常项。

2.个体变项

个体变项是表示非特定个体的符号。它们表示一类事物中的任意一个个体。个体变项通常用拉丁字母表中位于后面的小写字母表示,如 u、v、w、x……

个体变项所表示的东西,称为个体变项的值。个体变项的取值范围称为个体变项的个体域,或值域。个体变项的值域可以是全域,即事物类,也可以是某一对象类,如"自然数"、"农民"、"医生"等。在前一种情况下,个体变项表示事物类中的任意一个个体。在后一种情况下,个体变项表示具体对象类中的任意一个个体。需要指出,如果对个体域有明确规定,那么个体变项只可能在规定的范围中取值;如果对个体域没有加以明确限定,则个体域通常指全域。

(二)谓词

在自然语言中,谓词是表示一定事物具有的性质或一定事物之间存在的关系的语词。例如,在"人是有语言的"、"张明比李星胖"这两个命题中,"是有语言的"是谓词,它表示人具有的性质;"……比……胖"也是谓词,它表示张明和李星两个个体之间存在的关系。在谓词逻辑中,表示一个个体具有某性质的谓词称为一元谓词,表示两个个体之间存在某种关系的谓词称为二元谓词,表示三个个体之间存在某种关系的谓词称为三元谓词,……表示 n 个个体之间存在某种关系的谓词称为 n 元谓词。一般而言,二元以上的谓词称为多元谓词。

在谓词逻辑中,表示谓词的符号有两类:谓词常项与谓词变项。如果一个谓词符号表示某种特定的性质或关系,则称为谓词常项;如果一个谓词符号表示某种不确定的性质或关系,则称为谓词变项。作为谓词符号,谓词常项和谓词变项都是表示个体具有的性质或个体之间存在的关系的,但是,习惯上人们通常把表示数字运算关系的符号称为谓词常项,例如" = "、" > "、" < "等。谓词变项可以用任意的大写拉丁字母表示,如 F、G、H、Q 等。为了记忆方便,需要时也可以用某个具体谓词的汉语拼音的第一个字母(大写)表示该谓词。

如同日常思维中单独的概念不能形成命题一样,在谓词逻辑中,单独的个体词或谓词也不能用来表示命题形式。但是,通过个体词和谓词的结合,则可以表示一些简单命题的形式。这种结合,是指把个体词写在谓词符号

的右下侧,例如:

F(x),F(b),R(a,b),R(x,y),R(a,x)

其中,F(x)表示某个非特定的个体 x 具有 F 性质,F(b)表示某个特定的个体 b 具有性质 F,R(a,b)表示两个特定个体 a、b 之间存在 R 关系,R(x,y)表示两个非特定的个体 x、y 之间存在 R 关系,R(a,x)表示某个特定的个体 a 和另一个非特定个体 x 之间存在 R 关系。此类公式是谓词逻辑最基本的公式,称之为原子公式。在此类公式中,a、b、x、y 等称作主词,F、R 等称作谓词。

(三)量词

在自然语言中,量词是表示数量的语词,如:"一切"、"很多"、"大部分"。在谓词逻辑中,量词分为两种:全称量词和存在量词。

1.全称量词和存在量词

全称量词表示言及一类事物(个体域)的全部个体,相当于汉语中的"所有"、"每一个"、"一切"等。在谓词逻辑中,全称量词用符号 ∀…或(…)表示。删节号处填入个体变项,例如:∀x,∀y,它们分别读作"对任意 x 而言","对任意 y 而言"。存在量词表示言及命题所涉及的一类事物(个体域)中的至少一个个体。存在量词相当于汉语中的"有的"、"有些"、"有"等。在谓词逻辑中,存在量词用符号 ∃…表示。删节号处填入个体变项,例如:∃x,∃z,它们分别读作"存在 x","存在 z",或者"至少存在一个 x","至少存在一个 z"。

全称量词和存在量词与一个原子公式结合,可以形成更为复杂的谓词逻辑公式。如:

∀xF(x),∀x∀yR(x,y)

∃xF(x),∃x∀yR(x,y)

∀xF(x)的意思是:任意 x 是 F。∀x∀yR(x,y)的意思是:任意 x 与任意 y 存在 R 关系。∃xF(x)的意思是:至少有一 x 是 F。∃x∀yR(x,y)的意思是:至少有一 x 和所有 y 存在 R 关系。

需要指出,根据量词的作用对象不同,可以把谓词逻辑分成一阶逻辑和高阶逻辑。一阶逻辑是指量词只作用于个体变项的谓词逻辑;高阶逻辑的量词既可作用于个体变项,又可作用于谓词变项和命题变项。一阶逻辑又称狭谓词逻辑。本章介绍的是一阶逻辑。

2.量词的辖域

量词的辖域是指量词的约束范围。紧跟量词之后如果有括号,那么括号内的公式是此量词的辖域;如果没有括号,那么量词后的最短公式是此量词的辖域。如:

$\forall zF(z)$

$\exists x\forall yR(x,y)$

$\exists x(F(x)\wedge\forall y(G(y)\rightarrow A(x)))$

在公式 $\forall zF(z)$ 中,全称量词 $\forall z$ 的辖域是 $F(z)$。在公式 $\exists x\forall y R(x,y)$ 中,存在量词 $\exists x$ 的辖域是 $\forall yR(x,y)$。全称量词 $\forall y$ 的辖域是 $R(x,y)$。在公式 $\exists x(F(x)\wedge\forall y(G(y)\rightarrow A(x)))$ 中,全称量词 $\forall y$ 的辖域是 $G(y)\rightarrow A(x)$;存在量词 $\exists x$ 的辖域是 $F(x)\wedge\forall y(G(y)\rightarrow A(x))$。

3.约束变项和自由变项

在带量词的公式中,作为量词的个体变项以及在量词辖域中与该个体变项相同的变项,其出现称之为约束出现。凡是约束出现的变项称为约束变项。如:

$\forall xG(x)$

$\exists x\exists y R(x,y)$

$\forall x\exists y(A(x)\wedge B(y)\rightarrow R(y,x))$

在上述公式中,x,y 都是约束变项。

在带量词的公式中,凡不是约束出现的个体变项,都是自由出现的。自由出现的个体变项,称为自由变项。判断一个谓词逻辑公式中的某个体变项是否为自由变项,可以这样确定:在带量词的公式中,凡与量词里的变项不相同的个体变项,都是自由变项。在不带量词的公式中,每一个体变项都是自由变项。如:

$F(y)$

$\forall x(F(x)\wedge R(x,y))$

$\forall xF(x)\rightarrow F(y)$

$\forall x(F(x)\rightarrow F(y))$

在上述每一个公式中,个体变项 y 都是自由变项。

### 二、谓词逻辑的公式

借助于个体词、谓词、量词等一系列符号,可以形成谓词逻辑的许多公式。这些公式,可以分为普遍有效式、不可满足式和可满足而非普遍有效式。其中,普遍有效式和可满足而非普遍有效式,统称为可满足式。

（一）普遍有效式

一个谓词逻辑公式是普遍有效的,当且仅当,相对于任何个体域,如果用任一专有名词代入其中的自由个体变项,用任一命题代入其中的命题变项,用任一特定的谓词代入其中的谓词变项,其结果总是得到真命题。

普遍有效式简称普效式,这是谓词逻辑公式中非常重要的一类公式。传统逻辑中的逻辑思维基本规律、正确的推理形式等,都对应于一定的普效式。

在谓词逻辑中,传统逻辑的逻辑思维基本规律表现为如下一些普效式:

$\forall x(F(x) \rightarrow F(x))$

$\neg \exists x(F(x) \wedge \neg F(x))$

$\forall x(F(x) \vee \neg F(x))$

其中,$\forall x(F(x) \rightarrow F(x))$是同一律在谓词逻辑中的体现,其意思是:对任意个体 x 而言,如果它是 F,那么它是 F。$\neg \exists x(F(x) \wedge \neg F(x))$是矛盾律在谓词逻辑中的体现,其意思是:不存在个体 x,它既是 F,又不是 F。$\forall x(F(x) \vee \neg F(x))$是排中律在谓词逻辑中的体现,其意思是:对任一个体 x 而言,它或者是 F,或者不是 F。对于上述三个公式而言,相对于任何个体域,无论用什么具体谓词代入其中的谓词变项,其结果总是得到真命题。例如,设个体域为全域,用"是动物"代入 F,则从 $\neg \exists x(F(x) \wedge \neg F(x))$ 可以得到一个真命题:

不存在个体 x,它既是动物,又不是动物。

（二）不可满足式

不可满足式是这样一类公式:相对于任何个体域,无论用什么命题、什么谓词、什么专有名词分别代入其中的命题变项、谓词变项以及自由个体变项,其结果总是得到假命题。

例如:

$\exists x(F(x) \wedge \neg F(x))$

这个公式的意思是:存在一个个体 x,它既是 F 又不是 F;或者存在一个个体

x,同时具有性质 F 和非 F。无论用任何谓词代入谓词变项 F,所得到的永远是假命题。所以,该公式属于不可满足式。

（三）可满足而非普遍有效式

一个谓词逻辑公式是可满足而非普遍有效的,当且仅当,至少相对于某个体域,用一个专有名词、一个谓词和一个命题分别代入其中的自由个体变项、谓词变项和命题变项,所得结果是一真命题;并且,至少相对于某个体域,用一个专有名词、一个谓词和一个命题分别代入其中的自由个体变项、谓词变项和命题变项,所得结果是一假命题。

如：

$\forall xF(x)$

$\exists xF(x) \rightarrow p$

以上两个公式都是可满足而非普遍有效式。设个体域为全域,用"是运动发展的"代入 $\forall xF(x)$ 的 F,则可得一真命题：

所有事物是运动发展的。

而用"是有思维能力的"代入其中的 F,则可得一假命题：

所有事物都是有思维能力的。

设个体域为全域,用"是人"代入 $\exists xF(x) \rightarrow p$ 中的 F,用"有事物会制造生产工具"代入其中的 p,则可得一真命题：

如果有事物是人,那么有事物会制造生产工具。

而用"人长生不老"代入其中的 p,则可得一假命题：

如果有人,那么人长生不老。

根据普遍有效式和可满足而非普遍有效式的上述定义,我们可以进一步给出可满足式的如下说明:一个谓词逻辑公式是可满足式,当且仅当,至少相对于某个体域,存在一个命题、一个专有名词和一个谓词,将它们分别代入该公式中的命题变项、自由个体变项和谓词变项,所得结果是一真命题。

### 三、命题形式的谓词逻辑表示

借助于个体词、谓词和量词等一系列符号,可以对用自然语言表述的命题进行形式刻画。

（一）直言命题形式的谓词逻辑表示

1.如果直言命题的主项表示的是一个最普遍的类,那么,此类命题的谓词逻辑表示非常简单。如：

例1-1　所有的事物都是运动的。

例1-2　有的事物是运动的。

例1-3　所有的事物都是不运动的。

例1-4　有的事物是不运动的。

上述四个命题的谓词逻辑表示可以是：

例1-1′　$\forall x G(x)$

例1-2′　$\exists x G(x)$

例1-3′　$\forall x \neg G(x)$

例1-4′　$\exists x \neg G(x)$

其中，G 表示"是运动的"。

2.如果直言命题的主项表示的是单独个体，那么，该类命题的谓词逻辑表示也比较简单。如：

例1-5　岳飞是一个伟大的民族英雄。

例1-6　张衡不是文学家。

上述两个命题的谓词逻辑表示可以是：

例1-5′　$G(a)$

例1-6′　$\neg W(b)$

其中，a 表示"岳飞"，b 表示"张衡"，G 表示"是伟大的民族英雄"，W 表示"是文学家"。

3.如果直言命题的主项表示的是某特定类，那么，可以把原命题的主项处理成谓词，进而再进行谓词逻辑表示。如：

例1-7　所有的人都是有理性的。

该命题可以表示为：

例1-7′　$\forall x (R(x) \rightarrow L(x))$

其中，R 表示"是人"，L 表示"是有理性的"。表达式的含义是：对任何一个事物而言，如果它是人，那么它就具有理性。

例1-8　任何商品都有使用价值和价值。

该命题可以表示为：

例1-8′　$\forall x (S(x) \rightarrow P(x) \wedge J(x))$

其中，S 表示"是商品"，P 表示"是有使用价值的"，J 表示"是有价值的"。

表达式的含义是:对于任何一个事物而言,如果它是商品,那么它就具有使用价值和价值。

在传统逻辑里,讲到四种直言命题的逻辑形式:

(1)所有 S 都是 P

(2)所有 S 都不是 P

(3)有的 S 是 P

(4)有的 S 不是 P

在谓词逻辑中,以上四种直言命题的逻辑形式又可以进一步表示为:

(1-1) $\forall x(S(x) \rightarrow P(x))$

(2-1) $\forall x(S(x) \rightarrow \neg P(x))$

(3-1) $\exists x(S(x) \wedge P(x))$

(4-1) $\exists x(S(x) \wedge \neg P(x))$

上述四个表达式分别读作:

(1-1):对任意 x 而言,如果它是 S,那么它是 P。也就是说,所有是 S 的东西也都是 P,换言之,所有 S 都是 P。

(2-1):对任意 x 而言,如果它是 S,那么它就不是 P。也就是说,所有是 S 的东西都不是 P,换言之,所有 S 都不是 P。

(3-1):至少存在一个 x,它是 S,并且是 P。也就是说,有的 S 是 P。

(4-1):至少存在一个 x,它是 S,并且不是 P。也就是说,有的 S 不是 P。

(二)关系命题形式的谓词逻辑表示

关系命题是断定对象之间关系的简单命题。从结构上看,关系命题一般包括:主项(关系者项)、谓项(关系项)和量项。其中,主项是表示一定关系的承担者即关系者的概念,谓项是表示关系者之间所存在关系的概念,量项是表示关系者数量的概念。如:

例1-9 所有学生喜欢张老师。

在这个关系命题中,主项是"学生"、"张老师",谓项是"喜欢",量项是"所有"。

以下,我们将以二元关系命题为例,介绍关系命题的谓词逻辑表示。

1.如果两个主项都反映的是特定个体,那么,该类关系命题可以用谓词逻辑表示为:

　　R(a,b)或　aRb

如：

　　　　例1-10　毛岸英和毛岸青是兄弟。

该命题可表示为：

　　　　例1-10′　R(a,b)或　aRb

其中,a表示"毛岸英",b表示"毛岸青",R表示"……与……是兄弟"。

　　2.如果一个主项反映的是由多个个体构成的一类事物,另一个主项反映的是一个特定个体,那么,该类关系命题可以有如下四种谓词逻辑表达式：

　　$\forall x(S(x) \rightarrow R(x,a))$

　　(意思是:所有S和a有R关系)

　　$\forall x(S(x) \rightarrow R(a,x))$

　　(意思是:a和所有S有R关系)

　　$\exists x(S(x) \wedge R(x,a))$

　　(意思是:有的S和a存在R关系)

　　$\exists x(S(x) \wedge R(a,x))$

　　(意思是:a和有的S存在R关系)

以下四个命题,在用谓词逻辑表示时可以分别对应于上述四个公式：

　　　　例1-11　所有学生都喜欢刘老师。

　　　　例1-12　刘老师喜欢所有学生。

　　　　例1-13　有的学生喜欢刘老师。

　　　　例1-14　刘老师喜欢有的学生。

其中,"是学生"用S表示,"喜欢"用R表示,"刘老师"用a表示。

　　3.如果两个主项反映的都是由多个个体构成的一类事物,那么,该类关系命题可以有如下八种谓词逻辑表达式：

　　$\forall x(T(x) \rightarrow \forall y(G(y) \rightarrow H(x,y)))$

　　$\forall x(T(x) \rightarrow \exists y(G(y) \wedge H(x,y)))$

　　$\exists x(T(x) \wedge \forall y(G(y) \rightarrow H(x,y)))$

　　$\exists x(T(x) \wedge \exists y(G(y) \wedge H(x,y)))$

　　$\forall y(G(y) \rightarrow \forall x(T(x) \rightarrow H(x,y)))$

　　$\forall y(G(y) \rightarrow \exists x(T(x) \wedge H(x,y)))$

$\exists y(G(y) \wedge \forall x(T(x) \rightarrow H(x,y)))$

$\exists y(G(y) \wedge \exists x(T(x) \wedge H(x,y)))$

以下八个命题,在用谓词逻辑表示时可以分别对应于上述八个公式:

例1-15 所有的参观者都欣赏每一展品。

例1-16 所有的参观者都欣赏有些展品。

例1-17 有的参观者欣赏所有展品。

例1-18 有的参观者欣赏一些展品。

例1-19 每一展品都使得所有参观者欣赏。

例1-20 每一展品都使得有些参观者欣赏。

例1-21 有的展品使得所有参观者欣赏。

例1-22 有的展品使得有些参观者欣赏。

其中,"是参观者"用T表示,"是展品"用G表示,"欣赏"用H表示。

除了直言命题和关系命题,运用谓词逻辑还可以对自然语言中其他一些命题进行形式刻画。

例1-23 如果有人在逻辑考试中不及格,那么,郭老师就会很失望。

该命题可以表示为:

$\exists z(P(z) \wedge \neg F(z) \rightarrow E(a))$

其中,P表示"是人",F表示"是在逻辑考试中及格的",E表示"是很失望的",a表示"郭老师"。

例1-24 对于任何一个自然数来说,都存在着更大的数。

该命题可以表示为:

$\forall x(Z(x) \rightarrow \exists y(Z(y) \wedge (y > x)))$

其中,Z表示"是自然数"。

例1-25 时间无始无终。

该命题可以理解为:对于任何一个时刻,总存在着在它之前的时刻,同时,也总存在着在它之后的时刻。所以,该命题可以表示为:

$\forall x(T(x) \rightarrow \exists y \exists z(T(y) \wedge T(z) \wedge R(y,x) \wedge F(z,x)))$

其中,T表示"是时刻",R表示"……在……之前",F表示"……在……之后"。

# 第二节　求否定运算和求对偶运算

## 一、求否定运算

在谓词逻辑中，求一个公式的否定是有方法可循的。设 A 为任意带量词的谓词逻辑公式，其中不出现联结词→和↔。A 的否定可以通过以下方法求得：

第一步，把原公式中的 ∧ 和 ∨ 互换。

第二步，把原公式中的 π 和￢ π 互换（π 为命题变项）。

第三步，把原公式中的 ∀$_\Delta$ 和 ∃$_\Delta$ 互换（Δ 为个体变项）。

第四步，把原公式中的 Φ($\Delta_1,\Delta_2,\cdots\Delta_n$) 和￢ Φ($\Delta_1,\Delta_2,\cdots\Delta_n$) 互换。（Φ($\Delta_1,\Delta_2,\cdots\Delta_n$)是由谓词变项和个体词构成的公式，n≥1）

如果某谓词逻辑公式中包含有联结词→和↔，则可以先消去→和↔，然后再运用上述方法求得其否定。

例 2-1　求 ∃xF(x)∧p 的否定。

解　原公式的否定是：

∀x￢ F(x) ∨￢ p

例 2-2　求 ∃x(F(x)∧G(x))的否定。

解　原公式的否定是：

∀x(￢ F(x) ∨￢ G(x))

例 2-3　求 ∀x(F(x)→G(x))的否定。

解　首先消去原公式中的→，得：

∀x(￢ F(x) ∨G(x))

再求该公式的否定，得：

∃x(F(x)∧￢ G(x))

例 2-4　求 ∀xF(x)→∀xG(x)的否定。

解　首先消去原公式中的→，得：

￢ ∀xF(x) ∨ ∀xG(x)

再求该公式的否定，得：

￢ ∃x￢ F(x) ∧ ∃x￢ G(x)

例 2-5　求 $\forall x(D(x)\to\neg T(x)\vee\neg L(x))$ 的否定。

解　首先消去原公式中的→,得:

$$\forall x(\neg D(x)\vee\neg T(x)\vee\neg L(x))$$

再求该公式的否定,得:

$$\exists x(D(x)\wedge T(x)\wedge L(x))$$

在经典谓词逻辑中,原命题如果是普效式,那么,其否定是不可满足式;原命题如果是不可满足式,那么,其否定是普效式;原命题如果是可满足而非普遍有效式,那么,其否定也是可满足而非普遍有效式。

## 二、求对偶运算

求对偶运算和求否定运算一样,都是经典谓词逻辑中有用的逻辑方法。如果一个谓词逻辑公式是普遍有效的,那么,其对偶公式也是普遍有效的。所以,通过运用求对偶方法,我们可以从一个普效式获得另外一个普效式。同时,运用这种逻辑方法有时也可以帮助我们快速判断一个推理是否正确。

求对偶运算:如果 A、B 是谓词逻辑公式,并且其中都不包含联结词→和↔,那么,

$$A\to B \text{ 的对偶公式是 } B^*\to A^*$$
$$A\leftrightarrow B \text{ 的对偶公式是 } A^*\leftrightarrow B^*$$

其中,$A^*$、$B^*$ 分别是在公式 A、B 中经过以下变换而得到的:第一,把 $\wedge$ 和 $\vee$ 互换。第二,把 $\forall\Delta$ 和 $\exists\Delta$ 互换。

例 2-6　$\forall x(p\vee G(x))\to p\vee\forall xG(x)$ 的对偶公式是:

$$p\wedge\exists xG(x)\to\exists x(p\wedge G(x))$$

例 2-7　$\forall xF(x)\wedge\forall xG(x)\leftrightarrow\forall x(F(x)\wedge G(x))$ 的对偶公式是:

$$\exists xF(x)\vee\exists xG(x)\leftrightarrow\exists x(F(x)\vee G(x))$$

例 2-8　$\exists x\exists yR(x,y)\to\exists y\exists xR(x,y)$ 的对偶公式是:

$$\forall y\forall xR(x,y)\to\forall x\forall yR(x,y)$$

例 2-9　求 $(q\to F(x))\to(q\to\forall yF(y))$ 的对偶公式。

解　首先消去 $q\to F(x)$ 和 $q\to\forall yF(y)$ 中的→,得:

$$\neg q\vee F(x)\to\neg q\vee\forall yF(y)$$

再求该公式的对偶公式,得:

$$\neg q\wedge\exists yF(y)\to\neg q\wedge F(x)$$

# 第三节　范　　式

在经典命题逻辑中,任何一个合式公式都有与之相等值的范式。对于经典谓词逻辑而言,每一个带量词的公式也有范式。其中,前束范式与原公式具有等值关系,而其他范式不具有这一特点。本节仅对谓词逻辑公式的前束范式进行介绍。

## 一、前束范式

公式 E 是一个前束范式,当且仅当,E 中一切量词都未被否定,并且都处于公式的前端,每一量词的辖域都延伸至公式的末端。

前束范式 E 的一般形式是:

$$Q_1 Q_2 \cdots\cdots Q_n B$$

这里,每一 $Q_i$(i=1,2,3,……n)都是一个量词,B 中不再包含量词。其中,B 称为 E 的基式(或母式)。$Q_1, Q_2, \cdots\cdots Q_n$ 称为 E 的前束词。由于 B 中不再包含有量词,所以,可以把 B 看作经典命题逻辑的公式来处理。

以下一些公式都属于前束范式:

$\forall x \forall y (R(x,y) \rightarrow F(x,x))$

$\forall x \forall y \forall z (R(x,y) \land S(x,z) \land F(y,z))$

$\forall y \exists z (R(x,y) \land S(x,y,z))$

$\exists x \exists y (F(x) \land G(x) \land R(x,y))$

谓词逻辑的每一公式都有与之等值的前束范式,并且,任一公式的前束范式不是唯一的。

## 二、求前束范式的方法

对于任一给定公式 A,运用以下方法可以求得其前束范式:

第一步,消去量词前的否定符号。具体根据是以下等值式:

$\neg \forall x B(x) \leftrightarrow \exists x \neg B(x)$

$\neg \exists x B(x) \leftrightarrow \forall x \neg B(x)$

其中,B(x)表示一个命题形式,它包含自由个体变项 x。

第二步,约束变项易字,使不同辖域的约束变项用不同的个体变项表示。如,将公式:

$\forall xG(x) \land \exists xF(x)$

约束变项易字,得:

$\forall yG(y) \land \exists xF(x)$

或 $\forall xG(x) \land \exists yF(y)$

需要指出,如果可以根据谓词逻辑规律使多个量词归约为一个量词,那么,在这种情况下就不必要进行约束变项易字。这些规律包括:

$\forall xB(x) \land \forall xD(x) \leftrightarrow \forall x(B(x) \land D(x))$

$\exists xB(x) \lor \exists xD(x) \leftrightarrow \exists x(B(x) \lor D(x))$

例如,根据以上逻辑规律,可以从公式 $\exists xF(x) \lor \exists xG(x)$ 直接得到如下等值公式:

$\exists x(F(x) \lor G(x))$

第三步,消去局部公式包含有量词的等值式。具体根据是经典命题逻辑的如下等值式:

$(A \leftrightarrow B) \leftrightarrow (A \rightarrow B) \land (B \rightarrow A)$

$(A \leftrightarrow B) \leftrightarrow (A \land B) \lor (\neg A \land \neg B)$

例如,公式 $\forall xG(x) \leftrightarrow q$ 可以变形为如下等值式:

$(\forall xG(x) \rightarrow q) \land (q \rightarrow \forall xG(x))$

或 $(\forall xG(x) \land q) \lor (\neg \forall xG(x) \land \neg q)$

第四步,将所有量词移至公式的前端,并且使每一量词的辖域都延伸至公式末端。具体根据是以下等值式:

1. $D \lor \forall xB(x) \leftrightarrow \forall x(D \lor B(x))$       (x 不在 D 中出现)

2. $D \lor \exists xB(x) \leftrightarrow \exists x(D \lor B(x))$       (x 不在 D 中出现)

3. $D \land \forall xB(x) \leftrightarrow \forall x(D \land B(x))$       (x 不在 D 中出现)

4. $D \land \exists xB(x) \leftrightarrow \exists x(D \land B(x))$       (x 不在 D 中出现)

5. $D \rightarrow \forall xB(x) \leftrightarrow \forall x(D \rightarrow B(x))$       (x 不在 D 中出现)

6. $D \rightarrow \exists xB(x) \leftrightarrow \exists x(D \rightarrow B(x))$       (x 不在 D 中出现)

7. $\forall xB(x) \rightarrow D \leftrightarrow \exists x(B(x) \rightarrow D)$       (x 不在 D 中出现)

8. $\exists xB(x) \rightarrow D \leftrightarrow \forall x(B(x) \rightarrow D)$       (x 不在 D 中出现)

例3-1 求公式 $\forall xF(x) \rightarrow \exists xQ(x)$ 的前束范式。

解　约束变项易字,得:

$\forall xF(x) \to \exists yQ(y)$

量词前移,得:

$\exists x \exists y(F(x) \to Q(y))$

或　$\exists y \exists x(F(x) \to Q(y))$

例3-2　求公式$\exists x \forall yR(x,y) \to \exists zQ(u,z)$的前束范式。

解　量词前移,可得:

$\forall x \exists y \exists z(R(x,y) \to Q(u,z))$

$\forall x \exists z \exists y(R(x,y) \to Q(u,z))$

或　$\exists z \forall x \exists y(R(x,y) \to Q(u,z))$

例3-3　求公式$\forall x(G(x) \wedge q) \leftrightarrow \forall yG(y) \wedge q$的前束范式。

解　消去$\leftrightarrow$,得:

$(\forall x(G(x) \wedge q) \to \forall yG(y) \wedge q) \wedge (\forall yG(y) \wedge q \to \forall x$
$(G(x) \wedge q))$

约束变项易字,得:

$(\forall x(G(x) \wedge q) \to \forall yG(y) \wedge q) \wedge (\forall uG(u) \wedge q \to \forall z$
$(G(z) \wedge q))$

量词前移,得:

$\exists x \forall y \exists u \forall z((G(x) \wedge q \to G(y) \wedge q) \wedge (G(u) \wedge q \to G$
$(z) \wedge q))$

在具体求一个公式的前束范式过程中,有时也可以引入消去蕴涵符号$\to$的步骤。具体根据是:$A \to B \leftrightarrow \neg A \vee B$

例3-4　求公式$\forall x(G(x) \to H(x)) \to \exists x(G(x) \wedge H(x))$的前束范式。

解　消去一个$\to$,　得:$\neg \forall x(G(x) \to H(x)) \vee \exists x(G(x)$
$\wedge H(x))$

消去另一个$\to$,　得:$\neg \forall x(\neg G(x) \vee H(x)) \vee \exists x(G$
$(x) \wedge H(x))$

内移$\neg$,　得:$\exists x(G(x) \wedge \neg H(x)) \vee \exists x(G(x)$
$\wedge H(x))$

归约$\exists x$,　得:$\exists x((G(x) \wedge \neg H(x)) \vee (G(x) \wedge$

$$H(x)))$$

在求得的前束范式中,如果所有量词都已归约为某一个量词,这时括号内的公式只是由命题变项、个体变项、谓词变项以及联结词组成。对于这样的公式,可以将它们当作经典命题逻辑的公式来处理。其结果,有时可以起到简化范式的作用。

例 3-5　求公式 $\forall x(G(x) \rightarrow B(x)) \rightarrow \exists x(G(x) \wedge B(x))$ 的前束范式。

解　消去一个 $\rightarrow$ ,　　得: $\forall x(\neg G(x) \vee B(x)) \rightarrow \exists x(G(x) \wedge B(x))$

消去另一个 $\rightarrow$ ,　得: $\neg \forall x(\neg G(x) \vee B(x)) \vee \exists x(G(x) \wedge B(x))$

内移 $\neg$ ,　　　　得: $\exists x(G(x) \wedge \neg B(x)) \vee \exists x(G(x) \wedge B(x))$

归约 $\exists x$ ,　　　得: $\exists x((G(x) \wedge \neg B(x)) \vee (G(x) \wedge B(x)))$

化简,　　　　　得: $\exists x(G(x) \wedge (\neg B(x) \vee B(x)))$

化简,　　　　　得: $\exists x G(x)$

## 第四节　谓词逻辑的形式证明

把具体推理的前提和结论完全符号化为谓词逻辑的公式之后,就可以在形式上判定该推理的有效性。如果根据一些已经确定的其正确性不容怀疑的规则,从前提公式中能推导出结论公式,那么,原推理就是正确的。但是,假如结论公式不能被推导出来,并不足以判定原推理不正确。关于无效推理的判定,我们将在第六节进行介绍。

### 一、形式证明的步骤

对于任何一个具体推理,进行形式证明时一般包括以下四个步骤:

第一步,把前提和结论分别符号化,形成相应的谓词逻辑公式。

第二步,消去前提中的量词。

第三步,把消去量词后的公式看成是命题逻辑中的公式,然后运用推理规则推导出一定的结论。

第四步,添加量词,得到最终所需要的结论。

从以上步骤可以看出,所谓谓词逻辑的形式证明,实质上就是在经典命题逻辑形式证明的基础上进行扩充。这种扩充的主要表现是:推理规则扩大到所有的重言式;新增了处理量词的规则。量词包括全称量词和特称量词,因此,谓词逻辑形式证明新增的量词规则也就涉及处理全称量词和特称量词的规则。

### 二、形式证明的推理规则

所有命题逻辑形式证明的推理规则都属于谓词逻辑形式证明的推理规则。同时,相对于前者,后者又有明显的改变。

(一)假设引入规则

这一规则的内容是:在推导过程中,可以根据需要随时引入一个假设。

(二)运用重言式的规则

运用重言式的规则简称 T 规则,主要内容是:在推导过程中,对消去量词后的公式,可以把它们当作命题逻辑的公式,进而根据有关重言式进行推导,得出一定的结论。这一类规则涉及所有的重言蕴涵式和重言等值式。在谓词逻辑形式证明过程中,如果运用此类规则,我们仅笼统地注明运用了"T 规则",而不再具体指出运用了哪一个重言蕴涵式或重言等值式。

(三)等值置换规则

这一规则的内容是:在推导过程中,可以把互相等值的公式彼此替换。

(四)处理量词的规则

处理量词的规则包括全称消除规则、全称引入规则、存在消除规则和存在引入规则。

1.全称消除规则

该规则简称"全称消除",记为 $\forall_-$。其内容是:在一个推导过程中,从 $\forall xA(x)$ 可以推出 $A(v)$。(其中,v 是任意个体词,包括个体变项和个体常项)

全称消除规则的直观解释是:如果某种性质为所有的个体都具有,那么,任意的某个确定个体(用个体常项表示)或不确定个体(用个体变项表示)也具有该性质。

全称消除规则实际上是一条代入规则。它允许在推理过程中,先把一个带全称量词的谓词逻辑公式的全称量词消去,然后用任一个体词(个体变项或个体常项)替换原量词辖域中受该全称量词约束的个体变项。为了代入正确,需要作出以下规定:

(1)代入只能在原全称量词辖域中进行,以相同的个体词(个体变项或个体常项)替代公式中原变项的一切出现。

(2)代入后得到的变项 v,如果是个体变项,那么它不能在 A(x)中已经被约束。也就是说,已经被约束的个体变项不允许被代入。

以下代入正确:

从 ∀yG(y)得到 G(x),G(y)或 G(b)

从 ∀x(G(x)∧F(b))得到 G(x)∧F(b),G(y)∧F(b)或 G(b)∧F(b)

从 ∀x(F(x)∧∃y(G(y)∧H(x)))得到 F(b)∧∃y(G(y)∧H(b))

以下代入不正确:

从 ∀xR(x,x)得到 R(x,b)

从 ∀x∃yR(x,y)得到 ∃yR(y,y)

从 ∀x∃y(F(x)→¬F(y))得到 ∃y(F(y)→¬F(y))

例4-1 分析以下推理是否正确:

所有的人都是有理性的,

老子是人,
_____

所以,老子是有理性的。

解 该推理可以符号化为:

∀x(R(x)→L(x))

R(b)
_____

∴ L(b)

(R 表示"是人",L 表示"是有理性的",b 表示"老子"。)

对这个推理,可以构造如下形式证明:

1 ∀x(R(x)→L(x))

2 R(b)/ ∴L(b)

3 R(b)→L(b)                    1,∀

4　L(b)　　　　　　　　　　　　　　3,2,T 规则

上述证明的最后一行即原推理的结论公式,所以,原推理正确。

例 4-2　分析以下推理是否正确:

所有的人都是有情感的,

墨子和公孙龙是人,
$$\overline{\phantom{所有的人都是有情感的}}$$

所以,他们是有情感的。

解　该推理可以符号化为:

$$\forall x(R(x) \rightarrow F(x))$$
$$\underline{R(m) \land R(g)}$$
$$\therefore F(m) \land F(g)$$

(R 表示"是人",F 表示"是有情感的",m 表示"墨子",g 表示"公孙龙"。)

对这个推理,可以构造如下形式证明:

1　$\forall x(R(x) \rightarrow F(x))$

2　$R(m) \land R(g) / \therefore F(m) \land F(g)$

3　$R(m) \rightarrow F(m)$　　　　　　　　1,$\forall_-$

4　$R(g) \rightarrow F(g)$　　　　　　　　1,$\forall_-$

5　$R(m)$　　　　　　　　　　　　2,T 规则

6　$R(g)$　　　　　　　　　　　　2,T 规则

7　$F(m)$　　　　　　　　　　　　3,5,T 规则

8　$F(g)$　　　　　　　　　　　　4,6,T 规则

9　$F(m) \land F(g)$　　　　　　　　7,8,T 规则

上述证明的最后一行即原推理的结论公式,所以,原推理正确。

2.全称引入规则

在介绍全称引入规则之前,先引入一个基本概念:带标记的个体变项。在一个具体的推导过程中,凡是前提中出现的自由个体变项,均称为带标记的个体变项。这里所说的前提,既包括给定的前提又包括推导过程中临时引入的假设。并且,如果某个体变项在前提中是自由的,即加带标记,那么,假若它在依赖于该前提的任意一行中自由出现,它也同样是带标记的。

对于带标记的自由个体变项,需要在该行右面的适当地方记上该变项

字母。如：

    F(x)     x    引进假设

全称引入规则：在一个推导过程中，如果 x 在 A(x) 中是不带标记的，那么，从 A(x) 可以推出 ∀xA(x)。该规则简称"全称引入"，记为 ∀₊。

从 A(x) 得到 ∀xA(x)，限定 x 在 A(x) 中不带标记，这对于正确推理来说是必要的。对 ∀xF(x) 运用全称消除规则得到的 F(x)(x 不带标记) 和一般的命题形式 F(x)(在推导中作为引入的前提，x 带标记)，两者含义并不相同。不带标记的 F(x)，表示任意的某一个 x 都具有 F 性质。所以，它和 ∀xF(x) 的含义实际上是一样的。因此，对不带标记的 F(x) 可以引入全称量词。带标记的 F(x)，仅表示某个 x 具有性质 F。这里的 x 仅表示不确指性，并不具有任意性。所以，对带标记的 F(x)，也就是一般意义上的 F(x)不能引入全称量词。

    例 4-3    分析以下推理是否正确：

        所有的科学家都是有专长的，

        所有有专长的科学家都是人才，

        ———————————————————

        所以，所有科学家都是有专长的人才。

    解    该推理可以符号化为：

    ∀x(K(x)→Z(x))

    ∀x(K(x)∧Z(x)→R(x))

    ———————————————————

    ∴ ∀x(K(x)→R(x)∧Z(x))

(K 表示"是科学家"，Z 表示"是有专长的"，R 表示"是人才"。)

对这个推理，可以构造如下形式证明：

| | | | |
|---|---|---|---|
| 1 | ∀x(K(x)→Z(x)) | | |
| 2 | ∀x(K(x)∧Z(x)→R(x))/ ∴ ∀x(K(x)→R(x)∧Z(x)) | | |
| 3 | K(x)→Z(x) | | 1,∀₋ |
| 4 | K(x)∧Z(x)→R(x) | | 2,∀₋ |
| 5 |     K(x) | x | 假设引入规则 |
| 6 |     Z(x) | x | 3,5,T 规则 |
| 7 |     K(x)∧Z(x) | x | 5,6,T 规则 |
| 8 |     R(x) | x | 4,7,T 规则 |

| 9 | | $R(x) \land Z(x)$ | x | 8,6,T 规则 |
|---|---|---|---|---|

| 10 | $K(x) \to R(x) \land Z(x)$ | | 5,9,T 规则 |
|---|---|---|---|

| 11 | $\forall x(K(x) \to R(x) \land Z(x))$ | | 10,$\forall_+$ |
|---|---|---|---|

上述证明的最后一行即原推理的结论公式,所以,原推理正确。

例 4-4 分析以下推理是否正确:

所有的马都没有翅膀,

所有的鸟都有翅膀,

所以,所有的马都不是鸟。

解 该推理可以符号化为:

$\forall x(P(x) \to \neg B(x))$

$\forall x(I(x) \to B(x))$

$\therefore \forall x(P(x) \to \neg I(x))$

(P 表示"是马",B 表示"是有翅膀的",I 表示"是鸟"。)

对这个推理,可以构造如下形式证明:

| 1 | $\forall x(P(x) \to \neg B(x))$ | |
|---|---|---|
| 2 | $\forall x(I(x) \to B(x))/\therefore \forall x(P(x) \to \neg I(x))$ | |
| 3 | $P(x) \to \neg B(x)$ | 1,$\forall_-$ |
| 4 | $I(x) \to B(x)$ | 2,$\forall_-$ |
| 5 | $\neg B(x) \to \neg I(x)$ | 4,T 规则 |
| 6 | $P(x) \to \neg I(x)$ | 5,3,T 规则 |
| 7 | $\forall x(P(x) \to \neg I(x))$ | 6,$\forall_+$ |

上述证明的最后一行即原推理的结论公式,所以,原推理正确。

例 4-5 分析以下推理形式是否正确:

$\forall x \forall y(F(x,y) \to \neg F(y,x))$

$\therefore \quad \forall x \neg F(x,x)$

解 对这一推理形式可以构造如下证明:

| 1 | $\forall x \forall y(F(x,y) \to \neg F(y,x))/\therefore \forall x \neg F(x,x)$ | |
|---|---|---|
| 2 | $\forall y(F(x,y) \to \neg F(y,x))$ | 1,$\forall_-$ |
| 3 | $F(x,x) \to \neg F(x,x)$ | 2,$\forall_-$ |
| 4 | $F(x,x)$ | x 假设引入规则 |

| 5 | ¬ F(x,x) | | x | 3,4,T 规则 |
| 6 | F(x,x) | | x | 4,T 规则 |
| 7 | ¬ F(x,x) | | | 4,5,6,T 规则 |
| 8 | ∀x¬ F(x,x) | | | 7,∀₊ |

上述证明的最后一行即原推理形式的结论,所以,原推理形式正确。

3.存在消除规则

存在消除规则简称"存在消除",记为 ∃₋。其内容是:在一个推导过程中,从 ∃xA(x)可以推出 A(α)。其中,α 称为特殊的个体常项,它在推导的先行步骤中尚未出现。

存在消除规则的直观意义是:从知道有事物具有某种性质,可以推出某个不确定的个体具有该种性质。所谓特殊的个体常项,其指称的事物就是此种个体。例如,从"有中国人是世界一流的科学家"可以推出:"某个实在的中国人是世界一流的科学家"。这里,"某个实在的中国人"并不指称一个确定了的中国人,如陈景润、华罗庚等;但却又指称绝对实有的一个中国人。为了和表示专有名词的一般个体常项 a、b、c、d 等区别,在消除存在量词后得到的命题形式中,我们用 α、β 或 γ 等希腊字母表示某不确定的个体,这样的符号称为特殊的个体常项。

在消除存在量词时所使用的特殊个体常项,不能在推导的先行步骤中已经出现。这就是说,在消除存在量词、原公式中的个体变项需要用 α 或 β 等代入时,如果 α、β 等已经在前面的公式中出现,则需要换用另外的希腊字母,如 γ、Δ 等。例如,把以下公式

∃x(F(x)∧G(x))

∃z(H(z)∧G(z))

消除存在量词后可以得到:

F(β)∧G(β)

H(β)∧G(β)

在消除存在量词后得到的公式中,新引入的表示特殊个体的符号即特殊个体常项称作"新名"。这些新名都是带标记的,并且,依据新名所在的公式得到的另外公式中的新名,也应是带标记的。例如以下的推导:

| 1 | ∃x(S(x)∧F(x)) | | |
| 2 | S(β)∧F(β) | β | 1,∃₋ |

3　$F(\beta)$ 　　　　　　　　　　　　$\beta$　2,T 规则

但是,如果在推导过程中消除某个带全称量词的公式时,可以使用先前步骤中已经引入的新名作为个体符号。只是需要注意,消除全称量词时引入的已有新名是不带标记的。

另外,在一个推导过程中,如果 B 是对 A 运用存在消除规则后得到的,那么,B 中的特殊个体常项必须把 A 中的所有自由个体变项作为下标显示。例如:对 $\exists xF(x,y)$ 运用 $\exists_-$,得到 $F(\beta_y,y)$;对 $\exists y(F(x) \wedge G(y) \wedge H(z))$ 运用 $\exists_-$,得到 $F(x) \wedge G(\beta_{x,z}) \wedge H(z)$。

在一个公式中,以下标方式出现的个体变项仍然是自由个体变项。

引进了作为下标出现的个体变项之后,需要对 $\forall_+$ 增加一个新的限制:从 $A(x)$ 得到 $\forall xA(x)$,这里的约束变项 x 必须不是在 $A(x)$ 中作为下标出现的。这样,$\forall_+$ 的使用就涉及两条规定,请读者注意。

例4-6　分析以下推理过程是否正确:

1　$\forall x \exists yR(x,y)/$　∴　$\exists y \forall xR(x,y)$

2　$\exists yR(x,y)$ 　　　　　　　　　　　　　　　　1,$\forall_-$

3　$R(x, \beta_x)$ 　　　　　　　　　　　　　　$\beta_x$　2,$\exists_-$

4　$\forall xR(x, \beta_x)$ 　　　　　　　　　　　$\beta_x$　3,$\forall_+$

5　$\exists y \forall xR(x,y)$ 　　　　　　　　　　　　　　4,$\exists_+$

以上推理过程有错误。由第3步推出第4步时,第4步中全称量词的变项 x 在第3步中作为下标出现,这违反全称量词引入的限制条件。

例4-7　分析以下推理是否正确:

　　　　所有的事物都是运动的,

　　　　所以,没有事物不运动。

　　解　该推理可以符号化为:

$$\forall xY(x)$$

$$\therefore \neg \exists x \neg Y(x)$$

(Y 表示"是运动的"。)

对这个推理,可以构造如下形式证明:

1　$\forall xY(x)/$　∴　$\neg \exists x \neg Y(x)$

2　　$\exists x \neg Y(x)$ 　　　　　　　　　　　　　　假设引入规则

| | | | |
|---|---|---|---|
| 3 | ¬ Y(β) | β | 2,∃₋ |
| 4 | Y(β) | | 1,∀₋ |
| 5 | ¬ ∃x¬ Y(x) | | 2,3,4,T 规则 |

上述证明的最后一行即原推理的结论公式,所以,原推理正确。

4.存在引入规则

存在引入规则简称存在引入,记为∃₊。其内容是:

在一个推导过程中,

(1)从 A(x)可以推出∃xA(x)。

(2)从 A(β)可以推出∃xA(x)。(这里的 β 表示特殊个体常项,A(x)是在 A(β)中以 x 取代 β 的全部或部分出现进而得到的)

(3)从 A(b)可以推出∃xA(x)。(这里的 b 表示一般个体常项,A(x)是在 A(b)中以 x 取代 b 的全部或部分出现进而得到的)

把存在引入规则运用于某给定公式时,需要注意以下限制:第一,存在量词的变项不得是给定公式中的约束个体变项。第二,存在量词的变项不得是给定公式中以下标方式出现的变项。第三,存在量词的变项不得是给定公式中带标记的变项。

存在引入规则的直观意义是:如果已知一个个体具有某种性质,那么可以推出:存在着这样的事物,它具有该种性质。

例4-8　分析以下推理过程正确与否:

| | | | |
|---|---|---|---|
| 1 | ∀x∃yL(x,y)/ ∴ ∃xL(x,x) | | |
| 2 | ∃yL(x,y) | | 1,∀₋ |
| 3 | L(x,βₓ) | βₓ | 2,∃₋ |
| 4 | ∃xL(x,x) | | 3,∃₊ |

上述推理过程有错误。从第3步推出第4步时,存在引入规则的限制没有遵循,因为第4步中存在量词的变项在第3步中是以下标方式出现的。

### 三、具体推理的形式证明

在介绍谓词逻辑形式证明的上述规则时,我们已经接触到了这些规则的运用问题。以下再通过一些具体的例子,帮助读者进一步掌握有关的方法和技巧。

例4-9　分析以下推理是否正确:

　　　　　　所有的人都是有理性的，

　　　　　　所以，有的人是有理性的。

　　解　该推理可以符号化为：

$$\forall x(R(x)\rightarrow L(x))$$

$$\therefore \exists x(R(x)\wedge L(x))$$

（R 表示"是人"，L 表示"是有理性的"。）

对这个推理，可以构造如下形式证明：

| 1 | $\forall x(R(x)\rightarrow L(x))$/ | $\therefore$ | $\exists x(R(x)\wedge L(x))$ | |
|---|---|---|---|---|
| [2 | R(y) | | y | 假设] |
| 3 | $R(y)\rightarrow L(y)$ | | | 1,$\forall_-$ |
| 4 | L(y) | | y | 3,2,T 规则 |
| 5 | $R(y)\wedge L(y)$ | | y | 2,4,T 规则 |
| 6 | $\exists x(R(x)\wedge L(x))$ | | | 5,$\exists_+$ |

上述证明的最后一行即原推理的结论公式，所以，原推理正确。

　　传统逻辑在处理涉及全称命题的推理时，有一个没有表述出来，但实际上隐含着的要求：推理中全称命题的主项必须是非空的。如果这一要求满足不了，那么，在传统逻辑中一些原来有效的推理将会变成无效推理。现代谓词逻辑在刻画全称命题的形式时，表达式本身并不包含主项非空的内容。所以，涉及运用谓词逻辑工具去考察、分析传统逻辑认可的一些有效推理时，必须注意主项存在问题。就例 4-9 的形式证明而言，第 2 行是必须增加的；否则，原推理的形式证明就难以建立。

　　例 4-10　分析以下推理是否正确：

　　　　　　所有犯罪行为都是危害社会的行为，

　　　　　　有些犯罪行为不是盗窃行为，

　　　　　　所以，有些危害社会的行为不是盗窃行为。

　　解　该推理可以符号化为：

$$\forall x(M(x)\rightarrow S(x))$$

$$\exists x(M(x)\wedge\neg P(x))$$

$$\therefore \exists x(S(x)\wedge\neg P(x))$$

（M 表示"是犯罪行为"，S 表示"是危害社会的行为"，P 表示"是盗窃行为"。)

对这个推理,可以构造如下形式证明:

1　∀x(M(x)→S(x))

2　∃x(M(x)∧¬P(x))／　∴　∃x(S(x)∧¬P(x))

3　M(β)∧¬P(β)　　　　　　　　　β　　2,∃_

4　M(β)→S(β)　　　　　　　　　　1,∀_

5　M(β)　　　　　　　　　　β　　3,T规则

6　S(β)　　　　　　　　　　β　　4,5,T规则

7　¬P(β)　　　　　　　　　β　　3,T规则

8　S(β)∧¬P(β)　　　　　　β　　6,7,T规则

9　∃x(S(x)∧¬P(x))　　　　　　　8,∃+

上述证明的最后一行即原推理的结论公式,所以,原推理正确。

在建立形式证明的过程中,如果前提中既有全称命题又有特称命题,那么,应该先处理特称命题(∃_),然后再处理全称命题(∀_)。否则,假如颠倒这一顺序,有时便难以进行推导。

例4-11　分析以下推理是否正确:

蜜蜂和黄蜂受到惊吓或者发怒,它们就会螫人。

所以,任何一只蜜蜂假如受到惊吓它就会螫人。

解　该推理可以符号化为:

∀x((M(x)∨H(x))∧(X(x)∨N(x))→G(x))

∴　∀x(M(x)→(X(x)→G(x)))

(M表示"是蜜蜂",H表示"是黄蜂",X表示"受到惊吓",N表示"发怒",G表示"会螫人"。)

对这个推理,可以构造如下形式证明:

1　∀x((M(x)∨H(x))∧(X(x)∨N(x))→G(x))／　∴　∀x(M(x)→(X(x)→G(x)))

2　(M(x)∨H(x))∧(X(x)∨N(x))→G(x)　　　　1,∀_

3　　M(x)　　　　　　　　　　　x　　假设引入规则

4　　M(x)∨H(x)　　　　　　　　x　　3,T规则

5　　　　　　X(x)　　　　　　　x　　假设引入规则

| 6 | X(x)∨N(x) | x | 5,T 规则 |
|---|---|---|---|
| 7 | (M(x)∨H(x))∧(X(x)∨N(x)) | x | 4,6,T 规则 |
| 8 | G(x) | x | 2,7,T 规则 |
| 9 | X(x)→G(x) | x | 5,8,T 规则 |
| 10 | M(x)→(X(x)→G(x)) | | 3,9,T 规则 |
| 11 | ∀x(M(x)→(X(x)→G(x))) | | 10,∀₋ |

上述证明的最后一行即原推理的结论公式,所以,原推理正确。

在例4-11 的形式证明过程中,结论是一个以全称量词约束的蕴涵式,蕴涵式的后件又是另外一个蕴涵式。在具体推导时,我们分别在第 3 步和第 5 步把两个前件作为假设引入,两个假设后来在第 10 步又被全部消去。这样,结论还是从给定前提中推出来的。

例4-12 分析以下推理是否正确:

郭成健喜欢所有批判性思维能力强的人,

李承坤有很强的批判性思维能力,

所以,郭成健喜欢李承坤。

解 该推理可以符号化为:

∀x(L(x)→R(b,x))

L(m)

∴ R(b,m)

(L 表示"批判性思维能力强的人",R 表示"喜欢",b 表示"郭成健",m 表示"李承坤"。)

对这个推理,可以构造如下形式证明:

| 1 | ∀x(L(x)→R(b,x)) | |
|---|---|---|
| 2 | L(m)/ ∴ R(b,m) | |
| 3 | L(m)→R(b,m) | 1,∀₋ |
| 4 | R(b,m) | 3,2,T 规则 |

上述证明的最后一行即原推理的结论公式,所以,原推理正确。

例4-13 分析以下推理是否正确:

有的病人喜欢所有的医生,

没有一个病人喜欢庸医,

所以,没有医生是庸医。

解 该推理可以符号化为:

$$\exists x(P(x) \land \forall y(D(y)\to L(x,y)))$$
$$\forall x(P(x)\to \forall y(Q(y)\to \neg L(x,y)))$$

$$\therefore \forall x(D(x)\to \neg Q(x))$$

(P 表示"是病人",D 表示"是医生",L 表示"喜欢",Q 表示"是庸医"。)

对这个推理,可以构造如下形式证明:

  1  $\exists x(P(x) \land \forall y(D(y)\to L(x,y)))$

  2  $\forall x(P(x)\to \forall y(Q(y)\to \neg L(x,y)))/$   $\therefore$   $\forall x(D(x)\to \neg Q(x))$

  3  $P(\beta) \land \forall y(D(y)\to L(\beta,y))$         $\beta$     1,$\exists_-$

  4  $P(\beta)\to \forall y(Q(y)\to \neg L(\beta,y))$            2,$\forall_-$

  5  $P(\beta)$                             $\beta$     3,T 规则

  6  $\forall y(D(y)\to L(\beta,y))$                 $\beta$     3,T 规则

  7  $D(x)\to L(\beta,x)$                     $\beta$     6,$\forall_-$

  8  $\forall y(Q(y)\to \neg L(\beta,y))$              $\beta$     4,5,T 规则

  9  $Q(x)\to \neg L(\beta,x)$                  $\beta$     8,$\forall_-$

10  $L(\beta,x)\to \neg Q(x)$                  $\beta$     9,T 规则

11  $D(x)\to \neg Q(x)$                        10,7,T 规则

12  $\forall x(D(x)\to \neg Q(x))$                    11,$\forall_+$

以上证明的最后一行即原推理的结论公式,所以,原推理正确。

# 第五节 谓词演算

和经典命题逻辑相似,经典谓词逻辑也包括不同的公理系统以及自然演算系统。

## 一、公理化谓词演算系统

公理化谓词演算系统是完全形式化的理论体系。它从若干条作为公理的普遍有效式出发,通过使用推理规则,建立起关于一系列另外的普遍有效

式即定理的完整体系。

公理化谓词演算系统可以采取不同的方式构造,这里介绍的系统称为Q 系统。

(一)初始符号

1.变项

(1)命题变项:用小写拉丁字母表示,如 $p,q,r,s,p_1,q_1,r_1$……

(2)个体变项:用小写拉丁字母表示,如 u,v,w,x,y,z……

(3)谓词变项:用大写拉丁字母 F,G,H 等表示性质,用 R,S,T 等表示关系。

2.常项

(1)命题联结词:¬（否定）,∨（析取）

(2)量词:∀…（全称量词）,∃…（存在量词）

3.技术性符号

左括号"（"和右括号"）";逗点","

(二)形成规则

在讨论谓词演算的形成规则之前,先介绍以下几个语法符号:小写希腊字母 π,表示任意命题变项;大写希腊字母△,表示任意个体变项;大写希腊字母Γ,表示任意谓词;大写拉丁字母 X,Y,Z,表示任意符号序列;大写拉丁字母 A,B,C,D,E 等,表示任意合式公式。

谓词演算的形成规则:

1.任意命题变项 π 是合式公式。如:p,q,r 是合式公式。

2.任意谓词变项Γ,后继有写在一对括号内并用逗号分开的适当数目的个体变项是合式公式。如:P(x),R(x,y,z)是合式公式。

3.如果 X 是合式公式,那么,¬X 也是合式公式。如:¬q,¬P(y),¬R(x,y,z)是合式公式。

4.如果 X 和 Y 是合式公式,并且没有任何一个个体变项△,此△在二者之一中是约束的,但在另一个中是自由的,那么,X∨Y 是合式公式。如:p∨G(x),∀xF(x)∨G(y)是合式公式。

5.如果 X 为合式公式,并且△在其中是自由的,那么,∀△X 和∃△X 是合式公式。如:∀xT(x,y),∃x(p∧F(x))都是合式公式。

6.只有符合以上五条规则的符号序列才是合式公式。

（三）定义

1. A→B 定义为 ¬A∨B。

2. A∧B 定义为 ¬(¬A∨¬B)。

3. A↔B 定义为 (A→B)∧(B→A)。

以上定义引入了否定和析取以外的三个联结词。这样，某些包含有→，∧和↔这三个符号的符号序列也属于合式公式。

（四）公理

1. p∨p→p

2. p→p∨q

3. p∨q→q∨p

4. (q→r)→(p∨q→p∨r)

5. ∀xF(x)→F(y)

6. F(y)→∃xF(x)

以上六条公理中，前四条是命题演算公理系统 P 的公理，后两条是新增加的。公理 5 的含义是：如果所有个体都是 F，那么，某一个体是 F。这体现了从一般到个别的推理过程。公理 6 的含义是：如果某个体是 F，那么，存在着一个个体，该个体是 F。这体现了从个别到存在的推理过程。

（五）推理规则

1. 代入规则

谓词逻辑公理系统有三种变项，因此，推导过程中的代入也就可能发生三种情况：命题变项代入、自由个体变项代入和谓词变项代入。关于代入，谓词逻辑提出了两个总的要求：保持合式公式和普遍有效性不被破坏。换言之，对任何一个合式公式，进行代入的结果必须仍然是一个合式公式；对任何一个普遍有效式，进行代入的结果必须仍然是一个普遍有效式。为了实现上述两项根本要求，三种变项在具体代入时都要分别作出一些限制。

（1）命题变项代入规则

在公式 A 中出现的命题变项 π，可由一个公式 B 代入。

代入必须在 π 出现的一切位置上进行。此外，关于 B，还必须符合以下要求：第一，如果某个体变项△在 A 中为自由变项，那么，B 中不得包含约束变项△。第二，如果某个体变项△在 A 中为约束变项，那么，在 B 中不得包含自由变项△。第三，如果某个体变项△在 A 中为约束变项，并且 π 又在

∀_△或∃_△的辖域之中,那么,B 中不得包含约束变项△。

以下的代入情况是错误的:

例 5-1　在 q∨G(y)中,用∀yG(y)代入 q,
得:∀yG(y)∨G(y)

例 5-2　在∀xF(x)∨p 中,用 G(x)代入 p,
得:∀xF(x)∨G(x)

例 5-3　在 p∨∃x(F(x)∨q)中,用∀xG(x)代入 q,
得:p∨∃x(F(x)∨∀xG(x))

(2)自由个体变项代入规则

公式 A 中的某自由个体变项$\triangle_1$,可用另一个体变项$\triangle_2$代入。

代入必须在 A 中$\triangle_1$的所有出现位置上进行。此外,$\triangle_2$不得在 A 中作为约束变项出现。

以下的代入情况是错误的:

例 5-4　在 F(y)→∀xF(x)中,用 x 代入 y,
得:F(x)→∀xF(x)

(3)谓词变项代入规则

在说明谓词变项代入规则之前,先介绍"复合谓词"这一概念。一个包含有自由个体变项的合式公式,由于该公式的真值受到自由个体变项取值情况的制约,所以,可以把该公式看作其中所包含的某些自由个体变项的谓词。这种谓词,称为复合谓词。例如,公式∀x(p∨R(x,y,z))中包含有自由个体变项 y、z,该公式的真值随 y 和 z 的取值情况而确定。所以,可以把该公式视为 y、z 的谓词。这样的谓词,就称之为复合谓词。一般地,n 元复合谓词可以表示为:

B($\triangle_1,\triangle_2,\triangle_3\cdots\triangle_n$)　　(n>0)

其中,自由个体变项的值不必不相同,也不必按$\triangle_1,\triangle_2,\triangle_3\cdots\triangle_n$的次序出现。

谓词变项代入规则的内容是:公式 A 中的 n 元谓词变项$\Gamma(\triangle_1,\triangle_2,\triangle_3\cdots\triangle_n)$可以处处代之以另一复合谓词 B($\triangle_1,\triangle_2,\triangle_3\cdots\triangle_n,\triangle_{n+1},\triangle_{n+2}\cdots\triangle_{n+m}$)(m≥0)

谓词变项代入时,除了要在 A 的所有出现处进行外,还必须符合以下要求:第一,代入后得到的符号序列必须是合式公式。第二,A 中的自由个体变项,在代入后不得被 B 中的量词约束。第三,如果 m > 0,那么,$B(\triangle_1,\triangle_2,\triangle_3\cdots\triangle_n,\triangle_{n+1},\triangle_{n+2}\cdots\triangle_{n+m})(m\geqslant 0)$ 中的变项 $\triangle_{n+1},\triangle_{n+2}\cdots$ $\triangle_{n+m}$,在代入后不得被 A 中的原有量词约束。

在以下列举的每组谓词变项代入情况中,第一种是正确的,第二种是错误的:

例 5-5
　甲　在 $\forall x\forall yR(x,y)\wedge\forall xR(x,x)$ 中,用 $S(\triangle_1,\triangle_2,Z)$
　　　代入 $R(\triangle_1,\triangle_2)$,得:
　　　$\forall x\forall yS(x,y,z)\wedge\forall x S(x,x,z)$
　乙　在 $F(x)\wedge(F(x)\vee G(y))$ 中,用 $\forall yR(\triangle,y)$ 代入
　　　$F(\triangle)$,得:
　　　$\forall yR(x,y)\wedge(\forall yR(x,y)\vee G(y))$

例 5-6
　甲　在 $\forall xF(x)\rightarrow F(y)$ 中,用 $R(\triangle,y)$ 代入 $F(\triangle)$,
　　　得:
　　　$\forall xR(x,y)\rightarrow R(y,y)$
　乙　在 $\forall xF(x)\vee\neg F(y)$ 中,用 $\exists yR(\triangle,y)$ 代入
　　　$F(\triangle)$,得:
　　　$\forall x\exists yR(x,y)\vee\neg\exists yR(y,y)$

例 5-7
　甲　在 $F(y)\rightarrow\forall xF(x)$ 中,用 $F(\triangle)\rightarrow G(\triangle)$ 代入
　　　$F(\triangle)$,得:
　　　$(F(y)\rightarrow G(y))\rightarrow\forall x(F(x)\rightarrow G(x))$
　乙　在 $\forall xG(x)\rightarrow\forall x(G(y)\wedge F(x)\vee\neg F(x))$ 中,
　　　用 $R(x,\triangle)$ 代入 $G(\triangle)$,得:
　　　$\forall xR(x,x)\rightarrow\forall x(R(x,y)\wedge F(x)\vee\neg F(x))$

**2.分离规则**

由公式 A→B 和 A,可以推出公式 B。(这里的 A 和 B,可以是谓词逻辑中的任一合式公式)

**3.后件概括规则**

如果△在 A 中不自由出现,那么,从 A→B(△) 可以推出 A→$\forall$△B(△)。

**4.前件存在规则**

如果△在 B 中不自由出现,那么,从 A(△)→B 可以推出 $\exists$△A(△)→B。

### 5.约束个体变项易字规则

公式 A 中的一个约束个体变项$\triangle_1$，可以用另一个体变项$\triangle_2$进行替换。

替换必须在某特定量词及其辖域内处处进行。如果$\triangle_1$在几个量词中都出现，那么，替换可以只在一个量词及其辖域中进行。

替换必须满足以下要求:第一，$\triangle_2$在 A 中不能是自由个体变项。第二，如果$\triangle_2$在 A 中约束出现，那么，被替换的$\triangle_1$不能在以$\triangle_2$为变项的量词之辖域中出现。

下例中列举的约束变项易字情况是正确的:

$$例\,5\text{-}8\begin{cases} 甲 & 由\,\forall xF(x)\rightarrow\exists yF(y)\,经约束变项易字,可得: \\ & \forall xF(x)\rightarrow\exists xF(x) \\ 乙 & 由\,\forall xF(x)\wedge\forall xG(x)\,经约束变项易字,可得: \\ & \forall yF(y)\wedge\forall xG(x) \\ & \forall xF(x)\wedge\forall yG(y) \\ & 或\,\forall yF(y)\wedge\forall yG(y) \end{cases}$$

下例中列举的约束变项易字情况不正确:

$$例\,5\text{-}9\begin{cases} 甲 & 由\,\forall xF(x)\wedge F(y)\,经约束变项易字,可得: \\ & \forall yF(y)\wedge F(y) \\ 乙 & 由\,\forall x(F(x)\rightarrow\exists yG(y))\,经约束变项易字,可得: \\ & \forall x(F(x)\rightarrow\exists xG(x)) \end{cases}$$

### 6.定义置换规则

定义的左右两边可以互相置换。

### (六)定理

谓词逻辑公理系统的推演方法和步骤,基本上与命题逻辑公理系统相同。在现代逻辑中,人们常常把命题逻辑公理系统视为谓词逻辑公理系统的子系统。这样,前者中的所有定理也就都是后者中的定理。所以,在构造谓词逻辑公理系统的过程中,可以把命题逻辑公理系统中的定理当作推演的依据。

以下介绍 Q 系统的部分定理及有关证明。其中,引用命题逻辑公理系统 P 的定理时仅注明"已证定理"。

定理 1　$\forall x(F(x)\vee\neg F(x))$

证明:

| 1 | $p \lor \lnot p$ | 已证定理 |
|---|---|---|
| 2 | $F(x) \lor \lnot F(x)$ | 1,代入 $p/F(x)$ |
| 3 | $q \to (p \to q)$ | 已证定理 |
| 4 | $F(x) \lor \lnot F(x) \to (p \lor \lnot p \to$ $F(x) \lor \lnot F(x))$ | 3,代入 $q/F(x) \lor \lnot$ $F(x)$, $p/p \lor \lnot p$ |
| 5 | $p \lor \lnot p \to F(x) \lor \lnot F(x)$ | 4,2,分离规则 |
| 6 | $p \lor \lnot p \to \forall x(F(x) \lor \lnot F(x))$ | 5,后件概括规则 |
| 7 | $\forall x(F(x) \lor \lnot F(x))$ | 6,1,分离规则 |

导出规则1(概括规则)

在公式 $A(x)$ 中,如果 x 自由出现,那么,可以推出 $\forall x A(x)$。

根据这条导出规则,可以把一个公式里的自由个体变项用全称量词约束起来。

定理2 $\forall x F(x) \to \exists x F(x)$

证明:

| 1 | $\forall x F(x) \to F(y)$ | 公理 |
|---|---|---|
| 2 | $F(y) \to \exists x F(x)$ | 公理 |
| 3 | $\forall x F(x) \to \exists x F(x)$ | 2,1,已证定理 |

定理3 $\forall x(F(x) \land G(x)) \to \forall x F(x) \land \forall x G(x)$

证明:

| 1 | $\forall x F(x) \to F(y)$ | 公理 |
|---|---|---|
| 2 | $\forall x(F(x) \land G(x)) \to F(y) \land G(y)$ | 1,代入 $F(\triangle)/F(\triangle) \land G(\triangle)$ |
| 3 | $F(y) \land G(y) \to F(y)$ | 已证定理 |
| 4 | $\forall x(F(x) \land G(x)) \to F(y)$ | 3,2,已证定理 |
| 5 | $\forall x(F(x) \land G(x)) \to \forall y F(y)$ | 4,后件概括规则 |
| 6 | $\forall x(F(x) \land G(x)) \to \forall x F(x)$ | 5,约束变项易字规则 |
| 7 | $F(y) \land G(y) \to G(y)$ | 已证定理 |
| 8 | $\forall x(F(x) \land G(x)) \to G(y)$ | 7,2,已证定理 |
| 9 | $\forall x(F(x) \land G(x)) \to \forall y G(y)$ | 8,后件概括规则 |
| 10 | $\forall x(F(x) \land G(x)) \to \forall x G(x)$ | 9,约束变项易字规则 |
| 11 | $\forall x(F(x) \land G(x)) \to \forall x F(x) \land \forall x G(x)$ | 6,10,已证定理 |

定理 4　$\forall xF(x) \land \forall xG(x) \to \forall x(F(x) \land G(x))$

证明：

1　$\forall xF(x) \to F(y)$ 　　　　　　　　　　公理

2　$\forall xG(x) \to G(y)$ 　　　　　　　　　　公理

3　$\forall xF(x) \land \forall xG(x) \to F(y) \land G(y)$ 　　　1,2,已证定理

4　$\forall xF(x) \land \forall xG(x) \to \forall y(F(y) \land G(y))$ 　3,后件概括规则

5　$\forall xF(x) \land \forall xG(x) \to \forall x(F(x) \land G(x))$ 　4,约束变项易字规则

定理 5　$\forall x(F(x) \land G(x)) \leftrightarrow \forall xF(x) \land \forall xG(x)$

该定理可以根据定理 3、定理 4 的结果而得到。

定理 6　$\forall x(F(x) \to G(x)) \to (\forall xF(x) \to \forall xG(x))$

此定理的逆命题不成立。

定理 7　$\forall x(F(x) \leftrightarrow G(x)) \to (\forall xF(x) \leftrightarrow \forall xG(x))$

定理 8　$\forall xF(x) \lor \forall xG(x) \to \forall x(F(x) \lor G(x))$

此定理的逆命题不成立。

定理 9　$\exists xF(x) \leftrightarrow \neg \forall x \neg F(x)$

定理 10　$\exists x \neg F(x) \leftrightarrow \neg \forall xF(x)$

定理 11　$\neg \exists x \neg F(x) \leftrightarrow \forall xF(x)$

定理 12　$\neg \exists xF(x) \leftrightarrow \forall x \neg F(x)$

定理 13　$\forall x(F(x) \to G(x)) \to (\exists xF(x) \to \exists xG(x))$

定理 14　$\forall x(F(x) \leftrightarrow G(x)) \to (\exists xF(x) \leftrightarrow \exists xG(x))$

定理 14 的含义是：对于任何一个 x 而言，如果 x 是 F 等值于 x 是 G，那么，存在 x 是 F 等值于存在 x 是 G。

导出规则 2（谓词演算基本置换规则）

谓词演算基本置换规则简称基本置换规则，它是定义置换规则的推广。其基本内容是：假设 A、B、A′和 B′都是谓词演算的公式，并且，A′是 A 的子公式，即 A 公式包含 A′。用公式 B′取代 A′在公式 A 中的一次或多次出现，得到公式 B。如果

　　A′↔ B′

是可证公式，那么

　　A↔B

也是可证公式。

上述内容也可以粗略地表述为:在推导过程中,如果两个谓词演算的公式彼此等值,那么,可以把它们互相替换。

公理系统中引进谓词演算基本置换规则,可以使一些定理的证明过程明显得到简化。

定理15　$\forall x(p \vee F(x)) \to p \vee \forall xF(x)$

定理16　$p \vee \forall xF(x) \to \forall x(p \vee F(x))$

定理17　$\forall x(p \vee F(x)) \leftrightarrow p \vee \forall xF(x)$

定理18　$\forall x(p \wedge F(x)) \to p \wedge \forall xF(x)$

定理19　$p \wedge \forall xF(x) \to \forall x(p \wedge F(x))$

定理20　$\forall x(p \wedge F(x)) \leftrightarrow p \wedge \forall xF(x)$

定理21　$\forall x(p \to F(x)) \leftrightarrow (p \to \forall xF(x))$

定理22　$\forall x(F(x) \to p) \leftrightarrow (\exists xF(x) \to p)$

定理23　$\forall x \forall yR(x,y) \leftrightarrow \forall y \forall xR(x,y)$

定理24　$\exists x \forall yR(x,y) \to \forall y \exists xR(x,y)$

证明:

| | | |
|---|---|---|
| 1 | $F(y) \to \exists xF(x)$ | 公理 |
| 2 | $F(u) \to \exists xF(x)$ | 1,代入 y/u |
| 3 | $R(u,y) \to \exists xR(x,y)$ | 2,代入 $F(\triangle)/R(\triangle,y)$ |
| 4 | $\forall y(R(u,y) \to \exists xR(x,y))$ | 3,概括规则 |
| 5 | $\forall yR(u,y) \to \forall y \exists xR(x,y)$ | 4,定理6 |
| 6 | $\exists u \forall yR(u,y) \to \forall y \exists xR(x,y)$ | 5,前件存在规则 |
| 7 | $\exists x \forall yR(x,y) \to \forall y \exists xR(x,y)$ | 6,约束变项易字规则 |

此定理的逆命题不成立。它表明:两个互相连接的不同量词不能任意交换。

定理25　$\forall x \forall yR(x,y) \to \forall xR(x,x)$

以上,我们简略地介绍了谓词演算公理系统 Q。从元逻辑的角度看,这一系统具有一致性和语义的完全性。

关于一致性,前面曾提过三种定义,即古典的、语法的和语义的。Q 系统是在古典的意义下一致的,即,不可能存在一个公式 A,A 和¬A 都在该系统中可以被证明。Q 系统是语法一致的,即存在一个公式 A,A 在该系统中是不可证明的。Q 系统是语义一致的,即该系统的定理都是普遍有效式。

　　关于完全性,前面也曾提过三种定义,即古典的、语法的和语义的。公理化谓词演算系统 Q 是语义完全的,即谓词逻辑中一切普遍有效的公式都是可以在 Q 系统中被证明的。至于古典的完全性,即对任一公式 A 而言,或者 A 可证,或者¬ A 可证,这种完全性是针对着不包含自由变项的公式而言的,命题演算系统和谓词演算系统都不具有。至于语法的完全性,即,如果把一个不可证的公式作为公理增加到已有公理之中,那么,相应系统就将是不一致的。这种完全性,命题演算公理系统 P 具有,而谓词演算公理系统 Q 不具有。

## 二、自然演算系统

　　谓词逻辑自然演算系统是从给定的前提出发,运用推理规则来推导出一定结论的形式系统。此类系统可以通过不同的方式进行构造,这里介绍的谓词逻辑自然演算系统称为 $LNP_1$ 系统。

　　$LNP_1$ 系统是 $NP_1$ 系统的扩充和发展,后者是前者的子系统。也就是说,所有命题逻辑自然演算系统 $NP_1$ 的内容都包含于谓词逻辑自然演算系统 $LNP_1$ 之中,同时,$LNP_1$ 系统和 $NP_1$ 系统比较起来又存在着明显的差异。

　　(一)初始符号

　　1.变项

　　(1)命题变项:用小写的拉丁字母表示,如 $p,q,r,p_1,q_1,r_1$ ……

　　(2)个体变项:用小写的拉丁字母表示,如 u,v,w,x,y,z ……

　　(3)谓词变项:用大写的拉丁字母 F,G,H 等表示性质,用 R,S,T 等表示关系。

　　2.常项

　　(1)命题联结词:¬（否定）,∨（析取）,∧（合取）,→（蕴涵）,↔（等值）

　　(2)量词:∀…（全称量词）,∃…（存在量词）

　　(3)技术性符号:左括号"（",右括号"）",逗点","

　　(二)形成规则

　　1.任意命题变项是合式公式。如:p,q,r。

　　2.任意谓词变项,后继有写在一对括号内并用逗点分开的适当数目的个体变项是合式公式。如:R(x,y),F(y)。

3.如果符号序列 X 是合式公式,那么,¬ X 也是合式公式。如:¬ q, ¬ R(x,y)。

4.如果 X 和 Y 是合式公式,并且没有任何一个个体变项△,此△在二者之一中是约束的,但在另一个中是自由的,那么,X∨Y、X∧Y、X→Y、X↔Y 是合式公式。如:p∨G(x)、G(x)→p、G(x)∧G(y)。

5.如果 X 为合式公式,并且△在其中是自由的,那么,∀△X 和∃△X 是合式公式。如:∀xF(x),∃yG(y)。

6.只有符合以上五条规则的符号序列才是合式公式。

(三)推理规则

1.命题逻辑自然演算系统 NP₁的推理规则

(1)假设引入规则:在证明的任何步骤上,可以根据需要随时引入一个假设。

(2)结论引入规则:在证明的任何步骤上,可以根据需要随时引入已证公式。

(3)重复规则:在一个假设下出现的公式(包括假设),既可在该假设下重复出现,又可在随后的假设下重复出现。

(4)蕴涵引入规则(→₊):如果在前提公式的集合基础上,再加上一个假设 A,进而可以推出 B,那么,从这个前提公式的集合可以推出 A→B。

(5)蕴涵消除规则(→₋):从 A→B 和 A,可以推出 B。

(6)合取引入规则(∧₊):从 A 和 B,可以推出 A∧B。

(7)合取消除规则(∧₋):从 A∧B,可以推出 A;从 A∧B,可以推出 B。

(8)析取引入规则(∨₊):从 A,可以推出 A∨B;从 B,可以推出 A∨B。

(9)析取消除规则(∨₋):从 A∨B 和¬ A,可以推出 B;从 A∨B 和¬ B,可以推出 A。

(10)等值引入规则(↔₊):从 A→B 和 B→A,可以推出 A↔B。

(11)等值消除规则(↔₋):从 A↔B,可以推出 A→B;从 A↔B,可以推出 B→A。

(12)否定引入规则(¬ ₊):在给定前提下,如果引入假设 A,由此推出 B 和¬ B,那么,由原来的前提可以推出¬ A。

(13)否定消除规则(¬ ₋):在给定前提下,如果引入假设¬ A,由此推出 B 和¬ B,那么,由原来的前提可以推出 A。

需要指出,NP₁系统的定理在需要时也可作为 LNP₁ 系统中的推理规则使用。

2.新增推理规则

(1)全称消除规则($\forall_-$):在一个推导过程中,从 $\forall xA(x)$ 可以推出 A(v)。(其中,v 是任一个体词,包括个体常项和个体变项。如果 v 是个体变项,那么,v 不在 A(x)中约束出现。)

(2)全称引入规则($\forall_+$):在一个推导过程中,从 A(x)可以推出 $\forall xA(x)$。(运用此条规则必须满足两条限制:第一,x 在 A(x)中不带标记。第二,x 不在 A(x)中以下标方式出现。)

(3)存在消除规则($\exists_-$):在一个推导过程中,从 $\exists xA(x)$ 可以推出 A($\alpha$)。(这里的 $\alpha$ 在推导的先行步骤中尚未出现,并且,$\alpha$ 必须以 $\exists xA(x)$ 中出现的所有自由个体变项作为下标。)

(4)存在引入规则($\exists_+$):在一个推导过程中,第一,从 A(x)可以推出 $\exists xA(x)$。第二,从 A($\beta$)可以推出 $\exists xA(x)$。(这里的 $\beta$ 表示特殊个体常项,A(x)是在 A($\beta$)中以 x 取代 $\beta$ 的全部或部分出现进而得到的。)第三,从 A(b)可以推出 $\exists xA(x)$。(这里的 b 表示一般个体常项,A(x)是在 A(b)中以 x 取代 b 的全部或部分出现进而得到的。)

运用 $\exists_+$ 要注意以下限制:存在量词的变项不得是给定公式中的约束个体变项、以下标方式出现的变项或者带标记的变项。

(四)定理

LNP₁系统和 Q 系统是等价的,即所有 LNP₁ 系统的定理都可以由 Q 系统证明,所有 Q 系统的定理也都可以由 LNP₁ 系统证明。下面,介绍 LNP₁ 系统的部分定理及有关证明。其中,引用 NP₁ 系统的定理时仅注明"已证定理"。

定理 1　$\forall xF(x) \rightarrow \exists xF(x)$

证明:

| | | |
|---|---|---|
| 1 | $\forall xF(x)$ | 假设引入规则 |
| 2 | F(x) | 1,$\forall_-$ |
| 3 | $\exists xF(x)$ | 2,$\exists_+$ |
| 4 | $\forall xF(x) \rightarrow \exists xF(x)$ | 1,3,$\rightarrow_+$ |

定理 2　$\forall x(F(x) \wedge G(x)) \rightarrow \forall xF(x) \wedge \forall xG(x)$

证明：

| | | |
|---|---|---|
| 1 | $\forall x(F(x) \wedge G(x))$ | 假设引入规则 |
| 2 | $F(x) \wedge G(x)$ | $1, \forall_-$ |
| 3 | $F(x)$ | $2, \wedge_-$ |
| 4 | $\forall xF(x)$ | $3, \forall_+$ |
| 5 | $G(x)$ | $2, \wedge_-$ |
| 6 | $\forall xG(x)$ | $5, \forall_+$ |
| 7 | $\forall xF(x) \wedge \forall xG(x)$ | $4, 6, \wedge_+$ |
| 8 | $\forall x(F(x) \wedge G(x)) \rightarrow \forall xF(x) \wedge \forall xG(x)$ | $1, 7, \rightarrow_+$ |

定理 3 　$\forall xF(x) \wedge \forall xG(x) \rightarrow \forall x(F(x) \wedge G(x))$

证明：

| | | |
|---|---|---|
| 1 | $\forall xF(x) \wedge \forall xG(x)$ | 假设引入规则 |
| 2 | $\forall xF(x)$ | $1, \wedge_-$ |
| 3 | $\forall xG(x)$ | $1, \wedge_-$ |
| 4 | $F(x)$ | $2, \forall_-$ |
| 5 | $G(x)$ | $3, \forall_-$ |
| 6 | $F(x) \wedge G(x)$ | $4, 5, \wedge_+$ |
| 7 | $\forall x(F(x) \wedge G(x))$ | $6, \forall_+$ |
| 8 | $\forall xF(x) \wedge \forall xG(x) \rightarrow \forall x(F(x) \wedge G(x))$ | $1, 7, \rightarrow_+$ |

定理 4 　$\forall x(F(x) \rightarrow G(x)) \rightarrow (\forall xF(x) \rightarrow \forall xG(x))$

证明：

| | | |
|---|---|---|
| 1 | $\forall x(F(x) \rightarrow G(x))$ | 假设引入规则 |
| 2 | 　　　$\forall xF(x)$ | 假设引入规则 |
| 3 | 　　　$F(x)$ | $2, \forall_-$ |
| 4 | 　　$\forall x(F(x) \rightarrow G(x))$ | 1,重复规则 |
| 5 | 　　　$F(x) \rightarrow G(x)$ | $4, \forall_-$ |
| 6 | 　　　$G(x)$ | $5, 3, \rightarrow_-$ |
| 7 | 　　　$\forall xG(x)$ | $6, \forall_+$ |
| 8 | 　$\forall xF(x) \rightarrow \forall xG(x)$ | $2, 7, \rightarrow_+$ |
| 9 | $\forall x(F(x) \rightarrow G(x)) \rightarrow (\forall xF(x) \rightarrow \forall xG(x))$ | $1, 8, \rightarrow_+$ |

定理 5 　$\forall x(F(x) \rightarrow G(x)) \rightarrow (\exists xF(x) \rightarrow \exists xG(x))$

证明：

| 1 | $\forall x(F(x)\to G(x))$ | | 假设引入规则 |
|---|---|---|---|
| 2 | $\exists xF(x)$ | | 假设引入规则 |
| 3 | $F(\alpha)$ | $\alpha$ | $2,\exists_-$ |
| 4 | $F(\alpha)\to G(\alpha)$ | | $1,\forall_-$ |
| 5 | $G(\alpha)$ | $\alpha$ | $4,3,\to_-$ |
| 6 | $\exists xG(x)$ | | $5,\exists_+$ |
| 7 | $\exists xF(x)\to \exists xG(x)$ | | $2,6,\to_+$ |
| 8 | $\forall x(F(x)\to G(x))\to(\exists xF(x)\to \exists xG(x))$ | | $1,7,\to_+$ |

定理6　$\forall xF(x)\lor \forall xG(x)\to \forall x(F(x)\lor G(x))$

证明：

| 1 | $\forall xF(x)\lor \forall xG(x)$ | 假设引入规则 |
|---|---|---|
| 2 | $\forall xF(x)$ | 假设引入规则 |
| 3 | $F(x)$ | $2,\forall_-$ |
| 4 | $F(x)\lor G(x)$ | $3,\lor_+$ |
| 5 | $\forall xF(x)\to F(x)\lor G(x)$ | $2,4,\to_+$ |
| 6 | $\forall xG(x)$ | 假设引入规则 |
| 7 | $G(x)$ | $6,\forall_-$ |
| 8 | $F(x)\lor G(x)$ | $7,\lor_+$ |
| 9 | $\forall xG(x)\to F(x)\lor G(x)$ | $6,8,\to_+$ |
| 10 | $F(x)\lor G(x)$ | $1,5,9,$已证定理 |
| 11 | $\forall x(F(x)\lor G(x))$ | $10,\forall_+$ |
| 12 | $\forall xF(x)\lor \forall xG(x)\to \forall x(F(x)\lor G(x))$ | $1,11,\to_+$ |

定理7　$\exists xF(x)\to\neg \forall x\neg F(x)$

证明：

| 1 | $\exists xF(x)$ | | 假设引入规则 |
|---|---|---|---|
| 2 | $\forall x\neg F(x)$ | | 假设引入规则 |
| 3 | $\exists xF(x)$ | | $1,$重复规则 |
| 4 | $F(\alpha)$ | $\alpha$ | $3,\exists_-$ |
| 5 | $\neg F(\alpha)$ | | $2,\forall_-$ |
| 6 | $\neg \forall x\neg F(x)$ | | $2,4,5,\neg_+$ |

| 7 | $\exists xF(x)\rightarrow\neg\forall x\neg F(x)$ | | $1,6,\rightarrow_+$ |
|---|---|---|---|

定理8 $\neg\forall x\neg F(x)\rightarrow\exists xF(x)$

证明:

| 1 | F(x) | x | 假设引入规则 |
|---|---|---|---|
| 2 | $\exists xF(x)$ | | $1,\exists_+$ |
| 3 | $F(x)\rightarrow\exists xF(x)$ | | $1,2,\rightarrow_+$ |
| 4 | $\neg\exists xF(x)$ | | 假设引入规则 |
| 5 | $F(x)\rightarrow\exists xF(x)$ | | 3,重复规则 |
| 6 | $\neg F(x)$ | | 5,4,已证定理 |
| 7 | $\forall x\neg F(x)$ | | $6,\forall_+$ |
| 8 | $\neg\exists xF(x)\rightarrow\forall x\neg F(x)$ | | $4,7,\rightarrow_+$ |
| 9 | $\neg\forall x\neg F(x)\rightarrow\exists xF(x)$ | | 8,已证定理 |

定理9 $\forall x\forall yR(x,y)\rightarrow\forall y\forall xR(x,y)$

证明:

| 1 | $\forall x\forall yR(x,y)$ | 假设引入规则 |
|---|---|---|
| 2 | $\forall yR(x,y)$ | $1,\forall_-$ |
| 3 | $R(x,y)$ | $2,\forall_-$ |
| 4 | $\forall xR(x,y)$ | $3,\forall_+$ |
| 5 | $\forall y\forall xR(x,y)$ | $4,\forall_+$ |
| 6 | $\forall x\forall yR(x,y)\rightarrow\forall y\forall xR(x,y)$ | $1,5,\rightarrow_+$ |

定理10 $\forall xA(x)\rightarrow\forall yA(y)$

证明:

| 1 | $\forall xA(x)$ | 假设引入规则 |
|---|---|---|
| 2 | $A(y)$ | $1,\forall_-$ |
| 3 | $\forall yA(y)$ | $2,\forall_+$ |
| 4 | $\forall xA(x)\rightarrow\forall yA(y)$ | $1,3,\rightarrow_+$ |

以上,我们简略地介绍了谓词逻辑自然演算系统 $LNP_1$。该系统和谓词逻辑公理系统 Q 一样,都具有一致性和语义完全性。

# 第六节　解释方法

解释是现代逻辑中的一种重要逻辑方法,它的运用可以解决谓词逻辑中的一些难题。

## 一、什么是解释方法

作为一种逻辑方法,解释在我们前面介绍有关谓词逻辑公式的分类时已经有所涉及。现在给出它的严格定义:

命题 B 是公式 A 相对于个体域 D 的解释,当且仅当,能按以下方式从 A 得到 B:用相对于个体域 D 中的个体有意义的谓词和运算符号分别替代 A 中的谓词变项以及运算符号,并且,用 D 中个体的专名替代 A 中的个体常项或自由个体变项。

上述定义表明,所谓对谓词逻辑公式的解释,实际上就是按照一定的规则用具体谓词、专有名词等对谓词逻辑公式进行相应的替代,进而从公式得到有真、假的命题。在这个过程中,首先要选择解释域,即被解释公式中个体变项的个体域或值域。解释域确定以后,再寻找一定的具体谓词和运算符号替代公式中的谓词变项以及运算符号,同时,要以解释域中个体的专名替代公式中的个体常项和自由个体变项。

需要指出,用来替代公式中谓词变项的具体谓词,以及替代公式中个体常项或自由个体变项的专有名词,必须相对于确定解释域中的个体而言是有意义的。例如,如果解释域选择为人的集合,那么,给公式 $\forall xF(x)$ 中的谓词变项 F 替代以"是自然数"、"是湖泊"等谓词将是不合适的,它们相对于人的集合而言没有意义。

对于一个给定的谓词逻辑公式进行解释时,要符合以下格式要求:

第一,指出解释域为哪些个体的集合,即选择解释域。

第二,写出谓词变项、个体常项、自由个体变项以及可能出现的运算符号的具体说明。

第三,写出经替换后得到的命题,并指出其真值情况。

例 6-1　给出公式 $\forall x(Z(x) \rightarrow N(x))$ 一个解释。

解 解释域:自然数的集合

Z(x):x 是整数

N(x):x 是偶数

解释:∀x(x 是整数→x 是偶数)

(这一命题的含义是:在自然数的范围内,所有整数都是偶数。)

公式的上述解释为假。

正确地运用解释方法,必须遵守以下规则:

规则1. 个体常项和自由个体变项的解释必须是指称解释域中的个体。

例如,在对公式 ∃x(F(x)∧G(y)) 进行解释时,假若限定解释域为人的集合,那么,自由个体变项 y 应当替代以人中某一具体个体的名称,不可以用另外个体域中个体的名称代入。

规则2. 公式中所有约束个体变项以及量词均无须解释。

在对谓词逻辑公式进行解释时,假如解释域已经确定,那么,原公式中的所有约束个体变项自然成为该解释域中的个体,它们都是确定的,无须再作解释。量词的逻辑含义也是确定的,同样无须另作说明。

规则3. 解释中不得包含自由个体变项。

这一规则的意思是,对公式中包含的自由个体变项必须给以解释,即用解释域中的某个体替代该自由个体变项。例如,对公式 ∀x(G(x)∧R(x,y)) 进行解释时,必须对 y 进行解释。

此外,规则3还要求在对公式中包含的谓词变项以及自由个体变项进行解释时,其中也不得包含不确定的成分,即自由个体变项。

例6-2 给出公式 ∃x(F(x)∧G(x)) 一个解释。

解 (错误的解释)

解释域:人的集合

F(x):x 是 y 的弟弟

G(x):x 是大学生

解释:∃x(x 是 y 的弟弟∧x 是大学生)

(这一解释的含义是:至少有一个大学生是某人 y 的弟弟)

由于上述解释中包含有自由个体变项,所以,难以确定其真值。

规则4. 对谓词变项的解释不得超过原谓词变项的元数。

这一规则的含义是,在对谓词变项解释时,如果谓词变项是一元的,那么,就只能以具体的一元谓词进行替代;如果谓词变项是二元的,那么,就只能以具体的二元谓词进行替代。其余情况,依此类推。

规则 5. 公式中相同谓词变项的解释应该保持同一。

例如在公式 $F(x)\rightarrow\forall xF(y)$ 中,谓词变项 F 出现两次,在对该公式进行解释时就要注意保持解释的同一性,即用同一个具体谓词去替代 F 的不同出现。

规则 6. 运算符号的解释,必须使得任一使用该符号进行运算时所得结果都指称解释域中的一个个体。

这一规则也就是说,对运算符号的解释,必须保证所有运用该符号进行运算时所得结果不超出设定的解释域。例如在对公式

$\forall x\forall y(x ※ y = y ※ x)$(※表示运算符号)

给出解释时,假如设定解释域为 $\{0,1,2\}$,那么,如果把运算符号"※"解释为算术中的加法,运算结果就有可能超出解释域(如,$1+2=2+1$,但 $1+2=3$,3 不是解释域中的元素)。这也就是说,上述解释不正确。但是,如果把※解释为算术中的乘法,那么,这一新的解释将不违反规则 6 的要求。

## 二、解释方法的作用

通过解释方法的运用,可以证明某一谓词逻辑公式不是普遍有效的。具体做法是,只要能够找到一个解释,在该解释上某公式的取值为假,即得到一个假命题,那么,就可以判定该公式不是普遍有效式。

例 6-3 判定公式 $\forall xR(x,x)$ 是否是普遍有效式。

解 对公式 $\forall xR(x,x)$ 给出以下解释:

解释域:人的集合

$R(x,x)$:x 讨厌 x

解释:$\forall x(x$ 讨厌 $x)$

(这一解释的含义是:所有的人都讨厌自己)

公式的上述解释为假。所以,原公式不是普遍有效式。

例 6-4 判定公式 $\forall x\exists yR(x,y)\rightarrow\exists y\forall xR(x,y)$ 是否是普遍有效式。

解 对公式 $\forall x\exists yR(x,y)\rightarrow\exists y\forall xR(x,y)$ 给出以下解释:

解释域:人的集合

R(x,y):x 认识 y

解释:∀x∃y(x 认识 y)→∃y∀x(x 认识 y)

(这一解释的前件含义是:每个人都认识至少一个人;后件含义是:至少有一个人,每个人都认识他。)

公式的解释前件真,后件假。所以,整个解释为假,原公式不是普遍有效式。

由于解释方法能够确定某一谓词逻辑公式不是普遍有效的,所以,我们可以通过使用这种方法来判定某一具体推理是无效的。具体方法是:第一,把具体推理的前提和结论符号化为谓词逻辑公式。第二,把前提公式(或前提公式的合取)作为前件,结论公式作为后件,进而形成一个蕴涵式。第三,对蕴涵式进行解释。假如能够找到一个解释,使得蕴涵式的前件为真,而后件为假,那么,这一推理就是无效的。

例 6-5　判定以下推理是否有效:

所有金属都是能导电的,

铜能导电,

所以,铜是金属。

解 1　把上述推理符号化:

$$\forall x(J(x) \to D(x))$$

$$\underline{\forall x(T(x) \to D(x))}$$

$$\therefore \forall x(T(x) \to J(x))$$

(J(x):x 是金属;D(x):x 能导电;T(x):x 是铜。)

2　在以上公式的基础上构造蕴涵式:

$$\forall x(J(x) \to D(x)) \land \forall x(T(x) \to D(x)) \to \forall x(T(x) \to J(x))$$

3　给上述蕴涵式提供如下解释:

解释域:自然数的集合

J(x):x 是偶数

D(x):x 是正整数

T(x):x 是奇数

解释：$\forall x$（x 是偶数→x 是正整数）$\wedge$ $\forall x$（x 是奇数→x 是正整数）→ $\forall x$（x 是奇数→x 是偶数）

解释的结果，前件真，但后件假。所以，整个解释为假，原推理无效。

例 6-6　判定以下推理是否有效：

所有的马都不是牛，
_____

所以，所有的马头不是牛头。

解 1　把上述推理符号化：

$\forall x(M(x)\to\neg N(x))$
_____

$\therefore \forall x(\exists y(M(y)\wedge T(x,y))\to$

$\neg \exists y(N(y)\wedge T(x,y)))$

（$M(x)$:x 是马;$N(x)$:x 是牛;$T(x,y)$:x 是 y 的头。）

2　在以上公式的基础上构造蕴涵式：

$\forall x(M(x)\to\neg N(x))\to$

$\forall x(\exists y(M(y)\wedge T(x,y))\to\neg \exists y(N(y)\wedge T(x,y)))$

3　给上述蕴涵式提供如下解释：

解释域:人的集合

$M(x)$:x 是河南人

$N(x)$:x 是山西人

$T(x,y)$:x 是 y 的祖先

解释：$\forall x$（x 是河南人→x 不是山西人）→$\forall x$（$\exists y$（y 是河南人 $\wedge$ x 是 y 的祖先）→$\neg$ $\exists y$（y 是山西人 $\wedge$ x 是 y 的祖先））

（该解释的前件含义是:所有的河南人都不是山西人;后件含义是:所有河南人的祖先都不是山西人的祖先。）

解释的结果，前件真，但后件假。所以，整个解释为假，原推理无效。

引入了"解释"这一概念，我们就可以准确地定义以下概念：

普遍有效性:一个谓词逻辑公式是普遍有效的,当且仅当,它在任一非空个体域中的每个解释都是真的。

可满足性:一个谓词逻辑公式是可满足的,当且仅当,有一个非空个体域,该公式在其中的解释为真。

不可满足性:一个谓词逻辑公式是不可满足的,当且仅当,它在任一非空个体域中的每一解释都是假的。

## 习　题

**一、指出下列公式中的自由变项和约束变项,并指出各量词的辖域**

1.∀x(P(x)∧Q(x))∨r

2.∃xQ(x)→∀yP(y)

3.∀x(P(x)∧Q(x))→∀x(H(x)∧Q(z))

4.∀x(Q(x)↔P(x))∨∃yD(y)∧F(z)

5.∀x(P(x)∨∃yG(y))∧(∀xP(x)→G(z))

**二、用经典谓词逻辑表示以下命题的逻辑形式**

1.有人是自私的,但并非所有的人都自私。

2.所有的油脂都不溶于水。

3.存在着会说话的机器人。

4.在上海工作的人未必都是上海人。

5.任何金属都可以溶解在某种溶液里。

6.假如明天天气好,有些学生将去春游。

7.谁努力奋斗,谁就会成功。

8.发光的不都是金子。

9.所有不经劳动制造的、没有价值的东西都不是商品。

10.有些中文系的学生认识哲学系的每一位老师。

**三、求下列公式的否定**

1.∀x(F(x)→H(x))

2.∀x(¬H(x)∨Q(x))

3.∀x∀y(F(x)∧F(y)→R(x,y))

4.∃x(¬F(x)→G(x))

5.∀x(F(x)∨G(x)→q)

**四、求下列公式的对偶公式**

1.∀xP(x)→∀xQ(x)

2.∀xP(x)→P(y)

3.∃x(G(x)∧q)→∀yF(y)

4. $\exists x(F(x) \vee G(x)) \leftrightarrow \exists xF(x) \vee \exists xG(x)$

5. $\forall x(H(x) \wedge G(x)) \leftrightarrow \forall xH(x) \wedge \forall xG(x)$

## 五、求下列公式的前束范式

1. $\forall x(H(x) \rightarrow \exists yR(x,y))$

2. $\exists xG(x,y) \leftrightarrow \forall zQ(z)$

3. $\forall xF(x) \vee \exists yG(y)$

4. $\forall z(\forall yR(x,y) \leftrightarrow \exists xT(x,z))$

## 六、建立下列推理的形式证明

1.所有的人都是有思维能力的,所以,原始人是有思维能力的。

2.只有公民才是选民,并非所有居民都是公民,所以,有的居民不是选民。

3.凡大熊猫都产在中国四川省,欢欢是只大熊猫,所以,它产在中国四川省。

4.一个人如果害怕困难,那么他就不会获得成功。所有的人或者是成功者或者是失败者。存在着没有失败的人。所以,存在着不害怕困难的人。

5.所有蛋类都是可食的,所有非食品是不可食的,所有食品都有营养,所以,所有蛋类都是有营养的。

## 七、在公理化谓词演算系统 Q 中证明下列定理

1. $\forall x(F(x) \rightarrow G(x)) \rightarrow (\forall xF(x) \rightarrow \forall xG(x))$

2. $\forall x(F(x) \leftrightarrow G(x)) \rightarrow (\forall xF(x) \leftrightarrow \forall xG(x))$

3. $\forall xF(x) \vee \forall xG(x) \rightarrow \forall x(F(x) \vee G(x))$

4. $\exists xF(x) \leftrightarrow \neg \forall x\neg F(x)$

5. $\exists x\neg F(x) \leftrightarrow \neg \forall xF(x)$

## 八、在谓词逻辑自然演算系统 $LNP_1$ 中证明下列定理

1. $\neg \exists x\neg F(x) \leftrightarrow \forall xF(x)$

2. $\neg \exists xF(x) \leftrightarrow \forall x\neg F(x)$

3. $\forall x(F(x) \leftrightarrow G(x)) \rightarrow (\exists xF(x) \leftrightarrow \exists xG(x))$

4. $\forall x(p \vee F(x)) \rightarrow p \vee \forall xF(x)$

5. $p \vee \forall xF(x) \rightarrow \forall x(p \vee F(x))$

## 九、用解释方法判定以下推理无效

1.凡优秀律师都懂得逻辑,景宏伟律师懂得逻辑,所以,他是优秀的律师。

2.老虎不是狮子,所以,虎皮不是狮子皮。

3.所有麻雀都是动物,所有麻雀都有生命,所以,所有动物都有生命。

4.任何一首李白的诗歌都有人研究过,所以,有人研究过李白的所有诗歌。

# 主要参考书目

1.金岳霖主编:《形式逻辑》(重版),人民出版社 2006 年版。

2.周礼全主编:《逻辑——正确思维和有效交际的理论》,人民出版社 1994 年版。

3.宋文坚主编:《新逻辑教程》,北京大学出版社 1992 年版。

4.李娜:《数理逻辑的思想和方法》,南开大学出版社 2006 年版。

5.陈慕泽、余俊伟:《逻辑与批判性思维》,中国人民大学出版社 2011 年版。

6.陈慕泽、余俊伟:《数理逻辑基础:一阶逻辑与一阶理论》,中国人民大学出版社 2003 年版。

7.王路:《逻辑基础》(修订版),人民出版社 2013 年版。

8.陈波:《逻辑学导论》(第 2 版),中国人民大学出版社 2006 年版。

9.梁庆寅主编:《传统与现代逻辑概论》,中山大学出版社 1998 年版。

10.何向东主编:《逻辑学教程》,高等教育出版社 1999 年版。

11.谷振诣、刘壮虎:《批判性思维教程》,北京大学出版社 2006 年版。

12.[美]欧文·M.柯匹(Irving M.Copi)、卡尔·科恩(Carl Cohen):《逻辑学导论》(第 11 版),张建军、潘天群等译,中国人民大学出版社 2007 年版。

13.《普通逻辑》编写组:《普通逻辑》(增订本),上海人民出版社 1993 年版。

14.中国人民大学哲学系逻辑教研室编:《逻辑学》,中国人民大学出版社 1996 年版。

15.南开大学哲学系逻辑学教研室编著:《逻辑学基础教程》,南开大学出版社 2003 年版。